합격에
자신 있는
무역시리즈
합격자!

합격자

무역영어

3급 기출이 답이다

SD에듀
㈜시대고시기획

편저자의 말

21세기, 국경 없는 무한경쟁의 시대에 대외교역을 보다 확대하기 위해서는 무역에 관한 전문지식이 필수적이며, 무역 관련 영문서류의 작성ㆍ번역 등 영어구사 능력은 물론 무역실무 지식과 함께 전문적인 실력이 요구됩니다. 이러한 시대의 요구에 발맞추어 대한상공회의소와 정부는 무역영어에 대한 국가공인시험제도를 마련하여 인재를 양성해 국가경제의 발전을 이어가기 위해 노력하고 있습니다.

무역영어 시험은 무역관련 영문서류의 작성ㆍ번역 등 영어능력뿐만 아니라 무역실무 전반에 걸친 지식을 평가하는 시험입니다. 따라서 원하는 결과를 얻기 위해서는 정형화된 무역용어와 서신, 무역서류에 쓰이는 문구 및 무역실무 전반을 이해해야 하며 무역에서 자주 쓰이는 영어표현도 익혀야 합니다.

무역영어 시험을 준비하는 많은 수험생이 수험에 대한 부담감 때문인지 효율적이지 않은 공부 방법으로 오히려 수험기간만 늘리고, 결국 기대한 결과를 얻지 못하는 경우를 종종 보아왔습니다. 출제경향에 따라 핵심이론을 학습하고, 기출문제와 예상문제 등 가능한 한 많은 양의 문제를 풀어보는 것이 가장 기본적인 학습방법임을 다시 한 번 말하고 싶습니다.

이에 본서를 여러분 앞에 내놓게 되었습니다. 이 책의 특징은 다음과 같습니다.

> 첫 째 최근 무역영어 3급 3개년(2018~2020년) 기출문제와 자세한 해설을 수록하여 독학이 가능하도록 하였습니다.
>
> 둘 째 회차별 문제를 풀어보며 출제경향과 난이도를 파악할 수 있도록 구성하였습니다.
>
> 셋 째 핵심 영단어 A to Z를 부록으로 수록하여 중요한 단어를 암기할 수 있도록 하였습니다.
>
> 넷 째 핵심 확인학습을 통해 주요 키워드와 영문표현에 익숙해질 수 있도록 하였습니다.

끝으로 세계를 무대로 대한민국 무역 일선에서 활약하게 될 예비무역인 여러분의 건승을 빕니다.

편저자 올림

영문해석 / 영작문

영문해석/영작문 과목의 경우에는 무역서신이 지문으로 제시되기 때문에, 전반적인 무역용어와 실무에 대한 이해가 선행되어야 문제를 잘 풀 수 있습니다. 무역용어의 한글 · 영문표현 모두 숙지해 두도록 하며, 독해 능력을 꾸준히 키우도록 합니다.

빈출 유형
- 밑줄 친 부분이 가리키는 것 추론하기
- 서신의 앞뒤에 올 내용 혹은 이전 서신 내용 추론하기
- 빈 칸 채우기
- 적절한 것/적절하지 않은 것 찾기
- 문장 삽입하기
- 주제 찾기
- 흐름에 맞지 않는 문장 찾기

 무역실무

무역실무에서는 무역계약, 운송, 결제, 보험 부분이 높은 비율로 출제됩니다. 서비스무역, 기술무역, 해외투자, 전자무역 부분은 출제빈도가 낮습니다. 무역실무 내용은 영문해석, 영작문 과목에서 영어로 출제되기 때문에, 무역실무에서 자주 출제되는 부분에 대한 공부를 가장 중점적으로 하는 전략이 필요합니다.

빈출 유형
- 무역계약 : 인코텀즈, 신용조회, 청약, 품질/수량조건
- 운송, 선적 : 선하증권, 선적서류(원산지증명서), 송장, 해상운임
- 무역결제 : 결제방식, 신용장, 포페이팅, 환어음, 무역금융
- 무역보험 : 해상손해(물적손해/공동해손), 협회적하약관, 피보험이익
- 무역규범 : UCP 600, URC 522, CISG

2018~2020년 3급 기출문제 & 해설!

무역영어 3급 최근 3개년 (2018~2020년) 기출문제 총 9회분을 모두 실어 출제경향을 파악하고 빈출 유형을 파악할 수 있어요!

CHAPTER
03

무역영어 3급 기출이 답이다
2020년 제3회(119회) 기출문제

제1과목 **영문해석**

01 Incoterms® 2020의 CIF 매도인 인도의무에 대한 설명으로 옳은 것은?

① When the goods are loaded on the means of transport arranged by the seller.
② When the goods are loaded on the means of transport arranged by the buyer.
③ When the goods are on board the vessel in the named port of destination.
④ When the goods are on board the vessel in the named port of shipment.

정답 ④

해석 ① 물품이 매도인이 마련한 운송수단에 적재될 때
② 물품이 매수인이 마련한 운송수단에 적재될 때
③ 물품이 지정된 목적지 항구에서 선박에 적재되었을 때
④ 물품이 지정된 선적지 항구에서 선박에 적재되었을 때

해설 ④ Incoterms 2020의 CIF 매도인의 인도의무는 '매도인은 물품을 선박에 적재하거나 또는 그렇게 인도된 물품을 조달함으로써 인도하여야 한다.'이다.
CIF[Cost, Insurance and Freight, (지정목적항) 운임 · 보험료 포함 인도조건]
• CFR 조건에 보험조건이 포함된 조건(매도인 수출통관)
• 물품의 인도장소 : 선적항의 본선을 통과한 곳
• 물품에 대한 매매당사자의 위험부담의 분기점(위험이전) : 물품이 지정선적항 본선의 갑판에 안착됐을 때
• 물품에 대한 매매당사자의 비용부담의 분기점(경비이전) : 목적항(매도인은 적재 시까지 모든 비용과 목적항까지 운임, 양하비 부담 + 보험료)
*load : 싣다[태우다/적재하다]
*means of transport : 운송수단
*arrange : 마련하다
*on board : 승선[탑승]한
*vessel : 선박[배]
*named port of destination : 지정된 목적지 항구
*named port of shipment : 지정된 선적지 항구

기출문제와 풀이를 함께 구성!

오답 풀이까지 수록되어 있는 상세한 해설을 문제 아래 배치하여 문제를 읽으면서 바로바로 관련 이론들을 학습할 수 있도록 구성했어요!

28 다음 중 Incoterms® 2020의 국/영문 표현으로 옳지 않은 것은?

① 관세 지급 인도 - Delivered Duty Paid
② 운송인 인도 - Free Carriage
③ 운임 포함 인도 - Cost and Freight
④ 선측 인도 - Free Alongside Ship

정답 ②

해설 ② 운송인 인도는 FCA[Free Carrier, (지정장소) 운송인 인도조건]이므로 <u>Free Carriage → Free Carrier</u>이어야 한다.

FCA상 매도인(Seller)과 매수인(Buyer)의 책임

매도인(Seller)	매수인(Buyer)
• 수출통관 필 • 매도인이 지정장소에서 지정한 운송인에게 물품을 인도 • 매도인은 자신의 사업장 내에서 인도하는 경우 매수인의 운송수단에 적재 의무가 있으나, 제3자의 장소에서 인도하는 경우 적재의무 없음	• 물품이 운송인에게 인도된 이후의 모든 위험과 비용 부담

제3회 기출응용제

29 다음 중 Incoterms® 2020의 CIF 조건과 관련 없는 것은?

① The seller delivers the goods to the buyer on board the vessel or procures the goods already so delivered.
② The seller must contract for and pay the costs and freight necessary to bring the goods to the named place of destination.
③ The seller must carry out and pay for all export clearance formalities.
④ The seller must obtain, at its own cost, cargo insurance complying with ICC(C) as a minimum cover.

정답 ②

해석 ① 매도인은 물품을 선박에 적재하거나 이미 그렇게 인도된 물품을 조달함으로써 매수인에게 인도한다.
② 매도인은 물품을 지정목적지까지 운송하는 데 필요한 계약을 체결하고 운임을 지불하여야 한다.
③ 매도인은 모든 수출통관을 수행하고 그에 관한 비용을 부담하여야 한다.
④ 매도인은 자신의 비용으로 협회적하약관 (C)약관의 최소담보조건으로 적하보험을 취득하여야 한다.

해설 ② Incoterms 2020 CIF(운임·보험료 포함 인도) 조건의 A4(운송)의 내용이다. 따라서 해상운송과 내수로운송에 적용되는 규칙인 CIF는 지정목적지가 아니라 지정목적항이 되어야 한다.

CIF 조건상 운송
• 매도인은 인도장소로부터, 그 인도장소에 합의된 인도지점이 있는 때에는 그 지점으로부터 지정목적항까지 또는 합의가 있는 때에는 그 지정목적항의 어느 지점까지 물품을 운송하는 계약을 체결하거나 조달하여야 한다.
• 운송계약은 매도인의 비용으로 통상적인 조건으로 체결되어야 하며, 매매물품과 같은 종류의 물품을 운송하는 데 사용되는 통상적인 선박과 항로로 운송하는 내용이어야 한다.

FEATURE
이 책의 구성과 특징

[부록] 핵심 영단어 A to Z 제공!

시험에 자주 출제되는 주요 용어들을 무역실무 출제기준에 맞춰 수록했어요!

무역영어 3급 기출이 답이다
부 록 핵심 영단어 A to Z

▌무역계약

- acceptance : 승낙
- accumulate : 축적하다, 모으다
- anticipate : 예상하다, 기대하다
- approval : 승인, 시제품
- authoritative : 권위 있는, 믿을 만한
- bank reference : 은행 신용조회처
- banker's check : 은행수표
- barrel : 통
- bilateral contract : 쌍무계약
- borne : bear(비용이나 책임 등을 지다, 떠맡다)의 과거분사
- bundle : 묶음
- business ability : 영업능력
- business proposal : 거래제안
- buyer : 구매자, 구입자, 매수인
- capacity : 기업운용능력
- capital : 재정상태
- case by case contract : 개별계약
- character : 상도덕
- claim : (주문품의 미도착 등으로 인한) 클레임
- client : 고객
- collateral : 담보능력
- commercial invoice : 상업송장
- common carrier : 전문 운송인
- conditional offer : 조건부 청약
- consensual contract : 낙성계약
- contract of carriage : 운송계약
- contract of sales of goods : 물품매매계약
- correspond : 일치하다
- counter offer : 반대청약
- credit inquiry : 신용조회
- cross offer : 교차청약
- currency : (거래) 통화
- deal : 처리하다, 다루다, 거래하다
- deficit : 적자, 부족액
- delay : 지연시키다, 연기하다, 미루다
- escalation : (단계적인) 증대, 확대, 상승
- exclusive contract : 독점계약
- expiry date : 만료일, 유통기간
- export license : 수출승인
- facility : (기계나 서비스 등의 특수) 기능
- factoring : 팩터링
- fair average quality : 평균중등 품질조건(FAQ)
- financial status : 재정상태
- firm offer : 확정청약
- good merchantable quality : 판매적격 품질조건 (GMQ)
- handwriting : 수기
- hereto : 이에 관하여
- hereunder : 이 아래에, 이 다음에
- honesty : 정직성
- implied contract : 묵시계약
- import license : 수입승인
- inferior quality : 열등한 품질

454 부 록 무역영어 3급 기출이 답이다

[부록] 핵심 확인학습 수록!

확인학습 문제를 풀며 한 번 더 머릿속에 암기할 수 있어요!

무역영어 3급 기출이 답이다
부 록 핵심 확인학습

해석을 보고 빈칸을 채워보세요.

001 당사는 금일 귀사를 지급인으로 한 일람 후 30일 출급조건의 환어음을 발행하였고, 런던의 바클레이 은행을 통하여 매입하였습니다.
→ We have today drawn on you at 30 d/s, and (　　　) the draft through the Barclays Bank, London.

002 당사자 무역은 자기 자신을 위해 혹은 자신의 회사 이익을 위해 교역하는 것이나 대행사는 고객 혹은 고객사를 위해 교역한다.
→ (　　　) is trading for himself or money for his firm but agency is trading for a client or firm of a client.

003 귀사의 상품이 동 시장에 적합하기 때문에 9월 10일자 귀사의 제안을 기꺼이 수락합니다.
→ We are pleased to (　　　) your proposal dated September 10 as your goods suit our market.

004 당사는 전보로 확정청약을 합니다.
→ We cable you the (　　　) offer.

005 당사는 반대청약을 하고자 합니다.
→ We would like to make a (　　　) offer.

006 제품의 품질은 샘플의 품질과 정확히 동일해야 합니다.
→ The (　　　) of the goods should be exactly to that of the samples.

007 운송비 지급 인도조건에서 합의된 목적지까지 운송을 위하여 후속 운송인이 사용될 경우에, 위험은 물품이 최초 운송인에게 인도되었을 때에 이전된다.
→ In CPT, if subsequent carriers are used for the carriage to the agreed destination, the risk passes when the goods have been delivered to the first (　　　).

008 공장 인도조건을 제외한 모든 인코텀즈는 매도인이 물품의 수출통관을 이행할 것을 요구하고 있다.
→ All the terms of INCOTERMS except EXW require the (　　　) to clear the goods for export.

핵심 확인학습 473

시행처 : 대한상공회의소

응시자격 : 제한 없음

응시료 : 29,000원

2022 무역영어 시험일정

원서접수	개설일로부터 시험일 4일전까지
시험일자	연 52회 시행 – 매주 화요일, 일요일(4~6월, 9~11월)
발표일자	시험일 다음날 오전 10시

※ 해당 시험일정은 변경될 수 있으니, 반드시 해당 시행처 홈페이지(http://license.korcham.net/)를 확인해주시기 바랍니다.

시험과목 및 시험시간

등 급	시험방법	시험과목	제한시간	문제수	출제방법
1 · 2 · 3	필기시험	• 영문해석 • 영작문 • 무역실무	90분	75문항	객관식 4지선다형

출제기준

1 · 2급	3급
❶ 무역실무 전반에 걸친 무역통신문 ❷ 해외시장조사, 신용조사방법, 수출입 개요 등 ❸ 무역관계법(실무에 적용되는 것에 한함) ❹ 무역계약 ❺ 대금결제 ❻ 운송, 용선계약, 적화보험 ❼ 무역클레임과 상사중재 ❽ EDI에 의한 수출입 통관	❶ 무역통신문의 구성 및 형식 ❷ 거래관계의 개설(신용조회 및 보고, 거래제의) ❸ 거래관계의 성립(청약, 주문, 계약) ❹ 신용장(발행신청, 통지 및 수정) ❺ 선적과 운송서류(선적보험, 운송서류, 보험) ❻ 기본 무역용어 ❼ 상용회화

※ 1 · 2급의 문제는 상기 범위 내에서 난이도로 조정하여 출제됩니다.

합격기준 : 매 과목 100점 만점에 전 과목 평균 60점 이상 합격(단, 1급은 과목당 40점 미만인 경우 불합격)

CONTENTS
목차

PART 01

2020년 기출문제

무역영어 3급 기출이 답이다

제1과목 **영문해석**

01 다음 문장의 해석이 옳지 않은 것은?

① I'm afraid she is not at work.
   → 죄송하지만 그녀는 출근을 안 했습니다.
② I'll see if he is available.
   → 그가 통화할 수 있다면 연결해 드리겠습니다.
③ I'll put you through to the marketing department.
   → 마케팅부로 연결해 드리겠습니다.
④ Could you repeat that once more, please?
   → 다시 한 번 말씀해 주시겠어요?

정답 ②

해설 if가 '~한다면'의 조건문이 아닌 '~인지 아닌지'의 명사절을 이끌고 있으므로, ② I'll see if he is available을 해석하면 '(제가) 그가 가능한지 확인해 보겠습니다.'라는 의미이다.

OCEANS CO., LTD.
http://www.oceans.com

(A)
JONGRO MAIN BLDG.
60 Myongdong-gil, Jung-gu
Seoul 04537, Korea

C.P.O. BOX. 1144
TEL No. : 02-771-3344
FAX No. : 02-771-2053

June 10, 2020

Mr. Kim Sansu
Korea Commercial High School

Dear Mr. Kim : -------------------- (B)
Our factory is fully occupied with overseas orders for our goods, which are ㉠ the last word of this line. As we do not pursue a fair margin of profit, you may be sure that a transaction with us will lead to a mutual profit.

Yours very truly,

(C) -------
OCEANS CO., LTD.
Park Jeongbo
Park Jeongbo
Sales Manager

PJB/smy ------------------------ (D)

02 무역서한의 구성요소와 관련하여 맞는 것을 고르시오.

① (A) 부분은 Inside Address라고 한다.
② (B) 부분은 Subject라고 한다.
③ (C) 부분은 Signature라고 한다.
④ (D) 부분은 Initials라고 하며 주요 요소에 속한다.

03 ㉠의 바른 해석은?

① 제품계열의 마지막 제품
② 제품계열의 최신의 제품
③ 제품계열의 최선의 선택
④ 제품계열의 가장 오래된 제품

해석

OCEANS CO., LTD.
http://www.oceans.com

(A)
┌ JONGRO MAIN BLDG.
│ 60 Myongdong-gil, Jung-gu
└ Seoul 04537, Korea

C.P.O. BOX. 1144
TEL No. : 02-771-3344
FAX No. : 02-771-2053

June 10, 2020

Mr. Kim Sansu
Korea Commercial High School

김 선생님께 : ----------------- (B)
당사 공장은 해외주문으로 인해 ㉠ 이 제품계열의 최신 제품인 당사 제품이 모두 예약 중입니다. 당사는 상당한 이익을 추구하고 있지 않기 때문에 귀사가 당사와의 거래에서 상호이익이 되리라는 것을 확신하실 수 있을 것입니다.

그럼 안녕히 계십시오.

(C)
┌ OCEANS CO., LTD.
│ *Park Jeongbo*
│ Park Jeongbo
└ Sales Manager

PJB/smy --------------------- (D)

*are fully occupied with overseas orders : 해외주문으로 인해 모두 예약 중이다
*a fair margin of profit : 상당한 이익
*transaction : 거래

해설 02
(C) 부분은 서명(Signature)에 해당하며, (A)는 서두(Letterhead), (B)는 첫인사(Salutation)이다. 통상 (D) 부분에는 Enclosure(첨부), Postscript(추신), Carbon Copy(참조) 등의 내용을 기입한다.
무역영어 서신의 기본 요소
• 서두(Letterhead) : 서신용지 맨 윗부분에 인쇄되어 있는 곳이다.
• 발신일자(Date) : 서신을 발송한 날짜를 말한다.
• 수신인 주소(Inside Address) : 편지지에 수신인의 회사명과 주소를 재기입한다.
• 첫인사(Salutation) : 우리말의 근계(謹啓) 또는 '친애하는 ~에게'와 같은 인사말이다.
• 본문(Body of Letter) : 무역영어 서신의 핵심을 이루는 부분이다.
• 끝인사(Complimentary Close) : 무역영어 서신의 마지막 부분에 쓰이는 인사를 말한다.
• 서명(Signature) : 서명은 서신내용에 대한 책임의 소재를 분명히 하기 위해 사용한다.

03
위 서한에서 해당 공장이 해외주문으로 인해 해당 제품이 모두 예약 중이며, a transaction with us will lead to a mutual profit.(당사와의 거래는 상호이익이 될 것이다.)이라고 했으므로, 해당 공장의 마지막 제품이 아닌 가장 the last(최신의) 제품들이 예약 중이라는 뜻이 되어야 한다.
*the last word of this line : 제품계열의 최신의 제품

04 다음 문장의 해석으로 틀린 부분을 고르시오.

> ⓐ With regard to your inquiry of February 12 about Daniel's business standing and reputation, ⓑ we regret to inform you that our reply is somewhat unfavorable. Please remember that ⓒ the information is our personal opinion and ⓓ we take no responsibility whatsoever for it.

① ⓐ 다니엘사의 영업 상태와 명성에 관한 2월 12일자 귀사의 거래조회에 관하여
② ⓑ 당사의 회신이 다소 불만족스럽다는 것을 알려 드리게 되어 유감으로 생각합니다.
③ ⓒ 이 정보는 사견이며
④ ⓓ 이에 관해서 당사는 하등의 책임을 질 수 없다는 것을 명심하십시오.

[정답] ①

[해석] ⓐ 다니엘사의 영업 상태와 명성에 관한 2월 12일자 귀사의 <u>신용조회</u>와 관련하여, ⓑ 당사의 회신이 다소 불만족스럽다는 것을 알려 드리게 되어 유감으로 생각합니다. ⓒ <u>이 정보는 당사의 사견이며</u> ⓓ <u>이에 관해서 당사는 하등의 책임을 질 수 없다는 것을 명심하십시오.</u>

[해설] ① 서신에서는 다니엘사의 영업 상태와 명성에 대해 문의하고 있는 것이므로 inquiry는 '거래조회(Trade Inquiry)'가 아니라 '신용조회(Credit Inquiry)'를 나타낸다.
신용조회(Credit Inquiry)
계약연결 가능성이 있다고 판단되는 거래선 신용을 신용조사 전문기관에 의뢰하여 조사하는 것을 말한다.
거래조회(Trade Inquiry)
• 품목에 관한 구체적인 문의・답신이다.
• 자기소개서를 받고 답장을 보낸 거래선을 상대로 거래하고자 하는 품목에 관한 상세한 정보를 전달하여 구매의욕을 고취시킨다.
• 수입의 경우 상대방 제품의 카탈로그, 가격표 등을 요청한다.
*inquiry : 질문, 문의, 조회
*business standing : 영업 상태
*standing : (단체・조직 내에서의) 지위[평판]
*take no responsibility for it : 그것에 대해 책임을 지지 않다, 책임이 없다

05 밑줄 친 부분(①~④)의 해석으로 옳은 것은?

> Gentlemen :
>
> ① We have discussed your business proposition with our president.
> ② We regret to say that we may not be able to accommodate your conditions.
> As you know, ③ we do business on credit in the Korean market, and ④ we will have difficulty in financing as the sales radically increase in August.
> We will make prepayment before our purchase, as we have done so far.
> Our president likes your products very much with few defects and high quality.
> We expect to increase the volume of our business as we (A) tide over the financial problems.
> We hope to continue good business relations in the future.
>
> Best regards,

① 귀사의 사업 제안을 당사 회장님이 의논해 볼 예정이다.
② 귀사가 제시한 조건을 수용할 수 있어서 유감이다.
③ 당사는 한국 시장에서 신용장 조건으로 거래를 하고 있다.
④ 8월에 판매량이 갑자기 증가해서 당사는 자금 순환에 어려움을 겪을 것이다.

[정답] ④

[해석]

귀하께 :

① 귀사의 사업 제안을 당사 회장님과 의논해 보았습니다.
② 당사는 귀사의 조건을 수용할 수 없다는 말씀을 드리게 되어 유감입니다.
귀사가 알다시피, ③ 당사는 한국 시장에서 신용으로(외상으로) 사업을 하고 있으며, ④ 8월에 판매량이 급증하여 당사는 자금 순환에 어려움을 겪을 것입니다.
당사는 지금까지 그래왔듯이, 구매 전에 선지급 할 것입니다.
당사 회장님은 하자도 거의 없고 고품질인 귀사의 제품을 매우 좋아하십니다.
당사는 재정 문제를 (A) 극복하여 사업 규모를 더 키우기를 기대합니다.
앞으로도 좋은 사업 관계를 지속하기를 희망합니다.

소망을 담아,

*business proposition : 사업 제의, 제안
*accommodate : 수용하다
*purchase : 구입, 구매, 매입
*prepayment : 선지불, 선불
*defects : 하자
*tide over : 극복하다

[해설] 서신의 내용은 회장님과 앞으로 의논할 것이 아닌 이미 의논을 마친 상태를 의미하며(①), 귀사의 제시 조건을 수용할 수 없어서 유감인 내용이다(②). L/C 조건이 아니라 외상으로 사업을 하기 때문에(③) 8월 판매량 급증으로 인해 자금 순환에 어려움을 겪을 예정임(④)을 알 수 있다.

06 밑줄 친 부분의 의미가 알맞은 것을 고르시오.

> Regarding our credit standing, we wish to <u>refer</u> you to Seoul Exchange Bank, Seoul, and we will supply you, upon request, with any other information that you may require.

① 이행하다
② 조회하다
③ 추천하다
④ 실행하다

정답 ②

해석

당사의 신용 상태와 관련하여, 당사는 귀사가 서울 소재 서울외환은행에 <u>조회하기</u>를 희망하며, 당사는 귀사가 요청하시면 필요한 다른 여타 정보들도 제공할 것입니다.

*credit standing : 신용 상태
*refer : 조회하다

해설 ② 제시문은 은행 신용조회처에 대해 설명하고 있으며, 밑줄 친 refer는 '조회하다, 참고하다'의 의미이다.

07 다음 밑줄 친 부분을 우리말로 옮긴 것 중 가장 적절한 것은?

> We hope to <u>open an account with</u> Duarig S.E. in England.

① 계좌를 개설하다
② 거래 관계를 개설하다
③ 신용 거래를 하다
④ 이용 계정을 만들다

정답 ②

해석

우리는 영국에서 Duarig S.E.와 <u>거래 관계를 개설하기</u>를 희망합니다.

해설 open an account with는 '~와 거래를 시작하다'의 의미이므로 ② '거래 관계를 개설하다'가 가장 적절한 해석이다.

All ㉠ cable offers shall be considered "(①)" subject to reply being received within five (5) days including ㉡ the date of despatch, ㉢ if otherwise not stipulated. "The (②) reply" shall mean that a reply is to be received within three (3) days including the date of despatch. In (③) case, however, Sundays and ㉣ all official bank holidays shall not be (④).

08 위의 빈 칸에 알맞은 것이 아닌 것을 고르시오.

① firm
② immediate or promptly
③ either
④ counted

09 위의 밑줄 친 부분의 해석이 틀린 것은?

① ㉠ 전신청약
② ㉡ 타전일자
③ ㉢ 달리 규정하는 한
④ ㉣ 모든 은행 휴업일

정답 08 ② 09 ③

해석
㉢ 달리 규정하는 한(→ 명시되지 않는 한), 모든 ㉠ 전신청약은 ㉡ 타전일자를 포함하여 5일 안에 답신을 받는 조건의 "(① 확정)" 청약이다. "(② 즉시 혹은 지체 없이 → 신속한) 답신"은 타전일자를 포함하여 3일 안에 받은 답신을 의미한다. 일요일이나 ㉣ 모든 은행 휴무일 (③ 둘 중 하나라도) 속하는 경우에는 (④ 계산에) 포함하지 않는다.

*the date of despatch : 타전일자
*stipulate : (계약 조항으로) 규명하다, 명시하다

해설 08
② 답신은 타전일자를 포함하여 3일 안에만 받으면 되는 상황이므로 'immediate or promptly(즉시 혹은 지체 없이)'는 적절한 표현이 아니다. 따라서 빈 칸에는 '신속한' 답신이라는 의미를 지닌 단어가 적절하다.

09
③ ㉢ if otherwise not stipulated는 not이 들어갔으므로 '달리 명시[규정]되지 않는 한'으로 해석된다.
*stipulate : 명시하다, 규정하다

10 제시된 서한의 밑줄 친 부분을 대신할 수 있는 단어로 옳은 것은?

> We are pleased to give you an order for 1,200 sets of Car Side Mirror, and attach our Purchase Order No. CA-231. We trust that our order is correct in all <u>details</u>.

① offers
② inquiries
③ respects
④ acceptances

정답 ③

해석
당사는 귀사에게 자동차의 사이드 미러 1,200 세트를 주문하게 되어서 기쁘며, 당사의 매매 주문장 No. CA-231 을 동봉합니다. 당사는 당사의 주문이 모든 <u>세부사항들</u>에서 옳다고 믿습니다.

① 청약들
② 조회[문의]들
③ 세부사항들
④ 승낙들

해설 ③ in all details는 '모든 세부사항들'이라는 뜻이므로, details과 대체될 수 있는 표현으로는 '측면, 사항'을 의미하는 respects가 적절하다.
*all respects : 모든 사항에서

11 다음 문장의 해석으로 올바른 것을 고르시오.

> The strong Yen has made Japanese products more expensive and Korean commodities relatively cheaper on the world market.

① 엔화의 강세로 세계시장에서 일본산 제품은 더욱 비싸게 되었고, 한국산 상품은 상대적으로 더욱 싸게 되었습니다.
② 엔화의 강세로 한국산 제품이 세계시장에서 더욱 비싸게 되었고 일본산 제품이 비교적으로 더욱 싸지게 되었습니다.
③ 강한 엔은 일본산 상품을 더욱 잘 만들게 되었고 세계시장에서 한국산 제품은 일시적으로 더욱 비싸게 팔렸습니다.
④ 강한 엔은 일본산 상품을 더욱 싸게 하였고 세계시장에서 한국산 제품은 상대적으로 더욱 비싸게 팔렸습니다.

정답 ①

해설 주어진 문장을 해석해보면 엔화의 강세(strong Yen)가 세계시장에서(on the world market) 일본산 제품은 더 비싸게(more expensive) 만들고, 한국산 상품은 상대적으로 더 저렴하게(relatively cheaper) 만들었다는 의미이므로 정답은 ①이다.
*commodity : 물품
*relatively : 상대적으로

12 다음 문장의 해석으로 올바른 것을 고르시오.

> We offer you firm subject to your reply reaching here by July 15 as follows.

① 당사는 7월 15일까지 귀사의 회신이 도착하는 조건으로 다음과 같이 확정청약을 합니다.
② 당사는 7월 15일까지 귀사의 회신이 도착하는 조건으로 다음과 같이 매도청약을 합니다.
③ 당사는 7월 15일에 도착 예정인 귀사의 회신과 관계없이 다음과 같이 확정청약을 합니다.
④ 당사는 7월 15일에 도착 예정인 귀사의 회신과 관계없이 다음과 같이 매도청약을 합니다.

정답 ①

해설 offer ~ firm은 '청약을 확정하다'의 의미이고, subject to는 '~의 조건으로'라는 표현이다. 이 때 조건은 귀사의 회신(your reply)이 7월 15일까지(by) 도착(reach)하는 것을 가리키므로 올바른 해석은 ①이다.
*offer you firm subject to : ~의 조건으로 확정청약하다
*reach here by : ~까지 여기에 도달하다, 도착하다
*as follows : 다음과 같이

13 다음 문장을 가장 올바르게 해석한 것은?

> We inquired you on August 20 by e-mail when you would issue a credit.

① 당사는 귀사에게 언제 신용장이 개설되었는지 8월 20일까지 이메일로 보내주기를 요청했습니다.
② 당사는 귀사가 신용장을 언제 개설할지를 8월 20일에 이메일로 문의하였습니다.
③ 당사는 귀사가 언제 신용장을 개설했는지를 8월 20일에 이메일로 문의하였습니다.
④ 귀사로부터 받은 8월 20일자 이메일에서 당사가 언제 신용장을 개설할지에 대해 문의를 받았습니다.

정답 ②

해설 주어진 문장에서는 '귀사가 신용장을 언제 개설할지(when you would issue a credit)'를 묻는 이메일을 8월 20일에 (on) 보냈다는 것을 설명하고 있다. 이 때 when은 '~할 때'를 의미하는 의문사가 아닌 '언제 ~하는지'를 의미하는 명사절을 이끈다. 따라서 올바른 해석은 ②이다.
*inquire you on : ~일에 귀사에게 문의하다
*by e-mail : 이메일로
*issue a credit : 신용장을 개설하다

14 다음 두 문장이 같은 의미가 되도록 (   ) 안에 적합한 말을 고르시오.

Please amend the L/C as follows :
= Please ((A)) the L/C ((B)) :

---

① (A) devise − (B) on or before
② (A) notify − (B) in due course
③ (A) revise − (B) set forth below
④ (A) modify − (B) in strict confidence

정답 ③

해석
다음과 같이 신용장을 수정하여 주십시오. :
= (B 아래와 같이) 신용장을 (A 수정하여) 주십시오. :

① (A) 고안하다 − (B) 전후로
② (A) 알리다 − (B) 제때에
③ (A) 수정하다 − (B) 아래와 같이
④ (A) 바꾸다, 변경하다 − (B) 극비로

해설 (A) amend, modify, revise는 모두 '개정[수정/정정]하다, 변경하다'의 의미를 갖고 있으며, (B) as follows, as set forth below는 '다음과 같이'를 의미한다. 따라서 주어진 문장과 같은 의미인 '다음과 같이 신용장을 수정하여 주십시오.'가 되려면 ③ (A) revise − (B) set forth below가 정답이어야 한다.
*on or before : 전후로
*in due course : 제때에
*in strict confidence : 극비로

15 다음은 UCP 600에 대한 내용 중 일부이다. 해석으로 올바른 것은?

> For the purpose of this article, transhipment means unloading from one aircraft and reloading to another aircraft during the carriage from the airport of departure to the airport of destination stated in the credit.

① 이 상품의 목적상, 환적은 신용장에 기재된 출발공항으로부터 도착공항까지의 운송 도중 하나의 항공기로부터 재적재되어 다른 항공기로 양륙되는 것을 의미한다.

② 이 조항의 목적상, 분할선적은 신용장에 기재된 출발공항으로부터 도착공항까지의 운송 도중 하나의 항공기로부터 양륙되어 다른 항공기로 재적재되는 것을 의미한다.

③ 이 상품의 목적상, 선적은 신용장에 기재된 출발공항으로부터 도착공항까지의 운송 도중 하나의 항공기로부터 적재되어 다른 항공기로 양륙되는 것을 의미한다.

④ 이 조항의 목적상, 환적은 신용장에 기재된 출발공항으로부터 도착공항까지의 운송 도중 하나의 항공기로부터 양륙되어 다른 항공기로 재적재되는 것을 의미한다.

정답 ④

해석
이 조항의 목적상, 환적은 신용장에 명시된 출발공항으로부터 도착공항까지의 운송 도중 하나의 항공기로부터 양륙되어 다른 항공기로 재적재되는 것을 의미한다.

해설 ④ UCP 600 제23조 항공운송서류 b항의 내용에 해당한다.
UCP 600 제23조 항공운송서류 b항
For the purpose of this article, transhipment means unloading from one aircraft and reloading to another aircraft during the carriage from the airport of departure to the airport of destination stated in the credit.
이 조항의 목적상, 환적이란 신용장에 기재된 출발공항으로부터 도착공항까지의 운송과정 중에 한 항공기로부터의 양화 및 다른 항공기로의 재적재를 말한다.
*UCP 600 : 신용장통일규칙
*article : 조항
*transshipment/transhipment : 환적
*unload : (짐을) 내리다, 하역하다, 양륙하다
*load : 싣다(태우다, 적재하다, 선적하다)
*reload : 재선적하다, 재적재하다

16 다음 문장에서 ( ) 안에 들어 갈 수 없는 것을 고르시오.

> We would like you to ( ) insurance on A/R including War Risks and prepay the premium and freight.

① contract
② effect
③ cease
④ make

정답 ③

해석
당사는 귀사가 전쟁 위험을 포함하는 A/R 보험을 (들 수 있으며) 보험료와 운임료를 선지급할 수 있게 되어 기쁘게 여깁니다.

① 계약하다
② 시행되다, (결과를) 가져오다
③ 그만두다, 종료하다
④ 만들다

해설 주어진 문장에서 빈 칸 안에 들어갈 내용은 '보험계약을 하다[들다]'는 의미가 자연스럽다. 이 때 contract, effect, make는 '(계약을) 하다[들다]'의 동사로 어울리지만, cease는 '계약을 종료하다'는 의미이므로 정답은 ③이다.
*A/R(All Risks) : 전위험담보조건

17 문장의 해석이 잘못된 것을 고르시오.

① Your shipments do not come up to the quality of the sample.
  → 귀사의 선적품이 견본의 품질과 일치하지 않습니다.
② We formally request you to replace the damaged goods as soon as possible.
  → 당사는 귀사가 손상된 물품을 빠른 시일 내에 교체해주기를 정식으로 요청합니다.
③ We sincerely regret that we have much inconvenienced you through our oversight.
  → 당사의 실수로 귀사에게 많은 불편을 끼치게 되어 진심으로 유감스럽게 생각합니다.
④ On inspection, we have found that the quality of your shipment is inferior to that of the sample.
  → 조사해본 결과 귀사 선적품의 품질이 견본의 품질과 일치한다는 것을 발견했습니다.

정답 ④

해설 ④ be inferior to는 '~보다 떨어지다, 못 미치다'는 의미이므로 '조사해 본 결과, 귀사 선적품의 품질이 견본의 품질보다 더 떨어진다는 것을 발견했습니다.'로 바꾸어야 한다.
*come up to : (요구되는 수준에) 미치다[이르다]
*oversight : (잊어버리거나 못 보고 지나쳐서 생긴) 실수, 간과
*be inferior to : ~보다 못하다, 떨어지다, 열등하다, 못 미치다

18 다음 용어의 뜻이 틀린 것을 고르시오.

① Dirty B/L – 사고 선하증권
② Clean B/L – 무사고 선하증권
③ L/G(Letter of Guarantee) – 검사증명서
④ L/I(Lctter of Indemnity) – 파손화물보상장

정답 ③

해설 ③ L/G(Letter of Guarantee, 수입화물선취보증서) : 선하증권 원본 도착 전이라도 화물을 수취할 수 있도록 선하증권을 대신하여 제출하는 신용장 개설은행의 보증서류이다.
① Dirty B/L(사고 선하증권) : 물품 인수 시 하자가 있거나 포장상태 불량이 있었음을 의미한다.
② Clean B/L(무사고 선하증권) : 하자상태를 표시한 문언이나 표시가 없는 깨끗한 증권이다(화물 및 포장상태의 무사고, 무결함, 무고장을 의미).
④ L/I(Letter of Indemnity, 파손화물보상장) : 수출자가 하자에 대한 책임을 지겠다는 내용의 서류로 무사고 선하증권을 교부받기 위해 선박회사에 제출한다.
*Inspection Certificate : 검사증명서

19 다음 용어를 우리말로 옮길 때 옳은 것은?

① Short delivery – 선적지연
② Inferior goods – 품질불량
③ Loss of the goods – 물품손상
④ Non-delivery – 인도 불이행

정답 ④

해설 ④ Non-delivery(배송 불이행) : 포장단위의 화물이 전부 목적지에 도착하지 않은 것
① Short delivery : 선적지연 → 물품부족
② Inferior goods : 품질불량 → 불량품
③ Loss of the goods : 물품손상 → 물품손실

20 다음 용어의 뜻이 틀린 것을 고르시오.

① Bill of exchange – 선하증권
② Wrong Packing – 포장방법의 위반
③ Misdescription – 기재사항의 상이
④ Breach of Contract – 계약 위반

정답 ①

해설 ① Bill of exchange는 '환어음'을 의미하며, '선하증권'은 Bill of Lading으로 나타낸다.

21 클레임 발생 원인을 올바르게 연결한 것은?

① We found finger prints and something sticky on the lower part of the screen on 10 LED TV monitors. → Different Quantity

② Your shipments do not come up to the design of the sample. → Different Quality

③ Our order No. SMT-25 reached here on April 25, three months after the stipulated date. → Non-Delivery

④ According to the invoice, we had to pay $8,000 but we paid $9,000. → Delayed Payment

정답 ②

해석 ① 당사는 10대의 LED TV 모니터 하단부에서 지문들과 끈적거리는 무언가를 발견했습니다. → 상이한 수량
② 귀사의 선적품은 샘플 디자인에 못 미칩니다. → 상이한 품질
③ 당사의 주문 No. SMT-25는 명시된 날짜보다 석(3) 달이 지난 4월 25일에 당사에 도착했습니다. → 무배송
④ 송장에 따르면, 당사는 8,000달러를 지불해야 하나 9,000달러를 지불했습니다. → 지불지연

해설 ① 상이한 수량(Different Quantity) → 상이한 품질(Different Quality)에 해당한다.
③ 배송 불이행(Non-Delivery) → 배송지연(Delayed Delivery)에 해당한다.
④ 지불지연(Delayed Payment) → 과지불(Over Payment)된 경우에 해당한다.

22 다음 대화가 일어나고 있는 장소는?

A : What is the purpose of your visit?
B : I'm here to attend CES what will be held in Las Vegas.
A : What line of business are you in?
B : I'm working in a marketing department of SC Electronics.
A : How long are you going to stay?
B : I'll stay for a week until it ends.
A : Where will you be staying?
B : I'll be staying at a hotel downtown Las Vegas.
A : Well, here's your passport. Enjoy your stay.

① Travel Agency　　　　② Customs Office
③ Trade Show　　　　④ Immigration

해석

A : 당신의 방문 목적은 무엇입니까?
B : 라스베가스에서 열릴 예정인 CES에 참석하기 위해 여기에 왔습니다.
A : 당신은 어떤 사업에 종사하고 계신가요?
B : 저는 SC Electronics의 마케팅 부서에서 일하고 있습니다.
A : 당신은 얼마 동안 머물 예정인가요?
B : CES가 끝날 때까지 일주일 간 머물 예정입니다.
A : 당신은 어디에서 머물 예정인가요?
B : 라스베가스 시내의 한 호텔에서 머물 예정입니다.
A : 자, 당신의 여권입니다. 즐겁게 지내세요.

① 여행사   ② 세관사무실
③ 무역전시회   ④ 출입국심사소

해설 A가 B에게 방문 목적, 직업, 체류 기간, 체류 장소 등을 묻고 여권을 건네는 것으로 보아 ④ 출입국사무소에서 대화가 이루어지고 있음을 알 수 있다.
*Immigration : 출입국심사소
*Travel Agency : 여행사
*Customs Office : 세관사무실
*Trade Show : 무역전시회
*CES(Consumer Electronics Show) : 소비자가전전시회

23 무역 거래에서 환어음의 당사자 중 연결 의미가 올바른 것은?

① Drawee – 채권자   ② Payee – 수취인
③ Payer – 발행인   ④ Drawer – 채무자

정답 ②

해설 ② Payee : (환어음) 수취인
① Drawee : 채권자 → (환어음) 지급인, 채무자
③ Payer : 발행인 → (환어음) 지급인, 채무자
④ Drawer : 채무자 → (환어음) 발행인, 채권자
무역거래 관계에 따른 당사자의 명칭

구 분	수출업자(Exporter)	수입업자(Importer)
신용장관계	Beneficiary(수익자)	Applicant(개설의뢰인)
매매계약관계	Seller(매도인)	Buyer(매수인)
화물관계	Shipper/Consignor(송하인)	Consignee(수하인)
환어음관계	Drawer(환어음 발행인)	Drawee(환어음 지급인)
계정관계	Accounter(대금수령인)	Accountee(대금결제인)

24 밑줄 친 말과 바꾸어 쓸 수 있는 것은?

We hope you will kindly <u>honor</u> our draft by June 30.

① negotiate
② pay
③ reject
④ draw

정답 ②

해석

당사는 귀사가 6월 30일까지 당사의 환어음을 <u>지불해</u> 주실 것을 희망합니다.

① 매입하다
② 지불하다
③ 거절하다
④ 발행하다

해설 honor는 '어음인수·지급[결제]하다'의 뜻으로 무역영어에서는 어음, 수표, 환어음을 규정된 조건에 따라 '인수·지급한다'는 것을 의미한다. 따라서 honor와 바꾸어 쓸 수 있는 표현은 ② pay(지불하다)이다.

환어음(Draft = Bill of Exchange = Bill) 관련 어휘
• promissory note : 약속어음
• accept a draft : 환어음을 인수하다
• honor[protect] a draft : 환어음을 인수하고 만기에 지급하다
• dishonor[protest] a draft : 환어음 인수를 거절[부도]하다
• endorse a draft : 환어음에 배서하다
• discount a draft : 환어음을 할인하다
• at sight[on demand] bill[draft] : 일람불환어음
• time[usance] bill[draft] : 기한부환어음
• 30 d/s = 30 days after sight : 일람 후 30일 출급환어음
• draw[value] a draft on A at 30 d/s : ~에게 일람 후 30일 출급환어음을 발행하다

25 밑줄 친 부분의 의미로 알맞은 것을 고르시오.

> If you accept our counter offer at the above prices, we will issue an irrevocable L/C within two weeks <u>after receipt of your acceptance</u>.

① 귀사의 주문서를 수취한 후에
② 귀사의 계약서가 도착한 후에
③ 귀사의 승낙이 수취된 후에
④ 귀사의 조회가 도착한 후에

정답 ③

해석
만약 귀사가 상기 가격으로 당사의 반대청약을 승인한다면, 당사는 <u>귀사의 승낙이 수취된 후</u> 2주 안에 취소불능 신용장을 개설할 것입니다.

해설 ③ 밑줄 친 after receipt of your acceptance의 해석은 '귀사의 승낙(your acceptance)이 수취(receipt)된 후에 (after)'이다.

반대청약(Counter offer)
• 청약을 받은 피청약자가 원청약의 가격·수량·선적시기 등과 관련된 조건을 변경하거나 새로운 조항을 추가한 청약을 원청약자에게 보내는 것을 말한다(원청약에 대한 거절 + 새로운 청약).
• 반대청약은 원청약 거절임과 동시에 피청약자가 청약자에게 하는 새로운 청약으로서 승낙이 아니기 때문에 계약은 성립되지 않으며, 피청약자의 반대청약에 대하여 원청약자가 승낙을 해야만 계약이 성립된다.
• 반대청약은 상대방의 최종 승낙이 있기 전까지 계속 진행될 수 있으며 대응청약이라고도 한다.
*at the above prices : 상기의 가격에

[26~27] 다음 통신문을 읽고 물음에 답하시오.

(A) You would not run the least risk in opening a connection with the firm and would be satisfied with their mode of doing business.

(B) ㉠ Though this information is given to the best of our belief, ㉡ we must ask you to treat it in strict confidence and without any responsibility on our part.

(C) We have done business with them for more than twenty years always to our satisfaction and their last financial statements show a healthy condition.

(D) In compliance with your request of May 17, we are pleased to say that this firm in question started business in London in April 1990 as General Importers and Exporters, and have been enjoying the highest reputation.

---

26 위 통신문을 논리적으로 바르게 배열한 것을 고르시오.

① (C) − (D) − (B) − (A)

② (D) − (A) − (C) − (B)

③ (C) − (A) − (B) − (D)

④ (D) − (C) − (A) − (B)

27 (B) 문장의 밑줄 친 부분 ㉠, ㉡과 뜻이 다른 것을 고르시오.

① Although − you are requested to use

② Even if − we would like you to treat

③ Through − be so kind as to open

④ Much as − please keep

해석

(D) 귀사의 5월 17일자 요청에 따라, 당사는 질문하신 동 상사가 1990년 4월 런던에서 종합수출입상으로 사업을 시작하였으며, 최고의 평판을 가지고 있다는 것을 말씀드리게 되어 기쁩니다.

(C) 당사는 동 상사와 20년 넘게 사업을 해 오면서 언제나 만족하였으며, 동 상사의 최근 재무제표는 건전한 상태를 보여 주고 있습니다.

(A) 귀사께서 동 상사와 거래를 개설하는 데는 전혀 위험이 없을 것이며, 동 상사의 영업방식에 대해서도 만족하시리라 생각됩니다.

(B) ㉠ 비록 이 정보는 당사의 최고 신뢰를 담고 있긴 하지만, ㉡ 당사는 귀사에게 이와 관련하여 극비로 취급할 것을 요청드리며, 어떤 책임도 지지 않을 것입니다.

*open a connection with : ~와 거래를 개설하다
*in strict confidence : 극비로
*in compliance with : ~에 따라, ~에 응하여
*General importers & exporters : 종합수출입상 (cf. General Trading Company : 종합무역상사)
*enjoy the highest reputation : 최고의 평판을 가지다

27
① 비록 ~일지라도 – 귀사에 사용할 것을 요청드린다
② 비록 ~할지라도 – 당사는 귀사를 취급하기를 바란다
③ 비록 ~이지만 – 공개해준다면 감사하겠다
④ ~이긴 하지만 – 지켜줄 것을 부탁드린다

해설 26
위 통신문은 신용조회에 대한 회신으로 '(D) 요청한 서신에 따른 긍정적 정보 제공 – (C) 건전한 재무 상태 알림 – (A) 위험 요소가 없음을 명시 – (B) 비밀 보장을 요청'의 순서가 가장 논리적이다.

27
㉠ though(비록 ~지만)의 의미를 갖는 것으로 although, even if, much as가 쓰일 수 있으며, ㉡은 '~하게 취급해 줄 것을 요청'하는 문장이다. 따라서 정보를 비밀로 사용해줄 것을 요청하거나, 극비로 취급하거나 또는 비밀을 지켜달라고 부탁하는 의미의 표현들과 달리 정보를 공개할 것을 요청하는 ③은 의미가 다르다.

28 다음 서신 중 잘못 쓰인 것을 고르시오.

(A) Gardener & Johnes Limited
596 Broad Street, LA

(B) January, 3nd, 2020

(C) Oliver Green Co.,Ltd.
25 Kings Avenue, New York

(D) Dear Sirs,

---

① (A)

② (B)

③ (C)

④ (D)

[정답] ②

[해설] ② '3일(서수)'을 의미하는 third는 3rd로 표기하므로 'January, 3nd → 3rd, 2020'이 되어야 한다. cf. 2nd(2일)

29 다음 용어를 영어로 잘못 표현한 것을 고르시오.

① 선하증권 – Bill of lading

② 상업송장 – Commercial invoice

③ 본선수취증 – M/R(mate's receipt)

④ 보험증권 – Certificate of insurance

[정답] ④

[해설] ④ '보험증권'은 Insurance policy이며, Certificate of insurance는 '보험증명서'를 의미한다.
보험증권(Insurance policy)
보험을 가입하였다는 증거서류로서 계약의 성립과 그 내용을 기재하고 보험자가 기명날인하여 보험계약자에게 교부하는 증서를 말한다.
보험증명서(Certificate of insurance)
• 예정보험계약 체결 시 발행하는 예정보험증권에 의거, 선적 시마다 발행하는 서류이다.
• 보험계약의 존재 및 보험목적물에 관한 구체적인 내용을 명시한다.
• 법적 효력은 보험증권과 동일하므로 은행에서 수리된다.

30 다음 문장을 영작한 것으로 가장 옳지 않은 것을 고르시오.

> 이 신용장의 만기는 12월 31일까지입니다.

① This L/C will be opened until December 31.
② This L/C expires on December 31.
③ The expiration of this L/C is December 31.
④ The expiry date of this L/C is December 31.

정답 ①

해설 ① expire, expiration, expiry date는 '만기'를 의미하지만, open은 '개설'을 의미한다.
신용장의 유효기일[만기일](Expiry Date)
• 수익자가 매입은행 또는 지급은행에 대하여 어음의 지급·인수 또는 매입을 요구하기 위하여 서류를 제시하여야
할 최종 유효기일이다.
• 단, "May 31, 2021 at the counters of advising bank" 또는 "May 31, 2021 at the Counters of Issuing Bank"
등으로 되어 있으면 해당 일자까지 정해진 지점에 서류가 제시되어야만 한다.
• 유효기일이 은행의 휴업일에 해당하는 경우, 최종일은 해당 은행의 휴업일 다음 첫 영업일까지 연장된다.

31 다음 (   ) 안에 들어갈 단어로 옳은 것은?

> Our (   ) is based on FOB Pyeongtaek and can be adjusted for any other conditions if you
> wish.

① Quality　　　　　　　　　② Quantity
③ Price　　　　　　　　　　④ Shipment

정답 ③

해석
> 당사의 (가격)은 FOB 평택이며, 귀사가 원하면 다른 조건들은 조정될 수 있습니다.

① 품 질　　　　　　　　　　② 수 량
③ 가 격　　　　　　　　　　④ 선 적

해설 ③ FOB의 개념에서 매도인의 물품의 멸실 혹은 손상의 위험은 매도인이 지정선적항에서 매수인이 지정한 선박에
물품을 적재, 또는 이미 그렇게 인도된 물품을 조달할 때 이전하고, 매수인은 그 순간부터 향후의 모든 비용을
부담한다.

FOB[Free On Board, (지정선적항) 본선 인도조건]
- 계약물품을 지정선적항의 본선상에 인도하는 조건
- FOB 다음에 지정선적항을 표시(매도인 수출통관)
- 물품의 인도장소 : 선적항에 수배된 선박의 본선을 통과한 곳
- 물품에 대한 매매당사자의 위험부담의 분기점(위험이전) : 물품이 지정선적항 본선 갑판에 안착됐을 때
- 물품에 대한 매매당사자의 비용부담의 분기점(경비이전) : 물품이 지정선적항 본선 갑판에 안착됐을 때(매도인은 인도할 때까지 모든 비용부담, 매도인은 매수인이 지명한 본선에 수출통관된 물품을 적재해야 함)

32 다음 (   ) 안에 적절하지 않은 표현은?

> The quality must (   ) the sample in every detail.

① be inferior to
② be up to
③ match
④ be equal to

정답 ①

해석

품질은 각각의 세부사항에서 견본과 (동일)하여야만 합니다.

① ~보다 떨어지는
② ~에 달려있다
③ 어울리다, 일치하다
④ ~와 동일하다

해설 ②, ③, ④는 '동일하다'는 의미를 담고 있지만, ① be inferior to는 '~보다 품질이 떨어지다'라는 뜻이므로 정답은 ①이다.
품질조건 중 견본매매(Sales by Samples)
- 거래 목적물의 견본을 거래상품의 대표격으로 하여 품질기준으로 삼는 방법이다. 즉, 거래 목적물의 품질을 제시된 견본에 의해 약정하는 방법이다.
- 견본용어(Sample Terms)
  - 관습적으로 "same as sample ~, up to sample ~, fully equal to sample" 등의 문언을 사용하면 물품 견본과 조금만 달라도 인수거절 또는 무역 클레임이 제기될 수 있다.
  - 따라서 수출자 입장에서는 정밀제품 또는 규격품이 아닌 한 "similar to sample ~, as per sample ~, about equal to sample ~" 등의 용어를 사용하는 것이 바람직하다.

33 밑줄 친 부분과 의미가 다른 것을 고르시오.

> Your prices do not seem to be <u>competitive</u>.

① cheap
② low
③ reasonable
④ bullish

해석

> 귀사의 가격은 <u>경쟁력이 있어</u> 보이지 않습니다.

① 저렴한
② 낮 은
③ 합리적인
④ 낙관적인

해설 가격 면에서 경쟁력(competitive)이 있으려면 저렴하거나(cheap), 낮거나(low), 합리적이어야(reasonable) 한다.
④ bullish는 '(주가 등이) 상승세를 타고 있다'는 의미이므로 가격 면에서 경쟁력이 있다고 할 수 없다.
*competitve : 경쟁력 있는, 저렴한
*bullish : 희망에 찬, 낙관적인

34 ( ) 안에 알맞은 것을 고르시오.

> Would you please open ((A)) L/C in our ((B))?

① (A) a — (B) behalf
② (A) a — (B) best
③ (A) an — (B) favor
④ (A) an — (B) best

정답 ③

해석

> 귀사는 당사를 (B) <u>수익자로 하여</u> (A) <u>신용장을</u> 개설해 주시겠습니까?

해설 ③ 신용장은 a Letter of Credit 혹은 an L/C로 표기하며, open an L/C in our favor는 '당사를 수익자로 하여
신용장을 개설하다'의 의미이다.
*in our favor : 당사를 수익자로 하여

35 다음 문장을 완성하는데 (   ) 안에 적합한 것을 고르시오.

> The (   ) is payable to the (   ) when he issues the policy unless another arrangement is agreed upon by the parties or required by trade custom.

① premium － insurer

② premium － insured

③ claim － insurer

④ claim － insured

정답 ①

해석

(보험료)는 다른 계약이 계약 당사자들에 의해 합의되거나 무역관습에서 요구되지 않는 한 (보험회사)가 증권을 발행할 때 지불해야 한다.

*unless : ～하지 않는 한, ～않다면
*trade custom : 무역관습

① 보험료 － 보험자
② 보험료 － 피보험자
③ 클레임[청구] － 보험자
④ 클레임[청구] － 피보험자

해설 '보험증권을 발행하는(issues the policy)' 자에게 '지불할(payable to)' 금액을 의미하는 단어가 와야 하므로, 괄호 안에는 ① 'premium(보험료) － insurer(보험[업]자, 보험회사)'가 들어가야 한다.

보험료(Insurance premium)
• 보험자의 위험부담에 대해 보험계약자가 지급하는 대가
• 보험료 = 보험금액(CIF Value × 110%) × 보험요율(Premium Rate)[보험요율은 보험(가입)금액에 대하여 백분율 (%)로 표시]
보험자(Insurer/Assurer/Underwriter)
• 보험계약자에게서 보험료를 대가로 보험계약을 인수한 자
• 보험기간 중 보험사고 발생 시 그 담보위험으로 인한 손해를 보상하기 위해 보험금 지급 의무를 지는 자
• 실무 보험약관에서는 당(보험) 회사(this company)라는 단어를 사용한다.
*(insurance) premium : 보험료
*insurer : 보험자(= assurer)
*insured : 피보험자(= assured)
*claim : 청구

( )

We are pleased to place the following order with you as below :

(가)	DESCRIPTION	QUANTITY	UNIT PRICE	AMOUNT
LED TV	30 inch color TV	50 sets	@US$1,000.00 CIP Busan	(나)

Packing :	Each unit to be packed in an export standard box.
Origin :	Republic of Korea
Shipment :	During November of this year
(다) :	By an irrevocable L/C at 60 days after sight. Discount charges to be covered by you.
(라) :	Covering 110% of invoice value, ICC (마)
Inspection :	Seller's inspection to be final.

36 위 통신문의 제목으로 옳은 것은?

① Offer Sheet

② Counter Offer

③ Contract Sheet

④ Purchase Order

37 (가) ~ (라)에 들어갈 표현으로 옳지 않은 것은?

① (가) ARTICLE

② (나) US$50,000

③ (다) PRICE TERMS

④ (라) INSURANCE

38 Incoterms 2020에 의거 밑줄 친 (마)에 들어갈 적절한 적하보험 조건은?

① (B)

② (A)

③ (C)

④ (FPA)

해석

(매입주문서)

당사는 하기와 같이 귀사에 아래의 주문을 하게 되어 기쁩니다.

(가) 품 목	상품 명세	수 량	단 가	총 액
LED TV	30 inch color TV	50 sets	@US $1,000.00 CIP Busan	(나) US $50,000.00

포 장 :	개별 상품별로 수출 표준상자에 포장됨
원산지 :	대한민국
선 적 :	올해 11월 동안
(다) 지급조건 :	취소불능 신용장에 의한 일람 후 60일 출급. 할인 요금은 귀사 담당
(라) 보 험 :	ICC((마) A) 조건으로 송장가격의 110% 부보
검 사 :	수출상 자신의 수출품질 검사

*Purchase Order(P/O) : 매입주문서
*covered : 부보된

36
① 물품매도확약서   ② 반대청약
③ 계약서   ④ 매입주문서

37
① (가) 품 목   ② (나) US 50,000달러
③ (다) 가격조건   ④ (라) 보 험

해설 36
LED TV의 매입과 관련한 조항들을 기입한 서류이므로 ④ 매입주문서(Purchase Order)에 해당한다.
매입주문서[Purchase Order(P/O), Indent Order]
• 수입업자가 신용장을 개설하기 직전에 수출업자에게 계약이 확정되었으므로 수출물품을 조달하는 활동을 개시하도록 하는 주문서로 구매확약서라고도 한다.
• 무역계약이 성립하면 당사자 사이에 계약이 체결되었다는 구체적인 증거로 매매계약서를 작성하여야 한다.
• 매매계약서를 작성하지 아니하고 단순히 청약이라 할 수 있는 Offer Sheet나 견적송장(Pro forma Invoice)을 주문서라 할 수 있는 Purchase Order(P/O) 또는 Indent Order로 계약을 대신하기도 한다.

37
③ 위 서신은 수출상에게 TV 세트를 매입하겠다는 주문서이고 취소불능 신용장 일람 후 60일 출급하겠다는 내용이므로, (다) PRICE TERMS(가격조건) → PAYMENT TERM(지급조건)이 되어야 한다.

38
CIF와 CIP 간 부보수준의 차별화
CIF 규칙과 CIP 규칙에서 최소부보에 관하여 다르게 규정하기로 결정되었는데, 즉 CIF 규칙은 일차산품의 해상무역에서 사용될 가능성이 매우 높으므로 현상을 유지(ICC(C)의 원칙을 계속 유지)하되, 당사자들이 보다 높은 수준의 부보를 하기로 달리 합의할 수 있도록 길을 열어 두었다. CIP 규칙의 경우 매도인은 ICC(A)에 따른 부보를 취득하여야 한다.

We are pleased to advise you that we have shipped five hundred units of LED TV to you by the M/S "Speed Queen" due to leave Incheon for Shanghai. The ETA will be around July 30, 2019. (가) 결제조건에 따라서, we have drawn a draft on your bank at 30 d/s for US$3,450,000.00 under L/C No. 12/80001 with attached documents, and have negotiated it through the Korea Exchange Bank in Seoul, Korea. We hope (나) 귀사가 제시 시에 인수지급할 것이다.

We have enclosed a non-negotiable copy of B/L and copies of Marine Cargo Insurance Policy and one copy of Packing List.

We hope that the goods will reach you in good condition so that you may place additional orders with us.

39 밑줄 친 (가)를 영어로 옮길 때 가장 적절하지 않은 것은?

① Complying with the terms of payment
② According to the terms of payment
③ Because of the terms of payment
④ In compliance with the terms of payment

40 밑줄 친 (나)를 영어로 옮길 때 적절한 것은?

① you would honor it upon presentation
② you would accept it upon inspection
③ you would pay it when inspecting
④ you would protest it when presenting

정답 39 ③ 40 ①

해석

당사는 LED TV 500대를 인천을 출발해서 상하이에 도착 예정인 M/S "Speed Queen"호에 선적했음을 귀사에 알리게 되어 기쁩니다. 도착 예정 시간은 2019년 7월 30일경입니다.
(가) 결제조건에 따라서, 당사는 신용장 No. 12/80001과 첨부서류에 의거, US $3,450,000.00에 대하여 일람 후 30일 출급조건으로 귀사의 은행에 환어음을 발행했으며, 한국 서울 소재 한국외환은행을 통하여 매입했습니다. 당사는 (나) 귀사가 제시 시에 인수지급할 것입니다.
당사는 유통불능 선하증권 사본과 해상적하보험증권 사본, 포장명세서 사본을 동봉했습니다.
당사는 물품이 좋은 상태로 도착해서 귀사가 당사에 추가 주문하기를 바랍니다.

*due to : ~할 예정인
*ETA(Estimated Time of Arrival) : 도착 예정 시간(cf. ETD : 출발 예정 시간)
*negotiate : 매입하다
*non-negotiable B/L : 유통불능 선하증권
*Packing List : 포장명세서

39

① 결제조건에 동의하여

② 결제조건에 따르면

③ 결제조건 때문에

④ 결제조건에 따라

40

① 귀사가 제시 시 인수지급[결제]할 것입니다.

② 귀사가 조사 시 승낙할 것입니다.

③ 귀사가 조사 시 지불할 것입니다.

④ 귀사가 제시 시 거절할 것입니다.

해설 **39**

③ (가)는 '결제조건에 따라서'이므로 나머지 '~을 따라서[따르면]'의 의미를 나타내는 Complying with, According to, In compliance with의 표현이 적절하다. 그러나 Because of는 '~때문에'라는 뜻이므로 '~에 따르다'라는 표현으로 적절하지 않다.

*comply with : ~에 동의하다, 순응하다, 지키다, 준수하다

*according to : ~에 따라서

*in compliance with : ~에 따라, ~에 응하여

40

'제시'는 presentation이고 '(환어음을) 인수지급[결제]하다'는 표현은 honor로 나타내므로, 밑줄 친 (나)를 영역하면 ① you would honor it upon presentation가 되어야 한다.

UCP 600상 결제(Honour)의 의미

• 신용장이 일람지급에 의하여 이용가능하다면 일람출급으로 지급하는 것

• 신용장이 연지급에 의하여 이용가능하다면 연지급을 확약하고 만기에 지급하는 것

• 신용장이 인수에 의하여 이용가능하다면 수익자가 발행한 환어음을 인수하고 만기에 지급하는 것

*honor/honour : 인수지급[결제]하다

*upon presentation : 제시 시에

*protest : 거절[부도]하다

41 "지급지연"의 영문표현으로 옳은 것은?

① Non-payment

② Delay in payment

③ Stop payment

④ Inferior shipment

정답 ②

해석 ① 지급불이행
② 지급지연
③ (수표의) 지불정지 지시
④ 하급의 선적

해설 ② 지급지연(Delay in payment)은 당사자가 계약 이행기에 지급이 가능함에도 정당한 지급을 하지 않고 지연시키는 것을 말한다.

42 "연체"의 영문표현 중 올바른 것을 고르시오.

① Overdue

② Just in Time

③ Wrong Payment

④ No Interest

정답 ①

해석 ① 지불기한이 지난, 연체된
② 제 시간에
③ 잘못된 지급
④ 이자(이익) 없음

해설 ① Overdue는 '지불기한이 지난, 연체된'의 의미이다.
지불(Payment) 상태와 관련된 표현
• overdue : 연체된, 만기가 지난(= past due)
• outstanding : 미납의, 미지불된
• overpaid : 초과 지급된
• unsettled : 납부가 안 된, 미지불[미납]의

43 ( ) 안에 알맞지 않은 것을 고르시오.

This L/C is ( ) until June 30.

① available

② valid

③ effective

④ opened

정답 ④

해석

이 신용장은 6월 30일까지 (유효합니다).

① 이용가능한
② 유효한
③ 효과적인
④ 개설된

해설 ④ '기한(~까지)'을 뜻하는 until이 있으므로 '유효하다'는 의미의 available, valid, effective 등의 단어가 괄호 안에 들어갈 수 있으나, opened(개설된)는 어울리는 표현이 아니다.

44 다음 우리말을 영어로 옮길 때 (   ) 안에 들어갈 내용이 바르게 배열된 것은?

> 당사는 미화 10,000달러를 보상받기 위하여 귀사에게 손해보상 청구를 하지 않을 수 없습니다.
> → We are ((1) compelled (2) on (3) claim (4) to (5) you) to compensate for US$ 10,000.00.

① (1) − (4) − (3) − (2) − (5)　　　② (1) − (2) − (5) − (4) − (3)

③ (3) − (2) − (5) − (4) − (1)　　　④ (1) − (4) − (5) − (2) − (3)

 정답 ①

해석
당사는 미화 10,000달러를 보상받기 위하여 귀사에게 손해보상 청구를 하지 않을 수 없습니다.
→ We are ((1) compelled (4) to (3) claim (2) on (5) you) to compensate for US$ 10,000.00.

해설 빈 칸에 들어갈 표현 중 '당사는 ~하지 않을 수 없습니다.'는 We are compelled to이고, '귀사에게 손해보상 청구를 하다'는 claim on you로 나타낼 수 있다. 따라서 주어진 우리말 문장을 영작하면 'We are compelled to claim on you to compensate for US$ 10,000.00.'이므로 정답은 ①이다.
*be compelled to : 할 수 없이 ~하다
*claim : 클레임을 걸다, 청구하다

45 다음 영작 중 가장 적합한 것을 고르시오.

> 당사의 실수로 귀사께 폐를 끼친 것에 대하여 사과드립니다.

① Please apologize for the inconvenience you may have caused us.

② Please accept our apology for any inconvenience caused by our mistake.

③ We apologized for your inconvenience by our oversight.

④ We regret to apologize for the mistake you have caused us.

정답 ②

해석 ① 귀사가 당사에 폐를 끼친 것에 대해 사과해 주십시오.
② 당사의 실수로 귀사께 폐를 끼친 것에 대하여 사과드립니다.
③ 당사는 당사의 실수로 인해 귀사에 불편을 끼친 것을 사과했습니다.
④ 당사는 귀사가 당사에 끼친 실수에 대해 사과한 것을 후회합니다.

해설 ② accept A for B는 'B에 대하여 A를 받아들이다, 인정하다'의 의미이므로, '당사의 실수로 귀사께 폐를 끼친 것에 대하여 사과드립니다.'를 영작하면 'Please accept our apology for any inconvenience caused by our mistake.'가 적합하다.
*apologize for : ~에 대해 사과하다
*regret to 〈동사원형〉 : ~한 것을 후회하다

46 다음 우리말을 영작할 때 잘못된 것을 고르시오.

① 당사는 창업한지 오래된 신발 수출업자입니다.

→ We are long-established exporters of shoes.

② 상기 회사들은 이곳에서 평판이 좋습니다.

→ The firms to be mentioned in the below are leading exporters.

③ 귀사가 이 정보를 극비로 취급해 줄 것을 요청합니다.

→ We request you to consider this information confidential.

④ 당사의 신용상태에 관해서는 ABC은행이 필요한 정보를 제공해드릴 것입니다.

→ For our financial status, The Bank of ABC will provide you with necessary information.

[정답] ②

[해설] ② 주어진 영문(The firms to be mentioned in the below are leading exporters.)은 '하기 회사(the below)들은 선도하는 수출업자입니다'의 의미이므로, '상기 회사들은 이곳에서 평판이 좋습니다.'를 영어로 나타내려면 the below → the above(상기 회사)로 바꾸어 써야 한다.

*The firms to be mentioned in the below : 하기에 언급된 동 회사들

*leading : 앞서가는, 선도하는, 유력한

47 다음 (   ) 안에 가장 알맞은 표현은?

> 귀사의 가격이 다른 공급업자들과 비교해 봤을 때 그다지 저렴한 것 같지는 않습니다.
> → Your prices do not seem to be inexpensive ((A)) those of other ((B)).

① (A) compared to - (B) sellers

② (A) compared with - (B) supply chains

③ (A) compared with - (B) buyers

④ (A) compared to - (B) suppliers

해석

귀사의 가격이 다른 (B) 공급업자들과 (A) 비교해 봤을 때 그다지 저렴한 것 같지는 않습니다.
→ Your prices do not seem to be inexpensive (A compared to) those of other (B suppliers).

① (A) 와 비교하다 – (B) 매도인들
② (A) 와 비교하다 – (B) 공급망들
③ (A) 와 비교하다 – (B) 매수인들
④ (A) 와 비교하다 – (B) 공급업자들

해설 '~와(과) 비교하다'라는 표현은 be compared + to/with를 모두 쓸 수 있으며, '공급자, 공급업자'에 해당하는
단어는 supplier이므로 정답은 ④이다.
*seller : 매도인
*supply chain : 공급망, 공급 사슬
*buyer : 매수인
*supplier : 공급자, 공급업자

48 다음 선적서류 중 해석과 발급자가 잘못된 것을 고르시오.

① Certificate of Weight and Measurement – 중량 및 용적 증명서 : 공인검량인 또는 수출상
② Bill of Lading – 선하증권 : 선박회사
③ Certificate of Origin – 원산지증명서 : 은행
④ Proforma Invoice – 견적송장 : 수출상

정답 ③

해설 원산지증명서(Certificate of Origin ; C/O)
• C/O는 수입통관 시 관세양허용뿐만 아니라 특정국으로부터의 수입제한 또는 금지, 국별 통계를 위해 수입국이
요구하는 경우 발행된다.
• 양국의 통상협정에 의한 관세양허를 위한 일반원산지증명서는 상공회의소 또는 세관이 발행한다.
• 선진국의 개도국에 대한 GSP(Generalized System of Preferences, 일반특혜관세)의 적용을 받기 위한 GSP용
C/O는 각 시・도청에서 발급한다.

(1) ① <u>취소불능 신용장</u> Date : September 21, 2019 Our Advice No : 2010 / 092103	
(2) ② <u>발행은행</u> THE COMMERCIAL BANK OF LONDON	(3) ③ <u>발행의뢰인</u> THE PLANET CO., INC.
(4) ④ <u>수익자</u> GALAXY CO., LTD.	(5) Amount USD 1,500,000.00
	(6) (가) <u>유효기일</u> November 15, 2019
(7) Documents Required 　– Signed (나) <u>상업송장</u> in triplicate 　– Full set of clean on board Ocean Bills of Lading 　– Insurance Policy (다) <u>2통으로</u>	
(8) Shipment from Busan to London, October 30	(9) Partial shipments (라) <u>금 지</u>

49 위 서한의 밑줄 친 ①~④를 영어로 옮길 때 잘못된 것을 고르시오.

① IRREVOCABLE DOCUMENTARY CREDIT

② Negotiating Bank

③ Applicant

④ Beneficiary

50 다음 (가)~(라)의 영문표현이 틀린 것을 고르시오.

① (가) Expiry date

② (나) Commercial invoice

③ (다) in duplicate

④ (라) allowed

해석

(1) ① <u>취소불능 신용장</u> 일자 : September 21, 2019 통지번호 : 2010 / 092103	
(2) ② <u>발행은행</u> 런던 상업은행	(3) ③ <u>발행의뢰인</u> THE PLANET CO., INC.
(4) ④ <u>수익자</u> GALAXY CO., LTD.	(5) 가 격 USD 1,500,000.00
	(6) (가) <u>유효기일</u> November 15, 2019
(7) 필요 서류들 　- 서명된 (나) <u>상업송장</u> 3통 　- 무사고 해양선적선하증권 전통 　- 보험증권 (다) <u>2통으로</u>	
(8) 선 적 부산 출발 런던행 October 30	(9) 분할선적 (라) <u>금 지</u>

49
① 취소불능 신용장　　　　　　　　② 매입은행
③ 발행[개설]의뢰인　　　　　　　　④ 수익자

50
① (가) 유효기일　　　　　　　　　　② (나) 상업송장
③ (다) 2통으로　　　　　　　　　　　④ (라) 허가된

해설 49

② <u>Negotiating Bank(매입은행) → Issuing Bank(발행은행, 개설은행)</u>
개설은행(Issuing Bank)
- 보통 수입자의 거래은행으로서 개설의뢰인(수입업자)의 요청과 지시에 의하여 신용장을 발행하는 은행이다.
- 개설은행은 수출업자가 약정된 물품을 선적하고 신용장에서 요구되는 선적서류, 상업송장, 보험서류 등을 갖추어 환어음을 발행하면 이를 직접 또는 수권은행(수출지의 거래은행)을 통하여 신용장 조건에 따라 지급·인수·매입할 것을 확약하는 신용장을 발행하게 되며, 환어음 지급에 있어서 최종적인 책임을 부담한다.
- 수출상이 환어음을 발행할 때 수입상이 아닌 개설은행을 지급인(Drawee)으로 하여야 한다.

50

④ <u>(라) allowed(허가된) → prohibited(금지된)</u>
분할선적(Partial Shipment)
- 허용의 표시는 "Allowed", "Permitted", 불허의 표시는 "Not Allowed", "Not Permitted", "Prohibited" 등이다.
- 분할선적에 대해 아무런 언급이 없으면 신용장통일규칙에 따라 해당 신용장은 이를 허용하는 것이 된다. 분할선적은 승인서상에 표시되지 않는 사항이므로 이의 조건변경 시에는 I/L 변경 선행의 필요성이 없다.

51 다음 중 반드시 수입상을 지칭하는 용어로 옳은 것은?

> ㄱ. Shipper
> ㄴ. Buyer
> ㄷ. Applicant
> ㄹ. Drawer

① ㄱ, ㄴ　　　　　　　　　　　　② ㄱ, ㄷ
③ ㄴ, ㄷ　　　　　　　　　　　　④ ㄷ, ㄹ

정답 ③

해설 ③ Buyer는 매매관계에서 매수인으로서의 수입상을 부르는 명칭이고, Applicant는 신용장관계에서 개설의뢰인으로서의 수입상을 부르는 명칭이다.
　ㄱ. Shipper : 선적관계에서 선적인으로서의 수출상을 부르는 명칭이다.
　ㄹ. Drawer : 어음관계에서 발행인으로서의 수출상을 부르는 명칭이다.

52 신용조회의 내용 중 상도덕(Character)과 관련된 것을 모두 고르시오.

> ㄱ. Turn-over
> ㄴ. Integrity
> ㄷ. Willingness to meet obligations

① ㄱ, ㄴ　　　　　　　　　　　　② ㄴ, ㄷ
③ ㄱ, ㄷ　　　　　　　　　　　　④ ㄱ, ㄴ, ㄷ

정답 ②

해설 Character(성격 또는 상도덕)
• 상대방의 정직성(Honesty), 성실성(Integrity) 등에 대한 내용으로 특히 대금결제 이행 여부에 대한 판단은 회사의 규모나 재정 상태보다는 그 회사의 성격요인에 의해 결정된다고 보는 것이 일반적이다.
• 회사의 연혁, 사업목적, 경영자의 태도, 영업 태도, 계약이행에 대한 열의, 계약이행 상태, 업계평판, 품질 등에 대한 항목들이 포함된다.

53 해외시장의 실질적인 조사내용에 대한 것으로 옳지 않은 것은?

① 국내 소비자 조사　　　　　② 물품 조사
③ 거래방식 조사　　　　　　④ 판로 조사

정답 ①

해설 ① 해외시장조사는 수출하려는 해당 국가의 유망한 거래처를 물색하거나 소비자의 상품 선호도, 상품의 판로 등을 분석하는 것이다. 국내 소비자는 이와 관련이 없으므로 적절한 조사 대상이 아니다.

54 내국신용장에서 개설의뢰인의 자격에 해당되지 않는 자는?

① 수입신용장 등을 보유한 자　　　② 자사제품 수출실적 보유자
③ 무역금융의 융자 대상자　　　　④ 타사제품 수출실적 보유자

정답 ①

해설 ① 개설의뢰인의 자격은 무역금융의 융자 대상자, 수출신용장 등을 보유한 자, 자사제품 및 타사제품 등 과거 수출실적 보유자에 한한다.
　　내국신용장(Local L/C)
　　• 수출신용장(Master L/C)을 받은 수출자가 국내생산업자나 원자재공급업자로부터 물품을 공급받고자 할 때 국내공급업자 앞으로 발행해주는 신용장이다.
　　• 수출상이 발행의뢰인이 되고 국내의 은행이 발행은행이며, 공급업자가 수익자가 된다.
　　• 개설의뢰인의 자격은 무역금융의 융자 대상자, 수출신용장 등을 보유한 자, 자사제품 및 타사제품 등 과거 수출실적 보유자에 한한다.
　　• 내국신용장에 의한 공급실적은 수출실적으로 인정된다.

55 수량의 단위와 관련 길이를 나타내는 단위로 옳지 않은 것은?

① inch　　　　　　　　　② meter
③ feet　　　　　　　　　④ CBM

정답 ④

해설 ④ CBM(Cubic Meter ; ㎥)은 목재의 용적이나 부피의 측정기준으로 사용되는 단위이다.
　　수량의 단위
　　• 용적/부피(Measurement) : 주로 목재나 액체류의 거래에 사용된다.
　　　- 목재 등 : Cubic Meter(CBM : ㎥), Cubic Feet(CFT), 용적톤(Measurement Ton ; M/T)
　　　- 액체류 등 : drum, gallon, barrel 등
　　• 길이 : 미터(meter)와 야드(yard)를 주로 사용하며, 직물, 전선 등의 거래에 많이 쓰인다.

56 매수인이 매도인의 청약조건으로 구매하겠다는 확정적 의사표시로 옳은 것은?

① Offer

② Contract

③ Firm offer

④ Acceptance

정답 ④

해석 ① 청 약

② 계 약

③ 확정청약

④ 승 낙

해설 ④ Acceptance는 승낙으로, 피청약자가 청약의 내용을 받아들여서 계약을 성립시키고자 하는 의사표시를 말한다.

승낙(Acceptance)

• 청약에 대해 동의를 표시하는 피청약자의 진술 또는 기타의 행위를 의미한다.

• 청약 내용과 원칙적으로 일치해야 한다. 즉, 승낙이란 피청약자가 청약자의 청약에 대해 그 청약 내용 또는 조건을 모두 수락하고 계약을 성립시키겠다는 의사표시이다.

57 A 상사는 캄보디아의 B 상사로부터 전자제품에 대한 청약을 받고 승낙하는 서신을 발송하였다면, 무역계약의 성격으로 알맞은 것은?

① 쌍무계약

② 유상계약

③ 불요식계약

④ 낙성계약

정답 ④

해설 ④ 낙성계약 : 계약당사자의 의사표시의 합치, 즉 매매당사자 간의 합의만 있으면 그 자체로 계약이 성립하는 것을 말한다. 무역계약에서의 합의는 일방의 청약을 상대방이 수락함으로써 성립된다.

① 쌍무계약 : 당사자 쌍방이 계약상의 의무를 부담하는 계약으로서 계약 성립과 동시에 매매당사자가 서로 채무를 부담한다.

② 유상계약 : 계약당사자 쌍방 간에 의무를 부담하는 것을 상호 간에 대가성 있는 급부를 제공한다는 관점에서 바라본 무역계약의 성질을 말한다.

③ 불요식계약 : 매매계약을 체결함에 있어서 요식(Formal)에 의하지 않고 문서나 구두에 의한 명시계약(Expressed contract)이나 묵시계약(Implied contract)으로서도 계약이 성립되는 것을 말한다.

58 신용장 개설 시 신용장을 매입에 의해 이용하도록 하기 위해 표시해야 하는 항목은?

① Sight payment
② Deferred payment
③ Acceptance
④ Negotiation

정답 ④

해석 ① 일람지급
② 후지급
③ 승 낙
④ 매 입

해설 ④ 매입에 이용하는 신용장은 매입신용장으로, Negotiation L/C로 표기한다. 매입신용장은 가장 많이 사용되는 신용장이며, 중소기업에서 진행되는 대부분의 신용장을 차지한다.
① 일람지급(Sight payment) : 환어음이 발행되지 않으며, 신용장에 의한 환어음의 매입 여부는 언급하지 않고 개설은행, 또는 그의 지정은행(지급은행)에 선적서류와 환어음을 제시하면 이를 일람한 즉시 대금을 지급(Honour)하겠다고 확약한다.
② 후지급(Deferred payment) : 물품 선적·인도 또는 해당 운송서류 인도 후 일정 기간 경과 시 대금을 결제하는 조건이다.
③ 승낙(Acceptance) : 청약에 대해 동의를 표시하는 피청약자의 진술 또는 기타의 행위를 의미한다.

59 매입신용장에 대한 설명으로 옳지 않은 것은?

① 실무적으로 가장 많이 사용되는 신용장이다.
② 개설은행은 매입은행이 될 수 있다.
③ 통지은행만이 매입업무를 담당할 수 있다.
④ 어음의 배서인에 대해서도 지급을 확약한다.

정답 ③

해설 ③ 통지은행은 개설은행으로부터 신용장이 내도되면 그 적격성을 확인한 후 수익자에게 통지하는 은행이므로 통지은행만이 매입업무를 담당할 수 있는 것은 아니다. 매입신용장인 경우에는 원칙적으로 개설은행을 제외한 어느 은행이나 매입을 취급할 수 있다.
매입신용장(Negotiation L/C)
• 일반적으로 환어음을 발행하지만 발행하지 않는 경우도 있다.
• 일반적으로 수익자가 환어음을 발행하고 자신의 거래은행(매입은행)을 통하여 환어음 및 선적서류를 현금화하는 매입(네고)방식으로 수출입대금을 지급받는 방식을 취한다.
• 개설은행이 수익자 외에 수익자로부터 매입을 행한 은행에 대해서도 대금지급을 명시적으로 표시하는 신용장이다.

60 신용장의 당사자에 대한 설명으로 옳은 것은?

① 통지은행 – 수입상에게 신용장의 도착을 통지하는 은행
② 수익자 – 신용장 발행으로 혜택을 받는 수입상
③ 개설은행 – 수입상의 요청으로 신용장을 개설해 주는 수출상의 거래은행
④ 확인은행 – 개설은행의 지급확약에 확약을 추가한 제3의 은행

정답 ④

해설 ④ 확인은행 : 발행은행으로부터 신용장을 확인할 것을 위임받은 은행으로, 확인은행이 신용장에 자신의 확인을
추가하면 취소 또는 철회할 수 없다.
① 통지은행 : 개설[발행]은행으로부터 위임받은 신용장의 통지사무를 행하고, 그 보수로서 통지 수수료를 발행은행
또는 경우에 따라 수익자로부터 받는 은행이다.
② 수익자 : 신용장이 지정하고 있는 자로서 수혜를 받을 권리가 있는 자를 말한다.
③ 개설은행 : 개설의뢰인(수입상)의 지시와 요청에 따라 수출상 앞으로 신용장을 개설하고, 수출상이 발행하는
환어음에 대한 지급 등을 확약하는 은행으로, 수입상의 거래은행이다.

61 수출업자가 화물을 본선에 적재한 후 본선의 일등 항해사가 발행하는 서류로 옳은 것은?

① S/R
② B/L
③ M/R
④ D/O

정답 ③

해설 ③ M/R(Mate's Rate, 본선수취증) : 본선에서 화물을 받았다는 뜻으로 발행하는 확인증서이다. 선장을 대신하여
1등 항해사(Chief Mate/Chief Officer)가 검수인(Tally-man) 입회 하에 선사에서 발급한 선적지시서와 대조하여
화물불일치 여부, 화물·포장 이상 여부 확인 후 발행하게 된다.
① S/R(Shipping Request, 선복요청서) : 무역업자가 선사의 선적스케줄에 맞춰 선적/선복을 예약하기 위한 요청서
이다(운송계약의 청약 의미).
② B/L(Bill of Lading, 선하증권) : 화주(송하인)의 요청으로 화주(송하인)와 운송계약을 체결한 운송인(선사)이
발행하는 정기선 운송계약의 증거이다.
④ D/O(Delivery Order, 화물인도지시서) : 선사가 수하인으로부터 선하증권(B/L)이나 수입화물 선취보증장(L/G)
을 받고 본선 또는 터미널(CY 또는 CFS)에 화물인도를 지시하는 서류이다.

62 양도가능 신용장에 대한 설명으로 옳지 않은 것은?

① 제1의 수익자의 요청에 따라 제2의 수익자에게 양도될 수 있다.

② 양도는 분할 양도만 가능하다.

③ 양도가능(Transferable)이라는 문구가 있는 신용장을 의미한다.

④ 양도된 신용장은 제2의 수익자의 요청에 의해서 그 이후 어떠한 제3의 수익자에게도 양도될 수 없다.

[정답] ②

[해설] ② 양도가능 신용장은 신용장 금액의 전부 또는 일부를 1회에 한하여 제3자(제2수익자)에게 양도할 수 있다.

양도가능 신용장(Transferable L/C)

- 신용장을 받은 최초의 수익자인 원(제1)수익자가 신용장 금액의 전부 또는 일부를 1회에 한하여 국내외 제3자(제2수익자)에게 양도할 수 있는 권한을 부여한 신용장을 말한다.
- 양도가능 신용장은 1회에 한해 양도가능하므로 제2수익자가 다시 제3자에게 본 신용장을 양도할 수 없다.
- 신용장 개설 시 개설은행이 양도가능하다고 명시적으로 동의한 경우, 즉 신용장에 명시적으로 Transferable 표시가 있어야만 원(제1)수익자 외에 제3자(제2수익자)에게 양도가 가능하다.

63 해상보험 보험계약의 목적을 나타내고 있는 용어로 옳은 것은?

① 피보험이익

② 화 물

③ 선 박

④ 운 임

[정답] ①

[해설] **피보험이익(Insurable Interest)**

- 보험목적물과 피보험자 사이의 이해관계, 즉 보험목적물에 보험사고가 발생함으로써 피보험자가 경제상의 손해를 입을 가능성이 있는 경우 이 보험목적물과 피보험자와의 경제적 이해관계를 피보험이익이라고 하며, 이를 보험계약의 목적이라고도 한다.
- 해상보험에서 피보험목적물에 해상위험이 발생하지 않음으로써 이익을 얻고 또 해상위험이 발생함으로써 손해를 입는 이해관계자가 피보험목적물에 대해 피보험이익을 가진다고 말할 수 있다.

64 신용장을 발행하는 자로 옳은 것은?

① 수입상　　　　　　　　　　　　② 수출상
③ 수출상의 거래은행　　　　　　　④ 수입상의 거래은행

해설 ④ 신용장은 수입상(신용장 발행[개설]의뢰인)의 요청에 따라 수입상의 거래은행(발행[개설]은행)이 수출상(수익자) 앞으로 발행하는 것으로 수출상(수익자)이 제시한 환어음과 서류가 신용장에서 요구하는 조건과 일치하는 경우 발행은행이 반드시 그 환어음을 인수·지급하겠다는 증서이다.

65 선적비용은 용선자가 부담하고, 양륙비용을 선주가 부담하는 조건으로 옳은 것은?

① Berth Terms　　　　　　　　　② F.I.(Free In)
③ F.O.(Free Out)　　　　　　　　④ F.I.O.(Free In & Out)

해설 ② F.I.(Free In)은 화주가 선적비용만 부담하고 양륙비용은 선박회사에서 부담하는 하역조건이다.
하역비(Stevedorage) 부담 조건

구 분	하역비 부담 조건	선적(비용)	양륙(비용)
정기선	Berth Terms	선주 부담	선주 부담
부정기선	FI(Free In)	화주 부담	선주 부담
	FO(Free Out)	선주 부담	화주 부담
	FIO(Free In & Out)	화주 부담	화주 부담

66 선진국이 일방적으로 개발도상국에 무차별로 인하하는 관세로 옳은 것은?

① 보호관세　　　　　　　　　　　② 조정관세
③ 지역특혜관세　　　　　　　　　④ 일반특혜관세

해설 일반특혜관세
선진국이 개발도상국의 수출증대 및 공업화의 촉진을 위하여 개발도상국으로부터 수입하는 물품 등에 대해 어떠한 보상 없이 기본세율보다 낮은 세율을 적용하는 특혜관세

67 무역용어와 그 해석이 옳지 않은 것은?

① Freight Collect - 운임 후불
② Notify : Accountee - 통지처 : 수입상
③ Carriage Forward - 운임 후불
④ Shipper - 선주

정답 ④

해설 ④ Shipper는 '선적인, 화주'를 뜻하는 용어이다.
수출상(Exporter)의 무역거래 관계에 따른 명칭
Beneficiary(수익자), Drawer(환어음 발행인), Consignor(물품 발송자), Shipper(송하인, 화주), Payee(대금영수인), Accreditee(신용수령인), Addressee user(수신 사용인) 등

68 Incoterms 2020 조건 중 FAS 조건에 대한 설명으로 옳은 것은?

① 매도인은 지정된 날짜에 지정된 선박의 본선에 물품을 적재해야 한다.
② 매도인이 선적항에서 목적항까지 운송계약을 체결해야 한다.
③ 매도인이 수입통관을 하여야 한다.
④ 매도인이 수출 통관된 물품을 부선을 이용하여 본선의 선측에서 매수인에게 인도할 수도 있다.

정답 ④

해설 ④ FAS 조건에서 매도인이 배 옆에 물건을 갖다 놓기만 하면 매도인의 위험 및 비용부담은 완료된다. 그 이후에 선측에서 본선으로 적재되는 선적비용 및 수입통관은 모두 매수인이 부담한다.
FAS(Free Alongside Ship, 지정선적항 선측 인도조건)
• 지정선적항에서 매수인이 지정한 본선의 선측(예 부두 또는 부선상)에 수출통관을 필한 물품을 인도하는 조건(매도인 수출통관)
• 물품의 인도장소 : 매수인이 지정한 선박의 선측
• 물품에 대한 매매당사자의 위험부담의 분기점(위험이전) : 매수인이 지정한 선박의 선측(물품이 지정선적항 부두, 선측에 인도되었을 때)
• 물품에 대한 매매당사자의 비용부담의 분기점(경비이전) : 매수인이 지정한 선박의 선측(매도인은 인도할 때까지 모든 비용부담. 매도인은 반드시 지정된 항구에서 물품을 본선의 선측까지 인도해야 함)

69 수출 승인에 대한 내용으로 옳지 않은 것은?

① 모든 물품은 수출 허가를 받아야 하는 물품으로 우리나라는 수출 자동승인 품목이 없다.

② 수출 제한품목은 품목별 수출요령에 따라 승인을 받아야 수출할 수 있다.

③ 수입 제한품목은 품목별 수입요령에 따라야 한다.

④ 품목분류는 HS와 HSK에 의한다.

[정답] ①

[해설] ① 대외무역법 제11조 제2항에 따르면 수출 또는 수입이 제한되는 물품 등을 수출하거나 수입하려는 사람은 대통령령으로 정하는 바에 따라 산업통상자원부장관의 승인을 받아야 한다. 다만, 긴급히 처리하여야 하는 물품, 그밖에 수출 또는 수입 절차를 간소화하기 위한 물품, 대통령령으로 정하는 기준에 해당하는 물품 등의 수출또는 수입은 예외를 둔다.

70 무역거래의 결제방법 중 동시지급방법으로만 옳게 나열된 것은?

① CWO – D/P – Usance L/C

② COD – D/A – At sight L/C

③ CAD – D/P – At sight L/C

④ CAD – D/A – Usance L/C

[정답] ③

[해설] 물품·서류 인도시점 기준 무역대금결제방식 유형

선지급 (Payment in Advance)	• 주문불방식(Cash With Order, CWO) • 단순사전송금방식 – 우편송금환(Mail Transfer, M/T) – 전신송금환(Telegraphic Transfer, T/T) – 송금수표(Demand Draft, D/D) • 전대신용장(Red Clause L/C) • 연장신용장 • 특혜신용장
동시지급 (Cash on Shipment)	• 현물상환지급(Cash On Delivery, COD) • 서류상환지급(Cash Against Documents, CAD) • 일람지급(At Sight) 신용장방식 • 지급인도방식(Documents against Payment, D/P)
후지급 (Deferred Payment)	• 기한부 신용장(Usance L/C) • 인수도조건(Documents against Acceptance, D/A) • 상호계산/청산계정(Open Account)

71 우리나라 무역금융의 특성으로 옳지 않은 것은?

① 무역금융은 수출이행을 의무화한다.
② 무역금융은 용도별, 시기별로 지원된다.
③ 무역금융은 신용장기준 또는 실적기준으로 지원된다.
④ 무역금융은 정책금융이지만 중앙은행과 무관하다.

정답 ④

해설 ④ 무역금융은 국가 차원의 금융지원을 통해 기업의 수출증대에 기여하기 위한 선적 전 금융으로, 우리나라의 중앙은행인 한국은행의 관리 및 지원 하에 무역금융을 취급하는 외국환은행에서 지원받을 수 있다.

무역금융(Foreign trade finance)
• 수출증대를 위해 수출물품의 제조 또는 조달과 수출이행에 소요되는 자금을 (수출자가 보유한 수출신용장 등 수출관련계약서나 과거 수출실적을 근거로) 필요한 시점에 지원받는 단기운전자금이다.
• 선적 전 금융이자 사전금융으로서, 무역금융을 융자 취급한 외국환은행이 융자금의 일정 비율을 중앙은행으로부터 총액한도대출제도에 의하여 다시 융자받을 수 있는 정책금융이다.
• 무역금융은 수출계약에서부터 수출대금 회수에 이르기까지 각 단계별로 지급되고 수출대금으로 상환한다.
• 무역금융은 생산된 물품을 외국으로 직접 수출하는 업체뿐만 아니라 국내수출업체로부터 수출용 원자재 또는 수출용 완제품을 공급하는 조건으로 내국신용장을 개설 받은 공급업체(로컬 업체)에도 제공된다.
• 일반수출입금융, 건설·용역 수출입금융, 농수산물 수출준비자금 대출 등이 있다.

72 클레임의 해결방법 중 제3자의 개입 없이 당사자 간 직접 해결하는 방식으로 옳은 것은?

① Litigation
② Mediation
③ Arbitration
④ Compromise

정답 ④

해설 ④ 화해(Compromise) : 상호평등의 원칙 하에 당사자가 직접적 협의를 통해 자주적으로 타협점을 찾는 것으로, 이 경우에는 보통 '당사자가 서로 양보할 것', '분쟁을 종결할 것', '그 뜻을 약정할 것' 등의 3가지 요건을 기반으로 화해계약을 체결한다.
① 소송(Litigation) : 양 당사자 간에 선의의 협상(Good faith negotiation)에 의해 분쟁해결을 시도한다고 했으므로, 국가기관인 법원의 판결에 의한 분쟁 해결방법
② 조정(Mediation) : 계약 일방 또는 쌍방의 요청에 따라 제3자를 조정인으로 선임하여 조정인이 제시하는 해결안(조정안)에 양 당사자의 합의로 분쟁을 해결하는 방법
③ 중재(Arbitration) : 법원의 소송절차로 분쟁을 해결하지 않고 분쟁당사자 간 합의(중재합의)에 의거 제3의 중재기관의 중재인에 의한 중재판정(Award)을 통해 분쟁을 해결하는 방법

73 다음에 해당하는 클레임 해결방법 특징으로 옳지 않은 것은?

> 공정한 제3자가 당사자의 일방 또는 쌍방의 요청에 의해 사건에 개입하여 원만한 타협이 이루어지도록 협조하는 방법

① 쌍방의 협력이 없어도 알선수임기관의 역량에 따라 클레임이 해결된다.
② 당사자 간에 비밀이 보장된다.
③ 거래관계를 지속적으로 유지할 수 있다.
④ 강제 구속력이 없다.

정답 ①

해설 알선(Intermediation)
- 계약 일방 또는 쌍방의 요청에 따라 공정한 제3자(상사 중재원 등)가 사건에 개입, 원만한 타협을 권유하여 자발적인 클레임 해결에 이르도록 하는 방법이다.
- 당사자 간 비밀이 보장되고 지속적인 거래관계를 유지할 수 있다.
- 양 당사자 간 자발적 합의가 없으면 실패하는 법적 강제력이 없는 분쟁 해결방법이다.

74 '환적, 분할선적 등'에 관한 분쟁은 무슨 분쟁에 속하는가?

① 원산지
② 보 험
③ 인 도
④ 가격 및 결제

정답 ③

해설 ③ 분할선적(Partial Shipment)은 화물을 여러 번에 나눠서 운송하는 것을 말하고, 환적(Transshipment)은 선적된 화물을 목적지로 운송 도중 다른 선박이나 운송수단에 옮겨 싣는 것을 말한다(이적이나 재선적). 따라서 환적과 분할선적에 관한 분쟁은 인도 방법과 관련된 분쟁에 속한다.
분할선적(Partial Shipment)
- 분할선적이란 상황(거액거래이거나 수입상의 판매계획 및 시황 등)에 따라 매매 목적물(주문 수량)을 전량선적하지 않고 수회로 나누어 선적하는 것을 의미한다.
- 분할선적 여부와 횟수 등은 반드시 신용장이나 계약서상에 명시되어야 한다. UCP에서는 계약이나 신용장상에 명시적 분할 금지약관/조항만 없으면 분할선적을 허용하는 것으로 해석하고 있다.
환적(Transshipment)
- 환적이란 선적된 화물을 목적지로 운송 도중 다른 선박이나 운송수단에 옮겨 싣는 것을 말한다(이적이나 재선적 의미). 환적은 화물 손상우려가 있기 때문에 바람직하지 않지만 보통 선적항에서 목적항까지 직항선이 없는 경우 이용된다.
- 환적도 분할선적과 마찬가지로 금지의 특약이 없는 한 허용되며, 비록신용장상에 금지되어 있어도 복합운송 (Combined/Multimodal Transport)을 약정하고 있으면 허용하는 것이 일반적이다.

75 외국 중재판정의 승인 및 집행에 관한 협약은 무엇인가?

① 비엔나협약
② 뉴욕협약
③ 함부르크규칙
④ 로테르담규칙

정답 ②

해설 ② 뉴욕협약[외국중재판정의 승인·집행에 관한 UN 협약(New York Convention)] : 외국(중재지국)에서 내려진 중재판정을 중재지국 이외의 국가가 승인하고 집행하기 위한 협정
① 비엔나협약[국제물품매매계약에 관한 UN 협약(United Nations Convention on Contracts for the International Sale of Goods)] : 국제물품매매계약에 관하여 국제적으로 통일되어 있는 법리 또는 상관습을 성문화한 협약
③ 함부르크규칙[해상화물운송에 관한 UN협약(United Nations Convention on the Carriage of Goods by Sea)] : 헤이그규칙이 선진국 및 운송인에 유리한 규정이 많아 개발도상국의 주도 하에 제정된 규칙
④ 로테르담규칙(The United Nations Conventions on Contracts for the International Carriage of Goods Wholly or Partly by Sea) : 헤이그규칙, 헤이그-비스비규칙, 함부르크규칙 중 하나를 적용하는 과정에서 운송인의 책임 범위가 크게 달라지므로 해상 물품운송의 국제적 통일을 이루기 위해 제정한 규칙

제1과목 영문해석

01 서한의 내용에서 밑줄 친 부분 (A)와 (B)에 해당하는 신용장 관계당사자는?

> (A) We have just received your notice that (B) you are unable to ship the whole order of Steel Pipe product, SP-777. We have instructed our bankers to amend the terms and conditions of the letter of credit so that partial shipments may be allowed.

	(A)	(B)
①	Applicant	Beneficiary
②	Beneficiary	Applicant
③	Issuing Bank	Beneficiary
④	Applicant	Issuing Bank

정답 ①

해석
(A) 당사는 귀사가 쇠 파이프 상품 SP-777의 전체 주문을 선적할 수 없다는 (B) 귀사의 통지를 막 접수했습니다. 당사는 우리의 은행들에게 신용장의 조항과 조건들을 수정하도록 지시했고 이에 분할선적을 허가합니다.

	(A)	(B)
①	개설의뢰인	수익자
②	수익자	개설의뢰인
③	개설은행	수익자
④	개설의뢰인	개설은행

① that you are unable to ship the whole order(귀사가 전체 주문을 선적할 수 없다)의 문장으로 보아 (B)는 쇠 파이프를 선적하는 수출자이고, (A)는 상품을 받는 수입자임을 알 수 있다. 따라서 (A)는 신용장을 개설한 Applicant(개설의뢰인)이고 (B)는 Beneficiary(수익자)이다.

신용장 거래 당사자

개설의뢰인 (Applicant)	• 수출자와의 매매계약에 따라 자기거래은행(Opening Bank)에 신용장을 개설해줄 것을 요청하는 수입자로 향후 수출 환어음 대금의 결제의무자가 된다. • Importer(수입자), Accountee(대금결제인), Buyer(매수인), Opener(신용장 개설의뢰인), Drawee(환어음 지급인), Consignee(발송물품 수탁자)로도 불린다.
수익자 (Beneficiary)	• 신용장 수취인으로서 수혜자라고도 하며 수출자를 말한다. • Drawer(환어음 발행인), Consignor(물품 발송자), Exporter(수입자), Shipper(화주, 송하인), Payee(대금영수인), Accreditee(신용수령인), Addressee-user(수신사용인)로도 불린다.
개설은행 (Issuing Bank)	• 보통 수입자의 거래은행으로서 개설의뢰인(수입자)의 요청과 지시에 의하여 신용장을 발행하는 은행이다. • 수출자가 환어음을 발행할 때 수입자가 아닌 개설은행을 지급인(Drawee)으로 해야만 하며, 개설은행은 수입자가 있는 수입지에 소재하는 경우가 대부분이지만 제3국에 소재하는 경우도 있다.

02 CIP(Incoterms 2020)에 대한 설명으로 옳지 않은 것은?

① The seller delivers the goods to the buyer by handing them over to the carrier contracted by the seller.

② The seller must contract for insurance cover against the buyer's risk of loss of or damage to the goods.

③ The seller transfers the risk to the buyer by handing them over to the carrier contracted by the seller.

④ The seller is required to obtain insurance cover complying with Institute Cargo Clauses (C) or similar clause.

해석 ① 매도인은 매도인이 계약한 운송인에게 물품을 양도함으로써 매수인에게 물품을 인도한다.
② 매도인은 매수인의 물품의 멸실 및 손상에 대한 위험에 대비하여 보험계약을 체결한다.
③ 매도인은 매도인이 계약한 운송인에 물품을 양도함으로써 매수인에게 위험을 양도한다.
④ 매도인은 협회적하약관 (C) 또는 이와 유사한 약관에 따른 보험에 가입하여야 한다.

해설 ④ Incoterms 2020에서는 CIP(운송료·보험료 지급 인도) 조건을 매도인의 협회적하약관의 (A) 또는 (Air) 또는 이와 유사한 약관에 따른 보험에 가입해야만 수출입 업무를 진행할 수 있도록 했다. 따라서 Institute Cargo Clauses (C) → (A) or (Air) or similar clause가 되어야 한다.

CIP[Carriage and Insurance Paid to, (지정목적지) 운임·보험료 지급 인도조건]상 매도인과 매수인의 책임

매도인(Seller)	매수인(Buyer)
• 수출통관 필 • 자기가 지명한 운송인 또는 기타 당사자에게 물품 인도 • 운임 부담, 보험계약 체결 • 통상의 운송서류를 지체 없이 매수인에게 제공	• 물품이 운송인에게 인도된 이후의 모든 위험부담 • 지정목적지까지의 운송비 이외 모든 비용부담

*deliver : 인도하다
*hand over : 이양[양도]하다
*carrier : 운송인

03 무역용어를 영어로 옮길 때 옳지 않은 것은?

① 신용조회 – Credit Inquiry
② 확정청약 – Free Offer
③ 거래제의 – Business Proposal
④ 매도청약 – Selling Offer

해설 ② 확정청약(Firm Offer) : 청약자가 청약할 때 피청약자의 승낙[청약내용에 대한 동의의 의사표시 기한(Validity, 청약의 유효기간)]을 정하여 그 기간 내 피청약자가 승낙 시 즉각적인 계약 체결을 예정하는 청약을 말한다.
cf. Free Offer : 불확정청약
① 신용조회(Credit Inquiry) : 계약연결 가능성이 있다고 판단되는 거래선의 신용을 신용조사 전문기관에 의뢰하여 조사한다.
③ 거래제의(Business Proposal) : 신용조사 결과, 거래가 가능한 업체로 판정된 상대방에게 구체적인 사항을 제시하여 거래를 제의한다.
④ 매도청약(Selling Offer) : 수출자가 수입자에게 판매조건을 서면으로 작성하여 제시하는 것이다.

04 ( ) 안에 들어갈 단어로 옳은 것은?

In case of shipping bulk commodities, an entire ship is often necessary for the shipper to accommodate such a large quantity of cargo. In those cases, the ocean bill of lading is not the document used for the contract of carriage between them; the contract between the carrier and the shipper is called a (   ).

① Charter Party
② Transport Contract
③ Letter of Indemnity
④ Letter of Guarantee

정답 ①

해석

대량 무포장 선박물품[실물]의 경우에, 송하인이 엄청난 양의 화물을 수용하기 위해 전체 선박이 필요한 경우가 종종 있다. 그러한 경우에는 그들 사이에 운송계약에 필요한 서류는 해상선하증권이 아니라 운송인과 송하인 사이에 맺는 계약인 (용선계약)이다.

*entire ship : 전체 선박
*the shipper : 송하인, 발송인
*accommodate : 수용하다
*a large quantity of cargo : 대량 화물
*ocean bill of lading : 해상선하증권
*charter party contract : 용선계약

① 용선계약
② 운송계약
③ 파손화물보상장
④ 화물선취보증서

해설 ① 대량 무포장 화물운송을 두고 특정 화주(용선주)와 선주 간 계약을 맺는 부정기선 운송이므로 용선계약(Charter Party)을 맺어야 한다.
② 운송계약(Transport Contract) : 전문 운송인(Common Carrier)과 맺는 계약으로 매도인으로부터 매수인에게 계약 물품을 전달하기 위해 반드시 필요하다.
③ 파손화물보상장(Letter of Indemnity ; L/I) : 수출자가 실제로는 고장부 선하증권이지만 무고장부 선하증권으로 선하증권을 발행받을 때 선박회사에 제출하는 보상장이다.
④ 화물선취보증서(Letter of Guarantee ; L/G) : 선하증권 없이 수입화물을 먼저 수취할 때 선사에게 제출하는 보증서이다.

05 ( ) 안에 들어갈 단어로 옳은 것은?

> ( ) is the act of throwing cargo and/or parts of a ship overboard in an attempt to light the ship. The purpose of such an action is to save the ship and the other cargoes.

① Jettison
② Fire
③ Stranding
④ Abandonment

정답 ①

해석
(투하)는 선박을 가볍게 하기 위한 시도로 화물과/또는 선박의 일정 부분을 배 밖으로 던지는 행동이다. 이러한 행동의 목적은 선박이나 다른 화물들을 구하기 위해서이다.

*overboard : 배 밖으로

① 투 하
② 화 재
③ 좌 초
④ 위 부

해설 ① 해상보험에서 화물이나 선박의 일부분을 버려서 조난 상황에 처한 선박을 구하는 것을 투하(Jettison)라고 한다.
② Fire : 화재
③ Stranding : 좌초
④ Abandonment(위부) : 해상보험 특유의 제도로, 해상보험의 피보험자가 보험목적물의 전손(Total Loss) 여부가 분명하지 않은 경우에, 보험금 전액을 지급받기 위하여 그 목적물을 포기하고 보험자에게 이전하는 것이다.
해상(적하)보험(계약)
선박의 침몰(Sinking)·좌초(Stranding)·충돌(Collision)·화재(Fire)·투하(Jettison)·갑판유실(Washing Overboard), 전쟁위험(War Perils), 해적·강도 등과 같은 해상위험(Maritime Perils)에 의해 발생하는 해상손해(Marine Losses)에 대한 보상을 보험자(보험회사)가 피보험자(화주·선주 등)에게 약속하고 그 대가로 보험료(Insurance Premium)를 징수하는 보험계약이다.

06 거래관련 [A] ~ [D]를 순서대로 옳게 배열한 것은?

> [A] We would appreciate receiving your best CIF New York price on LED TV sets as well as your price list and catalog.
>
> [B] If your prices are attractive and the merchandise is suitable for our trade, we will be able to place large orders.
>
> [C] We are glad to learn that you are especially interested in exporting LED TV sets and regarding these products, we may say that we are specialists.
>
> [D] Thank you for your letter of June 7 proposing to enter into business relations with us in LED TV sets.
>
> We look forward to hearing from you soon.

① [C] - [B] - [A] - [D]
② [C] - [A] - [B] - [D]
③ [D] - [C] - [A] - [B]
④ [D] - [B] - [A] - [C]

정답 ③

해석

[D] 6월 7일자 귀사의 서신에서 당사와 LED TV 세트로 거래 관계를 맺을 것을 제안해 주셔서 감사합니다.
[C] 당사는 귀사가 LED TV 세트 수출에 특히 관심을 갖고 있다는 사실을 알게 되어 기쁘며, 본 상품과 관련해서 당사는 전문가들임을 말씀드립니다.
[A] 당사는 귀사의 가격명세서와 카탈로그뿐만 아니라 LED TV 세트에 대한 귀사의 최상의 CIF 뉴욕 가격 조건을 받게 되어 감사합니다.
[B] 귀사의 가격이 매력적이고 상품이 당사의 거래에 합당하다면, 당사는 대량주문을 할 수 있을 것입니다.

귀사의 답신을 기다립니다.

*best CIF New York price on : 최상의 뉴욕도착 운임·보험료 포함 가격 조건
*enter into business relations with : ~와 거래를 시작하다, 트다

해설 위 서한은 거래를 제의한 이전 서한에 대한 답신으로(D), 자신들이 해당 상품의 전문가이고(C), LED TV 세트를 수출하려는 회사에서 제시한 조건에 대해 감사하며(A), 거래 조건이 당사에 맞으면 대량으로 주문할 것임(B)을 알리는 내용이 오는 것이 자연스러운 흐름이다.

07 다음 서한이 의도하는 것으로 옳은 것은?

> We have now received from the National Bank of Cambodia the information requested in your letter of 17 February.
>
> The corporation you mentioned is a private company running as a family concern and operating on a small scale.
>
> More detailed information we have received gives that this is a case in which we would advise caution. We must ask you to treat this in strict confidence.

① Letter giving unfavorable reply against credit inquiry
② Letter of order requesting for discount
③ Letter asking for credit inquiry
④ Letter replying to trade inquiry

정답 ①

해석

당사는 귀사의 2월 17일자 요청에 따른 정보를 National Bank of Cambodia로부터 받았습니다.

귀사가 언급한 동 회사는 가족 경영으로 운영되는 작은 규모의 개인 회사입니다.

당사가 입수한 더 많은 세부 정보에 따르면 귀사의 주의가 요청되는 경우입니다. 당사는 귀사가 이를 기밀로 취급할 것을 요청합니다.

*requested : 요청받은
*in strict confidence : 기밀로

① 신용조회에 대하여 부정적인 답신을 주는 서한
② 가격할인을 요청하는 주문서
③ 신용조회를 요청하는 서한
④ 거래조회에 대해 답신하는 서한

해설 서한에서 귀사가 신용조회를 요청한 회사에 대하여 신용조회를 한 결과, 가족 경영으로 운영되는 작은 규모의 개인 회사이므로 주의를 기울여야 한다는 내용의 부정적인 답신을 주고 있으므로 정답은 ①이다.

08 Air Waybill(AWB)에 대한 설명으로 옳지 않은 것은?

① AWB is a document that fulfills similar functions as Sea Waybill but applies only to air freight.

② AWB shows the consignee who takes delivery of the cargo.

③ AWB is not negotiable as that is not a document of title.

④ AWB is a receipt for the goods and the evidence for a carriage contract between the shipper and the consignee.

정답 ④

해석 ① 항공화물운송장은 해상운송장과 유사한 기능을 이행하지만 항공화물에만 적용되는 서류이다.
② 항공화물운송장은 화물을 양도받는 수하인을 보여 준다.
③ 항공화물운송장은 권리증권이 아니므로 유통불가하다.
④ 항공화물운송장은 송하인과 수하인 사이에 맺은 운송계약을 증명하는 서류이다.

해설 ④ 항공화물운송장은 송하인과 수하인 사이에 맺은 운송계약이 아니라 송하인과 항공사 간의 화물운송계약 체결을 증명하는 서류이다.

항공화물운송장(Air Waybill ; AWB)
• 항공사가 화물을 항공으로 운송하는 경우 송하인과의 운송계약 체결을 증명하기 위해 항공사가 발행하는 기본적인 운송/선적서류다.
• 특성 : 요식증권(상법이 규정한 법적 필수사항 기재 필요), 요인증권(운송계약을 원인으로 발행), 비유통성 · 비유가 · 기명식 증권

*fulfill : (의무 · 약속 · 직무 등을) 다하다, 이행하다, 수행하다; 끝내다, 완료하다
*air freight : 항공화물
*consignee : 수하인, 화물 인수자
*negotiable : 협상의 여지가 있는, 양도(유통)가능한
*document of title : 권리증권
*carriage contract : 운송계약

09 제시된 글에 대한 내용으로 옳은 것은?

> We will draw a draft on you at 60 d/s under your L/C.

> ㄱ. 환어음의 발행 예정
> ㄴ. 선적 후 60일 지급조건
> ㄷ. 지급인은 귀행임
> ㄹ. L/C의 발행인은 당사가 될 것임

① ㄱ, ㄴ
② ㄱ, ㄷ
③ ㄴ, ㄷ
④ ㄷ, ㄹ

정답 ②

해석
　　당행은 귀행의 신용장에 의거하여 일람 후 60일 지급 조건으로 환어음을 발행할 예정입니다.

해설 ㄱ. We will draw a draft에서 환어음을 발행할 예정임을 밝히고 있다.
　　ㄷ. 개설의뢰인의 의뢰로 L/C를 발행한 개설은행(귀행)이 지급한다.
　　ㄴ. at 60 d/s는 <u>선적 후</u> → <u>일람 후</u> 60일 지급 조건을 말한다.
　　ㄹ. L/C의 발행인은 <u>당사</u> → (개설은행인) 귀행이 될 것이다.
　　일람 후 정기불/정기출급(After Sight)
　　• 환어음이 수입업자(지급인)에게 제시된 이후(일람 후) 일정 기간 후에 지급이 이행된다(지급인에게 환어음 제시
　　　이후 만기 기산).
　　• 환어음상에는 "AT OOO DAYS AFTER SIGHT"로 표시하며 통상 지급인(인수인)의 인수의사 표시 후 30 · 60 · 90일
　　　에 만기[30 · 60 · 90 Days After Sight(30 · 60 · 90 d/s)]가 된다.

10 포장관련 용어를 잘못 해석한 것은?

① Fragile – 깨지기 쉬움
② Unitary packing – 내부포장
③ Use not hook – 갈고리 사용금지
④ Keep dry – 습기방지

정답 ②

해설 ② Unitary packing : 내부포장 → 개장

포장의 종류

개장 (Unitary Packing)	소매의 단위가 되는 개품 또는 최소의 묶음을 개별적으로 하는 소포장
내장 (Interior Packing)	개장물품을 운송 또는 취급하기 편하도록 몇 개의 개장을 합하여 1개의 용기에 넣을 때 내부결속, 충진, 칸막이 등을 한 것(= Inner Protection)
외장 (Outer Packing)	포장물의 외부용기에 관한 포장으로서 포장작업 중 중요한 부분
추상적 포장 (Abstract Packing)	포장을 하지 않는 화물에 대하여 채택되는 장비적 처치로서 Bulk Cargo의 경우와 혼합보관의 경우에서 볼 수 있는 것

11 다음 서한의 제목으로 옳은 것은?

> We are pleased to give you an order for 1,200 sets of Car Side Mirror, and attach our Purchase Order No. CA-231. We trust that our order is correct in all details.

① 신용장 도착 통지
② 거래제의에 대한 수락
③ 주문서를 동봉한 주문서한
④ 거래조건의 변경 요청

정답 ③

해석
당사는 귀사에게 자동차의 사이드 미러 1,200 세트를 주문하게 되어서 기쁘며, 당사의 매매주문서 No. CA-231을 동봉합니다. 당사는 당사의 주문이 모든 세부사항들에서 정확하다고 믿습니다.

해설 ③ give you an order for …는 '귀사에 ~을 주문하다'는 의미이며, 그 다음에 Purchase Order(매매주문서)를 동봉한다(attach)고 하였으므로, 제시된 서한은 자동차 사이드 미러에 대한 '주문서를 동봉한 주문서한'이다.

12 (   ) 안에 공통으로 들어갈 수 있는 단어로 옳은 것은?

> (   ) is a loss incurred by a cargo owner on an ocean voyage. It can be further qualified as a particular (   ) or as a general (   ).

① Average
② Total loss
③ Partial loss
④ Liability loss

 ①

해석

해손은 원양항해 중에 화물 소유주에게 발생된 손실이다. 해손은 단독해손과 공동해손으로 세분될 수 있다.

*Average : 해손
*Particular Average Loss : 단독해손
*General Average Loss : 공동해손

① 해 손
② 전 손
③ 분 손
④ 책임손해

해설
① 단독해손(Particular average loss)과 공동해손(General average loss)으로 구분되면서 원양항해 중 화물 소유주에게 일어난 손실을 의미하므로 괄호 안에 공통으로 들어갈 말은 Average(해손)이다.
② 전손(Total loss) : 피보험목적물/피보험이익의 전부가 실질적으로 멸실하거나 손상 정도가 심하여 구조ㆍ수리보다 전손 보험금을 지급하는 것이 경제적으로 유익한 경우를 말한다. 전손은 현실전손(Actual total loss)과 추정전손(Constructive total loss)으로 구분된다.
③ 분손(Partial loss) : 전손의 상대적 개념으로 피보험목적물/피보험이익의 일부가 멸실 또는 손상된 상태이다. 분손은 다시 이해관계자의 분담 여부에 따라 단독해손(Particular average loss)과 공동해손(General average loss)으로 구분된다.
④ Liability : 책임, 부담

13 밑줄 친 부분의 의미로 옳은 것은?

Please accept the offer <u>without delay</u>.

① 동시에
② 지체 없이
③ 미 리
④ 즉 시

정답 ②

해석

지체 없이 청약을 승인해 주십시오.

*accept the offer : 청약을 승인하다

해설 ② delay는 '지연, 지체'의 의미이고 without은 '~없이'를 뜻하므로 밑줄 친 부분을 바르게 해석하면 '지체 없이'이다.
*without delay : 지체 없이

14 밑줄 친 부분의 의미로 옳은 것은?

<u>Discount charge</u> is for account of applicant.

① 할증 비용
② 할인 비율
③ 할인 비용
④ 할인 기준

정답 ③

해석

할인 비용은 개설의뢰인이 부담한다.

*for account of : ~을 위해, ~의 계산으로, ~의 부담으로

해설 ③ discount는 '할인'의 의미이고 charge는 '비용, 요금'을 뜻하므로 밑줄 친 부분을 바르게 해석하면 '할인 비용'이다.
*discount charge : 할인 비용 (cf. extra charge : 할증 비용)

15 신용장에서의 구비서류 내용이다. 밑줄 친 부분의 해석으로 옳은 것은?

Required Documents are as follows :
- Signed Commercial Invoice (A) in quadruplicate
- (B) Full Set of Clean on Board Ocean Bills of Lading
- Insurance Policy (C) in duplicate

	(A)	(B)	(C)
①	5통	일 체	2통
②	4통	전 통	2통
③	5통	전 통	부 본
④	4통	일 체	부 본

정답 ②

해석
구비서류는 하기와 같다
- 서명된 상업송장 (A) 4통
- 무사고 본선적재 선하증권 (B) 전통
- 보험증권 (C) 2통

해설 선하증권(B/L)의 용어 설명
- 전통(Full Set) : 선사가 각각 서명하여 발행한 B/L 전체(전통)를 말하며, 일반적으로 B/L은 원본 3통/부(Original, Duplicate, Triplicate)를 1조로 하여 발행한다.
- 무사고 본선적재 선하증권/무고장 선하증권(Clean on Board Ocean B/L) : 화물이 외관상 완전한 형태로 적재되었음을 나타내는 것으로 화물이나 포장이 결함이 없는 상태의 Clean B/L이다.
*quadruplicate : 4통
*Full Set : 전통
*duplicate : 2통

16 밑줄 친 부분이 의미하는 것을 고르면?

> Complying with the terms of payment, we have drawn a draft on you at 30d/s for US$10,000.00 and passed the draft with full set of shipping documents to <u>our bankers, Deutsche Bank</u>. We hope you would accept it upon presentation.

① Issuing Bank
② Negotiating Bank
③ Advising Bank
④ Confirming Bank

정답 ②

해석

결제조건에 의거, 당사는 미화 10,000달러에 관하여 일람 후 30일 출급조건으로 귀사에 환어음을 발행했으며 <u>당사 은행인 Deutsche Bank</u>에 선적서류 전통과 함께 환어음을 전달했습니다. 당사는 제시 시에 귀사가 이를 승인해 주시길 바랍니다.

① 개설은행
② 매입은행
③ 통지은행
④ 확인은행

해설 ② 수익자가 신용장에서 요구하는 서류를 준비하고 환어음을 작성하여 이를 제시하고 환어음의 매입을 의뢰한 것이므로, 밑줄 친 our bankers, Deutsche Bank는 매입은행(Negotiating Bank)을 의미한다.
① 개설은행(Issuing Bank) : 보통 수입자의 거래은행으로서 개설의뢰인(수입업자)의 요청과 지시에 의하여 신용장을 발행하는 은행이다.
③ 통지은행(Advising Bank) : 어떠한 책임이나 약정 없이(Without engagement) 개설은행으로부터 내도된 신용장을 수익자에게 통지(송부나 교부)해 주는 수출지의 은행이다.
④ 확인은행(Confirming Bank) : 수출자에게 개설은행의 지급확약 외에 추가적으로 2중의 대금지급 확약을 행하는 은행이다.

매입은행(Negotiating Bank)
• 매입이란 어음을 할인하여, 즉 이자와 수수료를 받고 사들이는 행위를 의미한다.
• 매입은행은 제3자가 지급인인 어음·수표에 대해 권리를 취득한 은행으로 환어음 매입으로 선의의 소지자(Bona Fide Holder)가 되어 개설은행에 어음대금 청구권을 행사할 수 있다.
• 지급거절 시는 상환청구권(Recourse)을 행사할 수 있어서 수출상에 대한 최종지급이라 볼 수 없다.
• 통상 수익자의 거래은행이 매입은행이 되나, 개설은행이 지정한 은행 또는 어떤 은행(Any Bank)도 매입은행이 될 수 있다.

17 무역용어의 의미가 옳은 것은?

① Packing list – 가격표

② Beneficiary – 개설의뢰인

③ Freight prepaid – 운임후급

④ Negotiating bank – 매입은행

정답 ④

해설 ④ Negotiating bank : 매입은행
① Packing list : 가격표 → 포장명세서
② Beneficiary : 개설의뢰인 → 수익자
③ Freight prepaid : 운임후급 → 운임선불
매입은행(Negotiating bank)
UCP 600에 따르면 모든 신용장은 일람지급, 연지급, 인수 또는 매입 중 '어느 방식'으로 사용될 것인지 명기해야 하고, 자유매입신용장 이외에는 '어느 은행'에서 사용되어야 할지도 명시해야 한다. 이 때 지급·인수·매입을 수권받은 은행이나 개설은행 자신이 지급·인수·매입은행이 된다.

18 무역용어를 한글로 옮길 때 옳지 않은 것은?

① Barter trade – 물물교환

② Compensation trade – 구상무역

③ Counter purchase – 구매대행

④ Buy back – 제품환매

정답 ③

해설 ③ Counter purchase : 구매대행 → 대응구매
물물교환/바터무역(Barter trade)
• 두 나라가 특정 상품을 상호 교환하는 방식의 무역으로 양국 간 수출입 균형을 통해 외국환수불이 발생되지 않도록 통제하기 위한 무역형태다.
• 바터무역에는 수출입 상품 간 관련성이 있는 물물교환인 제품환매(Buy back)와 수출입상품 간 관련이 없는 거래인 구상무역(Compensation trade) 방식이 있다.

19 서한 (A) ~ (D)를 순서대로 옳게 나열한 것은?

(A) You must remember that competition in this line is so much keen that unless you make the unit price $900.00 rather than $990.00 per unit, we cannot accept your offer as you requested.

(B) We are looking forward to your confirmation.

(C) We thank you very much for your firm offer of May 4 for one thousand [1,000] refrigerator units, but your offer price is a little high compared to that of other supplier.

(D) Your kind allowance will enable us to introduce your goods to our market.

① (A) − (B) − (C) − (D)
② (A) − (C) − (D) − (B)
③ (C) − (A) − (D) − (B)
④ (C) − (A) − (B) − (D)

[정답] ③

[해석]

(C) 당사는 냉장고 1,000대에 대한 귀사의 5월 4일자 확정청약에 매우 감사드립니다. 하지만 귀사의 청약 가격은 다른 공급자들에 비해 약간 비쌉니다.

(A) 귀사가 기억해야 할 것은 이 업종에서의 경쟁이 너무 치열해서 한 대당 가격을 990.00달러에서 900.00달러로 하지 않는다면, 당사는 귀사가 요청한 청약을 승낙할 수 없다는 것입니다.

(D) 귀사의 친절한 할인으로 당사는 귀사의 상품을 우리 시장에 소개할 수 있을 것입니다.

(B) 당사는 귀사의 확인을 고대합니다.

*firm offer : 확정청약
*in this line : 이 업종에서
*keen : 치열한
*allowance : 공제, 할인
*confirmation : 확인, 승인

[해설] ③ 확정청약에 대해 가격 할인을 요청하기 위한 서신이므로 확정청약에 대한 감사와 가격이 너무 높다는 사실을 주지시키고(C), 990달러에서 900달러로 가격을 내리지 않으면 청약을 승인할 수 없으므로(A) 가격을 할인하여 시장에 소개해 줄 수 있기(D)를 요청하는(B) 순서로 한다.

20 다음 내용은 무엇에 대한 것인가?

> All disputes, controversies, of differences which may arise between the parties, out of or in connection with this contract, or for the breach thereof, shall be finally settled by arbltration in Seoul, Korea in accordance with the Commercial Arbitration Rules of the Korean Commercial Arbitration Board and under the Laws of Korea.
>
> The award rendered by the arbitrator(s) shall be final and binding upon both parties concerned.

① Trade Dispute
② Force Majeure
③ Unknown Clause
④ Arbitration Clause

정답 ④

해석

이 계약으로부터, 이 계약과 관련하여 또는 이 계약의 불이행으로 당사자 간 발생하는 모든 분쟁, 논쟁 또는 의견차이는 대한민국 법에 의거 대한상사중재원의 상사중재규칙에 따라 대한민국 서울에서 중재로 최종 해결한다.

중재인의 판정은 최종으로 계약당사자 쌍방에 대해 구속력을 갖는다.

*breach : 위반, 불이행
*be finally settled by arbitration : 중재로 해결되다
*award : 판정, 심판
*binding upon : ～에 구속력이 있는

① 무역 분쟁
② 불가항력
③ 부지약관
④ 중재조항

해설 ④ 거래당사자나 분쟁당사자 간에 무역클레임을 중재로 해결한다는 내용의 조항이므로 중재조항(Arbitration Clause)이 정답이다.
① Trade Dispute : 무역 분쟁
② Force Majeure : 불가항력
③ Unknown Clause : 부지약관
일반거래조항(이면/인쇄 조항)
불가항력, 무역조건, 권리침해, 클레임조항, 중재, 준거법 등 모든 거래에 공통되는 사항이다. 특히 이 중 품질조건, 수량조건, 가격조건, 선적조건, 보험조건, 결제조건, 포장조건(Terms of Packing), 무역 분쟁/클레임 조건(Terms of Trade Dispute/Claim)을 무역계약의 8대 기본조건이라 한다.

21 밑줄 친 부분의 의미로 옳은 것은?

> The quality of goods is <u>inferior</u> to your samples.

① 불량한
② 평등한
③ 우수한
④ 평범한

정답 ①

해석
상품의 품질이 귀사의 샘플보다 불량합니다.

해설 밑줄 친 be inferior to는 '~보다 품질이 떨어지다, 못하다, 불량하다'의 의미이므로 올바른 해석은 ① '불량한'이다.
일반거래조건협정서 – 견본 및 품질(Samples and Quality)
The Seller is to supply the buyer with samples free of charge, and the quality of the goods to be shipped should be about equal to the sample on which an order is given.
매도인은 매수인에게 무료로 견본을 제공함과 동시에 선적상품의 품질은 주문의 기초가 된 견본과 대체로 일치할 것으로 한다.

22 밑줄 친 부분의 의미로 옳은 것은?

> On examining the goods we ordered, we learn that the goods do not match the <u>original samples</u>.

① 손상 견품
② 원 견품
③ 주문 견품
④ 변질 견품

정답 ②

해석
당사가 주문한 물품을 검수 중에, 당사는 해당 상품이 <u>원본 샘플</u>과 일치하지 않는다는 것을 알았습니다.

해설 original samples은 '원본 샘플, 원 견품'이라는 의미이므로 밑줄 친 부분을 옳게 해석한 것은 ② '원 견품'이다.
*On ~ing : ~하자마자 곧
*examine : 검수하다, 조사하다

We received the goods covering our purchase order No.100 for Smart TV sets. However, unfortunately, we cannot help saying that the goods reached here on April 20, two months after the (A) date.

This is considerably delayed for the needs of customers. We are in serious problems and are receiving numerous (B) from our domestic customers.

23 상기 내용은 무엇에 대한 클레임인가?

① Late delivery   ② Price

③ Short shipment   ④ Inferior goods

24 위의 빈 칸 (A), (B)에 옳은 것으로 나열된 것은?

① stipulated − complaints   ② stipulated − arguments

③ requiring − arguments   ④ requiring − complaints

정답 23 ① 24 ①

해석
당사는 Smart TV 세트의 매매 주문장 No. 100에 해당하는 물품을 받았습니다. 그런데 당해 물품이 (A 명기된) 날짜에서 두 달이 지난 4월 20일자에 이곳에 도착하였음을 말하게 되어 유감입니다.

이는 고객의 필요에서 보면 상당히 지체된 것입니다. 당사는 심각한 문제에 당면했으며, 국내 소비자로부터 수많은 (B 불평)을 받고 있습니다.

*stipulated date : 명기된(약정된) 날짜
*domestic customer : 국내 소비자

23
① 늦은 배송[배송지연]   ② 가 격
③ 부족한 수량 선적   ④ 불량 제품

24
① 명기된 − 불평   ② 명기된 − 논쟁
③ 필요로 하는 − 논쟁   ④ 필요로 하는 − 불평

해설 23
상기 내용은 명기된 날짜에서 두 달이 지나서(two months after stipulated date) 주문 물품이 도착한 것에 대한 클레임이므로, 정답은 ① Late delivery(늦은 배송)이다.

24
stipulated date[명기된(약정된) 날짜]에서 두 달이 지난 시점에 제품을 받은 것에 대해 국내 소비자로부터 불평을 받고 있으므로 빈 칸에 들어갈 말은 ① stipulated(명기된) − complaints(불평)이다.
*receive numerous complaints : 수많은 불평을 받다

25 다음 빈 칸에 옳은 것은?

Any claim by the Buyer of whatever nature arising under this contract shall be made by cable within thirty (30) days after arrival of the goods at the destination specified in the bills of lading. Full particulars of such claim shall be made in writing, and forwarded by registered mail to the Seller within fifteen (15) days after cabling. The Buyer must submit with particulars sworn (   ) when the quality or quantity of the goods delivered is in dispute.

① Claim note
② Surveyor's report
③ Bill of Lading
④ Notice of claim

정답 ②

 해석

당 계약서 조건에서 자연 발생하는 구매자의 클레임은 물품이 선하증권에 명시된 목적지에 도착한 후 30일 이내에 전신으로 알려야 한다. 해당 클레임의 상세 내용은 문서로 작성하여, 전신통보 후 15일 이내에 판매자에게 등기우편으로 발송해야 한다. 인도된 물품의 품질 혹은 수량으로 인한 분쟁이 있을 경우, 구매자는 (공인검사기관의 검사 보고서)를 함께 제출해야 한다.

*by cable : 전보로, 전신으로
*by registered mail : 등기우편으로
*in dispute : 분쟁 중인, 미해결인

① (클레임) 청구 서한
② 공인검사기관의 검사보고서
③ 선사증권
④ (클레임) 청구 통지

해설 ② 무역거래 시 품질 불량, 색상 상이, 성능 미달, 수량 부족 등과 관련한 클레임이 발생했을 때 국제공인검정기관의 검사 보고서(Survey report, Surveyor's report)를 첨부한다.

무역클레임의 처리방안

클레임과 관련하여 과다한 클레임 청구 방지를 위해 무역계약서상에 클레임 제기 가능기간(화물 최종분 도착 후 7일 이내 등)과 클레임 제기 시 사실관계 입증서류[공인검정기관 보고서(Certified surveyor's report) 등]를 지정하는 동시에 손해를 야기한 당사자가 면책되는 불가항력(Force Majeure) 조항의 내용을 명확히 특정하여야 한다.

26 화인(Shipping Marks)에서 주의사항 표현으로 옳은 것은?

뒤집지 마시오 → (   )

---

① Do not drop

② Don't Turn Over

③ Use no hook

④ This side up

정답 ②

해석 ① 낙화 금지

② 뒤집기 금지

③ 갈고리 사용 금지

④ 이쪽 면(표시면) 위로

해설 주의사항 표시(Care/Side/Caution Mark)

- Handle with Care : 취급주의
- Glass with Care : 유리주의
- Acid with Care : 질산주의
- Inflammable : 타기 쉬운 물건
- Poison : 독약
- Explosive : 폭약물
- Dangerous : 위험물
- Perishable : 부패성 화물
- Keep out of the Sun : 햇볕에 쬐지 말 것
- Keep (in) Cool (Place) : 서늘한 곳에 보관
- Open in Dark Place : 암실 개봉
- Keep Dry : 건조한 곳에 보관
- Do not Drop : 낙화 금지
- Use No Hook : 갈고리 사용 금지
- No Upside Down : 거꾸로 들지 말 것
- This Side Up : 이쪽 면(표시면) 위로
- Keep Upright : 세워 둘 것
- This End up : 상단 위로
- Open Here : 여기를 개봉하시오
- Open This End : 상단을 개봉하시오

*turn over : 뒤집다, 넘기다, 돌리다

27 다음 우리말을 영작할 때 (   ) 안에 들어갈 수 없는 표현은?

> 당사는 귀사가 전자우편을 받은 후 즉시 환어음을 인수 및 지급해 주시기 바랍니다.
> → We want you to (   ) the drafts immediately after you receive this e-mail.

① honor
② protect
③ accept and pay
④ protest

정답 ④

해석

당사는 귀사가 전자우편을 받은 후 즉시 환어음을 인수 및 지급해 주시기 바랍니다.
→ We want you to (honor/protect/accept and pay) the drafts immediately after you receive this e-mail.

① 인수·지급하다
② 보장하다, 인수·지급하다
③ 인수·지급하다
④ 거절하다

해설 ④의 protest a draft는 '환어음 인수를 거절[부도]하다'의 의미로, '환어음을 인수 및 지급하다'는 뜻의 ①·②·③ honor/accept and pay/protect a draft와는 의미가 반대된다. 따라서 주어진 우리말을 영작할 때 적절한 표현이 아니다.

28 신용장에서 특정 기간 인도에 대한 표현 중 해석이 옳지 않은 것은?

① 초순 – the beginning of~ (1일부터 10일까지)
② 중순 – the middle of~ (11일부터 20일까지)
③ 하순 – the end of~ (21일부터 말일까지)
④ 전반기 – the first half of~ (1일부터 15일까지)

정답 정답 없음

해설 선적/운송시기 약정과 표시 방법(UCP 600 제3조 해석)
• 어느 월의 "전반(First Half)"과 "후반(Second Half)"이라는 단어는 각 해당 월의 1일부터 15일까지, 16일부터 해당 월의 마지막 날까지로 해석되며, 그 기간 중의 모든 날짜를 포함한다.
• 어느 월의 "초(beginning)", "중(middle)", "말(end)"이라는 단어는 각 해당 월의 1일부터 10일, 11일부터 20일, 21일부터 해당 월의 마지막 날까지로 해석되며, 그 기간 중의 모든 날짜가 포함된다.
※ 문제의 정답은 ④이나, 전반기(the first half of)는 해당 월의 1~15일까지를 나타내므로 옳은 해석이다. 따라서 문제 보기의 오류로 보인다.

29 영작할 때 ( ) 안에 들어갈 알맞은 것은?

> 인도는 5월 6일까지는 완료될 것입니다.
> → Delivery shall be completed ( ) May 6.

① on or about
② on and after
③ no later than
④ before

정답 ③

해석
인도는 5월 6일까지는 완료될 것입니다.
→ Delivery shall be completed (no later than) May 6.

① [지정일 전후 5일(양쪽 끝날) 포함] 11일간
② ~이후에
③ ~까지
④ ~이전에

해설 ③ no later than May 6 : 5월 6일까지
① on or about May 6 : 5월 1~11일 사이에
② on and after May 6 : 5월 6일 이후에
④ before May 6 : 5월 6일 이전에
선적/운송 시기 약정과 표시방법[기간/일자 용어(Date Term) 해석]
• 특정일 (이전) 선적조건 : Not later than = Latest (By)[지정일까지], Before[지정일 이전에]
  ※ 선적기간(Period of Shipment)을 결정하기 위해 사용되는 "before"와 "after"는 언급된 일자를 제외한다.
• 특정일 전후 선적조건 : On or About[지정일 전후 5일(양쪽 끝날) 포함 11일간]
• 특정일 (이후) 선적조건 : On and after[지정일부터, ~이후에]

30 다음 ⓐ ～ ⓓ 중 틀린 것은?

"Delivered at Place Unloaded" means that the ⓐ <u>seller</u> delivers the goods and transfers risk to the buyer when the goods once ⓑ <u>ready for unloading</u> from the ⓒ <u>arriving means of transport</u>, are placed at the disposal of the buyer at a named place of destination or at the agreed point within that place. Should the parties intend the seller not to bear the risk and cost of unloading, ⓓ <u>DAP</u> should be used instead.

① ⓐ   ② ⓑ
③ ⓒ   ④ ⓓ

정답 ②

해석
"도착지 양하 인도(DPU)"는 물품이 지정목적지에서 또는 지정목적지 내에 어떠한 지점이 합의된 경우에는 그 지점에서 ⓒ <u>도착운송수단으로부터</u> ⓑ <u>양하를 준비한</u> 상태로 매수인의 처분 하에 놓인 때 ⓐ <u>매도인</u>이 매수인에게 물품을 인도하는 것을 그리고 위험을 이전하는 것을 뜻한다. 당사자들은 매도인이 양하의 위험과 비용을 부담하기를 원하지 않는 경우에는 ⓓ <u>DAP</u>를 사용하여야 한다.

*be placed at the disposal of : ～의 처분 하에 두다

해설 ② ⓑ ready for unloading(양하를 준비) → unloaded(양하)로 바뀌어야 한다.
DPU[Delivery at Place Unloaded, 목적지 양하 인도조건]
- DPU는 지정목적항 또는 지정목적지에서 도착된 운송수단으로부터 일단 양하한 물품을 수입통관을 하지 않고 매수인의 임의처분 상태로 인도하는 조건
- DPU 뒤에 목적항 또는 목적지를 표시한다.
- 물품의 인도장소 : 목적지의 어느 장소이든지 물품 양하가 가능한 곳
- 물품에 대한 매매당사자의 위험부담의 분기점(위험이전) : 지정목적항 또는 지정목적지에서의 특정 지점
- 물품에 대한 매매당사자의 비용부담의 분기점(경비이전) : 지정목적지

31 다음이 의미하는 것은?

> This is a French expression that translates as "overwhelming power", but which refers to any event that cannot be avoided and for which no one is responsible, at least none of the two parties entering the contract. This may also contain phrases such as "Acts of God" to address acts beyond the control of the parties.

① Good faith
② Force Majeure
③ Meditation
④ Arbitration

정답 ②

해석

이것은 "압도적인 힘"으로 번역되는 프랑스어 표현이며, 피할 수도 없고, 계약서상의 쌍방 그 누구도 책임질 수 없는 어떤 사건을 지칭한다. 이것은 또한 쌍방의 통제를 넘어선 행동을 가리키는 "천재지변"과 같은 구절이 담겨 있다.

*refer to : ~을 지칭하다, 가리키다

① 선 의
② 불가항력
③ 명 상*
④ 중 재

해설 ② 천재지변(Acts of God)과 같은 인간의 힘을 넘어선 불가항력적 상황을 뜻하는 프랑스어 표현으로는 Force Majeure가 있다.
*meditation : 명상[※ mediation(조정)의 오기로 보임]
불가항력(Force Majeure)
• 당사자들이 통제할 수 없고, 예견 불가능하며, 회피할 수 없는 사안으로 천재지변(Act of God)이나 화재, 전쟁, 파업, 폭동, 전염병과 기타 자연 재앙과 같은 특정한 사정이나 사건을 의미한다.
• 불가항력에 의해 선적지연 및 계약불이행이 발생할 경우를 대비하여 무역거래 당사자는 무역계약 체결 시 불가항력으로 인정할 수 있는 구체적인 사항들과 선적지연 시 언제까지 지연을 인정할지 여부를 명시하는 것이 좋다.

32 기업의 일반적인 상황을 소개하는데 옳은 내용이 아닌 것은?

① The major shareholder is the ABC Financial Group.

② ABC Corporation is a KOSPI listed company.

③ The company is a wholly owned subsidiary of ABC electronics.

④ The exchange rate closed at 1,100 won per US dollar.

[정답] ④

[해석] ① 주요 주주는 ABC 파이낸셜 그룹입니다.
② ABC 회사는 코스피 상장 기업입니다.
③ 당 회사는 ABC 일렉트로닉스가 전액 출자한 자회사입니다.
④ 환율이 미화 1달러당 1,100원으로 장을 마감했습니다.

[해설] ④ '환율이 미화 1달러당 1,100원으로 장을 마감했습니다.'의 의미로 기업의 일반적 상황을 소개하는 내용이 아니라 주식시장의 상황을 설명하는 내용이다.
*major shareholder : 주요 주주
*listed company : 상장 회사
*subsidiary : 자회사의

33 선하증권의 명칭이 옳지 않은 것은?

① 지시식 선하증권 – Order B/L

② 기명식 선하증권 – Straight B/L

③ 무사고 선하증권 – Clean B/L

④ 기간경과 선하증권 – Surrender B/L

[정답] ④

[해설] ④ 기간경과 선하증권은 Stale B/L이며, Surrender B/L은 권리포기 선하증권을 의미한다.
기간경과 선하증권(Stale B/L)
• 신용장방식 거래인 경우 신용장통일규칙에서는 신용장상에 선적서류의 제시 기일을 명시하도록 규정한다.
• 제시 기일이 없는 경우 B/L 발행 후 21일 이내에 매입은행에 선하증권을 제시하여야 한다.
• B/L 발행 후 21일 내에 제시하지 않은(21일을 경과한) B/L을 Stale B/L로 규정하여 은행이 수리를 거부하도록 되어 있다.
권리포기 선하증권(Surrendered B/L)
• 현금거래이며 원본이 양도된 B/L이다.
• 화물에 대한 주인의 권리를 포기한다는 의미로, B/L상에 Surrender 또는 Surrendered라는 문구를 찍어준다.
• 통상 가까운 국가 간의 거래 시나 확실하게 믿을 수 있는 거래 시에 발행한다.
• 유통가능한 유가증권으로서의 기능을 포기하는 선하증권으로 신속한 화물의 인도를 목적으로 한다.

34 우리말을 영작할 때 ( ) 안에 들어갈 알맞은 단어가 순서대로 옳게 나열된 것은?

> "이 정보는 당사에서 어떠한 책임도 지지 않고 제공되며, 극비로 다루어져야만 합니다."
>
> This information is provided without any responsibilities on our (ⓐ) and should be (ⓑ)
> as absolutely (ⓒ).

	ⓐ	ⓑ	ⓒ
①	side	treated	confidential
②	part	permitted	confidential
③	side	threatened	confidence
④	party	held	confidence

정답 ①

해석

"이 정보는 당사에서 어떠한 책임도 지지 않고 제공되며, 극비로 다루어져야만 합니다."

This information is provided without any responsibilities on our (ⓐ side) and should be (ⓑ treated)
as absolutely (ⓒ confidential).

	ⓐ	ⓑ	ⓒ
①	쪽, 측	다루다	비밀[극비]의
②	부 분	허가하다	비밀[극비]의
③	쪽, 측	위협하다	자신감, 신뢰
④	당사자	붙잡다, 두다	자신감, 신뢰

해설 ⓐ '당사의 책임'은 responsibility on our side로 표현할 수 있고, ⓑ·ⓒ '극비로 다루다'는 treat as confidential로
영작할 수 있으므로 정답은 ①이다.
*be treated : 취급되다, 다루어지다
*as absolutely confidential : 극비로, 전적으로[극도로] 비밀로써

35 다음을 영작할 때 옳은 것은?

① 다음과 같은 청약을 하게 되어 기쁘게 여깁니다.

→ We are compelled to order you the following.

② 아래에 게재된 상품은 선착순 판매조건부로 청약합니다.

→ We offer subject to prior sale for the goods listed below.

③ 당사는 5월 5일까지 당사에 귀사의 회신이 도착하는 것을 조건으로 확정청약합니다.

→ We will make a firm offer subject your reply reached us by May 5.

④ 당사의 최종확인 조건부로 청약합니다.

→ We submit the following offer subjecting to our confirmation.

정답 ②

해설 ② 선착순매매 조건부 청약(Offer subject to prior sale) : 청약에 대한 승낙 의사가 피청약자로부터 청약자에게 도달했다 해도 바로 계약이 성립되는 것이 아니라 그 시점에 당해 물품 재고가 남아 있는 경우에 한해 계약이 성립되는 Offer로서 재고잔류 조건부 청약(Offer Subject to Being Unsold)이라고도 한다.
① are compelled to(억지로 ~하다) → are pleased to
③ subject your reply reached → subjecting to your reply reaching
④ subjecting to our confirmation → subjecting to our final confirmation

36 추심결제방식 중 추심거래에 관여하는 추심거래의 당사자는?

① Remittance Bank

② Beneficiary

③ Principal

④ Issuing Bank

정답 ③

해석 ① 추심의뢰은행
② 수익자
③ 계약당사자
④ 개설은행

해설 추심결제방식의 당사자
• 추심의뢰인/계약당사자(Principal) : 계약물품 선적, 거래 은행에 추심 취급을 의뢰하는 매매계약상의 매도인(Seller)인 수출업자(Exporter)
• 추심의뢰은행(Remitting Bank) : 추심의뢰인(수출업자)으로부터 금융서류와 상업서류의 추심을 의뢰받은 수출국 은행, 보통 수출자의 거래은행
• 추심은행(Collection Bank) : 추심의뢰은행 이외에 추심과정에 참여하는 모든 은행, 보통 수입자의 거래은행
• 제시은행(Presenting Bank) : 수입업자인 지급인에게 추심서류를 제시하는 은행

37 ( ) 안에 들어갈 단어로 옳은 것은?

> "당사 제품의 높은 품질은 잘 알려져 있으며, 당사는 시험 주문이 귀사의 거래를 충족시켜 줄 것이라고 확신합니다."
>
> The high quality of our products is well known and we are (ⓐ) that a(n) (ⓑ) order would satisfy your expectation at this time.

	ⓐ	ⓑ
①	assured	considerable
②	confidential	initial
③	sure	large
④	confident	trial

정답 ④

해석
> "당사 제품의 높은 품질은 잘 알려져 있으며, 당사는 시험 주문이 귀사의 거래를 충족시켜 줄 것이라고 확신합니다."
>
> The high quality of our products is well known and we are (ⓐ confident) that a(n) (ⓑ trial) order would satisfy your expectation at this time.

	ⓐ	ⓑ
①	확실한	상당한
②	기밀의	최초의
③	확실한	큰
④	확신하는	시험의

해설 주어진 문장에 따르면 빈 칸에 들어갈 내용은 각각 '확신하다', '시험 주문'이므로, ⓐ에는 assured, sure, confident(확신하는), ⓑ에는 trial(시험의)이 적절하다.
*be confident that : ~을 확신하다
*trial order : 시험 주문

38 보험관련 용어의 약어로 옳은 것은?

① FPA - Free Particular Average
② WA - Without Average
③ SRCC - Strikes, Riots, and Civil Commotions
④ ICC - Institute Cargo Close

정답 ③

해석 ① FPA : 단독해손부담보약관
② WA : 분손담보약관
③ SRCC : 파업, 폭동, 소요 위험담보약관
④ ICC : 협회적하약관

해설 ① Free Particular Average → Free from Particular Average
② Without Average → With Average
④ Institute Cargo Close → Institute Cargo Clause
W/SRCC(War, Strike, Riot, Civil Commotion, 전쟁, 파업, 폭동, 소요위험 담보조건)
• ICC(A)나 ICC(AR)를 부보했다 하더라도 담보되지 않는 조건으로, 이의 담보를 위해서는 추가 특약을 맺어야한다.
• 영국보험업자협회가 우리나라를 준 전쟁국으로 분류하여, 외국 수입상이 우리나라에서 CIF 조건으로 수입 시이 조건을 추가로 부보(담보)한다는 점에 특히 유의하여야 한다.
구 협회적하약관상 보험조건
• ICC(FPA)(Free from Particular Average, 단독해손부담보조건)
 - ICC 약관에서 담보범위가 가장 좁은 조건이다.
 - 원칙적으로 단독해손은 보상하지 않지만 화물을 적재한 선박이나 부선이 침몰·좌초·대화재·충돌했을 경우의단독해손에 대해서는 인과관계를 묻지 않고 보상한다.
• ICC(WA)(With Average, 분손담보조건)
 - 분손담보조건은 분손부담보조건(FPA)에서 보상대상이 아닌 단독해손(화물적재 선박이나 부선이 침몰·좌초·대화재·충돌로 인한 손해 이외의 증권본문의 담보위험에 따른 분손) 가운데 증권기재의 면책률(일정비율 미만의사고액 공제)을 초과하는 손해를 보상한다.
 - 침몰·좌초·대화재·충돌 이외의 단독해손으로는 현실적으로 악천우(Heavy weather)에 의한 적하의 풍랑손해가 해당한다. 즉, WA와 FPA의 차이는 풍랑에 의한 단독해손 보상여부다.
 - ICC(WA)에서는 원칙적으로 (단독해손보상의 조건인) 소손해(Petty claim) 면책 비율을 적용한다.

39 다음 ( ) 안에 옳은 단어는?

> The document that the shipping company will need to see to authorize the release of the goods in the port of destination will be Bill of Lading. It is commonly considered that the company who has the ( ) Bill of Lading is the one to which the goods belong.

① original
② surrendered
③ non-negotiable
④ foul

정답 ①

해석

해당 서류는 선사가 도착항에서 물품의 양도를 인가하기 위해 봐야 하는 것으로 선하증권이 될 것이다. 통상적으로 선하증권 (원본)을 가지고 있는 회사가 물품의 소유주로 여겨진다.

*shipping company : 선사, 선박운송회사
*authorize : 재가[인가]하다, 권한을 부여하다
*the release of the goods : 물품의 양도
*port of destination : 도착항
*OBL(Original Bill of Lading) : 선하증권 원본
*belong to : ~에 속하다, ~의 소유이다

① 원 본
② 양도된
③ 매입[유통]불가한
④ 고장난

해설
① OBL을 가지고 있는 회사가 물품의 소유주가 되므로 정답은 원본을 의미하는 original이다.
② Surrendered B/L(권리포기 선하증권) : 현금거래이며 원본이 양도된 선하증권이다. 또한 유통가능한 유가증권으로서의 기능을 포기하는 선하증권으로 신속한 화물의 인도를 목적으로 한다.
③ Non-negotiable B/L(유통불능 선하증권) : 선하증권에 'Copy' 또는 'Non-Negotiable'이라는 문언이 인쇄되어 있는 선하증권이다.
④ Foul(or Dirty) B/L(고장부 선하증권) : 화물의 손상 및 과부족이 있어서 그 내용이 M/R(Mate's Receipt, 본선수취증)의 Remarks(비고)란에 기재된 선하증권을 말한다.

40 추심결제에 관한 내용이다. (   ) 안에 들어갈 수 없는 것은?

> In a Documentary Collection transaction, a (   ) is a note that the importer has to pay a number of days (such as 30 days, 90 days etc) after it accepts the (   ) by signing it.

① time draft
② sight draft
③ usance draft
④ term bill

[정답] ②

[해석]
추심어음 거래에서 (기한부 어음)은 수입업자가 어음에 서명하여 (기한부 어음)을 인수한 이후에 (30일, 90일 등과 같이) 일정 기간이 지난 후에 지불하는 어음이다.

*Documentary Collection transaction : 추심어음 거래
*note : 어음(= bill, draft)

① 기한부 어음
② 일람불 어음
③ 기한부 어음
④ 기한부 어음

[해설] 보기는 추심어음 거래에서 30일이나 90일과 같이 일정 시간이 지난 후에 금액을 지불하는 기한부 어음에 대한 설명이다. 따라서 일람불 어음을 뜻하는 ② Sight Draft가 괄호 안에 들어갈 수 없는 단어이다.
지급기일/만기일(Tenor)에 따른 어음의 분류
• 일람불(일람출급/요구불) 어음(Sight/Demand Bill/Draft) : 환어음 지급기일이 일람출급으로 되어 있는 경우로, 환어음이 지급인에게 제시(Presentation)되었을 때 즉시 지급해야 하는 어음이다. "AT OOO SIGHT"로 표시하며 환어음상에 일람출급 또는 기한부 표시가 없는 경우 일람출급 환어음으로 본다.
• 기한부 어음(Time/Usance Bill/Draft, After Sight Draft) : 어음 제시 후 일정 기간 후에 지불되는 어음으로 당사자 간에 정한 만기에 환어음 금액을 지급하겠다는 의사표시인 환어음의 인수(Acceptance, 서명행위)를 환어음의 전면에 행하고 만기 도래 시 지급을 이행하는 조건의 환어음이다.

41 보험 용어 중 옳은 것은?

① 피보험이익 – Insurable interest
② 보험금 – Insurable value
③ 보험금액 – Claim amount
④ 보험료 – Insured amount

정답 ①

해설 ① 피보험이익(Insurable interest) : 보험목적물과 피보험자 사이의 이해관계, 즉 보험목적물에 보험사고가 발생함으로써 피보험자가 경제상의 손해를 입을 가능성이 있는 경우 이 보험목적물과 피보험자와의 경제적 이해관계를 피보험이익이라고 하며 이를 보험계약의 목적이라고도 한다.
② 보험금(Claim amount) : 담보위험으로 피보험자가 입은 재산상의 손해에 대해 보험자가 피보험자에게 실제 지급하는 보상금액이다.
③ 보험금액(Insured amount) : 보험자가 보험계약상 부담하는 손해보상 책임의 최고 한도액으로, 보험가액의 범위 내에서 보험자가 지급하게 되는 손해보상액인 지급보험금의 최고 한도액(당사자 간 사전 책정 금액)을 의미한다.
④ 보험료(Insurance premium) : 보험자의 위험부담에 대해 보험계약자가 지급하는 대가이다.
*Insurable value : 보험가액. 피보험이익의 평가액으로 특정 피보험자에게 발생할 수 있는 경제적 손해의 최고 한도액을 말한다.

42 다음 서한이 의도하는 목적으로 옳은 것은?

Thank you for your email with the quotation for canned mackerel-pike. We have also received the samples you sent by post and were very pleased with their quality.

We would like to order 5,000 units of canned mackerel-pike at first and should sales proceed well, we will increase the order next time. We have attached details of our shipping address and import guidelines for South Korea.

We will make payment upon receipt of your pro-forma invoice. If you have any questions, please email me any time.

① Confirmation of Shipping Advice
② Placing an Order
③ Acknowledgement of Order
④ Report on Credit Information

해석

꽁치 통조림의 견적에 대한 귀사의 이메일에 대해 감사합니다. 당사는 또한 귀사가 우편으로 보낸 샘플들도 받아 보았으며 해당 물품의 품질에 대해 매우 기쁩니다.

당사는 먼저 꽁치 통조림 5,000개를 주문하고 싶으며, 판매가 잘 진행될 경우, 다음번엔 주문량을 늘리겠습니다. 당사는 당사의 선적 주소와 대한민국 수입 가이드라인에 대한 상세서를 첨부합니다.

당사는 귀사의 견적송장을 받는 즉시 지불할 것입니다. 만약 궁금한 점이 있으시면, 언제든 당사에 이메일 주십시오.

*quotation : 견적
*canned mackerel-pike : 꽁치 통조림
*by post : 우편으로
*upon receipt of your pro-forma invoice : 견적송장을 받는 즉시

① 선적통지에 관한 확인
② 주문을 하는 것
③ 주문확인서
④ 신용정보에 대한 보고서

해설 ② 견적받은 수입물품에 대해 첫 주문을 하는 서한이므로 '주문을 하는 것(Placing an Order)'이 정답이다.
견적송장(Proforma Invoice)
견적송장은 물품의 가격에 대한 견적을 해주는 역할을 하므로 선적 전에 작성된다. 선적 후 환율이나 거래수량, 가격의 변동을 예상하며 최종적인 결제금액을 조정할 수 있게 한 가격변동 조건부 거래에 사용된다.

43 영작 시 단어나 어구가 순서대로 옳게 나열된 것은?

송장금액의 110%의 금액으로 백지배서가 된 보험증권 또는 증명서 2통
→ Insurance policy or certificate (   )

(A) endorsed
(B) for 110%
(C) in duplicate
(D) in blank
(E) of the invoice value

① (C) - (A) - (D) - (B) - (E)
② (C) - (B) - (A) - (D) - (E)
③ (D) - (A) - (C) - (E) - (B)
④ (D) - (B) - (A) - (E) - (C)

송장금액의 110%의 금액으로 백지배서가 된 보험증권 또는 증명서 2통
→ Insurance policy or certificate (in duplicate endorsedin blank for 110% of the invoice value)

해설 2통을 의미하는 (C)가 맨 처음 나오고, insurance policy or certificate(보험증권 또는 증명서)를 주어로 받는 'which 관계사 + 단수 동사 is'가 생략된 분사형 (A) endorsed가 이어진다. endorse는 '(수표 등에) 배서하다'는 의미를 갖는 동사로 전치사 in과 함께 쓰이므로 (D)가 다음에 나와야 한다. 송장금액의 110%를 의미하는 (B) for 110% (E) of the invoice value의 순으로 '(C) in duplicate (which is) (A) endorsed (D) in blank (B) for 110% (E) of the invoice value'와 같이 문장이 완성된다.
*in duplicate : 2통
*endorsed in blank : 백지배서(= blank endorsement)
*invoice value : 송장금액

44 영작 시 단어나 어구가 순서대로 옳게 나열된 것은?

> 상공은행 지시식으로 작성되고 '운임선급'과 '통지처 지급인'으로 표시된 무고장 선적 해양 선하증권의 전통
> → Full set of (   ) Sanggong Bank marked 'Freight Prepaid' and 'Notify Accountee.'
>
> (A) on board
> (B) bills of lading
> (C) clean
> (D) made out
> (E) to the order of
> (F) ocean

① (C) − (A) − (B) − (F) − (E) − (D)　　② (C) − (A) − (F) − (B) − (D) − (E)

③ (C) − (F) − (B) − (A) − (E) − (D)　　④ (F) − (A) − (C) − (D) − (B) − (E)

상공은행 지시식으로 작성되고 '운임선급'과 '통지처 지급인'으로 표시된 무고장 선적 해양 선하증권의 전통
→ Full set of (clean on board ocean bills of lading made out to the order of) Sanggong Bank marked 'Freight Prepaid' and 'Notify Accountee.'

해설 보기는 선하증권에 표기되는 통상적인 신용장 조건을 나타내는 것이므로 문장 전체를 숙지하는 것이 중요하다. "무고장(clean) + 선적(on board) + 해양선하증권(ocean bills of lading) + ~'의 지시식으로(made out to the order of~)"의 순으로 (C) clean (A) on board (F) ocean (B) bills of lading (D) made out (E) to the order of와 같이 문장이 완성된다.

45 다음 문장을 영작한 것 중 옳은 것은?

> 당사는 귀사 해결안을 즉시 전자우편으로 알려 줄 것을 요청합니다.

① We request you to advise us your solution by e-mail for the time being.
② You are requested to supply us of your solution by e-mail as long as possible.
③ We would like to send us of your solution by e-mail sooner or later.
④ We ask you to inform us of your solution by e-mail at once.

정답 ④

해석 ① 당사는 기한에 맞게 귀사의 해결방안을 당사에게 조언할 것을 요청합니다.
② 귀사는 당사에게 가능한 한 이메일로 귀사의 해결방안을 제공해 줄 것을 요청받고 있습니다.
③ 당사는 조만간 이메일로 귀사의 해결방안을 당사에게 보내고 싶습니다.
④ 당사는 귀사의 해결안을 즉시 전자우편으로 알려 줄 것을 요청합니다.

해설 '즉시'를 의미하는 부사구는 at once이며, 'A에게 B을 알려주다'라는 표현은 inform A of B이므로, 영작 표현으로 옳은 표현은 ④ We ask you to inform us of your solution by e-mail at once.이다.
*for the time being : 기한에 맞게
*as long as possible : 가능한 한
*sooner or later : 조만간

46 다음 내용을 영작한 것 중 옳지 않은 것은?

> 불량품에 대해 귀사에게 클레임을 제기하지 않을 수 없습니다.

① We are compelled to raise a claim on you for the inferior goods.
② We have no choice but to file a claim with you for the inferior goods.
③ We cannot help lodging a claim with you for the inferior goods.
④ We cannot but to make a claim with you for the superior goods.

정답 ④

해석 ① 당사는 품질이 불량한 물품에 대해 귀사에 클레임을 제기하지 않을 수 없습니다.
② 당사는 품질이 불량한 물품에 대해 귀사에 클레임을 제출하지 않을 수 없습니다.
③ 당사는 품질이 불량한 물품에 대해 귀사에 클레임을 제출하지 않을 수 없습니다.
④ 당사는 최상의 물품에 대해 귀사에게 클레임을 제기하지 않을 수 없습니다.

해설 ④ superior는 '~보다 우수한, 뛰어난'의 의미이므로 주어진 문장의 의미와 달라진다. 따라서 the superior goods(최상의 물품) → inferior goods(불량품)이 되어야 한다.
*superior goods : 최상의 물품
*be compelled to, have no choice but to, cannot help ~ing, cannot but to : ~하지 않을 수 없다
*raise a claim, file a claim, lodge a claim, make a claim : 클레임을 제기하다

47 다음은 신용장 개설 과정이다. ⊙ ~ ⊜을 문맥에 맞게 다른 말로 바꾼 것으로 옳지 않은 것은?

- The exporter and the importer agree on a sale based on 'Letter of Credit' terms, the exporter sends a pro-forma invoice to the importer.
- ⊙ The importer takes the pro-forma invoice to its bank and requests to open a Letter of Credit based on pro-forma invoice.
- ⓒ The importer's bank issues a Letter of Credit and sends it to ⓒ the exporter's bank.
- The exporter's bank advises the Letter of Credit to ⊜ the exporter who checks the terms of the letter of credit.

① ⊙ The importer → applicant
② ⓒ The importer's bank → issuing bank
③ ⓒ the exporter's bank → confirming bank
④ ⊜ the exporter → beneficiary

정답 ③

해석
- 수출업자와 수입업자가 '신용장' 조건에 기반한 매매에 대해 동의하고, 수출업자가 수입업자에게 견적송장을 보낸다.
- ⊙ 수입업자는 견적 송장을 은행에 가져가서 견적 송장에 기반하여 신용장 개설을 요청한다.
- ⓒ 수입업자의 은행은 신용장을 개설하고 ⓒ 수출업자의 은행에 보낸다.
- 수출업자의 은행은 ⊜ 수출업자가 신용장의 조건들을 점검하도록 신용장을 통지한다.

*based on : 기반한
*pro-forma invoice : 견적송장
*issue a Letter of Credit/an L/C : 신용장을 개설하다
*advise : 통지하다

① ⊙ 수입업자 → 개설의뢰인
② ⓒ 수입업자의 은행 → 개설은행
③ ⓒ 수출업자의 은행 → 확인은행
④ ⊜ 수출업자 → 수익자

해설 ③ ⓒ 수출업자의 은행(the exporter's bank)은 확인은행(confirming bank)이 아니라 통지은행(advising bank)이다.
통지은행(Advising/Notifying Bank)
- 어떠한 책임이나 약정 없이(Without engagement) 개설은행으로부터 내도된 신용장을 수익자에게 통지(송부나 교부)해 주는 수출지의 은행으로서 통지은행이 통지요청을 받았다고 해서 반드시 통지해야 하는 것도 아니고, 통지를 했다고 해서 반드시 수권은행의 역할을 할 필요도 없다.
- 지급·인수·매입 의무는 없으나 신용장의 외관상 진위 여부(Apparent authenticity) 확인을 위해 상당한 주의(Reasonable care)를 기울일 의무가 있다.
- 보통 수출국에 위치한 신용장 개설은행의 본·지점이나 환거래은행[Correspondent bank(Corres)]이 된다.

48 선적관련 용어를 영어로 잘못 표현한 것은?

① 통화할증료 – BAF
② 부두사용료 – Wharfage
③ 터미널 처리비용 – THC
④ 컨테이너 화물적입비 – CFS Charge

정답 ①

해설 ① 통화할증료 : BAF → CAF
할증요금
• 유가할증료(BAF ; Bunker Adjustment Factor) : 선박의 연료인 벙커유의 가격변동에 따른 손실을 보전하기 위해 부과하는 할증요금
• 통화할증료(CAF ; Currency Adjustment Factor) : 환율의 변동에 따른 손실을 보전하기 위해 부과하는 할증요금

49 매도인과 매수인이 합의하여 작성하는 서류로 옳은 것은?

① Offer sheet
② Sales note
③ Contract sheet
④ Purchase note

정답 ③

해석 ① 매도확약[청약]서
② 매도확약[청약]서
③ 계약서
④ 매입확약서

해설 ③ 계약서(Contract sheet)는 매도인(Seller)과 매수인(Buyer)이 합의하여 작성하는 서류이며, 매도확약[청약]서(Offer sheet, Sales note)는 매도인(Seller)이 작성하며, 매입확약서(Purchase note)는 매수인(Buyer)이 작성한다.
계약성립 방식에 따른 계약서의 종류
• 매도확약[청약]서(Offer sheet, Sales note) : 매 거래건별로 청약이나 주문을 확정한 후 작성하는 서면 청약이다. Selling offer를 발행한 Seller가 Sales notes를 두 통 작성·서명하여 Buyer에게 보내면 Buyer는 내용에 이의가 없는 경우 서명하여 한 통은 보관하고 다른 한 통은 돌려보냄으로써 정식계약서가 된다.
• 매입확약[청약]서(Purchase note) : 정기적으로 대량 구매하는 Buyer인 경우 필요한 상품의 제 조건을 일방적으로 기재·서명하여 두 통을 보내면 Seller는 이를 검토, 이의가 없을 경우 서명하여 한 통은 보관하고 한 통은 돌려보낸다.

50 밑줄 친 부분의 의미가 다른 것은?

> We are pleased to advise you that we have shipped Two hundred units of bicycles <u>by the M/S 'Rose' which left for Incheon today</u>, on October 5.

① by the M/S 'Rose' which left Incheon today
② per the M/S 'Rose' which sailed for Incheon today
③ by the M/S 'Rose' which sailed for Incheon today
④ per the M/S 'Rose' which headed for Incheon today

정답 ①

해석

당사는 10월 5일 <u>오늘 인천으로 떠난 M/S 'Rose'호</u>에 자전거 2백 대를 선적하였음을 귀사에 통지하게 되어 기쁩니다.

① 오늘 인천을 떠난 M/S 'Rose' 호에
② 오늘 인천으로 출항하는 M/S 'Rose' 호마다
③ 오늘 인천으로 출항하는 M/S 'Rose' 호에
④ 오늘 인천을 향해 떠난 M/S 'Rose' 호마다

해설 '인천을 향해 떠나다'의 뜻을 표현하려면 leave에 '~행의, ~으로 (가는)'의 의미를 나타내는 전치사 for를 사용하여야 한다. left Incheon은 '인천을 떠난[인천에서 출발한]'이라는 뜻이므로 '인천을 향해 출발하다'는 표현이 들어간 나머지 sail for, head for와는 그 의미가 반대된다. 따라서 정답은 ①이다.
*sail for/leave for/head for : ~을 향해 출발하다
*leave/leave from : ~에서 출발하다

51 해외거래처에 대한 직접 조사방법으로 가장 옳은 것은?

① 외국은행
② 한국무역협회
③ 박람회 참가
④ 무역업자 명부

정답 ③

해설 ③ 해외거래처에 대한 직접 조사방법은 박람회에 참가하여 그 업체에 대해 알아보거나 그 거래처와 직접 면담하는
방법 등이 있다.

해외시장 조사
• 국제무역 상대국의 정치, 경제, 관습, 주요 산업 및 수출입 물품 등 제반여건을 조사하는 것이다.
• 방 법
 – 대한무역투자진흥공사(KOTRA), 무역협회(KITA), 대한상공회의소 등 무역 유관기관을 통해 정보를 수집한다.
 – 무역 통계자료 등을 활용한다.
 – 해외 지사 또는 관계자, 인터넷 등을 활용하여 자체 조사를 실시한다.

52 신용조회 시 해당 기업의 재정상태를 알기 위하여 수권자본과 납입자본, 자기자본과 타인자본 등
지급능력을 조사하는 항목은?

① Capacity
② Capital
③ Credit
④ Character

정답 ②

해설 신용조회 내용 3C's

Character (성격 또는 상도덕)	회사의 연혁, 사업목적, 경영자의 태도, 영업태도(Attitude toward business), 계약이행에 대한 열의(Willingness to meet obligations), 계약이행 상태, 업계 평판(Reputation), 품질 등
Capital (재정상태)	자본금의 규모, 채권, 채무, 수권자본(Authorized capital)과 납입자본(Paid-up capital), 자기자본과 타인자본의 비율 등
Capacity (기업운용 능력)	영업방법 및 형태, 거래방법, 거래량, 거래실적, 경력·경험, 경영진의 생산주문 이행능력, 연간 매출액 및 생산능력, 연혁 등

53 다음 청약들 중 성격이 다른 하나는?

① 자유청약
② 조건부청약
③ 확인조건부청약
④ 확정청약

정답 ④

해설 ④ 조건부 청약은 청약자가 최종 계약체결권을 갖는다는 의미에서 불확정청약(자유청약)의 범주로 볼 수 있다.
조건부청약(Conditional offer)
• 청약자가 청약에 일정한 조건을 부가한 것으로, 조건부청약이 모두 불확정청약은 아니며 청약자가 부가한 조건의 성격에 따라 확정청약, 불확정청약, 청약의 유인이 될 수 있다.
• 종 류
  − Offer without engagement(무확약청약)
  − Offer subject to being unsold(재고잔류 조건부청약)
  − Offer on approval(점검매매 조건부청약/견본승인청약)
  − Offer on sale or return(반품허용 조건부청약)
  − Sub−con offer(확인조건부청약)

54 다음이 설명하는 계약의 성격은?

> 매도인은 급부로서 물품의 소유권을 매수인에게 양도하고 매수인은 반대급부로서 대금을 지급해야 하는 것이 무역계약이다.

① 낙성계약
② 쌍무계약
③ 유상계약
④ 불요식계약

정답 ③

해설 ③ 유상계약 : 계약당사자 쌍방 간에 의무를 부담하는 것을 상호 간에 대가성 있는 급부를 제공한다는 관점에서 바라본 무역계약의 성질을 말하며 증여, 사용대차와 같은 무상계약과 구별된다.
① 낙성계약 : 매매당사자의 합의만 있으면 그 자체로 계약이 성립하는 것을 말한다.
② 쌍무계약 : 당사자 쌍방이 계약상의 의무를 부담하는 계약으로서 계약 성립과 동시에 매매당사자가 서로 채무를 부담하는 것으로써 매도인은 계약물품 인도의무를 부담하고, 매수인은 물품대금 지급의무를 부담하는 것이다.
④ 불요식계약 : 무역 매매계약은 문서와 구두에 의한 명시계약(Express contract)뿐 아니라 묵시계약(Implied contract)에 의해서도 성립될 수 있다.

55 상품을 소비자들이 쉽게 기억하고 인식할 수 있도록 제품에 붙여진 이름을 무엇이라 하는가?

① 규 격
② 견 품
③ 표준품
④ 통 명

정답 ④

해설 ④ 통명은 상표(Trade Mark)를 뜻하는 것으로 제품에 붙여진 이름을 말한다.
품질의 결정방법(매매방식)
- 규격/명세서매매(Sales by Specification) : 견본제시가 불가능한 선박·기계·의료기기·공작기계·철도·차량 등의 거래 시 설계도·청사진 등 규격서 또는 설명서로 물품의 품질을 약정하는 방법이다.
- 견본매매(Sales by Samples) : 거래 목적물의 견본을 거래상품의 대표격으로 하여 품질기준으로 삼는 방법이다.
- 표준품매매(Sales by Standard/Type) : 표준으로 인정하는 것을 기초로 가격을 결정하고, 실제 상품의 품질이 표준품과 다른 경우 가격 증감으로 조정하는 거래이다.

56 CIP와 CIF(Incoterms 2020)에 대한 설명으로 옳지 않은 것은?

① Incoterms 2020 중 수출자가 적하보험을 부보해야 하는 조건은 CIP, CIF 조건뿐이다.
② CIP 하에서 수출자는 A약관이나 그와 유사한 약관에 따른 광범위한 부보조건으로 부보해야 하므로 더 낮은 수준의 부보조건으로 부보하기로 합의할 수 없다.
③ CIF 하에서 매도인은 협회적하약관의 C약관이나 그와 유사한 약관에 따른 제한적인 부보조건으로 부보하여야 한다.
④ CIF, CIP 하에서 적하보험을 부보할 때 통화는 매매계약의 통화와 같아야 한다.

정답 ②

해설 ② CIP 규칙의 경우에 매도인은 협회적하약관의 A약관에 따른 부보를 취득하여야 한다. 물론 또한 당사자들은 원한다면 보다 낮은 수준의 부보를 하기로 합의할 수 있다.
CIF와 CIP 간 부보수준의 차별화
CIF 규칙과 CIP 규칙에서 최소부보에 관하여 다르게 규정하기로 결정되었는데, 즉 CIF 규칙은 일차산품의 해상무역에서 사용될 가능성이 매우 높으므로 현상을 유지(ICC(C)의 원칙을 계속 유지)하되, 당사자들이 보다 높은 수준의 부보를 하기로 달리 합의할 수 있도록 길을 열어 두었다. CIP 규칙의 경우 매도인은 ICC(A)에 따른 부보를 취득하여야 한다.

57 무역계약의 체결 절차가 순서대로 옳게 나열된 것은?

① offer → counter offer → counter offer → acceptance → contract

② offer → firm offer → counter offer → acceptance → contract

③ counter offer → offer → counter offer → acceptance → contract

④ firm offer → counter offer → offer → acceptance → contract

정답 ①

해설 무역계약의 체결 절차

시장조사(Market Research) → 거래선 발굴 → 신용조회(Credit Inquiry) → 거래제의(Circular Letter/Business Proposal) → 거래조회(Trade Inquiry) → 청약(Offer)·주문(Order) → 반대청약을 통한 합의(Counter Offer) → 계약 체결(Contract) → 수출의 허가 및 확인 → 수출물품 확보·조달 → 운송 및 보험계약 체결 → 통관

58 신용장 관련 수수료 중 수출지에 있는 매입은행이 선적서류를 매입하여 대금을 선지급한 날과 수출 대금이 입금된 날까지의 공백기간의 일수에 대해 부과하는 이자를 무엇이라 하는가?

① 환가료

② 대체료

③ 미입금 수수료

④ 상환수수료

정답 ①

해설 ① 환가료 : 외국환은행이 수출환어음, 여행자수표 등의 외국환을 매입한 후 완전한 외화자산(Cash)으로 현금화할 때까지 또는 미리 지급한 자금을 추후 상환받을 때까지 은행 측에서 부담하는 자금에 대한 이자보전 명목으로 징수하는 기간수수료이다.

② 대체료(Commission in Lieu of Exchange) : 수출업자가 외화계정을 보유하고 있어서 매입 시 은행은 환가료 및 전신환 매입율, 매도율 등을 적용할 여지가 없어지므로, 이때 은행이 수고비 명목으로 받는 수수료이다.

③ 미입금 수수료 : 매입 당시에는 예상하지 않은 은행 수수료가 해외은행으로부터 추가로 징수된 경우에 추징하는 수수료를 말한다.

④ 상환수수료 : 개설은행에 의하여 상환은행으로 지정된 은행이 자금 지급의 수고를 하므로 개설은행 또는 지급 또는 매입은행으로부터 금액의 고저에 관계없이 매 어음 당일 징수하는 정액수수료를 가리킨다.

59 일반 고객이 현지은행으로부터 금융서비스를 받거나 화환신용장을 개설받고자 할 때, 자신의 거래은행에 요청하여 그 거래은행이 현지은행에게 채권보증을 확약한다는 뜻으로 개설하는 신용장으로 옳은 것은?

① Transferable L/C
② Sight L/C
③ Usance L/C
④ Standby L/C

정답 ④

해석 ① 양도가능 신용장
② 일람출급 신용장
③ 기한부 신용장
④ 보증신용장

해설 ④ 보증신용장(Standby L/C) : 금융서류에 상당하는 어음 또는 금전수령증과 같은 서류만을 요구하고 상업서류에 상당하는 서류를 요구하지 않는 무화환신용장의 일부이다.
① 양도가능 신용장(Transferable L/C) : 신용장을 받은 최초의 수익자인 원(제1)수익자가 신용장 금액의 전부 또는 일부를 1회에 한하여 국내외 제3자(제2수익자)에게 양도할 수 있는 권한을 부여한 신용장을 말한다.
② 일람출급 신용장(Sight L/C) : 신용장에 의하여 발행되는 어음이 지급인(Drawee)에게 제시되면 즉시 지급되어야 하는 일람출급(Sight Draft) 또는 요구불어음(Demand Draft)을 발행할 수 있는 신용장을 말한다.
③ 기한부 신용장(Usance L/C) : 신용장에 의해 발행되는 어음이 지급인에게 제시된 후 일정기간이 경과한 후에 지급받을 수 있도록 어음지급기일이 특정 기일로 된 기한부어음(Usance Draft)을 발행할 수 있는 신용장을 말한다.

60 항공화물운송장(AWB)의 설명으로 옳지 않은 것은?

① 유통불능증권이다.
② 물품의 수취증이다.
③ 운송계약의 추정적 증거이다.
④ 제시증권이다.

정답 ④

해설 ④ 항공화물운송장(AWB)이 제시증권이 되면 항공화물운송은 별다른 효용을 가지지 못하므로 제시증권이 아니라 증거증권이다.
항공화물운송장(Air Waybill, AWB)
항공사가 화물을 항공으로 운송하는 경우 송하인과의 운송계약체결을 증명하기 위해 항공사가 IATA가 정한 규정에 의거하여 발행하는 기본적인 운송(선적)서류이다.

61 신용장통일규칙(UCP 600)상 "Honour"의 의미로 옳지 않은 것은?

① 신용장이 일람지급을 약정하였다면 일람 시에 지급하는 것을 의미한다.

② 신용장이 연지급을 약정하였다면 연지급 확약 의무를 부담하고 만기일에 지급하는 것을 의미한다.

③ 신용장이 인수를 약정하였다면 수익자가 발행한 환어음을 인수하고 만기에 대금을 지급하는 것을 의미한다.

④ Honour는 지급이행으로 번역되고 매입을 포함하는 개념이다.

정답 ④

해설 UCP 600상 결제(Honour)의 의미
- 신용장이 일람지급에 의하여 이용가능하다면 일람출급으로 지급하는 것
- 신용장이 연지급에 의하여 이용가능하다면 연지급을 확약하고 만기에 지급하는 것
- 신용장이 인수에 의하여 이용가능하다면 수익자가 발행한 환어음을 인수하고 만기에 지급하는 것

62 해상보험에서 보험계약의 목적을 나타내고 있는 용어로 옳은 것은?

① 피보험이익

② 화 물

③ 선 박

④ 운 임

정답 ①

해설 해상보험 관련 기본용어
- 피보험이익 : 보험목적물과 피보험자와의 경제적 이해관계로, 보험목적물에 보험사고가 발생해서 피보험자가 경제상의 손해를 입을 가능성이 있는 경우에 발생하며, 보험계약의 목적이라고도 한다.
- 피보험목적물 : 위험발생의 대상, 즉 해상보험의 부보대상이 되는 객체로서 해상보험에서는 화물·선박·운임을 의미한다.

63 취소불능 신용장에 대한 설명으로 옳지 않은 것은?

① 신용장의 취소란 이미 개설된 신용장을 사용하지 않고 취소하는 것을 말한다.

② UCP 600상의 신용장은 모두 취소불능 신용장이다.

③ 신용장 기본 당사자의 동의 없이 일방이 신용장을 취소할 수 없다.

④ 확인신용장의 경우 신용장 기본 당사자인 수익자, 개설은행의 동의가 있으면 취소가 가능하다.

정답 ④

해설 ④ 확인신용장(Confirmed L/C) : 개설은행의 요청에 따라 제3의 은행이 수익자가 발행한 환어음의 지급·인수·매입을 확약한 신용장이다. 수출자에게 개설은행의 지급확약 외에 추가적으로 2중의 대금지급 확약을 행하는 은행으로서 확인신용장의 경우 확인은행도 개설은행 및 수익자와 함께 신용장 기본 당사자가 된다.

취소불능 신용장(Irrevocable L/C)
• 신용장 개설 이후 신용장이 수익자에게 통지된 후 유효기간 내에 관계 당사자 전원(개설은행/확인은행, 수익자, 통지은행)의 합의 없이는 신용장을 취소·변경할 수 없다.
• UCP 600 개정에서는 신용장은 원칙적으로 취소불능을 상정하고 있다.

64 다음 (   ) 안에 알맞은 용어는?

신용장은 수입업자의 거래은행이 신용장 조건과 일치하여 발행한 환어음과 선적서류를 제시하면 화환어음을 (   ), 매입, 인수하거나 연지급 확약할 것을 약속하는 증서이다.

① 일람지급

② 인 도

③ 수 정

④ 선 적

정답 ①

해설 ① 일람지급 : 수입자가 선적서류를 일람한 즉시 수입 대금을 지급하는 경우를 가리킨다.

일람지급신용장[Sight/Straight (Payment) L/C]
• 환어음이 발행되지 않는다.
• 신용장에 의한 환어음의 매입 여부는 언급하지 않고 개설은행, 또는 그의 지정은행(지급은행)에 선적서류와 환어음을 제시하면 이를 일람한 즉시 대금을 지급(Honour)하겠다고 확약하는 신용장이다.

65 컨테이너 운송에 대한 설명으로 옳지 않은 것은?

① 컨테이너 운송의 목적은 물류비 절감에 있으며 문전간 운송이 가능하다.
② TEU(20피트 컨테이너)와 FEU(40피트 컨테이너)의 차이는 높이가 다르다.
③ CY는 FCL 화물이 처리되는 장소이다.
④ CFS에서 혼재작업을 할 수 있다.

[정답] ②

[해설] ② 컨테이너의 차이는 길이를 기준으로 하며, 높이는 일정하다.
① 컨테이너 운송의 목적은 물류비 절감에 있으며 문전(門前) 간(間)(Door-To-Door) 운송이 가능하다.
③ CY(Container Yard, 컨테이너 장치소)는 FCL(Full Container Load) 화물이 처리되는 장소이다.
④ CFS(Container Freight Station, 컨테이너 화물 집화소)에서는 다른 화물들과 혼재 또는 분류 등의 작업을 한다.

66 매수인이 운송계약을 체결할 의무가 있는 조건은?

① DAP
② CIP
③ FAS
④ CPT

[정답] ③

[해설] ③ FAS(지정선적항 선측 인도조건) : 지정선적항에서 매수인이 지정한 본선의 선측에 수출통관을 필한 물품을 인도하는 조건(매도인 수출통관)이다.
① DAP(도착장소 인도조건) : 지정목적지에서 수입통관을 필하지 않은 계약물품을 도착된 운송수단으로부터 양하하지 않은 상태로 매수인의 임의처분 상태로 인도하는 것으로 매도인이 지정지까지 물품을 운송하는 데 따른 모든 위험을 부담한다.
② CIP(운송비·보험료 지급 인도조건) : 매도인이 합의된 장소에서 물품을 인도한 후 지정된 목적지까지 운송하는 데 필요한 계약을 체결하고 그 운송비용을 부담하는 조건이다.
④ CPT(운송비 지급 인도조건) : 매도인은 합의된 장소에서 자기가 지명한 운송인 또는 기타 당사자에게 수출통관을 필한 물품을 인도하는 조건이다.

67 기업의 환리스크 관리 기법 중 두 거래 당사자가 계약일에 약정된 환율에 따라 해당 통화를 일정시점에서 상환 교환하기로 하는 외환거래는?

① 콜옵션
② 통화스왑
③ 선물환거래
④ 통화선물

정답 ②

해설 ② 통화스왑(Currency swap) : 해당 '통화'라는 기초자산을 '바꾸다, 교환하다'라는 사전적 의미를 갖는 '스왑'이라는 방식으로 거래하는 것을 말한다.
① 콜 옵션(Call option) : 금융시장에서 특정 기초자산(주식, 통화, 채권 등)을 살 수 있는 권리를 의미한다.
③ 선물환거래(Forward exchange) : 장래의 특정 일자를 결제일로 하여 특정 통화의 매매계약을 체결하고 결제일에 약정한 환율에 의해 해당 자금을 결제하는 외환거래를 뜻한다.
④ 통화선물(Currency futures) : 일정 통화를 미래의 일정 시점에서 당초의 약정가격으로 매입 또는 매도하기로 하는 계약을 말한다.

68 추심결제방식의 당사자에 대한 설명으로 옳지 않은 것은?

① 추심의뢰인은 어음발행인이며, 수출상이 된다.
② 수입국의 추심의뢰은행은 수출국의 은행에 추심을 의뢰한다.
③ 추심은행은 추심의뢰서와 서류를 받아 지급인에게 추심한다.
④ 제시은행은 추심의뢰은행으로부터 서류를 송부받아 지급인에게 제시를 한다.

정답 ②

해설 ② 수입국의 추심의뢰은행은 수입국의 추심은행을 통해 수입상에게 환어음 및 선적서류를 제시한다.
추심결제방식(On Collection Basis)
수출상(Principal/Drawer/Accounter, 추심의뢰인)이 계약 물품을 선적한 후 선적서류(B/L, Insurance Policy, Commercial Invoice)를 첨부한 '화환어음(환어음)'을 수출상 거래은행(Remitting Bank, 추심의뢰은행)을 통해 수입상 거래은행(Collecting Bank, 추심은행)에 제시하고 그 어음대금의 추심(Collection)을 의뢰하면, 추심은행은 수입상(Drawee, 지급인)에게 그 어음을 제시하여 어음금액을 지급받고 선적서류를 인도하여 결제하는 방식이다.

안심Touch

69 동일한 무역거래 당사자를 지칭하는 단어가 아닌 것은?

① Applicant

② Consignee

③ Drawee

④ Payee

정답 ④

해설 거래기준에 따른 거래당사자의 명칭

구 분	수출자(Exporter)	수입자(Importer)
매매관계	매도인(Seller)	매수인(Buyer)
신용장 관계	수익자(Beneficiary)	개설의뢰인(Applicant)
선적관계	송하인, 하주(Shipper, Consignor)	수하인(Consignee)
어음관계	발행인(Drawer)	지급인(Drawee)
계정관계	대금수취인(Account)	대금결제인(Accountee)
지급관계	수취인(Payee)	지불인, 발행인(Payer)

70 신용장 결제방식에서 매입은행은 발행은행에 무엇을 송부하고 대금결제를 받는가?

① 수취서류와 환어음

② 송부서류와 약속어음

③ 선적서류와 환어음

④ 결제서류와 환어음

정답 ③

해설 ③ 신용장 결제방식에서 매입은행은 발행은행에 선적서류와 환어음을 송부하고 대금결제를 받는다. 그 이유는 환어음의 지급인(Drawee)이 신용장 발행은행이기 때문이다.

신용장방식
신용장 발행[개설]은행이 수입자(발행[개설]의뢰인)를 대신하여 수출자에게 일정 기간 내(신용장 유효기간) · 일정 조건(신용장 기재조건) 아래 선적서류 등을 담보로 수입자 · 신용장 발행은행 · 발행은행 지정 환거래 취결은행을 지급인으로 하는 화환어음을 발행할 권한을 부여(지급신용장 제외)한다.

71 상업송장과 관련 내용으로 옳은 것은?

① 신용장 거래에서 개설은행 앞으로 작성한다.

② 여러 통의 상업송장을 요구할 경우 모두 원본으로 충당한다.

③ 송장의 제시가 요구되는 경우 영사송장도 수리된다.

④ 신용장에서 요구하지 않더라도 송장은 서명이나 날짜 표시가 필요하다.

정답 ③

해설 ① 상업송장은 원칙적으로 신용장의 개설의뢰인에 의하여 발행되어야 한다.

② 여러 통의 상업송장을 요구할 경우 원본 1부에 나머지는 사본으로 충당해도 무방하다.

④ 신용장에서 요구되지 않는다면, 송장은 서명이나 날짜 표시의 필요가 없다.

72 무역계약의 법률적 특성을 가진 계약에 속하는 것은?

① 무상계약

② 요물계약

③ 편무계약

④ 불요식계약

정답 ④

해설 ④ 불요식계약 : 무역계약으로 매매계약을 체결함에 있어서 요식에 의하지 않고 문서나 구두에 의한 명시계약이나 묵시계약으로서도 계약이 성립되는 것을 말한다.

① 무상계약 : 매도인의 물품인수에 대하여 매수인의 대금지급이 있어야 하는 유상계약과 구별되는 증여, 사용대차와 같은 계약이다.

② 요물계약 : 당사자의 합의 이외에 법이 정한 일정한 행위가 있을 때에 계약이 유효하게 성립되는 것을 말한다.

③ 편무계약 : 쌍무계약의 반대개념으로 일방만이 의무를 부담하는 것을 말한다.

73 무역클레임 해결방법 중 가장 옳은 것은?

① 타 협   ② 조 정

③ 중 재   ④ 소 송

정답 ①

해설 무역클레임의 해결방안으로 가장 바람직한 것은 타협이며, 여의치 않을 때 제3자를 개입하여 해결하는 방법들 중 원만하고 법적 구속력이 약한 것에서 제3자에 의한 법적 구속력이 강한 순으로 나열하면 '알선 – 조정 – 중재 – 소송'의 순서가 된다.

당사자 간 해결방법
- 청구권 포기(Waiver of Claim)
  - 피해자가 상대방에게 청구권을 행사하지 않는 것을 말한다.
  - 일반적으로 상대방이 사전 또는 즉각적으로 손해배상 제의를 통해 해결할 경우에 이루어진다.
  - 분쟁해결을 위한 가장 바람직한 방법이다.
- 화해(Amicable Settlement)/타협(Compromise)
  - 상호평등의 원칙 하에 당사자가 직접적 협의를 통해 자주적으로 타협점을 찾는다.
  - 이 경우 보통 화해계약을 체결한다.
  - '당사자가 서로 양보할 것', '분쟁을 종결할 것', '그 뜻을 약정할 것' 등 3가지 요건이 필요하다.

74 뉴욕협약과 관계가 있는 분쟁해결방법은?

① 타협(Compromise)

② 조정(Mediation)

③ 중재(Arbitration)

④ 소송(Litigation)

정답 ③

해설 ③ 중재(Arbitration) : 법원의 소송절차로 분쟁을 해결하지 않고 분쟁당사자 간 합의에 의거 제3의 중재기관에 의한 중재판정을 통해 분쟁을 해결하는 방법으로, 무조건 대법원 확정판결과 동일한 효력이 발생하고 New York 협약에 가입한 국가에 한해 중재판정은 국제적으로도 그 효력이 보장된다.
① 타협(Compromise) : 상호평등의 원칙 하에 당사자가 직접적 협의를 통해 자주적으로 타협점을 찾는 것이다.
  cf. 화해(Amicable Settlement)
② 조정(Mediation) : 계약 일방 또는 쌍방의 요청에 따라 제3자를 조정인으로 선임하고, 조정인이 제시하는 해결안 (조정안)에 양 당사자의 합의로 분쟁을 해결하는 방법이다.
④ 소송(Litigation) : 국가기관인 법원의 판결에 의한 분쟁해결 방법으로 국제무역 거래에서는 일국의 법 효력 및 법원 재판관할권이 상대국까지 미치지 않아(외국과의 사법협정 미체결) 외국에서는 그 판결의 승인·집행이 보장되지 않는다.

75 CAD, COD, CWO 방식에 원칙적으로 사용되는 결제수단은?

① 현 금

② 환

③ 어 음

④ 신용장

정답 ①

해설 결제수단

결제수단에는 현금, 환, 환어음이 있다.

- 현금 : CWO, CAD, COD 거래
- 환 : 송금수표(D/D), 우편환(M/T), 전신환(T/T)
- 어음 : 신용장 거래(L/C), 추심(D/P, D/A) 거래

제1과목 **영문해석**

01 Incoterms® 2020의 CIF 매도인 인도의무에 대한 설명으로 옳은 것은?

① When the goods are loaded on the means of transport arranged by the seller.
② When the goods are loaded on the means of transport arranged by the buyer.
③ When the goods are on board the vessel in the named port of destination.
④ When the goods are on board the vessel in the named port of shipment.

정답 ④

해석 ① 물품이 매도인이 마련한 운송수단에 적재될 때
② 물품이 매수인이 마련한 운송수단에 적재될 때
③ 물품이 지정된 목적지 항구에서 선박에 적재되었을 때
④ 물품이 지정된 선적지 항구에서 선박에 적재되었을 때

해설 ④ Incoterms 2020의 CIF 매도인의 인도의무는 '매도인은 물품을 선박에 적재하거나 또는 그렇게 인도된 물품을 조달함으로써 인도하여야 한다.'이다.
CIF[Cost, Insurance and Freight, (지정목적항) 운임 · 보험료 포함 인도조건]
• CFR 조건에 보험조건이 포함된 조건(매도인 수출통관)
• 물품의 인도장소 : 선적항의 본선을 통과한 곳
• 물품에 대한 매매당사자의 위험부담의 분기점(위험이전) : 물품이 지정선적항 본선 갑판에 안착됐을 때
• 물품에 대한 매매당사자의 비용부담의 분기점(경비이전) : 목적항(매도인은 적재 시까지 모든 비용과 목적항까지 운임, 양하비 부담 + 보험료)
*load : 싣다[태우다/적재하다]
*means of transport : 운송수단
*arrange : 마련하다
*on board : 승선[탑승]한
*vessel : 선박[배]
*named port of destination : 지정된 목적지 항구
*named port of shipment : 지정된 선적지 항구

02 다음이 설명하고 있는 Incoterms® 2020의 거래조건에 해당하는 것은?

> The seller delivers the goods to the buyer on board the vessel or procures the goods already so delivered.

① DAP
② DPU
③ CIP
④ CFR

정답 ④

해석
    매도인은 물품을 선박에 적재하거나 이미 그렇게 인도된 물품을 조달해서 매수인에게 인도한다.

    *deliver : 배달[인도]하다
    *procure : 구하다, 입수하다

    ① 도착지 인도(DAP ; Delivered at Place)
    ② 도착지 양하 인도(DPU ; Delivered at Place Unloaded)
    ③ 운송비·보험료 지급 인도(CIP ; Carriage and Insurance Paid To)
    ④ 운임 포함 인도(CFR ; Cost and FReight)

해설 지문은 Incoterms 2020의 CFR(운임 포함 인도)의 매도인의 인도의무 조건에 해당하므로, 정답은 ④이다.
CFR[Cost and FReight, (지정목적항) 운임 포함 인도조건]
• 선적 시까지의 상품의 원가(Cost)에 지정목적항까지 물품을 운송하기 위한 해상운임(Freight)이 가산된 조건
• CFR 뒤에 지정목적항 표시(매도인 수출통관)
• 물품의 인도장소 : 선적항의 본선을 통과한 곳
• 물품에 대한 매매당사자의 위험부담의 분기점(위험이전) : 물품이 지정선적항 본선 갑판에 안착됐을 때
• 물품에 대한 매매당사자의 비용부담의 분기점(경비이전) : 목적항(매도인은 적재 시까지 모든 비용과 목적항까지 운임, 양하비 부담)

03 다음 ( ) 안에 들어갈 Incoterms® 2020의 거래조건을 고르면?

( ) means that the seller delivers the goods to the buyer when the named place is the seller's premise, the goods are delivered when they are loaded on the means of transport arranged by the buyer.

---

① EXW
② FCA
③ CPT
④ CIP

정답 ②

해석
(운송인 인도)는 매도인이 지정장소가 매도인의 영업구내인 경우 매수인에게 물품을 인도하는 것을 의미한다. 물품은 매수인의 운송수단에 적재되었을 때 인도된다.

*named place : 지정된 장소
*seller's premise : 매도인의 영업구내

① 공장 인도(EXW ; EX Works)
② 운송인 인도(FCA ; Free CArrier)
③ 운송비 지급 인도(CPT ; Carriage Paid To)
④ 운송비 · 보험료 지급 인도(CIP ; Carriage and Insurance Paid To)

해설 FCA[Free CArrier, (지정장소) 운송인 인도조건]
• 매도인이 매도인의 구내(Seller's premises) 또는 그 밖의 지정장소에서 약정기간 내에 매수인이 지정한 운송인 또는 그 밖의 당사자에게 수출통관을 필한 계약물품을 인도해야 하는 조건(매도인 수출통관)
• 물품의 인도장소
 – 매도인의 작업장(매도인은 운송수단에 물품을 적재할 의무가 있음)
 – 매수인이 지정한 운송인(물품 양하는 매수인의 책임)
• 물품에 대한 매매당사자의 위험부담의 분기점(위험이전) : 운송인에게 인도한 시점(매도인은 지정된 장소에서 매수인이 지정한 운송인에게 수출통관이 된 물품을 인도하며 이 조건은 모든 운송형태에 적합)
• 물품에 대한 매매당사자의 비용부담의 분기점(경비이전) : 운송인에게 인도한 시점(매도인은 인도할 때까지 모든 비용부담)

04 다음은 어떠한 분쟁해결방법에 대한 조항인가?

All disputes which may arise between the parties in relation to this contract, shall be finally settled by arbitration in Seoul, Korea in accordance with the Commercial Arbitration Rules of the Korean Commercial Arbitration Board and under the Laws of Korea.

① 조 정
② 타 협
③ 알 선
④ 중 재

정답 ④

해석

이 계약과 관련하여 당사자 간에 발생하는 모든 분쟁은 대한민국 서울에서 대한상사중재원의 상사중재규칙과 대한민국 법에 따라 중재에 의하여 최종적으로 해결한다.

*dispute : 분쟁
*arise : 생기다, 발생하다
*settle : 해결하다
*arbitration : 중재
*in accordance with : ~에 따라서
*the Commercial Arbitration Rules : 상사중재규칙
*Korean Commercial Arbitration Board : 대한상사중재원

해설 ④ 지문의 두 번째 줄에서 finally settled by arbitration(중재에 의하여 최종적으로 해결한다)이라고 했으므로, 중재(Arbitration)에 의한 분쟁해결방법임을 알 수 있다.
중재(Arbitration)
• 법원의 소송절차로 분쟁을 해결하지 않고 분쟁당사자 간 합의(중재합의)에 의거 제3의 중재기관의 중재인 (Arbitrator)에 의한 중재판정(Award)을 통해 분쟁을 해결하는 방법이다.
• 중재판정은 양 당사자가 절대 복종해야하는 강제력 있는 판정이며, 당사자 합의수용 여부와 상관없이 무조건 대법원 확정판결과 동일한 효력이 발생한다.

05 다음 문장의 밑줄 친 부분과 의미가 다른 것은?

Please <u>look into</u> this matter at your end once more.

① examine

② enter into

③ investigate

④ inquire into

정답 ②

해석

이 문제를 귀사의 부서에서 다시 한 번 <u>조사해 주십시오</u>.

*end : (특히 사업 활동상의) 부문[몫]

① 조사[검토]하다
② ~을 시작하다
③ 수사[조사]하다
④ ~을 조사하다

해설 지문의 look into는 '조사하다'의 뜻으로, ①·③·④와 의미가 같다. ② enter into는 '~을 시작하다'의 뜻이므로 나머지와 그 의미가 다르다.
*examine : 조사하다, 검수하다
*investigate : 수사하다, 조사하다
*inquire into : ~을 조사하다

[06] 다음 서한을 읽고 물음에 답하시오.

We have known you on the KCCI(the Korea Chamber of Commerce and Industry) web site(www.korcham.net).

We are a supplier of Smart Watches in the U.S.A. We have been importing them from Japan.

We are looking for a Korean manufacturing company. If you give us the quotation and price list, it would be thankful. Also, it would be grateful if we could receive your earliest shipping time.

If we could be satisfied with all terms, we expect to place regular orders for two years at least.

We would like to start business with you and look forward to your favorable reply.

---

06 위 서한의 주제로 가장 적절한 것은?

① 승 낙
② 거래처 소개의뢰
③ 거래조회
④ 신용조회

정답 ③

해석

당사는 대한상공회의소(KCCI)의 웹사이트(www.korcham.net)에서 귀사를 알았습니다.

당사는 미국에서 스마트워치를 공급하고 있는데, 그것들을 일본으로부터 수입하고 있습니다.

당사는 한국의 제조회사를 찾고 있습니다. 견적서와 가격표를 주시면 감사하겠습니다. 또한 귀사의 가장 빠른 선적기간을 받을 수 있다면 감사하겠습니다.

만약 모든 조건이 만족스러우면, 당사는 최소한 2년 동안 정기주문을 할 수 있을 것으로 예상합니다.

귀사와 거래를 시작하고 싶으며, 호의적인 답변을 기다리겠습니다.

*KCCI : 대한상공회의소
*supplier : 공급자
*import : 수입하다
*quotation : 견적
*price list : 정가[정찰]표
*it would be grateful if ~ : ~하면 감사하겠습니다
*shipping time : 선적기간
*be satisfied with : ~에 만족하다
*place regular orders : 정기주문을 하다
*at least : 적어도[최소한]
*start business with : ~와 거래를 시작하다
*look forward to : ~을 기대하다
*favorable : 호의적인

위 서신의 세 번째 문단에서 한국의 제조회사를 찾고 있으며(looking for a Korean manufacturing company), 견적과 가격표(the quotation and price list), 가장 빠른 선적기간(your earliest shipping time)을 알려 달라고 했으므로, ③ '거래조회'가 정답이다.

거래조회(Trade Inquiry)
• 품목에 관한 보다 구체적인 문의 · 답신이다.
• 자기소개서를 받고 답장을 보낸 거래선을 상대로 거래하고자 하는 품목에 관한 상세한 정보를 전달하여 구매의욕을 고취시킨다.
• 수입의 경우 상대방 제품 카탈로그, 가격표 등을 요청한다.

07 무역 용어를 우리말로 옮길 때 잘못된 것은?

① Confidential – 인비
② Return Address – 수신인 주소
③ Letter Sheet – 서한 용지
④ Mailing Directions – 우송 지시사항

②

② return이 '돌려보내다, 반납하다 ; 발송하다'의 의미이므로 Return Address는 '수신인의 주소'가 아닌 '발신인[발송인]의 주소'가 되어야 한다. '수신인 주소'는 Receipient Address라고 표현할 수 있다.

08 다음 문장에 대한 해석 중 가장 적절하지 않은 것은?

① We are well-established exporters of all kinds of cotton goods.
→ 당사는 모든 종류의 면제품을 수출하는 건실한 수출상이다.

② We are trying to extend our business to Japanese market as we have no connections in Japan.
→ 당사는 일본에 거래처가 없으므로 당사의 사업을 일본시장으로 확장하려고 노력하고 있습니다.

③ Because of mass production of containers, Korean Government considers raising import duties to some extent.
→ 컨테이너의 대량생산으로 인하여 한국 정부는 수입 관세를 어느 정도 인상할 것을 고려 중에 있습니다.

④ Our hand-made shoes are the products of the finest materials and the highest craftsmanship and second to none in appearance and durability.
→ 당사의 기성화는 최고급 원료와 최상의 기술로 만든 제품이며 겉모양과 내구성 면에서 어느 것에도 뒤지지 않습니다.

정답 ④

해설 ④ 'hand-made shoes'는 '기성화'가 아니라 '수제화'이므로, '당사의 <u>기성화 → 수제화</u>는 최고급 원료와 최상의 기술로 만든 제품이며 겉모양과 내구성 면에서 어느 것에도 뒤지지 않습니다.'가 되어야 한다.
*well-established : 확고부동한
*exporter : 수출자, 수출상
*cotton goods : 면제품
*extend : 확장하다
*connection : 관련성[연관성]
*mass production : 대량생산
*raise : 올리다
*import duty : 수입 관세
*to some extent : 얼마간
*hand-made : 수제의
*finest materials : 최고급 재료
*craftsmanship : 솜씨
*appearance : 외관
*durability : 내구성, 내구력

09 다음 문장의 (   ) 안에 들어갈 문장으로 적합하지 않은 것은?

> For the past 20 years, (   )

① we have enjoyed a good reputation in manufacturing all kinds of electronic goods.

② our firm has been engaged in exporting various types of textile.

③ our firm has been a leader in supplying all kinds of footwear.

④ we introduce ourselves as one of the leading indenting house of Chemical Products in Korea.

[정답] ④

[해석]

> 지난 20년 동안, (   )

① 당사는 모든 종류의 전자제품을 제조함에 있어서 좋은 평판을 누려 왔다.
② 당사는 다양한 종류의 직물 수출에 종사해 왔다.
③ 당사는 모든 종류의 신발을 공급하는 선두주자였다.
④ 당사는 한국의 대표적인 화학제품 가공회사라고 소개한다.

[해설] 'For the past 20 years(지난 20년 동안)'이라고 했으므로, 빈 칸에는 have enjoyed, has been engaged, has been 등과 같은 현재완료 시제 문장이 와야 한다. ④의 문장의 시제는 introduce로 현재형이므로 시제가 맞지 않는다.
*electronic goods : 전자제품
*firm : 회사
*engage in : ~에 종사하다
*textile : 직물, 옷감
*supply : 공급[제공]하다
*footwear : 신발(류)
*introduce ourselves as : ~라고 우리 자신을 소개하다

10 다음의 제시된 거래조건의 특징에 대한 설명으로 옳은 것은?

> The seller bears all the costs and risks involved in bringing the goods to the place of destination and has an obligation to clear the goods not only for export but also for import, to pay any duty for both export and import and to carry out all customs formalities.

① 운송비 보험료 지급 조건이다.
② FOB보다 수출업사가 해야 할 일이 직다.
③ 수입업자는 지정장소까지의 운송인을 지정한다.
④ 수출업자의 의무가 최대인 조건이다.

정답 ④

해석

매도인은 물품을 지정목적지까지 또는 지정목적지 내의 합의된 지점까지 가져가는 데 수반되는 모든 위험을 부담한다. 매도인은 물품의 수출통관 및 수입통관 의무가 있고 수출 · 수입관세를 납부할 뿐만 아니라 모든 통관절차를 수행하여야 한다.

*bear : (비용을) 부담하다, (의무 · 책임을) 지다
*place of destination : 도착지
*obligation : 의무
*clear : (보안 심사 등에서) 통과시키다
*duty : (특히 국내로 들여오는 물품에 대한) 세금
*carry out : 수행하다
*custom formalities : 통관 수속

해설 DDP[Delivered Duty Paid, (지정목적지) 관세 지급 인도조건]
• DDP는 매도인이 지정목적지에서 수입통관을 필한 물품을 도착된 운송수단으로부터 양하하지 않은 상태로 매수인에게 인도하는 조건
• DDP 뒤에 지정목적지를 표시(매도인 수출 및 수입통관)
• 물품의 인도장소 : 지정목적지
• 물품에 대한 매매당사자의 위험부담의 분기점(위험이전) : 지정목적지(물품이 수입통관되어 수입국 내 지정목적지에서 양하되지 않고 매수인의 임의처분 하에 인도되었을 때)
• 물품에 대한 매매당사자의 비용부담의 분기점(경비이전) : 지정목적지(매도인은 물품이 인도될 때까지 모든 비용, 수입통관비용, 관세, 조세, 부과금 부담)

[11~12] 다음 문장을 읽고 물음에 답하시오.

If the shipment is prevented or delayed in whole or in part by the reason of Acts of God including fire, flood, typhoon, earthquake, or by the reason of "Force Majeure" including (A) riots, wars, (B) hostilitics, government restrictions, trade embargoes, strikes, (C) lockouts, labor disputes, boycotting of Korean goods, inability of transportation or any other causes of a nature beyond Sellers' control. Sellers may at their option perform the whole contract or its unfilled portion within a reasonable time from the removal of causes preventing or delaying (D) performance, or cancel unconditionally without liability the whole contract or its unfilled portion.

11 다음 밑줄 친 부분의 해석이 틀린 것은?

① (A) 폭 동
② (B) 적대행위
③ (C) 공장폐쇄
④ (D) 성 능

12 밑줄 친 Acts of God과 같이 쓸 수 없는 표현은?

① force majeure
② accident beyond control
③ avoidable accident
④ uncontrollable accident

해석

선적의 전부 또는 일부가, 천재지변(화재·홍수·태풍·지진), 불가항력((A) 폭동·전쟁·(B) 적대행위·정부의 제한·수출입금지·파업·(C) 공장폐쇄·노동쟁의·한국제품 불매·수송불능 또는 그 밖의 본질적인 원인)에 의한 사유로, 막히거나 지연된다면, 그것은 매도인이 어쩔 수 없는 것이다. 매도인은 선택권에 따라 전체 계약을 이행하거나 합리적인 기간 내에 (D) 계약이행을 막거나 방지하는 원인을 제거한 후 계약의 나머지 부분을 이행하거나, 계약 전체 또는 나머지 부분에 대하여 책임 없이 무조건적으로 취소할 수 있다.

*prevent : 막다[예방/방지하다]
*delay : 지연하다, 지체하다
*in whole : 전부, 통째로
*Acts of God : 천재지변
*Force Majeure : 불가항력
*trade embargo : 수출입금지
*labor dispute : 노동쟁의
*perform : 행하다[수행하다/실시하다]
*unfilled : 비어 있는[사람을 뽑지 않은]
*portion : 부분[일부]
*removal : 없애기, 제거
*cancel : 취소하다
*unconditionally : 무조건으로, 절대적으로

12
① 불가항력
② 불가항력
③ 피할 수 있는 사고
④ 불가항력적 사고

해설 11
④ 지문의 (D) performance는 '성능'이 아니라, 계약에 대한 '수행[이행]'을 뜻한다.

12
밑줄 친 'Acts of God'는 '천재지변'의 뜻으로, 자연현상에 의하여 발생한 불가피한 사태를 말하며, 채무불이행 또는 불법행위의 면책의 근거가 된다. ① 불가항력(Force Majeure)은 Act of God보다 넓은 개념으로서 천재지변 외에 전쟁(War) 및 동맹파업(Strike) 등이 포함된다. ② accident beyond control(불가항력), ④ uncontrollable accident(불가항력 사고)도 유사한 뜻이다.
불가항력(Force Majeure)
• 매도인은 불가항력으로 인한 선적지연에 대하여 책임을 지지 않는다.
• 불가항력에는 동원, 전쟁, 파업, 폭동, 적대행위, 봉쇄, 선박의 징발, 수출금지, 화재, 홍수, 지진, 폭풍우 및 그밖에 지정기일까지 선적을 불가능하게 하는 우발적인 사고를 포함한다.
• 이상과 같은 사유가 발생한 경우에는 매도인은 그와 같은 사유의 발생이나 존재를 증명하는 서류를 지체 없이 매수인에게 송부한다.

13 신용장 당사자 중 수입상에 대한 용어로서 옳은 것은?

① Grantor

② Applicant

③ Payee

④ Consignor

정답 ②

해석 ① 양도인
② 개설의뢰인
③ 수취인[수령인]
④ 송하인

해설 개설의뢰인(Applicant)은 수익자(Beneficiary)와의 매매계약에 따라 자기거래은행(Opening Bank)에 신용장을 개설해 줄 것을 요청하는 수입상으로 향후 수출환어음 대금의 결제의무자가 된다. Importer, Accountee, Buyer, Opener(신용장 개설의뢰인), Drawee(환어음 지급인), Consignee(발송물품 수탁자)로도 불린다.

무역거래 관계에 따른 당사자의 명칭

구 분	수출상(Exporter)	수입상(Importer)
신용장관계	Beneficiary(수익자)	Applicant(개설의뢰인)
매매계약관계	Seller(매도인)	Buyer(매수인)
화물관계	Shipper/Consignor(송하인)	Consignee(수하인)
환어음관계	Drawer(환어음 발행인)	Drawee(환어음 지급인)
계정관계	Accounter(대금수령인)	Accountee(대금결제인)

14 다음 ( )에 들어갈 알맞은 용어는?

> Offer on approval needs the offeror's ( ) on the acceptance for the conclusion of a contract even though the offeree accepts the offer. And therefore, offeree's attention is required on this transaction.

① acknowledgement

② offer

③ counter action

④ notice

정답 ①

해석
점검 후 매매 조건부 청약은 피청약자가 청약을 승인하더라도 계약체결을 승낙하는 청약자의 (주문수락)이 필요하다. 따라서 이 거래에는 피청약자의 주의가 요구된다.

*offeror : 청약자
*acknowledgement : 수락
*attention : 주의
*transaction : 거래, 매매

① 주문수락
② 청 약
③ 반작용
④ 공 고

해설 점검 후 매매 조건부 청약(Offer on Approval)
• 오퍼와 함께 보낸 물품을 피청약자가 점검한 후 구매의사가 있으면 송금하고 그렇지 않으면 물품을 반환토록 한 오퍼로 "점검 후 구매 조건부 오퍼"라 부르기도 한다. 대개 "You can keep it for a week. If you like it, send US$500, if not, you may return it to us without any obligation on your part" 등과 같이 표기되어 있는 것이 보통이다.
• 명세서로서는 오퍼 승낙이 어려운 경우 청약 시 견본을 송부하여 피청약자가 견본 점검 후 구매의사가 있으면 대금을 지급하고 그렇지 않으면 반품해도 좋다는 조건의 청약이다.
• 주로 새로운 개발품이나 기계류와 같은 복잡한 상품에 사용된다.

We thank you very much for your order of April 2, on our STAR X123 of 10,000 pieces smart phone. The goods will soon be ready for shipment.

However, your L/C to cover this order has not reached us yet.

We trust that you (A) <u>are conversant with</u> condition in Korea. At present the Korean Won is daily becoming stronger, so that delay in the arrival of your L/C means much loss to us in exchange rate.

As you can see, we have, as a special concession in this business, cut down our profit almost to (B) <u>nil</u>.

We hope you will cooperate by opening the L/C at once.

15 위 서한을 작성한 의도는?

① 신용장 변경 통보
② 신용장 개설 요청
③ 신용장 변경 요청
④ 신용장 개설 통지

16 밑줄 친 (A)와 (B)의 의미가 같은 것은?

① (A) are interested in — (B) utmost
② (A) are impressed with — (B) utmost
③ (A) are well-versed in — (B) nothing
④ (A) are occupied with — (B) nothing

정답 15 ② 16 ③

해석

당사의 STAR X123 스마트폰 10,000대에 대한 귀사의 4월 2일자 주문에 감사드립니다. 물품은 곧 선적 준비가 될 것입니다.

하지만, 이 주문을 처리할 귀사의 신용장이 아직 당사에 도착하지 않았습니다.

우리는 귀사가 한국의 조건에 (A) 정통하다고 믿습니다. 현재 원화 강세가 날로 심화되고 있어 귀사의 신용장 도착 지연은 당사에 있어 환율상 큰 손실을 의미합니다.

아시다시피, 당사는, 이번 거래에서 특별히 양보하여 이익을 거의 (B) 0으로 줄였습니다.

즉시 신용장을 개설하여 협조해 주시기 바랍니다.

*be conversant with : ~에 정통하다
*exchange rate : 환율
*concession : 양보[양해]
*cut down : 줄이다
*nil : 무(無), 영(零)

16 밑줄 친 (A)와 (B)의 의미가 같은 것은?
  ① (A) ~에 흥미가 있는 – (B) 최고의, 최대한도의
  ② (A) ~에 감동받은 – (B) 최고의, 최대한도의
  ③ (A) ~에 능통한 – (B) 아무것도 아닌 것[0(zero)]
  ④ (A) ~에 몰두한 – (B) 아무것도 아닌 것[0(zero)]

해설 15

서한의 두 번째 문단에서 your L/C to cover this order has not reached us yet(귀사의 신용장이 아직 당사에 도착하지 않았습니다)이라고 했으므로, 서한을 작성한 의도는 ② '신용장 개설 요청'이다.

16

③ 밑줄 친 (A) are conversant with는 '~에 정통하다'의 뜻이므로, are well-versed in(~에 능통하다)과 그 의미가 같다. (B) nil은 '무(無)'의 뜻이므로, nothing(아무것도 아닌 것)과 의미가 같다.

17 Incoterms® 2020에서 수입업자가 운송계약을 체결해야 하는 것은?

① EXW
② CFR
③ DDP
④ CIF

18 다음 서한의 발행 목적으로 옳은 것은?

> Thank you very much for your Order No. 12 dated July 28 for 600 sets of Korean Washing Machines.
>
> In order to ship the above order in time, would you please issue an irrevocable L/C as soon as possible? Your order will be shipped by M/S "Miss Korea V-22" scheduled to sail from Busan for Nagoya, Japan during October.
>
> We hope that this first business will lead to a pleasant business relationship and further orders in the future.

① 선적 요청
② 주문 확인
③ 발송 확인
④ 도착 확인

해석

한국산 세탁기 600세트에 대한 귀사의 7월 28일자 주문서 No. 12에 매우 감사드립니다.

상기 주문을 제때 선적하기 위해서, 취소불능 신용장을 최대한 빨리 개설해 주시겠습니까? 귀사의 주문품은 10월 중에 부산에서 일본 나고야로 출항할 예정인 M/S "Miss Korea V-22"로 선적될 예정입니다.

당사는 이 첫 거래가 앞으로 원만한 거래 관계와 추가 주문으로 이어지길 바랍니다.

*ship : 실어 나르다, 수송[운송]하다
*in time : 시간 맞춰[늦지 않게]
*issue : 발행하다
*irrevocable L/C : 취소불능 신용장
*scheduled : 예정된
*sail from : ～에서 출항하다
*relationship : 관계

해설 서한의 첫 문장에서 your Order No. 12 dated July 28 for 600 sets of Korean Washing Machines(한국산 세탁기 600세트에 대한 귀사의 7월 28일자 주문서 No. 12)라고 했고 두 번째 문단에서 물품 선적기한을 맞추기 위해서 신용장 개설을 요청(In order to ship the above order in time, would you please issue an irrevocable L/C as soon as possible?)하는 내용이 오므로, 서한의 목적은 ② '주문확인'이 적절하다.

19 다음 설명은 무엇에 관한 내용인가?

> It is an evidence of insurance but does not set out the terms and conditions of insurance. It is normally issued under an open policy.

① Insurance policy
② Cover note
③ Insurance certificate
④ Contract of insurance

해석

그것은 보험의 증거이지만 보험약관을 명시하지는 않는다. 그것은 보통 포괄예정보험에 따라 발행된다.

*evidence : 증거
*set out : ~을 제시하다
*terms and conditions : 약관
*normally : 보통
*open policy : 포괄예정보험

① 보험증권
② 보험승낙서
③ 보험증명서
④ 보험계약서

해설 포괄예정보험(Open policy)
보험계약 시에 보험의 적용대상 거래가 존재하지 않는 계약으로, 보험 적용대상 거래(선적)가 존재하면 수출자는 보험자에게 팩스나 이메일 등으로 적용대상 거래가 존재함을 통지하고 보험자로부터는 보험이 확정되었다는 증빙으로 보험증명서(Insurance certificate)를 발급받는다. 보험증명서(Insurance certificate)는 포괄예정보험 하에 따라 보험 담보가 개시되었다는 보험자의 보험서류이다.

20 다음 영문을 우리말로 옮길 때 가장 적합하게 해석된 것은?

> It seems that the L/C covering our shipment for your order has not been issued.

① 귀사의 주문에 대한 당사의 선적과 관련된 신용장이 아직 개설되지 않은 것 같습니다.
② 귀사의 주문에 대한 선적이 신용장에 따라 준비되지 않은 것 같습니다.
③ 신용장은 당사의 선적을 위해 귀사의 주문에 따라 개설된 것 같지 않습니다.
④ 신용장은 귀사의 주문서에 따라 선적을 하도록 발행되지 않은 것 같습니다.

정답 ①

해석

It seems that the L/C covering our shipment for your order has not been issued.

해설 주어진 문장을 해석하면 다음과 같이 나눌 수 있다.
• It seems that ~ : ~인 것 같습니다
• the L/C covering our shipment for your order : 귀사의 주문에 대한 당사의 선적과 관련된 신용장
• has not been issued : 아직 개설되지 않았다
따라서 주어진 영문에 대한 우리말 해석은 ① '귀사의 주문에 대한 당사의 선적과 관련된 신용장이 아직 개설되지 않은 것 같습니다.'가 적합하다.

21 다음 문장의 밑줄 친 부분의 뜻으로 적합한 것은?

> We have received with thanks the (A) <u>samples and patterns</u> you sent us on June 16. Your prices are (B) <u>attractive</u> with the exception of "Pride" range of children's socks.

① (A) 견품과 색상 – (B) 비싼
② (A) 견품과 상품목록 – (B) 저렴한
③ (A) 견품과 색상 – (B) 매력적인
④ (A) 견품과 견본 – (B) 저렴한

[정답] ④

[해석]
　당사는 귀사가 6월 16일에 보낸 (A) <u>견품과 견본</u>을 감사히 받았습니다. 어린이 양말 '프라이드' 세트를 제외하고는 귀사의 가격은 (B) <u>저렴</u>합니다.

　*received with thanks : ~을 감사히 받았습니다
　*pattern : (옷감·벽지 등의 디자인을 보여 주는) 견본
　*with the exception of : ~은 제외하고[~ 외에는]
　*range : (특정 종류의 상품) 세트

[해설] ④ 지문의 밑줄 친 (A) samples는 '샘플[견본품]'의 뜻이고, pattern은 '(디자인을 보여 주는) 견본'의 뜻이다. (B) attractive는 '(가격이) 저렴한'의 뜻이다.

22 다음 ( ) 안에 알맞은 Incoterms® 2020 조건은?

Delivery occurs by loading them on the means of transport provided by the buyer or placing them at the disposal of the buyer's carrier in ( ).

① EXW
② DPU
③ CPT
④ FCA

정답 ④

해석

(운송인 인도)에서 인도는 물품이 매수인에 의해 제공된 운송수단에 적재되거나, 물품이 매수인이 지정한 운송인의 처분 하에 놓일 때에 발생한다.

*occur : 일어나다, 발생하다
*load : 싣다[태우다/적재하다]
*means of transport : 교통수단
*place : 놓다[두다]
*disposal : 처분
*carrier : 운송인, 운송회사

① 공장 인도(EXW ; Ex Works)
② 도착지 양하 인도(DPU ; Delivered at Place Unloaded)
③ 운송비 지급 인도(CPT ; Carriage Paid To)
④ 운송인 인도(FCA ; Free CArrier)

해설 FCA[Free CArrier, (지정장소) 운송인 인도조건]
매도인은 물품을 매수인에게 다음과 같은 두 가지 방법 중 어느 하나로 인도한다.
• 지정장소가 매도인의 영업구내인 경우, 물품이 매수인이 마련한 운송수단에 적재된 때 인도된다.
• 지정장소가 그 밖의 장소인 경우, 물품은 다음과 같이 된 때 인도된다.
  – 매도인의 운송수단에 적재되어서
  – 지정장소에 도착하고
  – 매도인의 운송수단에 실린 채 양하 준비된 상태로
  – 매수인이 지정한 운송인이나 제3자의 처분 하에 놓인 때

23 다음 중 영문에 대한 해석으로 옳지 않은 것은?

① We ask for your protection of our draft upon presentation. → 당사 환어음이 제시되는 즉시 인수·지급해 줄 것을 요청합니다.

② Settlement will be made by Documents against Acceptance. → 대금결제 조건은 지급도입니다.

③ As your draft was not honored, please negotiate the matter with the drawee. → 귀사의 환어음이 부도났으므로 이에 대하여 지급인과 협상해 주시기 바랍니다.

④ We would like to express our heartfelt thanks for your cooperation. → 귀사의 협조에 깊은 감사를 드립니다.

[정답] ②

[해설] ② Documents against Acceptance는 '지급인도(Document against Payment)'가 아니라 '인수인도'이다. 인수인도(Documents against Acceptance) 방식은 수출상(의뢰인)이 물품을 선적한 후 구비서류에 '기한부 환어음'을 발행·첨부하여 자기거래은행(추심의뢰은행)을 통해 수입상 거래은행(추심은행)에 그 어음대금의 추심을 의뢰하면, 추심은행은 이를 수입상(Drawee, 지급인)에게 제시하여 그 제시된 환어음을 일람지급 받지 않고 인수만 받음으로써(Against Acceptance, 환어음 인수와 상환) 선적서류를 수입상에게 인도한 후 약정된 만기일에 지급받는 방식이다.

[24~25] 무역서한을 읽고 물음에 답하시오.

We regret that (A) we cannot meet your requirements on this occasion.

(B) There is no room to negotiate because packing along with other charges belongs to the export packing company.

(C) Our items are of excellent quality, and the packing is the finest available at this price, because we use special packing material "A". Therefore, export packing cost must be included in the price.

But we have no doubt that our price and quality will give you complete satisfaction. We suggest that (D) you take advantage of this chance and look forward to receiving an order from you soon.

24 위 서한이 의도하는 내용은?

① 수량조건
② 포장조건
③ 결제조건
④ 인도조건

25 위의 서한에서 (A), (B), (C), (D)에 대한 설명으로 옳은 것은?

① (A) 귀사의 요구에 응하겠다는 내용이다.
② (B) 계약을 위해 협상할 여지가 있다는 내용이다.
③ (C) 당사의 상품은 최상의 품질이라는 내용이다.
④ (D) 이번 기회에 대해 감사하다는 내용이다.

정답 24 ② 25 ③

당사는 이번에 (A) 귀사의 요구에 응할 수 없어 유감입니다.

수출포장회사에 속하는 다른 요금으로 포장하는 것이기 때문에 (B) 협상할 여지가 없습니다.

(C) 당사의 제품은 품질이 우수하고, 특수 포장재료인 'A'를 사용하기 때문에, 이 가격에 최상의 포장을 이용할 수 있습니다. 따라서 수출포장비용은 반드시 가격에 포함되어야 합니다.

그러나 당사의 가격과 품질이 귀사에 완전한 만족을 줄 것이라는 데 의심의 여지가 없습니다. (D) 이번 기회를 이용할 것을 제안하며, 귀사에게서 곧 주문받을 것을 기대합니다.

*meet : (필요요구 등을) 충족시키다; (기한 등을) 지키다
*occasion : 때[기회/경우]
*negotiate : 협상[교섭]하다
*pack : 포장하다
*charge : 요금
*belong to : ~에 속하다
*available : 구할[이용할] 수 있는
*satisfaction : 흡족; 만족
*take advantage of : ~을 이용하다

해설 24
서한의 세 번째 문장에서 the packing is the finest available at this price, because we use special packing material "A"(특수 포장재료인 'A'를 사용하기 때문에, 이 가격에 최상의 포장을 이용할 수 있습니다)라고 했으므로, 위 서한이 의도하는 것은 ② '포장조건'임을 알 수 있다.

25
① (A)는 귀사의 요구에 응할 수 없다는 내용이고, (B)는 계약을 위해 협상의 여지가 없다는 내용이다. (D)는 이번 기회를 이용할 것을 제안하는 내용이다.

26 Incoterms® 2020의 FOB 조건에 대한 설명으로 (　) 안에 알맞은 것은?

> The risk of loss of or damage to the goods transfers when (　), and the buyer bears all costs from that moment onwards under FOB rule.

① the goods are on board the vessel
② the goods are alongside the ship
③ the seller places the goods at the disposal of the carrier
④ the seller delivers the goods to the carrier

정답 ①

해석

　FOB 규칙 하에서, 물품의 멸실 또는 훼손의 위험은 (물품이 선박에 적재된) 때 이전하고, 매수인은 그 순간부터 향후의 모든 비용을 부담한다.

*risk : 위험
*loss : 분실, 상실
*damage : 훼손
*transfer : 이동[이송/이전]하다
*bear : (비용을) 부담하다, (의무·책임을) 지다
*onwards : (특정 시간부터) 계속

① 물품이 선박에 적재된다.
② 물품이 선측에 놓인다.
③ 매도인은 물품을 운송인의 처분 하에 놓는다.
④ 매도인은 물품을 운송인에게 인도한다.

해설
① Incoterms 2020에서 FOB(본선 인도) 조건의 인도와 위험에 대한 내용이다.
② FAS(선측 인도) 조건의 인도와 위험에 대한 내용으로, 매도인은 선측에 [예컨대 부두 또는 바지(barge)] 물품이 놓인 때 인도한다.
③ FCA(운송인 인도) 조건의 인도와 위험에 대한 내용으로, 매도인은 물품을 매수인이 지정한 운송인이나 제3자의 처분 하에 놓인 때 인도한다.
④ CPT(운송비 지급 인도) 조건의 인도와 위험에 대한 내용으로, 매도인은 사용되는 운송수단에 적합한 방법으로 그에 적합한 장소에서 운송인에게 물품의 물리적 점유를 이전함으로써 물품을 인도할 수 있다.

27 다음 Incoterms® 2020에 대한 설명으로 알맞은 거래조건은?

> The seller must deliver the goods by placing them at the disposal of the buyer at the agreed point, if any, at the named place of delivery, not loaded on any collecting vehicle.

① DDP
② DAP
③ EXW
④ FCA

정답 ③

해석

매도인은 지정인도장소에서, 특히 그 장소에 합의된 지점이 있는 경우에는 그 지점에서, 물품을 수취용 차량에 적재하지 않은 채로 매수인의 처분 하에 둠으로써 인도하여야 한다.

*disposal : 처분
*agreed point : 합의된 지점
*collecting vehicle : 수취용 차량

① 관세 지급 인도(DDP ; Delivered Duty Paid)
② 도착장소 인도(DAP ; Delivered at Place)
③ 공장 인도(EXW ; EX Works)
④ 운송인 인도(FCA ; Free Carrier)

해설 ③ Incoterms 2020 EXW(공장 인도) 조건에서 A2(매도인의 인도의무)에 대한 내용이다.
EXW 조건상 매도인의 인도의무
- 매도인은 지정인도장소에서, 그 지정인도장소에 합의된 지점이 있는 경우에는 그 지점에서 물품을 수취용 차량에 적재하지 않은 채로 매수인의 처분 하에 둠으로써 인도하여야 한다.
- 지정인도장소 내에 합의된 특정한 지점이 없는 경우에 그리고 이용가능한 복수의 지점이 있는 경우에 매도인은 그의 목적에 가장 적합한 지점을 선택할 수 있다. 매도인은 합의된 기일에 또는 합의된 기간 내에 물품을 인도하여야 한다.

28 다음 중 Incoterms® 2020의 국/영문 표현으로 옳지 않은 것은?

① 관세 지급 인도 – Delivered Duty Paid
② 운송인 인도 – Free Carriage
③ 운임 포함 인도 – Cost and Freight
④ 선측 인도 – Free Alongside Ship

정답 ②

해설 ② 운송인 인도는 FCA[Free Carrier, (지정장소) 운송인 인도조건]이므로 <u>Free Carriage → Free Carrier</u>이어야 한다.

FCA[Free Carrier, (지정장소) 운송인 인도조건]상 매도인과 매수인의 책임

매도인(Seller)	매수인(Buyer)
• 수출통관 필 • 매도인이 지정장소에서 지정한 운송인에게 물품 인도 • 매도인은 자신의 사업장 내에서 인도하는 경우 매수인의 운송수단에 적재 의무가 있으나, 제3자의 장소에서 인도하는 경우 적재의무 없음	• 물품이 운송인에게 인도된 이후의 모든 위험과 비용 부담

29 다음 중 Incoterms® 2020의 CIF 조건과 관련 없는 것은?

① The seller delivers the goods to the buyer on board the vessel or procures the goods already so delivered.
② The seller must contract for and pay the costs and freight necessary to bring the goods to the named place of destination.
③ The seller must carry out and pay for all export clearance formalities.
④ The seller must obtain, at its own cost, cargo insurance complying with ICC(C) as a minimum cover.

정답 ②

해석 ① 매도인은 물품을 선박에 적재하거나 이미 그렇게 인도된 물품을 조달함으로써 매수인에게 인도한다.
② 매도인은 물품을 지정목적지까지 운송하는 데 필요한 계약을 체결하고 운임을 지불하여야 한다.
③ 매도인은 모든 수출통관을 수행하고 그에 관한 비용을 부담하여야 한다.
④ 매도인은 자신의 비용으로 협회적하약관 (C)약관의 최소담보조건으로 적하보험을 취득하여야 한다.

해설 ② Incoterms 2020 CIF(운임 · 보험료 포함 인도) 조건의 A4(운송)의 내용이다. 따라서 해상운송과 내수로운송에 적용되는 규칙인 CIF는 지정목적지가 아니라 지정목적항이 되어야 한다.

CIF[Cost, Insurance and Freight, (지정목적항) 운임 · 보험료 포함 인도조건]상 운송조건
• 매도인은 인도장소로부터, 그 인도장소에 합의된 인도지점이 있는 때에는 그 지점으로부터 지정목적항까지 또는 합의가 있는 때에는 그 지정목적항의 어느 지점까지 물품을 운송하는 계약을 체결하거나 조달하여야 한다.
• 운송계약은 매도인의 비용으로 통상적인 조건으로 체결되어야 하며, 매매물품과 같은 종류의 물품을 운송하는 데 사용되는 통상적인 선박과 항로로 운송하는 내용이어야 한다.

30 다음이 설명하는 가장 알맞은 청약은?

> After an offer has been made by one of the parties, the other party does not agree with all of the terms of the offer, and proposes the new one to modify them.

① Firm offer
② Counter offer
③ Conditional offer
④ Cross offer

정답 ②

해석

당사자 중 한 쪽이 청약을 한 후에, 다른 쪽 당사자가 청약의 모든 조건에 동의하지 않고, 이를 수정하기 위해 새로운 청약을 제안한다.

*agree with : ~에 동의하다
*propose : 제안[제의]하다
*modify : 수정[변경]하다, 바꾸다

① 확정청약
② 반대청약
③ 조건부청약
④ 교차청약

해설 ② 반대청약(Counter offer) : 청약을 받은 피청약자가 원청약의 가격 · 수량 · 선적시기 등과 관련된 조건을 변경하거나 새로운 조항을 추가한 청약을 원청약자에게 보내는 것을 말한다.
① 확정청약(Firm offer) : 청약자가 청약할 때 피청약자의 승낙[청약내용에 대한 동의의 의사표시 기한(Validity : 청약의 유효기간)]을 정하여 그 기간 내 피청약자가 승낙 시 즉각적인 계약 체결을 예정하는 청약을 말한다.
③ 조건부청약(Conditional offer) : 청약자가 청약에 일정한 조건을 부가한 것으로, 조건부청약이 모두 불확정청약은 아니며 청약자가 부가한 조건의 성격에 따라 확정청약, 불확정청약, 청약의 유인이 될 수 있다.
④ 교차청약(Cross offer) : 청약자와 피청약자가 동시에 동일한 내용의 청약을 하는 것이다.

[31~33] 다음 서한을 읽고 물음에 답하시오.

Many thanks for your inquiry of May 1, against which we offer you firm subject to your reply reaching us by May 21 as follows :

(A) 물 품 : CD-ROM, Code Word CDR-03
(B) 수 량 : 3,000 sets
(C) 포 장 : 100 sets in a hardboard box, 30 boxes in a container
Price : @US$15.50 per set (가) 보스턴까지 운임·보험료 포함 가격 조건으로
(D) 선 적 : Within 6 weeks after receipt of L/C
Insurance : ICC(C)
Payment : (나) 취소불능 신용장에 의거 일람 후 60일 출급 환어음으로 결제

This is the best offer we can make at present and we advise you to accept this offer without delay.

---

31 위 서한의 밑줄 친 (A)~(D)를 영어로 옮길 때 잘못된 것은?

① (A) - Commodity 　　　② (B) - Quantity
③ (C) - Packing 　　　　 ④ (D) - Delivery

32 밑줄 친 (가)의 영작으로 올바른 것은?

① CIF Boston 　　　　　② CFR Boston
③ FOB Boston 　　　　　④ FAS Boston

33 밑줄 친 (나)의 영작으로 옳은 것은?

① Draft at 60 d/s under a revocable L/C
② Draft at 60 d/d under a revocable L/C
③ Draft at 60 d/s under an irrevocable L/C
④ Draft at 60 d/d under an irrevocable L/C

정답 　31 ④ 　32 ① 　33 ③

해석

귀사의 5월 1일자 문의에 감사드리며, 5월 21일까지 귀사의 답신을 받는 조건으로 다음과 같이 확정청약합니다.

(A) 물 품 : CD-ROM, Code Word CDR-03
(B) 수 량 : 3,000 sets
(C) 포 장 : 하드보드 박스에 100세트, 컨테이너에 30박스
가 격 : 세트 당 US$15.50 (가) 보스턴까지 운임·보험료 포함 가격 조건으로

(D) 선 적 : 신용장 수령 후 6주 이내

보 험 : ICC(C)

결 제 : (나) 취소불능 신용장에 의거 일람 후 60일 출급 환어음으로 결제

이것이 현재 당사가 할 수 있는 최선의 청약이며, 귀사에 지체 없이 이 청약을 승낙하기를 권고합니다.

*subject to : ∼을 조건으로

*as follows : 다음과 같이

*per : 각[매] ∼에 대하여, ∼당[마다]

*receipt of : ∼의 수령

*at present : 현재는

*advise : 조언하다

*without delay : 지체 없이

31

① (A) – 물 품　　　　　　　　　　② (B) – 수 량

③ (C) – 포 장　　　　　　　　　　④ (D) – 인 도

32

① 보스턴까지 운임 · 보험료 포함 인도 가격조건으로

② 보스턴까지 운임 포함 인도 가격조건으로

③ 보스턴까지 본선 인도 가격조건으로

④ 보스턴까지 선측 인도 가격조건으로

33

① 취소가능 신용장에 의거 일람 후 60일 출급 환어음으로 결제

② 취소가능 신용장에 의거 일부 후 60일 출급 환어음으로 결제

③ 취소불능 신용장에 의거 일람 후 60일 출급 환어음으로 결제

④ 취소불능 신용장에 의거 일부 후 60일 출급 환어음으로 결제

해설 **31**

④ '선적'은 Shipment이고, Delivery는 '인도'이므로 (D) Delivery → Shipment가 되어야 한다.

32

운임 · 보험료 포함 인도는 CIF(Cost Insurance and Freight)이므로, (가) '보스턴까지 운임 · 보험료 포함 인도 가격조건으로'는 ① CIF Boston이다.

33

③ 취소불능 신용장은 Irrevocable L/C이고, 일람 후 60일 출급 환어음은 Draft at 60 d/s이다.

기한부어음(Time/Usance Bill/Draft, After Sight Draft)

- 일람 후 정기불/정기출급(After Sight) : 환어음이 수입자(지급인)에게 제시된 이후(일람 후) 일정 기간 후에 지급이 이행된다. 환어음상에는 "AT OOO DAYS AFTER SIGHT"로 표시하며 통상 지급인(인수인)의 인수의사 표시 후 30 · 60 · 90일에 만기[30 · 60 · 90 Days After Sight(30 · 60 · 90 d/s)]가 된다.
- 일부 후 정기불(After Date) : 기한부 환어음 만기가 환어음 일람 후 기준이 아니라, 환어음 발행 시 이미 만기 기산시점이 정해지는 것으로 특정 일자 후 일정 기간 경과 시(예) 선하증권 발행 후 30일을 만기로 지정) 지급이 이행된다. 보통 "AT OOO DAYS AFTER THE DATE OF ∼"라고 만기일과 기준일을 표시[30 · 60 Days After Date(30 · 60 d/d)]하는데, Date는 어음발행 일자를 의미한다.

34 다음 문장을 영작할 때 맞지 않는 표현이 있는 것은?

> 인도에 반도체 공장 건립을 위한 합작투자 파트너를 물색 중에 있으니 귀 지역에서 이 제품에 대한 수요가 있는지에 대한 정보를 이메일로 보내주시기 바랍니다.

① We are looking for a general partnership
② in order to establish a plant for semiconductors in India.
③ So, please email your information as to
④ whether there is a market for the products.

정답 ①

해석

We're looking for a joint venture partnership in order to establish a plant for semiconductors in India. So, please email your information as to whether there is a market for the products.

① 당사는 합명회사를 찾고 있습니다.
② 인도에 반도체 공장 건립을 위한
③ ~에 대한 정보를 이메일로 보내 주시기 바랍니다.
④ 이 제품에 대한 수요가 있는지 여부를

해설 ① '합작투자'는 Joint venture로 나타낼 수 있으므로, '합작투자 파트너를 물색 중에 있으니'는 We're looking for a general partnership → joint venture partnership이 되어야 한다.

*establish : 설립[설정]하다
*plant for semiconductors : 반도체 공장
*as to : ~에 관해
*whether : ~인지 [아닌지 · (아니면) ~인지]

We thank you for your inquiry ((A) ~일자) May 21 and ((B) ~기꺼이 ~하다) report on them without any responsibility on our part :

1. We have dealt with them for 30 years as of May, 2020.
2. The terms of payment were almost on a remittance basis.
3. ((C) 현재의 채무액은 무시할 수 있을만큼 적다.)
4. Highest credit we extend is about US$900,000.
5. Reputation : ((D) 동 상사가 좋은 평판을 받다) among Korean makers.
6. Remarks : Their financial standing is healthy.

Please note that this information should be kept as private and confidential.

35 위 문장 (A), (B)를 영작할 때 적합하지 않은 것은?

	(A)	(B)
①	of	we are pleased to
②	dated	we are delighted to
③	made of	we are driven to
④	under date of	we are willing to

36 위 문장 (C)를 영작할 때 적합한 것은?

① The amount now receivable is notable.

② The amount now owing is negligible.

③ The amount now owing is notable.

④ The amount now receivable is negligible.

37 위 문장 (D)를 영작할 때 적합하지 않은 것은?

① They take a good renewal

② They enjoy a good reputation

③ They are of good repute

④ They have a good repute

해석

귀사의 5월 21일 (A) 자 문의에 감사드리며, 당사 측에서 아무런 책임이 없다는 전제로 그들에 대해 (B) 기꺼이 알려드립니다.

1. 당사는 2020년 5월 현재 30년 동안 그들과 거래해 왔습니다.
2. 지불조건은 거의 송금 기준이었습니다.
3. (C) 현재의 채무액은 무시할 수 있을 만큼 적습니다.
4. 당사가 확대한 신용거래 최고액은 약 90만 달러입니다.
5. 평판 : 한국 내 제조업자들 사이에서 (D) 동 상사는 좋은 평판을 받고 있습니다.
6. 비고 : 그들의 재정상태는 양호합니다.

이 정보는 비공개 및 기밀로 유지해야 한다는 점에 유의하십시오.

*inquiry : 질문, 문의, 조회
*report : 알리다, 발표하다
*responsibility : 책임(맡은 일)
*deal with : ～와 거래하다
*terms : 조건
*remittance : 송금(액)
*extend : 확대[확장]하다
*reputation : 평판, 명성
*maker : ～을 만드는[생산하는] 사람[회사/기계]
*remarks : 비고란
*financial standing : 재무상태
*private : 사적인[사사로운/비공개의]
*confidential : 비밀[기밀]의

35

(A)	(B)
① ～의(～에 속한)	당사는 ～해서 기쁘다
② ～일자의	당사는 ～해서 기쁘다
③ ～로 만든	당사는 ～로 몰리다
④ ～일자로	당사는 기꺼이 ～하다

36
① 현재 수취할 수 있는 금액은 주목할 만하다.
② 지금 갚아야 할 금액은 무시해도 된다.
③ 지금 갚아야 할 금액이 눈에 띈다.
④ 현재 수취할 수 있는 금액은 무시해도 된다.

37
① 그들은 갱신을 잘 한다
② 그들은 좋은 평판을 받고 있다
③ 그들은 평판이 좋다
④ 그들은 좋은 평판을 갖고 있다

해설 35

③ made of는 '～로 만든'의 뜻이고, we are driven to는 '당사는 ～로 몰리다'의 뜻이므로 주어진 단어의 의미와 다르다.

36

② 3번 항목에서 The amount now owing is negligible(지금 갚아야 할 금액은 무시해도 된다) 즉, (C) '현재의 채무액은 무시할 수 있을 만큼 적다.'이다. ③은 채무액이 notable(눈에 띄는)이라고 했으므로, '많다'는 뜻이다.

*receivable : 돈을 받을, 미수[외상]의
*notable : 주목할 만한, 눈에 띄는
*owing : 갚아야 할[빚이 있는]
*negligible : 무시해도 될 정도의

37

① They take a good renewal은 '그들은 갱신을 잘 한다.'의 뜻이므로 적절한 영작이 아니다.
*renewal : 갱신, (기한) 연장
*reputation : 평판, 명성
*repute : 평판, 명성(= reputation)

38 다음 내용을 영작할 때 맞지 않은 표현은?

> 선적은 각 계약서에 규정된 기간 이내에 이행되어야 한다. 단, 매도인의 불가항력 사정이 있는 경우에는 예외로 한다. 선하증권의 발행일자를 선적일의 결정적인 증거로 간주하기로 한다. 특별한 합의사항이 없는 한, 선적항은 매도인이 선택하기로 한다.

① Shipment is to be made within the time stipulated in each contract,
② except in circumstances beyond the Seller's control.
③ The date of bills of lading shall be taken as conclusive proof of the date of unloading.
④ Unless expressly agreed upon, the port of shipment shall be at the Seller's option.

정답 ③

해석 ① 선적은 각 계약서에 규정된 기간 이내에 이행되어야 한다.
② 매도인의 불가항력 사정이 있는 경우에는 예외로 한다.
③ 선하증권의 발행일자를 선적일의 결정적인 증거로 간주하기로 한다.
④ 특별한 합의사항이 없는 한, 선적항은 매도인이 선택하기로 한다.

해설 ③ the date of unloading은 양하일이므로, 선적일은 the date of shipment이다. 따라서 The date of bills of lading shall be taken as conclusive proof of the date of unloading → shipment가 되어야 한다.
*circumstance : 환경, 상황
*beyond the Seller's control : 매도인의 불가항력
*bill of lading : 선하증권
*conclusive : 결정적인[확실한]
*unload : (짐을) 내리다
*expressly : 분명히, 명확히
*at the Seller's option : 매도인의 선택에 따라

39 다음 영작으로 ( ) 안에 알맞은 것은?

> 한국외환은행은 귀사가 요청하시는 경우 요청하는 어떤 정보라도 제공해 드릴 것입니다.
> → Korea Exchange Bank will supply you ( ) request, ( ) any other information that you
> may require.

① upon - with
② to - without
③ on - for
④ into - with

정답 ①

해석
한국외환은행은 귀사가 요청하시는 경우 요청하는 어떤 정보라도 제공해 드릴 것입니다.
→ Korea Exchange Bank will supply you (upon) request, (with) any other information that you may
require.

① ~에 따라 - ~와 (함께)
② ~에 - ~없이
③ ~위에[관한] - ~을 위해
④ ~안으로 - ~와 (함께)

해설 ① 주어진 문장에서 '요청에 따라'는 upon request로 나타내고, '~에게 ~을 공급하다'는 'supply 사람 with 사물'로
표현하므로, 내용상 빈 칸에 들어갈 단어는 upon과 with이다.
*supply with : ~을 공급하다
*upon request : 요청에 의해[따라]
*require : 요구하다

40 다음 중 서명(Signature) 체계를 올바르게 구성한 것은?

① Sincerely yours,

  Kris Jung

  Kris Jung

  IH Technology

  Assistant Manager

② Sincerely yours,

  Kris Jung

  Kris Jung

  Assistant Manager

  IH Technology

③ Sincerely yours,

  Kris Jung

  Kris Jung

  Assistant Manager

  IH Technology

④ Sincerely yours,

  IH Technology

  Assistant Manager

  Kris Jung

  Kris Jung

정답 ③

해설 영문서신에서 서명의 구성 및 순서

영문서신에서 서명은 작성자의 이름을 적고 그 위에 서명을 한다. 그 위치는 아래와 같이 끝인사와 맞춘다.

끝인사(Complementary Close)
서명(Signature)
발신인, 직책, 부서명 및 회사명 [Typed Name(Writer's name, Title, and Company)]

41 다음 문장을 올바르게 영작한 것은?

> 선적서류를 보낼 때는 선편으로 보내지 마시고 항상 국제택배편으로 보내 주시기 바랍니다.

① Please do not dispatch your shipping documents through per steamer but sometimes via air mail.

② Please do not forward your transport documents by courier service but always via surface mail.

③ Please do not dispatch your shipping documents by surface mail but always via courier service.

④ Please do not forward your shipping documents through per steamer but always via surface mail.

정답 ③

해석 ① 선적서류를 보낼 때는 기선별로 발송하지 말고 가끔 항공우편으로 보내 주시기 바랍니다.
② 운송서류를 보낼 때는 택배로 발송하지 말고 항상 우편을 통해 보내 주시기 바랍니다.
③ 선적서류를 보낼 때는 선편으로 보내지 마시고 항상 국제택배편으로 보내 주시기 바랍니다.
④ 선적서류를 보낼 때는 기선별로 발송하지 말고 항상 우편을 통해 보내 주시기 바랍니다.

해설 by surface mail은 서신·소포를 항공편이 아닌 '차량·배·기차편으로 보내는 서비스 또는 이런 방식으로 전달되는 것'을 뜻하므로, 보기의 문장을 바르게 영작한 것은 ③이다.
국제택배(Courier)
국제택배는 국내택배처럼 수출자의 회사에서 국제택배회사 직원이 화물을 픽업해 공항까지 가지고 가서 전용 비행기에 싣고, 수출신고까지 국제택배회사에서 대행해 주기도 한다. 수입지 공항에 도착한 후 트럭 등에 실려서 송장에 기재된 수입자 회사까지 배달하는데 수입통관 또한 국제택배회사에서 진행해 주기도 한다. 대표적인 국제택배회사로는 우체국 국제택배인 EMS, 독일계 회사인 DHL, 미국 회사인 FEDEX나 UPS가 있다.
*dispatch : 보내다[발송하다]
*shipping document : 선적서류
*per steamer : 기선별로
*via : ~을 통하여
*air mail : 항공우편
*forward : 보내다[전달하다]
*courier service : 택배서비스
*surface mail : (항공 우편물이 아닌) 보통 우편물

42 다음 영작으로 (   ) 안에 적당하지 않은 것은?

> 귀사의 청약 가격은 비싼 편입니다. 그렇지만 당사는 거래관계를 시작하기 위해서 당사의 이익을
> 축소시키기로 했습니다.
> → Your offer price is little high. Nevertheless, we have decided to (   ) our profit to start
>   our business relationship.

① reduce
② cut down
③ count
④ curtail

[정답] ③

[해석]
귀사의 청약 가격은 비싼 편입니다. 그렇지만 당사는 거래관계를 시작하기 위해서 당사의 이익을 축소시키기로
했습니다.
→ Your offer price is little high. Nevertheless, we have decided to (reduce/cut down/curtail) our
   profit to start our business relationship.

① 줄이다[축소하다]
② 줄이다, ~을 낮추다
③ 계산하다, 산출하다
④ 축소시키다

[해설] 빈 칸에는 '축소시키다'라는 의미를 나타내는 단어가 들어가야 한다. reduce, cut down, curtail은 모두 '줄이다[축소
하다]'의 뜻이므로 적절하다. 그러나 ③ count는 '계산하다, 산출하다'의 뜻이므로 빈 칸에 들어가기에 적당하지
않다.
*nevertheless : 그렇기는 하지만, 그럼에도 불구하고
*decide : 결정하다
*profit : 이익, 수익
*start : 시작하다
*business relationship : 기업 간 거래관계

43 다음 문장을 올바르게 영작한 것은?

> 당사는 귀사의 조속한 소식이 있기를 고대합니다.

① We look forward to hearing you as soon as possible.
② We look forward to hear of you as soon possible.
③ We look forward to hearing from you as soon as possible.
④ We look forward to hear from you soon as possible.

정답 ③

해설 주어진 문장을 나누어 영작해보면 다음과 같다.
• ~을 고대합니다 : look forward to ~ing
• 귀사의 소식 : hearing from you(귀사로부터 소식을 듣다)
• 조속한 : as soon as possible
따라서 '당사는 귀사의 조속한 소식이 있기를 고대합니다.'를 바르게 영작한 것은 ③ We look forward to hearing from you as soon as possible이다.

44 다음 영작으로 (   ) 안에 적당한 것은?

> 당사는 귀국으로 사업을 확장하고 싶습니다.
> → We hope to (A) our business (B) your country.

① (A) expand − (B) to
② (A) extend − (B) for
③ (A) expand − (B) at
④ (A) extend − (B) in

정답 ①

해석
당사는 귀국으로 사업을 확장하고 싶습니다.
→ We hope to (A expand) our business (B to) your country.

① (A) 확장하다   − (B) ~에 ; ~으로
② (A) (길게) 늘리다, 연장하다 − (B) ~을 위해
③ (A) 확장하다   − (B) ~(장소)에
④ (A) (길게) 늘리다, 연장하다 − (B) ~(장소) 안에

해설 ① (A) expand는 '(사업이[을]) 확장되다[시키다]'의 뜻이고, extend는 '연장하다'의 뜻이므로, 주어진 문장을 나타내기에는 expand가 적절한 표현이다. (B) '귀국으로'는 방향성을 뜻하므로, 전치사 to가 적당하다.

45 다음 ( ) 안에 공통으로 들어갈 단어로 옳은 것은?

> • It would be greatly ( ) if you would reduce your price by 11%.
> • Your prompt payment would be ( ).

① informed
② agreed
③ regretted
④ appreciated

정답 ④

해석
• 귀사가 가격을 11% 인하해 주시면 대단히 (감사하겠습니다).
• 즉시 지불해 주시면 (감사하겠습니다).

① 잘 알려주는, 통지하는
② 동의하는
③ 후회하는
④ 감사하는

해설 ④ 빈 칸에는 '~해주셔서 감사하다'는 의미의 표현이 적절하다. ... would be appreciated는 '... 감사하겠습니다'의 뜻이므로, 빈 칸에 공통적으로 들어갈 단어는 appreciated이다.
*reduce : 낮추다[할인/인하하다]
*prompt : 즉각적인, 지체 없는
*payment : 지불, 지급
*inform : 알리다[통지하다]
*agree : 동의하다
*regret : 유감스럽게[애석하게/안타깝게] 생각하다

46 다음 우리말을 영어로 영작할 때 가장 올바르게 배열된 것은?

> 수량은 5%의 과부족을 허용한다.

(가) is
(나) a variation of
(다) quantity
(라) subject to
(마) plus or minus
(바) five percent

---

① (나) – (바) – (가) – (라) – (마) – (다)
② (나) – (마) – (바) – (가) – (라) – (다)
③ (다) – (가) – (나) – (라) – (마) – (바)
④ (다) – (가) – (라) – (나) – (바) – (마)

정답 ④

해설 (다) quantity(수량은), (가)·(라) is subject to(~할 대상이다), (나)·(바) a variation of five percent(5퍼센트의 차이), (마) plus or minus(특정 숫자 안팎[전후]의)의 뜻이므로, 보기에 대한 올바른 영작은 ④ 'Quantity is subject to a variation of five percent plus or minus.'이다.

안심Touch

47 다음 (　) 안에 각각 들어갈 내용으로 옳은 것은?

> If there is no indication in the credit of the insurance coverage required, the amount of insurance coverage must be (A) of the CIF or (B) value of goods.

① (A) 110% － (B) CIP
② (A) 100% － (B) CIP
③ (A) 100% － (B) CFR
④ (A) 110% － (B) FOB

정답 ①

 해석

담보금액에 대한 명시가 없는 경우, 담보금액은 최소한 물품의 CIF 또는 (CIP) 가액의 (110%)이어야 한다.

*indication : 말[암시/조짐]
*insurance coverage : 보험담보 범위
*require : 요구하다

해설 ① UCP 600 제28조 보험서류와 부보범위 f항의 내용으로, 담보금액이 물품가액, 송장가액 또는 그와 유사한 가액에 대한 백분율로 표시되어야 한다는 요건이 있는 경우, 최소 담보금액이 요구된 것으로 본다. 담보금액에 대한 명시가 없는 경우, 담보금액은 최소한 물품의 CIF 또는 CIP 가액의 110%이어야 한다. CIF 또는 CIP 가액을 결정할 수 없는 경우, 담보금액은 요구된 결제 또는 매입금액 또는 송장에 표시된 물품의 총 가액 중 더 큰 금액을 기준으로 산정되어야 한다.

UCP 600 제28조 보험서류와 부보범위 f항

i. The insurance document must indicate the amount of insurance coverage and be in the same currency as the credit.

ii. A requirement in the credit for insurance coverage to be for a percentage of the value of the goods, of the invoice value or similar is deemed to be the minimum amount of coverage required.

i. 보험서류는 보험담보의 금액을 표시하여야 하고 신용장과 동일한 통화이어야 한다.

ii. 보험담보가 물품가액 또는 송장가액 등의 비율이어야 한다는 신용장상의 요건은 최소 담보금액이 요구된 것으로 본다.

48 다음 ( ) 안에 들어갈 단어로 옳은 것은?

Our finding is that the claim is not acceptable as goods were shipped (   ) in packing according to the Bill of Lading.

① claused
② clean
③ in good order
④ in good condition

[정답] ①

[해석]
당사의 조사 결과, 물품의 포장 결함이 (기재된) 선하증권에 따라 선적되었으므로 클레임을 받아들일 수 없습니다.

① 조항이 붙은
② 무사고
③ 질서 정연한
④ 상태가 좋은

[해설] 사고선하증권(Foul B/L)
Dirty B/L이라고도 하며, 이는 선적 시의 화물이 포장이나 수량 등 외관상 결함이 있을 경우 선하증권 비고란에 사고문언 표시가 기재된다. 즉, (포장상자가) 파손되어 있거나 또는 (수량이) 부족하다는 문언이 표시되는 선하증권으로써 Claused B/L이라고도 한다.
*claused : 조항이 붙은
*clean : 깨끗한
*in good order : 질서 정연하게
*in good condition : 상태가 좋은

49 다음 내용이 의미하는 것은?

A difference between the documents required by the Letter of Credit and the documents provided by the exporter.

① Confirmation　　　　　② Discrepancy
③ Amendment　　　　　④ Advice

신용장에 의해 요청된 서류와 수출자가 제공한 서류와의 차이

*require : 요구하다
*provide : 제공[공급]하다, 주다

① 확 인   ② 불일치
③ 변 경   ④ 조언, 충고

해설 신용장조건 불일치(Discrepancy)
선적서류가 신용장 조건과 불일치한 것을 말한다. 수출자(수익자)가 수출지의 은행(매입은행)에 화환어음의 매입을 의뢰한 경우 은행은 선적서류 또는 화환어음의 기재가 신용장 조건과 일치하지 않는 것을 발견하면 Discrepancy로서 수출대금의 지급을 거부한다.

50 다음 ( ) 안에 알맞은 영어표현은?

Under the circumstances, we will be unable to negotiate the (화환어음) to our banker because of the different description between the L/C and the invoice.

① bill of exchange   ② documentary draft
③ draft   ④ documentary credit

이러한 상황에서, 신용장과 송장의 기술이 달라서 당사의 은행에게 (화환어음)을 매입할 수 없을 것이다.

*negotiate : 매입하다
*description : 서술, 기술
*invoice : 송장

① 환어음   ② 화환어음
③ 어 음   ④ 화환신용장

해설 괄호 안의 '화환어음'의 영어표현은 ② documentary draft이다.
화환어음(Documentary bill/draft)
• 환어음에 선적서류(선하증권, 보험증권, 상업송장, 기타 필요서류)를 첨부하여 상품대금을 회수하는 경우의 환어음이다.
• 매도인이 발행인, 매수인이 지급인, 외국환은행이 수취인인 환어음을 말한다.
• 수송 도중 화물을 증권화한 운송서류가 환어음의 담보물이 된다.
*bill of exchange : 환어음
*draft : 어음
*documentary credit : 화환신용장

51 다음 Incoterms® 2020에 대한 설명으로 옳지 않은 것은?

① Incoterms® 2020에서 DAT 조건이 사용된다.

② 모든 운송방식에 적용되는 규칙은 7가지이다.

③ FAS, FOB, CFR, CIF는 해상운송과 내수로운송에 적용되는 규칙이다.

④ DDP에서는 수출자가 물품의 수출통관 및 수입통관을 하여야 하고 그 관세를 납부하여야 한다.

정답 ①

해설 인코텀즈 2020 주요 개정 내용
• DAT에서 DPU로 명칭이 변경되었다.
• 모든 운송모드 규칙에는 EXW, FCA, CPT, CIP, DPU, DAP, DDP 7가지가 해당된다.
• 해상운송과 내륙수로 운송모드 규칙에는 FAS, FOB, CFR, CIF 규칙이 적용된다.
• DDP는 매도인이 물품이 인도될 때까지 모든 비용, 즉 수입통관비용, 관세, 조세, 부과금 등을 부담한다.

52 다음 ( ) 안에 들어갈 Incoterms® 2020 조건은?

EXW + 내륙 인도장소까지의 운송비용 + 수출통관비 = ( )

① FCA

② FOB

③ CPT

④ CIP

정답 ①

해설 ① FCA(Free CArrier, 운송인 인도조건) : 매도인이 지정된 장소에서 지정된 운송인에게 물품을 인도할 때까지의 모든 위험과 비용인 EXW(EX Works, 공장/출하지 인도조건), 운송비용, 수출통관비 등을 매도인이 부담하고, 그 이후에는 매수인이 부담한다.
② FOB[Free On Board, (지정선적항) 본선 인도조건] : 매도인은 매수인이 지명한 본선에 수출통관된 물품을 적재해야 한다.
③ CPT(Carriage Paid To, 운임 지급 인도조건) : FCA 조건에 지정목적지까지의 운송비(Carriage)를 추가한 조건이다.
④ CIP(Carriage & Insurance Paid to, 운임 · 보험료 지급 인도조건) : CPT 조건에 운송 도중의 위험에 대비한 적하보험계약을 체결하고 보험료를 지급하는 것을 매도인의 의무에 추가한 조건(매도인 수출통관)이다.

53 다음 중 상도덕(Character)의 조사 내용으로 옳지 않은 것은?

① Personality

② Integrity

③ Reputation

④ Turnover

정답 ④

해설 상도덕(Character)
- 상대방의 정직성(Honesty), 성실성(Integrity) 등에 대한 내용으로, 특히 대금결제 이행여부에 대한 판단은 회사의 규모나 재정 상태보다는 이와 같은 그 회사의 성격요인에 의해 결정된다고 보는 것이 일반적이다.
- 기업의 개성(Personality), 성실성(Integrity), 영업태도(Attitude Toward Business), 계약이행에 대한 열의(Willingness to Meet Obligation), 업계의 평판(Reputation) 등의 도덕성을 조사해야 한다.

54 다음 중 전자무역의 특징으로 옳지 않은 것은?

① 전자무역은 전 세계시장을 대상으로 한다.
② 전자무역에서는 중소기업들의 활동 영역이 좁아진다.
③ 전자무역에서는 시장에 관한 모든 정보를 쉽게 얻을 수 있다.
④ 전자무역은 원천적으로 제품이나 서비스의 가격을 낮출 수 있다.

정답 ②

해설 ② 전사무역에서는 중소기업들의 활동 영역이 넓어진다. 인터넷 등을 이용하여 일반 중소기업들도 네트워크를 구축하여 전 세계를 대상으로 하는 시장개척활동을 할 수 있기 때문이다.
전자무역
인터넷과 무역정보처리 시스템 등을 이용하여 국내외시장 정보수집 · 해외바이어 발굴 · 정보검색 · 수출입계약 체결 등의 제반 무역거래를 전자방식으로 처리하는 무역거래 방식이다.

55 다음 중 동일한 무역거래당사자를 지칭할 수 없는 것은?

① Applicant

② Consignee

③ Drawee

④ Payee

정답 ④

해설 거래기준에 따른 거래당사자의 명칭

구 분	수출업자(Exporter)	수입업자(Importer)
매매관계	매도인(Seller)	매수인(Buyer)
신용장 관계	수익자(Beneficiary)	개설의뢰인(Applicant)
선적관계	송하인, 하주(Shipper, Consignor)	수하인(Consignee)
어음관계	발행인(Drawer)	지급인(Drawee)
계정관계	대금수취인(Account)	대금결제인(Accountee)
지급관계	수취인(Payee)	지불인, 발행인(Payer)

56 다음 중 간접수출의 장점으로 옳지 않은 것은?

① 마케팅비용 절감

② 해외시장 진출 용이

③ 현지 시장정보 입수 및 활용

④ 브랜드 강화

정답 ④

해설 간접수출의 장점
- 마케팅 비용 절감 : 해외시장 직접 진출 시의 각종 마케팅 비용을 절감할 수 있다.
- 해외시장 진출 용이성 : 중간수출상을 활용함으로써 직접 진출 시의 위험부담이 줄어든다.
- 현지시장 정보입수 및 활용 : 전문 무역회사의 정보와 기존 판매망을 이용할 수 있다.
- 클레임과 환율변동의 위험 회피 : 중간수출상을 활용함으로써 분쟁이나 환차손 등을 회피할 수 있다.

57 다음 중 신용장거래에 대한 설명으로 틀린 것은?

① 개설은행의 지급확약으로 수출업자는 안심하고 물품을 선적할 수 있다.
② 당사자들은 서류로 거래한다.
③ 확인신용장의 경우에는 수출업자는 이중의 지급확약을 받는다.
④ UCP 600에서는 신용장은 취소될 수 없나.

정답 ④

해설 ④ UCP 600(제3조 해석)에서는 "신용장은 취소불능이라는 표시가 없더라도 취소가 불가능하지만, 제9조 신용장 및 이에 대한 조건변경의 통지, 제10조 조건변경을 통해 개설은행, 확인은행, 수익자의 동의 없이는 조건변경 되거나 취소될 수 없으며, 변경한 경우 그 시점으로부터 변경내용에 대하여 취소불가능하게 구속된다."
① 신용장거래는 수입업자의 지급불능 또는 지급거절에 의하여 대금을 회수할 수 없게 되는 신용위험을 제거함으로써 대금회수의 확실성이 보장되며, 신용장을 담보로 금융상의 편익을 누릴 수 있는 수출상의 이점이 있다.
② 신용장거래는 물품이나 실제로 매수인에게 도착된 물품 여하에 관계없이, 은행이 신용장에서 요구하는 서류만을 가지고(Deal with document) 대금지급 여부를 판단하는 특성이 있는데 이를 추상성의 원칙이라고 한다.
③ 발행은행 이외의 은행이 타행발행의 취소불능 신용장에 대하여 지급·인수 또는 매입을 확약하는 것을 확인 (Confirmation)이라 하고, 그와 같은 문언이 부가된 신용장을 확인신용장이라 한다. 수익자의 입장에서는 발행은 행과 확인은행으로부터 이중으로 대금결제에 대한 확약을 받게 되며 확인은행의 확인은 취소할 수 없다.

58 다음에서 제시하고 있는 일반적인 무역계약 성립 절차 중 (가), (나), (다)에 들어갈 순서로 옳은 것은?

(가) → 거래제의 → 신용조회 → 거래조회 → (나) → (다) → 계약 체결

A. 승 낙
B. 청약과 반대청약
C. 해외시장조사

① A − B − C   ② B − C − A
③ C − A − B   ④ C − B − A

정답 ④

해설 수출입의 절차
시장조사(Market Research) → 거래선 발굴 → 거래제의(Circular Letter/Business Proposal) → 거래조회(Trade Inquiry) 및 신용조회(Credit Inquiry) → 청약(Offer)·주문(Order) → 반대청약을 통한 합의(Counter Offer) → 승낙(Acceptance) → 매매계약(Sales Contract) → 생산시작 → 수출통관 후 선적 → 보험가입 → 선적/운송서류 구비 → 매입 → 매수인 결제완료 → 수출대금 환수 및 관세 환급

59 다음 중 Incoterms® 2020에서 새롭게 신설된 조건은?

① DAT
② DAP
③ DPU
④ DDP

정답 ③

해설 ③ Incoterms 2020에서는 DAT(Delivered At Termial)가 DPU(Delivered at Place Unloaded)로 명칭 변경되었다.
DAT에서 DPU로의 명칭 변경
- 규칙의 등장순서가 서로 바뀌었고, 양하 전에 인도가 일어나는 DAP가 DAT 앞에 온다.
- DAT 규칙의 명칭이 DPU(Delivered at Place Unloaded)로 변경되었다. 이는 "터미널"뿐만 아니라 어떤 장소든지 목적지가 될 수 있다는 것을 강조하기 위한 것이다. 그러나 그러한 목적지가 터미널에 있지 않은 경우에 매도인은 자신이 물품을 인도하고자 하는 장소가 물품의 양하가 가능한 장소인지 꼭 확인하여야 한다.

60 다음 중 확인신용장 거래 당사자 중 기본 당사자가 아닌 것은?

① Issuing Bank
② Beneficiary
③ Confirming Bank
④ Applicant

정답 ④

해설 신용장거래 관계 당사자
- 기본 당사자 : 신용장의 조건변경 또는 취소에 관계되는 당사자로서 개설은행(Issuing Bank), 확인은행(Confirming Bank), 수익자(Beneficiary)를 말한다.
- 기타 당사자 : 개설의뢰인(Applicant), 통지은행, 지급은행, 인수은행, 매입은행, 상환은행, 양도은행 등이 있다.

61 다음 Incoterms® 2020의 CIP 조건과 CIF 조건에 대한 설명으로 옳은 것은?

구 분		CIP	CIF
가	보험 부보 의무	매도인	매도인
나	부보조건	ICC[C]	ICC[C]
다	운송계약	매수인	매수인
라	운송방법	운송방식불문	운송방식불문

① 가
② 나
③ 다
④ 라

해설 Incoterms 2020의 CIF, CIP 조건에서 매도인은 자신의 비용으로 운송계약과 적하보험계약을 체결해야하는 보험 부보 의무를 진다. 또한 CIF와 CIP 간 부보수준의 차별화로 CIP 조건에서는 협회적하약관(Institute Cargo Clauses)의 (A)약관에 따른 부보를 취득하여야 하고 복합운송방식에 따른다. 이에 대해 CIF는 해상운송모드규칙에 해당된다.

CIF와 CIP 간 부보수준의 차별화

구 분	CIP	CIF
보험 부보 의무	매도인	매도인
부보조건	ICC[A]	ICC[C]
운송계약	매도인	매도인
운송방법	복합운송방식	해상운송방식

62 다음 ( ) 안에 들어갈 용어로 옳은 것은?

> 항해 중 선박이나 적하가 공동의 위험에 처한 경우에 고의적으로 발생시킨 합리적, 이례적 비용이나 희생을 ( )(이)라고 한다.

① 구조비
② 손해방지비
③ 공동해손
④ 단독해손

해설 ③ 공동해손(General average loss) : 항해단체(선박, 화물 및 운임 중 둘 이상)에 공동위험이 발생한 경우 그러한 위험을 제거·경감시키기 위해 선체나 그 장비 및 화물의 일부를 희생시키거나 필요한 경비를 지출했을 때 입은 손해
① 구조비(Salvage charge) : 구조계약에 의하지 않고 임의로 구조한 자가 해상법상 회수할 수 있는 비용
② 손해방지비용(Sue and Labour charges ; S/L) : 약관(보험계약)상의 담보위험으로 인한 손해를 방지하거나 경감시키기 위하여 피보험자 또는 그의 사용인 및 대리인이 지출한 비용으로 보험자가 추가 부담하는 손해비용
④ 단독해손(Particular average loss) : 담보위험으로 인해 피보험이익의 일부가 멸실되거나 훼손되어 발생한 손해

63 다음 Incoterms® 2020 중 단일 또는 복수의 운송방식에 사용 가능한 규칙으로 옳은 것은?

① CIP

② FOB

③ CFR

④ CIF

정답 ①

해설 ②・③・④는 해상운송과 내수로운송에 사용가능한 규칙이다.

단일 또는 복수의 운송방식에 사용가능한 규칙
- EXW(EX WORKS) : 공장 인도
- FCA(FREE CARRIER) : 운송인 인도
- CPT(CARRIAGE PAID TO) : 운송비 지급 인도
- CIP(CARRIAGE AND INSURANCE PAID TO) : 운송비・보험료 지급 인도
- DAP(DELIVERED AT PLACE) : 도착장소 인도
- DPU(DELIVERED AT PLACE UNLOADED) : 도착지 양하 인도
- DDP(DELIVERED DUTY PAID) : 관세 지급 인도

64 다음에서 설명하는 과세방법으로 옳은 것은?

- 수입 물품의 가격을 과세 표준으로 하여 세액 산출
- 우리나라 관세율 결정의 대부분을 차지

① 종량세

② 종가세

③ 혼합세

④ 단일세

정답 ②

해설 관세의 분류
- 종가세(Ad valorem duty) : 수입물품의 가격을 과세표준으로 하며, 우리나라 관세율 결정의 대부분을 차지한다.
- 종량세(Specific duty) : 수입물품의 수량을 과세표준으로 한다.
- 혼합세(Combined duty) : 종가세와 종량세의 장점을 결합한 관세이다.

65 다음 중 항공운송 관련 국제협약이나 국제규칙은?

① 바르샤바 협약
② 로테르담 규칙
③ 제네바 협약
④ 헤이그 규칙

정답 ①

해설 ① 바르샤바 협약 : 국제 항공화물, 여객운송에 관한 항공운송인의 책임과 운송장의 기재 사항 등을 정한 조약
② 로테르담 규칙(The United Nations Conventions on Contracts for the International Carriage of Goods wholly or partly by sea) : 해상물품운송의 국제적 통일을 이루기 위해 제정된 규칙
③ 제네바 협약 : 부상병·조난자·포로·일반 주민 등의 보호를 목적으로 하는 법규
④ 헤이그 규칙 : 선하증권에 관한 통일조약

66 다음 (   ) 안에 들어갈 복합운송 루트로 옳은 것은?

> 극동지역에서 유럽과 중동행의 화물을 러시아의 극동항구인 보스토치니항까지 수송한 후 시베리아 철도로 시베리아를 횡단하여 러시아에서 유럽지역 또는 그 반대 루트로도 운송하는 경로를 (   )(이)라고 한다.

① TSR
② ALB
③ MLB
④ TCR

정답 ①

해설 ① TSR(시베리아 횡단철도 운송) : 러시아를 통해 러시아 내 물류뿐만 아니라 몽골, 중앙아시아 등 전 지역을 아우르는 복합운송 서비스
② ALB(아메리카 랜드브리지) : 극동 → 미국 대륙 횡단철도 → 구주
③ MLB(미니 랜드브리지) : 극동 → 미국 태평양 연안 → 횡단철도 → 미국 동부
④ TCR(중국 횡단철도 운송) : 중국 동북지역(청도, 연운항, 일조, 상해 등)에서 중국 대륙을 횡단하여 우루무치, 알라산코, 호르고스와 카자흐스탄의 국경지역인 도스틱, 알틴콜을 연결하는 철도노선

67 다음 정기선 해상운송의 일반적인 화물선적절차를 옳게 나열한 것은?

> A. 선하증권(B/L)
> B. 선적요청서(S/R)
> C. 본선수취증(M/R)
> D. 선적지시서(S/O)
> E. 화물인도지시서(D/O)

① A − C − D − E − B
② C − D − A − B − E
③ D − C − A − B − E
④ B − D − C − A − E

정답 ④

해설 정기선 해상운송의 선적·운송 절차
S/R(Shipping Request, 선복/선적요청서) → S/O(Shipping Order, 선적지시서) → 재래선의 경우 M/R(Mate's Receipt, 본선수취증), 컨테이너선의 경우 D/R(Dock Receipt, 부두수취증) → B/L(Bill of Lading, 선하증권) → 선하증권을 선사에 제시한 수입상이 D/O(화물인도지시서) 발급 받음

68 다음 중 '청약'과 '승낙'에 대한 설명으로 옳게 짝지어진 것은?

> 가. 대부분의 청약은 매도인이 하는 판매청약(Selling offer)이다.
> 나. 청약이란 피청약자가 계약을 성립시킬 목적으로 조건부로 승낙을 하는 의사표시를 말한다.
> 다. 청약은 상대방에게 발신하는 시점부터 효력이 발생한다.
> 라. 반대청약은 피청약자가 청약의 내용의 일부를 변경해서 다시 하는 청약으로 원래의 청약은 효력을 상실하게 된다.

① 가, 나, 다, 라
② 가, 나, 라
③ 가, 다, 라
④ 가, 라

정답 ④

해설 나. 청약은 청약자(Offeror)가 피청약자(Offeree)와 일정한 조건으로 계약을 체결하고 싶다는 의사표시로서 피청약자의 무조건적·절대적 승낙(Unconditional and Absolute Acceptance)이 있을 경우 계약 체결을 목적으로 하는 청약자의 피청약자에 대한 일방적·확정적 의사표시이다.
다. 청약이 효력을 발생하기 위해서는 청약의 내용이 상대방에 전달되어야만 한다. 즉, 영미법과 우리 민법은 도달주의 원칙을 따르고 있으므로 청약이 상대방에게 도달됨으로써 그 효력이 발생한다.

69 다음 중 수입상 입장에서 기술된 신용장의 특징으로 옳지 않은 것은?

① 수입상은 신용장에 선적기일과 유효기일이 명기되지만 자신이 원하는 기간 내에 물품의 수령을 보장받을 수 없다.

② 수입상은 신용장조건과 일치하는 서류와 상환으로 대금을 지급하기 때문에 계약조건에 일치한 물품의 선적을 문서상으로 확인할 수 있다.

③ 수입상은 물품대금을 선적 시부터 대금지급 시까지 개설은행과 매입은행이 부담하기 때문에 그 기간만큼 금융혜택이 있다.

④ 수입상은 자신의 신용을 은행의 신용으로 대체하기 때문에, 주문과 결제에 대한 확실성을 높여 나머지 계약조건을 자신에게 유리하게 요구할 수 있다.

정답 ①

해설 ① 수입상은 신용장에 선적기일과 유효기일을 명기하므로 자신이 원하는 기간 내에 물품의 수령을 보장받을 수 있다.
신용장 유용성에서 수입상의 이점
• 계약조건에 일치하는 상품 입수에 대하여 확신할 수 있다.
• 계약 체결 시 유이한 위치를 선점할 수 있다.
• 금융상 부담이 경감된다.
• 원하는 일자에 물품 입수를 보장받는다.
• 무역금융에 활용할 수 있다.

70 다음에서 설명하는 계약형태로 옳은 것은?

> • 장기간의 거래를 대상으로 함
> • 일반거래조건협정서를 작성
> • 플랜트 수출이나 턴키(Turn Key)방식 수출

① 개별계약
② 포괄계약
③ 독점계약
④ 대리점계약

정답 ②

해설 포괄계약(Master Contract)
연간 또는 장기간으로 계약을 체결하고 필요 시마다 수정을 가하는 계약으로 포괄계약서를 일반거래조건협정서 (Agreement of Memorandum on General Terms and Conditions of Business)라 한다. 공장을 가동할 수 있을 때까지 모든 것을 떠맡는 플랜트 수출이나 그 일종인 턴키(Turn Key)방식 수출은 포괄계약이라 볼 수 있다.

71 다음 중 외국환(Foreign exchange)거래의 설명으로 옳지 않은 것은?

① 환율 문제가 발생한다.
② 대차(貸借) 관계가 발생한다.
③ 결제 차액이 발생한다.
④ 이자 요소는 개입되지 않는다.

정답 ④

해설 ④ 외국환거래는 국제거래에서 대금결제를 현금(Cash)이 아닌 외국환으로 하는 것으로 국가 간의 지급결제라는 특성으로 일정한 기간이 소요되고 이에 대한 자금 손실분에 대한 보상 차원의 이자 요소가 개입한다.

72 다음 중 환율에 대한 설명으로 옳은 것은?

① 우리나라는 현재 고정환율제도를 채택하고 있다.
② 우리나라의 US$1 = ₩1,200.00의 표기는 외국통화 표시 환율을 나타낸다.
③ 채권자가 외국에 있는 채무자에게 환을 추심하면 역환이 된다.
④ 환율이 상승하는 경우, 수출이 감소하고 수입이 증가하여 국제수지가 악화된다.

정답 ③

해설 ③ 역환 또는 추심환(Collecting exchange) : 채권자가 채무자에게 채무의 변제를 요청하는 서류(환어음)를 보내는 것을 말한다.
① 우리나라는 현재 변동환율제도를 채택하고 있다.
② 외국통화 표시 환율은 자국통화 한 단위당 외국통화를 얼마나 교환할 수 있는가를 표시하는 환율로서 1원 = US$ 1/1,200.00 등으로 표기하며, 우리나라는 자국통화 표시 환율을 사용하여 US$ 1 = 1,200.00원으로 표기하고 있다.
④ 환율이 상승하는 경우, 원화가치가 하락하여 외화 표시 수출가격은 그만큼 저렴해지므로 해외수요가 전보다 증대하여 수출이 늘고, 수입품의 자국화폐 표시 가격은 상승시켜 수입은 감소하여 국제수지의 적자를 해소시킬 수 있다.

73 다음 ( ) 안에 들어갈 용어의 영어표현으로 알맞은 것은?

> 클레임을 제3자의 개입 없이 당사자 간의 자주적인 교섭으로 해결하는 것을 ( )(이)라고 한다. 당사자 간의 교섭에 의하여 타협점이 모색되면 ( )(이)가 이루어지는데 실무적으로 가장 바람직하다.

① Arbitration
② Amicable settlement
③ Intercession
④ Litigation

[정답] ②

[해설] ② 화해(Amicable settlement) : 당사자 간에 직접적 협의를 통해 자주적으로 타협점을 찾는 것으로 보통 화해계약을 체결한다. 화해는 당사자가 서로 양보할 것, 분쟁을 종결할 것, 그 뜻을 약정할 것 등 3가지 요건을 필요로 한다.
① 중재(Arbitration) : 소송절차로 분쟁을 해결하지 않고 분쟁당사자 간 합의(중재합의)에 의거 제3의 중재기관의 중재인에 의한 중재판정을 통해 분쟁을 해결하는 방법이다.
③ 알선(Intercession) : 계약일방 또는 쌍방의 요청에 따라 공정한 제3자(상사 중재원 등)가 사건에 개입하는 방법이다.
④ 소송(Litigation) : 국가기관인 법원의 판결에 의한 분쟁해결 방법이다.

74 다음 중 무역클레임의 예방대책으로 옳지 않은 것은?

① 클레임조항에서 클레임의 제기기간, 제기방법, 증빙서류 및 비용부담자 등을 명기할 필요가 있다.
② 계약당사자는 반드시 후일 분쟁을 피하기 위하여 매매계약서 및 일반거래조건협정서를 작성해 두는 것이 좋다.
③ 처음에 상대방의 신용상태를 철저히 조사하여야 하지만 거래 중에는 조사할 필요가 없다.
④ 공인된 감정기관의 감정서를 제시하도록 계약서에 명시함이 좋다.

[정답] ③

[해설] ③ 주기적으로 철저한 신용조사를 통하여 거래 상대방의 신용상태가 변화하였는지를 점검해야 한다.

75 다음 내용은 어느 신용장과 관계가 있는가?

- Bid Bond
- Performance Bond

---

① Special L/C
② Stand-by L/C
③ Restricted L/C
④ Revolving L/C

정답 ②

해설 ② 보증신용장(Stand-by L/C) : 입찰보증을 위한 신용장(Bid Bond L/C)과 계약이행보증을 위한 신용장(Performance Bond L/C)등으로 쓰인다.
① · ③ 특정/제한신용장(Special/Restricted L/C) : 수익자가 발행하는 환어음의 매입은행이 특정은행으로 지정되어 있는 신용장이다.
④ 회전신용장(Revolving L/C) : 동일 거래선과 동일 물품을 반복하여 거래가 이루어질 경우, 신용장 개설과 비용의 절감 및 절차의 번거로움을 피하기 위해 일정한 기간과 금액 범위 내에서 신용장 금액을 자동적으로 갱신하도록 한 신용장이며, 반복사용이 가능하다.

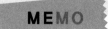

PART 02

2019년 기출문제

무역영어 3급 기출이 답이다

02 다음 중 맞는 내용을 고르시오.

> Special Conditions :
> ⅰ) Negotiations under this credit are available with Seoul ○○ Bank.
> ⅱ) This credit is transferable.
> ⅲ) Shipments must be effected by Korea Flag Vessel only.

① 서울○○은행은 개설은행이다.
② 수입상이 거래은행에서 협상하라는 내용이다.
③ 이 신용장은 양도가능 신용장이다.
④ 선적품은 한국에서 조달되어야 한다.

정답 ③

해석

특별한 조건들 :
 ⅰ) 이 신용장 하에서 매입은 서울 ○○ 은행에서 이용가능하다.
 ⅱ) 이 신용장은 양도가능하다.
 ⅲ) 선적은 한국 국기 선적에 의해서만 효력이 있다.

해설 ① 서울 ○○ 은행은 <u>개설은행(→ 매입은행)</u>이다.
② 수입상의 거래은행에서 <u>협상(→ 매입)</u>하라는 내용이다.
④ 선적품은 한국에서 <u>조달(→ 선적)</u>되어야 한다.
매입은행(Negotiating Bank)
• 매입이란 어음을 할인하여, 즉 이자와 수수료를 받고 사들이는 행위를 의미한다.
• 매입은행은 제3자가 지급인인 어음·수표에 대해 권리를 취득한 은행으로 환어음 매입으로 선의의 소지자(Bona fide holder)가 되어 개설은행에 어음대금 청구권을 행사할 수 있다.
• 지급거절 시는 상환청구권(Recourse)을 행사할 수 있어서 수출상에 대한 최종지급이라 볼 수 없다.
• 통상 수익자의 거래은행이 매입은행이 되나, 개설은행이 지정한 은행 또는 어떤 은행(Any bank)도 매입은행이 될 수 있다.

03 다음 중 틀린 것을 고르시오.

> Documents Required :
> ⅰ) Commercial Invoice in quadruplicate.
> ⅱ) Packing list in triplicate.
> ⅲ) Inspection Certificate in duplicate.
> ⅳ) Certificate of Origin in duplicate.

① 상업송장 5통으로 수출상이 발급
② 포장명세서 3통으로 수출상이 발급
③ 검사증명서 2통으로 검사인(Inspector)이 발급
④ 원산지증명서 2통으로 상공회의소가 발급

정답 ①

해석

> 필요한 서류들 :
> ⅰ) 상업송장 4통
> ⅱ) 포장명세서 3통
> ⅲ) 검사증명서 2통
> ⅳ) 원산지증명서 2통

해설 ① 상업송장은 5통(→ 4통)으로 수출상이 발급한다.
서류의 통수와 관련된 표현
• Original : 원본
• Duplicate : 2통
• Triplicate : 3통
• Quadruplicate : 4통
• Quintuplicate : 5통

04 다음 문장의 밑줄 친 부분과 의미가 같은 표현은?

> In order to secure the business, we tried to <u>discount</u> the prices to the lowest possible.

① bring down
② boost
③ shut down
④ soar

정답 ①

해석

거래를 확보하기 위해서, 당사는 가격을 가능한 가장 낮게 <u>할인하려고</u> 애썼다.

*secure the business : 거래를 확보하다
*discount : 할인하다, 할인해서 팔다

① ~을 줄이다[낮추다]
② 신장시키다, 북돋우다
③ 문을 닫다; (기계가) 멈추다[정지하다]
④ (가치 · 물가 등이) 급증[급등]하다[치솟다]

해설 ① discount(할인하다)는 bring down(~을 낮추다)과 의미가 같다. boost와 soar는 '북돋우다, 급등하다'의 의미이므로 가격을 낮춘다는 내용과 반대되므로 정답이 아니다.

[05~06] 다음을 읽고, 물음에 답하시오.

Thank you very much for your letter of August 4.
(가) <u>We</u> have asked the China Bank to (나) <u>open</u> an irrevocable letter of credit in your favor covering the amount of our order No. 50.

05 (가)에 해당하는 거래당사자는?

① Applicant
② Issuing Bank
③ Beneficiary
④ Advising Bank

06 (나) 대신 바꾸어 쓸 수 없는 표현은?

① issue
② amend
③ establish
④ arrange

해석

8월 4일자 귀사의 서신에 감사드립니다.
(가) <u>당사</u>는 차이나 은행에게 귀사를 수익자로 하여 당사의 주문 No. 50 금액에 대한 취소불능 신용장을
(나) <u>발행</u>할 것을 요청했습니다.

*irrevocable letter of credit : 취소불능 신용장

05
① 개설의뢰인
② 개설은행
③ 수익자
④ 통지은행

06
① 개설하다
② 개정하다
③ 설립[설정]하다
④ 마련하다, 주선하다

해설 **05**

① (가)에 해당하는 거래당사자는 신용장 개설의뢰인으로 보통 수입자이다.
개설의뢰인(Applicant)
• 수출상(Beneficiary)과의 매매계약에 따라 자기거래은행(Opening bank)에 신용장을 개설해줄 것을 요청하는 수입상으로 향후 수출 환어음 대금의 결제의무자가 된다.
• Importer, Accountee, Buyer, Opener(신용장 개설의뢰인), Drawee(환어음 지급인), Consignee(발송물품 수탁자)로도 불린다.

06

② (나) open은 '열다, 개설하다'의 의미로, '신용장을 개설하다'는 issue(open/establish) an L/C이다. 그러나 amend는 '개정[수정]하다'의 뜻이므로 바꾸어 쓸 수 없다.
*amend : (법 등을) 개정[수정]하다
*establish : 설립[설정]하다
*arrange : 마련[준비]하다, 주선하다

Gentlemen :

Thank you very much for your letter of June 7 proposing to (가) <u>enter into business relations with</u> us in Smart Phone.

We are pleased to learn that you are especially interested in exporting Smart Phones and regarding these products, we may say that we are specialists.

We would appreciate receiving your best CIF New York price on Smart Phone as well as a price list and catalog.

If your prices are (나) <u>competitive</u> and the product is suitable for our trade, we will be able to place large orders.

We look forward to hearing from you soon.

Yours very truly,

07 위 서한의 주제로 가장 적절한 것은?

① 거래 제의　　　　　　　　② 거래조회
③ 신용조회　　　　　　　　④ 거래 주문

08 밑줄 친 (가)와 바꾸어 쓸 수 없는 표현은?

① open an account with
② build up business connections with
③ cut off business connections with
④ start business relations with

09 밑줄 친 (나)와 바꾸어 쓸 수 없는 표현은?

① prohibitive　　　　　　　② reasonable
③ cheap　　　　　　　　　④ attractive

10 서한에서 언급된 정형거래조건(Incoterms) 2010의 매도인 의무에 대한 설명으로 옳은 것은?

① 선적항에서 본선에 적재되기 전 물건의 위험이 이전되고 도착항까지의 보험료를 부담한다.
② 도착항에서 양륙할 때 물건의 위험이 이전되고 도착항까지의 운임을 부담한다.
③ 도착항에서 양륙할 때 물건의 위험이 이전되고 선적항에서의 모든 비용을 부담한다.
④ 선적항에서 본선에 적재될 때 물건의 위험이 이전되고 도착항까지의 운임과 보험료를 부담한다.

해석

귀하께 :

6월 7일자 귀사의 서신에서 당사와 스마트 폰 분야에서 (가) 거래 개설을 제안해 주셔서 감사드립니다. 귀사가 특별히 스마트 폰 수출에 대해서 관심이 있다는 것을 알게 되었으며, 이들 제품의 관해서는 당사가 전문가임을 말씀드립니다.

가격명세서와 카탈로그뿐만 아니라 스마트 폰에 대한 귀사의 CIF 뉴욕 조건을 보내주셔서 감사합니다. 귀사의 가격이 (나) 경쟁력 있고, 제품이 당사의 거래에 합당하다면, 당사는 대량주문을 할 수 있을 것입니다. 귀사의 답신을 기다립니다.

진심을 담아,

*enter into business relations with : ~와 상거래하게 되다
*competitive : 경쟁력 있는

08
① ~와 거래를 시작하다
② ~와의 상거래를 쌓다
③ ~와의 상거래를 끊다
④ ~와의 상거래를 시작하다

09
① 금지된; 터무니 없이 비싼
② 합리적인
③ 저렴한
④ 매력적인

해설 07

위 서한은 거래를 제의한 이전 서한에 대한 답신으로 거래 조건을 알아보는 내용이므로, 정답은 ②이다.
거래조회(Trade Inquiry)
• 품목에 관한 보다 구체적인 문의 · 답신이다.
• 자기소개서를 받고 답장을 보낸 거래선을 상대로 거래하고자하는 품목에 관한 상세한 정보를 전달하여 구매의욕을 고취시킨다.
• 수입의 경우 상대방 제품 카탈로그, 가격표(가격명세서) 등을 요청한다.

08

③ 밑줄 친 (가) enter into business relations with는 '거래를 개설하다'는 뜻으로 open an account with, build up/start business connections[relations] with와 그 의미가 같다. cut off는 '~을 자르다, ~을 잘라 내다'라는 뜻이므로 바꾸어 쓸 수 없는 표현이다.

09

밑줄 친 (나) competitive는 '경쟁력 있는 가격'을 의미하며, reasonable(합리적인), inexpensive(저렴한), attractive (매력적인), moderate(적당한), cheap(가격이 싼), low price(낮은 가격)로도 바꾸어 쓸 수 있다.

10

CIF[Cost, Insurance and Freight, (지정목적항) 운임 · 보험료 포함 인도조건]에서의 매도인의 의무
• 물품에 대한 매매당사자의 위험부담의 분기점(위험이전) : 물품이 지정선적항 본선 갑판에 안착됐을 때
• 물품에 대한 매매당사자의 비용부담의 분기점(경비이전) : 목적항(매도인은 적재 시까지 모든 비용과 목적항까지 운임, 양하비 부담 + 보험료)
• 매도인(Seller)과 매수인(Buyer)의 책임

매도인(Seller)	매수인(Buyer)
• 수출통관 필 • 해상운송계약 체결 • 운임 부담 • 보험계약 체결 • 통상의 운송서류를 지체 없이 매수인에게 제공	• 물품이 운송인에게 인도된 이후의 모든 위험부담 • 지정목적지까지의 운송비 이외 모든 비용부담

11 아래 대화의 밑줄 부분과 바꾸어 쓸 수 없는 표현은?

> A : Many customers are not satisfied with our phone service.
> B : I've heard about that.
> A : Perhaps we should think about adding staff training.
> B : <u>You can say that again.</u>

① I feel the same way.

② You're telling me.

③ I couldn't agree more.

④ You can't read my mind.

정답 ④

해석
　A : 많은 고객들이 당사의 전화 서비스에 대해 불만을 갖고 있어요.
　B : 저도 그것에 대해 들었습니다.
　A : 아마도 우리는 직원을 늘려서 훈련을 해야 될 것 같아요.
　B : <u>전적으로 동의합니다.</u>

　① 나도 그래요.
　② 내 말이 바로 그 말이에요.
　③ 대찬성이요.
　④ 내 마음을 모르시는군요.

해설 밑줄 친 You can say that again은 '전적으로 당신 말에 동의한다.'는 뜻으로 ①, ②, ③은 모두 그 의미가 비슷하나, ④ You can't read my mind는 '내 마음을 모르시는군요.'라는 뜻으로 문맥과 어울리지 않는 표현이다.

12 다음 ( ) 안에 들어갈 용어가 올바르게 나열된 것은?

> (1) If the number of laydays be exceeded, the charterer has to pay (A).
>
> (2) If the work be completed in less than the number of days allowed, the charterer receives (B).

① A – demurrage, B – dispatch money
② A – demurrage, B – congestion surcharge
③ A – dispatch money, B – demurrage
④ A – congestion surcharge, B – dispatch money

정답 ①

해석

(1) 정박일수가 초과한 경우, 용선계약자가 (A 체선료)를 지불해야 한다.
(2) 허용된 정박일수 전에 작업이 완료된 경우, 용선계약자는 (B 조출료)를 받는다.

*laydays : 정박 기간
*charterer : 용선계약자, 용선주

① A – 체선료, B – 조출료
② A – 체선료, B – 체화할증료
③ A – 조출료, B – 체선료
④ A – 체화할증료, B – 조출료

해설 용선계약의 정박기간(Laydays) 계산 요금
- 체선료(Demurrage)
  – 초과 정박일(계약 정박기간 초과일)에 대해 화주(용선자)가 선주에게 지급하는 위약금(Penalty) 또는 지체상금으로 보통 조출료의 2배이다.
  – 1일 24시간을 기준하여 계산하지만, WWD(Weather Working Day)는 주간 하역, 즉 1일 24시간으로 계산하기도 한다.
  – 체선료는 선적 및 양륙을 분리하여 따로 계산(Laydays not reversible)하는 것을 원칙으로 하나, 용선자의 선택 하에 선적 및 양륙기간을 합산하여 계산(Laydays reversible)하는 경우도 적지 않다.
- 조출료(Dispatch money)
  – 용선계약상 허용된 정박기간 종료 전에 하역이 완료되었을 때 그 절약된 기간에 대하여 선주가 용선자에게 지급하는 일종의 격려금(Incentive)이다.
  – 보통 체선료의 1/2이지만 때에 따라서는 1/3로도 한다.
  – 계산 방법 : "All laytime saved"와 "All time saved"의 두 가지가 있다.
- 체화할증료(Congestion surcharge) : 특정 항구에서 기항선박의 증가, 하역능력의 저하 등의 이유로 장기간 체선을 할 경우 선박회사에 손해가 발생하므로 이를 화주에게 전가하는 할증료를 말한다.

13 다음에 해당하는 결제방식을 고르시오.

> A method of remittance where payment is made against delivery of goods.

① CWO

② COD

③ CAD

④ T/T

정답 ②

해석
> 물품 인도 시에 지불이 이루어지는 송금 방식

해설
② COD(Cash On Delivery, 현물상환방식) : 수출물품이 목적지에 도착하면 수입상이 직접 상품의 품질을 검사한 후 수입대금을 상품과 상환으로 현금으로 지급하는 방식이다. COD는 물품의 인도와 동시에 또는 인도 후 수출대금을 외화로 영수하는 조건의 대금교환으로서의 조건부 수출방식이다.

① CWO(Cash With Order, 단순송금방식) : 매매계약 체결 후 수입상이 상품의 대금 전액을 전신환송금(T/T), 우편송금환(M/T), 송금수표(D/D), 또는 현금으로 미리 수출상에게 보내면 수출상은 이를 외국환은행에서 원화와 바꾸어(외화매입) 그 돈으로 계약물품을 조달한 후 선적하는 방식의 무역거래를 말한다.

③ CAD(Cash Against Document, 서류인도 결제방식) : 수출상이 상품을 선적 후 이를 증명하는 선적서류를 수입상의 대리인(주로 수출상의 국가에 소재) 또는 거래은행에 제시하여 선적서류와 상환으로 대금을 결제하는 방식이다.

④ T/T(Telegraphic Transfer, 전신환송금방식) : 수입상의 요청에 따라 송금은행이 지급은행 앞으로 수출상에게 일정 금액을 지급하여 줄 것을 위탁하는 지급지시서(Payment order)를 전신으로 보내는 방식을 말한다.

14 다음 문장의 해석으로 바른 것을 고르시오.

① We can dominate the market share only if we can receive the product by July.
→ 7월까지 제품을 받는다면 시장에 진출할 수 있을 것입니다.

② Concerning the payment of shipment, we are agreeable to your terms.
→ 선적품의 대금결제에 관해서, 귀사의 조건에 동의합니다.

③ It is our custom to trade on an irrevocable L/C.
→ 취소불능 신용장에 관세금액을 포함해 주십시오.

④ We will accept assortment of various articles.
→ 다양한 상품을 개별 포장하여 받고 싶습니다.

정답 ②

해설 ① dominate는 '장악하다'를 의미하며, if(~한다면)에 only가 결합되면 '~할 경우에만(~해야만)'의 뜻이 되므로, '7월까지 제품을 받는다면 시장에 진출할 수 있을 것입니다. → 7월까지 제품을 받을 경우에만 시장 점유율이 절대적으로 우세할 수 있습니다.'이다.
③ custom은 '관습, 관행'이라는 뜻이며, '세관, 관세'는 cumstoms로 나타낸다. 따라서 '취소불능 신용장에 관세금액을 포함해 주십시오. → 취소불능 신용장을 이용하는 것이 당사의 관행입니다.'가 옳은 해석이나.
④ assortment of는 '(종류 등이) 다양한'이라는 뜻이므로 '다양한 상품을 개별 포장하여 받고 싶습니다. → 다양한 상품을 모아서 받을 것입니다.'이다.
*dominate : 시장을 장악하다, 지배하다
*market share : 시장 점유율
*only if : ~해야만(어떤 일이 가능한 유일한 상황을 진술할 때 씀)
*Concerning : ~에 관한[관련된]
*It is our custom to : ~하는 것이 관행이다
*trade on : ~을 이용하다
*assortment : 모음, 종합
*articles : (특히 세트로 된 물건의 개별) 물품[물건]

15 다음 문장의 밑줄 친 부분의 해석이 틀린 것을 고르시오.

We are pleased to report favorably on the firm ① referred to in your letter of May 5. They were organized in 1970 as a ② joint stock company, and have always settled their accounts ③ promptly ④ on the net dates.

① 언급된   ② 합자회사
③ 즉각적으로   ④ 빠른 일자에

정답 ④

해석

5월 5일자 귀하의 서한에 ① 언급된 회사에 대하여 호의적으로 보고하게 되어 기쁩니다. 동 상사는 1970년에 ② 합자회사로 조직되었으며, ③ 즉각적으로 항상 ④ 정해진 날짜에 결제해 왔습니다.

*favorably : 호의적으로, 호의를 가지고(= with favor)
*referred to : ~을 나타내다[~와 관련 있다]
*joint stock company : 합자회사
*settle : (주어야 할 돈을) 지불[계산]하다, 정산하다

해설 ④ on the net dates에서 net이 '에누리 없는; 순(純), 정(正)'이라는 뜻이므로 '빠른 일자에'가 아니라 '정해진 날짜에'이다.
*net dates : 정해진 날짜

16 다음 두 문장이 같은 의미로 구성된 것으로 잘못된 것을 고르시오.

① Halla Corporation is a famous exporter of stationery.

→ Halla Corporation is a well-known exporter of stationery.

② Enclosed you will find our quotation and catalog.

→ We are glad to enclose our quotation and catalog.

③ We look forward to hearing favorably from you soon.

→ We await your favorable reply by return.

④ We would like to open an account with you.

→ We should enter into a business relation with you.

정답 ④

해석 ① Halla Corporation은 문구류 제품 수출업자로 유명하다.
② 당사의 견적서와 카탈로그를 동봉합니다.
③ 빠른 시일에 귀사의 호의적인 답신을 기대합니다.
④ 당사는 귀사와 거래를 시작하고 싶습니다.
→ 당사는 귀사와 거래를 시작해야만 합니다.

해설 ④ would like to는 '~하고 싶다'는 소망·욕구의 뜻이고, should는 '~해야만 한다'라는 (강제성이 낮은) 의무·제안을 나타내는 표현이므로, 두 문장의 의미는 다르다.
*famous : 유명한(= well-known)
*Enclosed you will find : ~을 동봉합니다(= enclose)
*look forward to : ~을 고대하다(= await)
*open an account with : ~와 거래를 시작하다(= enter into a business relation with)

17 다음 문장의 밑줄 친 단어와 같은 의미가 아닌 것은?

The <u>above</u> goods will prove suitable for your market in price.

① captioned
② said
③ above-mentioned
④ beneath

정답 ④

해석

상기 물품은 가격 면에서 귀사의 시장에 적합함이 입증될 것이다.

① 설명을 붙인
② 언급된
③ 상기의, 앞서 언급한
④ 아래[밑]에

해설 ④ above는 '상기의, 위에'라는 뜻으로 captioned, said, above-mentioned와 의미가 같지만, beneath는 '아래[밑]에'라는 정반대의 뜻을 나타낸다.

18 다음 서한의 내용은?

We are exporters of home appliances and have wide connections with the leading makers here.
We are trying to extend our business to your market. Would you introduce to us some importers who are interested in handling the above goods?
We look forward to your favorable reply soon.

① 거래처 추천 의뢰 서한
② 거래처 소개 서한
③ 거래조회 서한
④ 신용조회 의뢰 서한

정답 ①

해석
당사는 가전제품 수출업자로서 이곳에서 선도적인 제조업체들과 폭넓은 관계를 가지고 있습니다.
당사는 귀하의 시장에 거래를 확장하려고 노력하고 있습니다. 상기 제품에 대한 거래에 관심있는 수입업자를 당사에 소개해 주시겠습니까?
빠른 시일에 귀사의 호의적인 답신을 기대합니다.

*home appliances : 가전제품
*have wide connections with : ~와 폭넓은 관계를 가지다
*handle : (상품을) 취급[거래]하다

해설 위 서한의 내용은 Would you introduce to us some importers who are interested in handling the above goods?(상기 제품에 대한 거래에 관심있는 수입업자를 당사에 소개해 주시겠습니까?)로 미루어 ① '거래처 추천 의뢰 서한'임을 알 수 있다.
거래처 소개의뢰 및 소개
• 거래처 소개의뢰서 내용 구성
 – 당사의 소개 또는 상대방을 알게 된 경우
 – 당사의 취급 품목 및 소개 의뢰
 – 신용조회처 제공
 – 맺음말 : 협조를 부탁하는 말 등
• 거래처 소개
 – 거래처 소개 시 다음 내용을 제시, 거래가 신속히 이루어질 수 있도록 하는 것이 바람직하다.
 – 회사명과 주소를 정확히 제시한다.
 – 홈페이지 주소, 전화, 팩스, 텔렉스 번호 등 각종 통신수단 명시한다.
• 거래처 소개서 내용 구성
 – 소개하는 말
 – 회사명, 주소, 각종 통신수단
 – 당해 회사에 대한 특기 사항
 – 신용상태에 대한 책임 여부
 – 맺음말

19 다음 문장의 밑줄 친 부분과 뜻이 같은 것은?

> Would you please offer your sweaters subject to <u>prior sale</u>.

① seller's final confirmation　　② being unsold

③ bargain sale　　④ on sale or return

정답 ②

해석

귀사의 스웨터에 대해 <u>선착순 매매</u> 조건부 청약해 주시겠습니까?

*subject to : [명사]을/를 조건으로
*prior sale : 선착순 매매

① 매도인의 최종 확인　　② 재고잔류
③ 바겐세일　　④ 잔품인수 조건으로

해설 재고잔류 조건부 청약(Offer subject to being unsold)
• 청약 대한 승낙 의사가 피청약자로부터 청약자에게 도달했다 해도 바로 계약이 성립하는 것이 아니다.
• 그 시점에 당해 물품 재고가 남아 있는 경우에 한해 계약이 성립하는 Offer로서 선착순 매매 조건부 청약(Offer subject to prior sale)이라고도 한다.

---

20 다음 문장의 해석으로 잘못된 것을 고르시오.

① As a trial order, we are delighted to give you a small order for 50 units of Mountain Bicycles.
　→ 시험주문으로, 산악자전거 50대에 대한 소량주문을 하게 되어 기쁘게 생각합니다.

② Prices are to be quoted in US Dollars on CIF New York.
　→ 가격은 뉴욕항까지 운임·보험료 포함 가격조건으로 미화로 견적되어야 합니다.

③ The concern is of good repute here.
　→ 이곳의 관심은 좋은 평판을 받는 것입니다.

④ Draft is to be drawn at 30 d/s under non-transferable credit.
　→ 환어음은 양도불능 신용장에 의거하여 일람 후 30일 출급 조건으로 발행되어야 합니다.

정답 ③

해설 ③ 해당 문장에서 concern은 '회사, 업체'의 뜻으로 사용되었으므로, The concern is of good repute here는 '그 업체는 이곳에서 평판이 좋습니다.'로 해석하여야 한다.
*concern : 회사, 업체; 우려, 관심사

21 다음 문장의 해석으로 잘못된 것을 고르시오.

① Competition in the textile trade has never been keener.
→ 섬유업계의 경쟁은 치열할 수밖에 없었다.

② There is a steady demand for those articles in this area.
→ 이 지역에서는 그 상품에 대한 수요가 꾸준하다.

③ Details of your terms of business would be welcomed.
→ 거래 조건을 자세히 알려주십시오.

④ Price includes all costs including insurance, up to the destination.
→ 가격은 보험을 포함하여 목적지까지의 모든 비용을 포함합니다.

정답 ①

해설 ① has never been은 '~해본 적이 없다'라는 경험의 부재를 의미하는 표현이므로, '섬유업계의 경쟁은 <u>치열할 수밖에 없었다 → 더 치열했던 적이 없었다.</u>'로 해석하여야 옳다.
*has never been keener : 더 치열했던 적이 없었다
*keen : 치열한
*steady demand : 꾸준한 수요
*terms of business : 거래조건

22 양복 등의 고급 의복류를 옷걸이에 걸린 상태로 적재할 수 있는 컨테이너는?

① Tank container
② Open top container
③ Livestock container
④ Garment container

정답 ④

해석 ① 탱크 컨테이너
② 오픈 톱 컨테이너
③ 가축 컨테이너
④ 의복 컨테이너

해설 ① 탱크 컨테이너(Tank container) : 액체로 된 식품·화학제품 등의 화물을 수송하기 위한 특수한 구조를 갖춘 컨테이너
② 오픈 톱 컨테이너(Open top container) : Dry container의 지붕과 옆면의 윗부분이 열려있어 윗부분에서의 하역이 가능한 컨테이너
③ 가축 컨테이너(Livestock container) : 살아있는 가축을 수송하기 위해 통풍이나 사료 공급 등을 고려하여 고안된 컨테이너
컨테이너의 종류
• Dry container : 온도조절이 필요 없는 일반 잡화수송에 많이 이용하는 대표적 컨테이너
• Reefer container : 과일, 야채, 육류 등과 같이 보냉 및 보열이 필요한 화물을 수송하기 위한 냉동 컨테이너
• Flat rack container : 승용차나 기계류 운송을 위해 지붕, 측면 등이 없고 기둥만 있는 컨테이너
• Open top container : Dry container의 지붕과 옆면의 윗부분이 열려있어 윗부분에서의 하역이 가능한 컨테이너

We have received your letter of October 10 on the 150 LED TV sets.

After careful investigation, we could not find any errors on our side.

We took every effort to fill your order and the shipping company received all the products in perfect condition (가) as is evident from the clean B/L we obtained.

We agree that rough handling during transportation was the cause of the damage.

In those situation, therefore, we suggest you refer this claim to the Shipping Company for settlement.

We hope this will not influence you unfavorably in this matter.

23 위 서한의 목적은 무엇인가?

① Raising a Claim
② Reply to a Claim
③ Waiver of a Claim
④ Acceptance of a Claim

24 밑줄 친 (가)의 해석으로 올바른 것은?

① 귀사가 제시한 고장 선하증권에서 명시된 대로
② 귀사가 받은 고장 선하증권에서 명시된 대로
③ 당사가 받은 무사고 선하증권에서 분명히 알 수 있듯이
④ 당사가 제시한 무사고 선하증권과는 달리

정답 23 ② 24 ③

해석

LED TV 150대에 대한 10월 10일자 귀사의 서신을 받았습니다.

세밀하게 조사한 결과, 우리 측에서는 아무런 잘못을 찾을 수 없었습니다.

귀사의 주문을 충족하기 위해서 백방으로 노력했고 선적회사는 모든 제품을 완벽한 상태에서 인수했으며, 그것은 (가) 당사가 입수한 무고장 선하증권으로 보아 분명합니다.

당사는 손상이 운송 도중에 거칠게 다루어서 생긴 것이라는 데 동의합니다.

따라서, 이런 상황에서는 이 문제를 해결하기 위해서 귀사에게 선박회사에 클레임을 제기해 볼 것을 제안합니다.

당사는 이 문제가 귀사에 불리한 영향을 끼치지 않기를 바랍니다.

*take every effort to : 갖은 애를 쓰다, 백방으로 노력하다
*fill : (주문대로) 이행하다; (처방전대로) 조제하다
*evident : 분명한, 눈에 띄는
*clean B/L : 무고장 선하증권
*refer to : 문의하다, 조회하다

23
① 클레임을 제기
② 클레임에 대한 답신
③ 클레임의 포기
④ 클레임의 승낙

23
위 서신은 물품의 손상에 대한 클레임을 제기하는 이전에 보내진 서신에 대한 답신이다. 손상의 원인이 운송 도중에 거칠게 다뤄서 발생한 것으로 밝혀져서 운송회사에 클레임을 제기해보라는 내용이므로 정답은 ② '클레임에 대한 답신'이다.
*raise a claim : ~에 대해 클레임을 제기하다
*Waiver : 포기

24
③ 밑줄 친 (가) as is evident from the clean B/L we obtained에서 clean B/L은 '무사고 선하증권', is evident from은 '~으로 보아 명백하다, ~에서 분명히 알 수 있다'는 의미이므로 해석하면 '당사가 받은 무사고 선하증권에서 분명히 알 수 있듯이'이다.
*be evident from : ~으로 보아 명백하다, ~에서 분명히 알 수 있다
*clean B/L : 무사고 선하증권(↔ foul/dirty B/L)

25 다음 문장의 해석으로 잘못된 것을 고르시오.

① Attached to this e-mail are two copies of the invoice.
→ 송장 사본 2통을 이 전자우편에 첨부합니다.

② We are pleased to inform you that your shipment has arrived in good condition.
→ 귀사의 선적품이 양호한 상태로 도착되었음을 알려드립니다.

③ We remind you that the products must be delivered before July 10.
→ 그 제품은 7월 10일 이전에 인도되어야 한다는 것을 상기시켜 드립니다.

④ We will open an L/C for US$8,500.00 with Chase Manhattan Bank, in favor of Korea Co., Inc.
→ 고려상사를 지급인으로 하여 미화 8,500불에 대한 신용장을 Chase Manhattan Bank에서 개설했습니다.

④

④ in favor of는 '~을 수익자로 하여'의 뜻이므로, 주어진 문장에 대한 올바른 해석은 '고려상사를 지급인으로 하여 → 수익자로 하여 미화 8,500불에 대한 신용장을 Chase Manhattan Bank에서 개설했습니다.'이다.
*in favor of : ~을 수익자로 하여

26 다음 서한이 의도하는 목적은?

> We are sorry to learn from your e-mail of February 15 that our shipments by the M/V "Princess Sara" arrived here in a damaged condition.
> As the articles were packed with the greatest care, we can only conclude that our shipment was stored or handled carelessly in the course of transit.
> We must, therefore, disclaim all liability in this case, and in support of this statement we would point out that we hold a copy of clean B/L.
> Under such circumstances, we would suggest that you file your claim with the Insurance Company at your end.

① Lodging the claim
② Settling the claim
③ Accepting the claim
④ Refusing the claim

정답 ④

해석

유감스럽게도, 2월 15일자 귀사의 이메일에서 M/V '프린세스 사라'에 실린 당사의 선적품이 파손된 상태로 이곳에 도착했다는 것을 알았습니다.
물품은 매우 주의해서 포장했기 때문에 당사의 선적품이 손상된 것은 운송 과정 중 부주의한 취급 때문이라고 결론내릴 수밖에 없습니다.
그러므로, 당사는 이번 경우에 모든 법적인 책임을 지지 않으며, 이 주장에 대한 근거로 당사가 무고장 선하증권을 보유하고 있다는 것을 언급합니다.
이런 상황 하에서는, 귀사 쪽에서는 보험회사를 상대로 클레임을 제기할 것을 제안합니다.

*in a damaged condition : 파손된 상태로
*in the course of transit : 운송 과정에
*disclaim : (무엇에 대해 모르거나 책임이 없다고) 말하다, (책임 등을) 부인하다
*liability : (~에 대한) 법적 책임
*in support of : ~을 지지[옹호]하여
*point out : 지적[언급]하다
*file your claim : 귀사의 클레임을 제기하다

① 클레임 제기
② 클레임 해결
③ 클레임 승낙
④ 클레임 거절

해설 ④ 서신의 세 번째 문장인 We must, therefore, disclaim all liability in this case, and in support of this statement we would point out that we hold a copy of clean B/L(그러므로, 당사는 이번 경우에 모든 법적인 책임을 지지 않으며, 이 주장에 대한 근거로 당사가 무고장 선하증권을 보유하고 있다는 것을 언급합니다)로 미루어, 위 서신은 클레임을 거절하려는 목적임을 알 수 있다.

27 다음 문장의 밑줄 친 부분을 대체할 수 있는 것은?

> <u>Many thanks for</u> your online business proposal for all kinds of plastic goods of high quality. firmplastic.com is plastics exclusive online marketplace.

① We would offer
② We are obliged to
③ We have received with thank you
④ We were pleased to receive

정답 ④

해석
> 당사는 모든 종류의 고품질 플라스틱 제품에 대한 귀사의 온라인 비즈니스 제안에 <u>감사드리며</u>, firmplastic.com 은 독점적인 플라스틱 온라인 마켓입니다.

*exclusive : 독점적인, 전용의
*marketplace : 상품·서비스 등의 경쟁이 벌어지는 시장

① 당사는 제공할 것이다
② 당사는 ~할 의무가 있다
③ 당사는 감사히 받겠다
④ 당사는 수령하게 되어 기쁘다

해설 밑줄 친 Many thanks for는 '~해 주셔서 대단히 감사합니다'의 뜻이므로, ④ We were pleased to receive(당사는 수령하게 되어 기쁩니다)로 바꾸어 쓸 수 있다.
*be obliged to : ~할 의무가 있다

28 다음 용어의 영문 표현으로 바르지 않은 것을 고르시오.

① 내국신용장 – Transferable L/C
② 보증신용장 – Standby L/C
③ 동시개설신용장 – Back to Back L/C
④ 기탁신용장 – Escrow L/C

정답 ①

해설 ① Transferable L/C는 내국신용장이 아니라, 양도가능 신용장이다.
양도가능 신용장(Transferable L/C)
• 신용장을 받은 최초의 수익자인 원(제1)수익자가 신용장 금액의 전부 또는 일부를 1회에 한하여 국내외 제3자(제2수익자)에게 양도할 수 있는 권한을 부여한 신용장을 말한다.
• 1회에 한해 양도가능하므로 제2수익자가 다시 제3자에게 본 신용장을 양도할 수 없다.
• 신용장 개설 시 개설은행이 양도가능하다고 명시적으로 동의한 경우, 즉 신용장에 명시적으로 Transferable 표시가 있어야만 원(제1)수익자 외에 제3자(제2수익자)에게 양도가 가능하다.

29 다음 밑줄 친 서한의 구성요소 명칭은?

> April 23, 2019
> XYZ IT Technical Co, Ltd.
> <u>To Whom It May Concern</u>,
> We are writing to ask you a favor in regard to Mr. Brown, an IT technician at your company.

① Particular Address
② Inside Address
③ Salutation
④ Subject Line

정답 ③

해석

April 23, 2019
XYZ IT Technical Co, Ltd.
관계자 제위,
당사는 귀사의 IT 기술자인 브라운 씨와 관련하여 부탁드리는 바입니다.

*To Whom It May Concern : (불특정 상대에 대한 편지·증명서 따위의 첫머리에 써서) 관계자 제위[각위]
*in regard to : ~과 관련하여[~에 대하여]

① 참조인 표시
② 우편물 내부에 적는 주소
③ (편지에서 Dear Sir 같은) 인사말
④ (편지 따위의) 제목란

해설 밑줄 친 To Whom It May Concern는 편지에서 인사말로 '(불특정 상대에 대한 편지·증명서 따위의 첫머리에 써서) 관계자 제위[각위]'의 뜻이다.
*Particular Address : 참조인 표시
*Salutation : 인사[말]

Agreement on General Terms and Conditions of Business

(1) Business : Business is to be done between the Sellers and the Buyers as Principals to Principals for the sale of the Sellers' goods in New York.

(2) Samples and Quality : The Sellers are to supply the Buyers with samples free of charge and the quality of the shipments should be equal to (가) the samples on which an order is given.

(3) Firm Offers : All offers (나) <u>are to remain effective</u> for forty-eight hours after the time of dispatch, Sundays and National Holidays being excepted.

---

30 (가)에 들어갈 표현으로 알맞은 것은?

① these of
② that of
③ this
④ these

31 밑줄 친 부분 (나)를 대체할 수 있는 표현으로 가장 알맞은 것은?

① shall stand good
② should be effected
③ shall be opened
④ has to be on force

해석

일반거래조건협정

(1) 거래 : 거래는 본인 대 본인으로서의 매도인과 매수인 사이에서 뉴욕에 있는 매도인의 상품 판매를 위하여 이루어진다.

(2) 견본과 품질 : 매도인은 매수인에게 견본을 무상으로 제공하여야 하며, 선적품의 품질은 주문 시 제시한 견본의 (가 그것과) 동일하여야 한다.

(3) 확정청약 : 모든 청약은 배송 후 48시간 동안 (나) 유효하며, 일요일과 공휴일은 제외된다.

*Agreement on General Terms and Conditions of Business : 일반거래조건협정
*as Principals to Principals : 본인 대 본인으로서
*Principal : (특히 상업법률에서 대리인에 대한) 본인

30
① ~의 그것들
② ~의 그것
③ 이 것
④ 이것들

31
① 여전히 유효하다
② 적용되어야 한다
③ 개설될 것이다
④ 강제적으로 시행되어야 한다

해설 30
'선적품의 품질(the quality of the shipments)이 견본품의 그것과 동일하여야 한다'는 내용으로 미루어 밑줄 친 (가)는 quality를 받으므로, ② that of가 적절하다.

31
밑줄 친 (나) are to remain effective는 '유효하게 유지되어야 한다'는 뜻이므로, 정답은 ①이다.
*stand good : 여전히 진실이다[유효하다]
*be effected : 적용되다
*on force : 강제적으로

32 다음 문장을 영작할 때 밑줄 친 부분과 의미가 같은 것은?

> 귀사께서 동 상사와 거래를 개설하는 데는 전혀 위험이 없을 것이며, 동 상사의 영업방식에 대해서도 만족하시리라 생각됩니다.
> You would not run the least risk in opening a connection with the firm and would <u>be satisfied with</u> their mode of conducting business.

① be happy with
② be stained with
③ be infested with
④ be as per

정답 ①

해석 ① ~에 행복하다
② (얼룩·잉크 등의) 물이 들다
③ ~이 들끓다
④ ~에 따르다

해설 밑줄 친 be satisfied with는 '~에 만족하다'의 뜻으로 '~에 행복하다'라는 의미를 나타내는 표현인 ① be happy with와 의미가 동일하다.
*open a connection with : ~와 거래를 개설하다
*be satisfied with : ~에 만족하다
*mode : 운영 방식
*be stained with : (얼룩·잉크 등의) 물이 들다
*be infested with : ~이 들끓다, 횡행하다
*as per : ~에 따라

33 다음 우리말을 영작하고자 할 때, 주어진 단어나 어구가 올바르게 배열된 것을 고르시오.

> 당사는 미화 2,000달러에 상당하는 손상에 대해 보상해 주실 것을 요청합니다.
> → We ( ).
> (A) compensate for
> (B) US$2,000
> (C) amounting to
> (D) ask you to
> (E) the damage

① (A) – (B) – (C) – (D) – (E)
② (A) – (E) – (C) – (D) – (B)
③ (D) – (A) – (E) – (C) – (B)
④ (D) – (E) – (C) – (A) – (B)

해석

당사는 미화 2,000달러에 상당하는 손상에 대해 보상해 주실 것을 요청합니다.

→ We (ask you to compensate for the damage amounting to US$2,000).

해설 주어 다음에 동사 '요청하다'는 의미의 (D) ask you to가 오고, 이 때 ask는 to부정사를 목적어로 취하므로 '~을 보상해 주다'는 동사원형 (A) compensate for, 전치사 for의 목적어로 '손상'에 해당하는 (E) the damage가 와야 한다. 마지막으로 명사 damage를 수식하는 '미화 2,000달러에 상당하는'에는 amounting to US$2,000가 와야 자연스럽다.

*compensate for : 보상하다, 보충하다

*amount to : (합계가) ~에 이르다[달하다]

*damage : 손상, 피해

34 다음 우리말을 영작하고자 할 때, 주어진 단어나 어구가 올바르게 배열된 것을 고르시오.

> 이 신용조회와 관련한 어떤 비용도 귀사의 청구서를 받는 즉시 당사가 지급할 것입니다.
>
> → Any expenses (   ).
>
> (A) by us
>
> (B) will be gladly paid
>
> (C) on the receipt of
>
> (D) your bill
>
> (E) connected with this credit inquiry

① (B) − (A) − (C) − (D) − (E)　　　　② (B) − (E) − (A) − (C) − (D)

③ (E) − (B) − (A) − (C) − (D)　　　　④ (E) − (A) − (C) − (D) − (B)

정답 ③

해석

이 신용조회와 관련한 어떤 비용도 귀사의 청구서를 받는 즉시 당사가 지급할 것입니다.

→ Any expenses (connected with this credit inquiry will be gladly paid by us on the receipt of your bill).

해설 영작문은 우리말 문장의 목적어가 주어가 되는 수동태 문장이다. 우리말 문장의 목적어인 '어떤 비용'이 맨 처음 오고, 그 다음에는 주어(어떤 비용)을 수식하는 형용사구 (E) connected with this credit inquiry(이 신용조회와 관련된)가 와야 한다. 다음으로 '지급될 것이다'는 표현인 (B) will be gladly paid가 오며, '당사에 의해' 지급되는 것이므로, (A) by us가 와야 한다. 마지막으로 '귀사의 청구를 받는 즉시'라는 부사구로 (C) on the receipt of (D) your bill이 오면 자연스러운 문장이 완성된다.

*expense : (어떤 일에 드는) 돈, 비용

*credit inquiry : 신용조회

*on the receipt of : ~을 받는 대로

35 괄호 안에 들어갈 표현으로 옳은 것은?

> The date of (　　) shall be taken as conclusive proof of the day of shipment.

① shipment　　　　　　　　② bill of lading
③ shipping request　　　　　④ firm offer

해석

> (선하증권)의 발행일을 선적일로 간주한다.

① 선 적　　　　　　　　② 선하증권
③ 선복요청서　　　　　　④ 확정청약

해설 **선적일 증명**
- 결정적 증거 : 선하증권 발행일(B/L Date)
  The date of Bill of Lading shall be taken as the conclusive proof of the date of shipment and the date of issuance of transport document determined in acceptance with UCP 600 shall be taken to be the date of shipment.
- 선적일의 증명은 선하증권의 발행일을 기준으로 한다.
- 선적선하증권(Shipped B/L)의 경우 그 발행일이 선적일이며, B/L 발급일이 신용장상의 선적일보다 빠르면 된다.
- 수취 선하증권(Received[Received for Shipment] B/L)의 경우 선하증권상의 본선적재일 표시(on Board Notation)가 선적일이며, B/L상의 본선적재일(on Board Notation)이 신용장의 선적일보다 빨라야 한다.
*conclusive : 확정적인

36 선적관련 용어의 영어표현으로 옳은 것은?

① 출항예정일 - ETA
② 유통가능 선하증권 - Transferable B/L
③ 환적 - Transhipment
④ 본선수취증 - Delivery Order

해설 ③ 환적(Transshipment) : 선적된 화물을 목적지로 운송 도중 다른 선박이나 운송수단에 옮겨 싣는 것을 말한다(이적이나 재선적 의미). 환적은 화물 손상우려가 있기 때문에 바람직하지 않지만 보통 선적항에서 목적항까지 직항선이 없는 경우 이용된다.
① 출항예정일 : ETA → ETD(Estimated Time of Departure)이다. ETA(Estimated Time of Arrival)는 도착예정일이다.
② 유통가능 선하증권 : Transferable B/L → Negotiable B/L이다. Transferable B/L은 양도가능 선하증권이다.
④ 본선수취증 : Delivery Order → M/R(Mate's Receipt)이다. Delivery Order(D/O)는 화물인도지시서이다.

37 A를 B로 전환할 때 괄호 안에 알맞은 표현은?

> A : Please replace the inferior goods with new ones.
> B : I hope that you (   ) the new products for the inferior ones.

① change

② substitute

③ refer

④ replace

정답 ②

해석
> A : 불량품을 새 것으로 대체해 주세요.
> B : 불량품을 새 제품으로 (교체해주시기) 바랍니다.

① 바꾸다
② 교체하다
③ 언급하다
④ 대체하다

해설 ② replace A with B는 'A를 B로 대신[대체]하다'의 뜻으로 동일한 의미를 나타내는 substitute B for A로 전환할 수 있다.
*replace A with B : A를 B로 대신[대체]하다(= substitute B for A)
*inferior goods : 불량품

( )
We are pleased to place the following order with you as below :

(가)	DESCRIPTION	QUANTITY	UNIT PRICE	AMOUNT
LED TV	30 inch color TV	50 sets	@US$1,000.00 FOB Busan	(나)

Packing :	Each unit to be packed in an export standard box.
Origin :	Republic of Korea
Shipment :	During November of this year
(다) :	By an irrevocable L/C at 60 days after sight Discount charges to be covered by you.
(라) :	Covering 110% of invoice value, ICC(A)
Inspection :	Seller's inspection to be final.

38 ( ) 안에 들어갈 위 서한의 제목으로 옳은 것은?

① Offer Sheet

② Counter Offer

③ Contract Sheet

④ Order Sheet

39 (가) ~ (라)에 들어갈 표현으로 옳지 않은 것은?

① (가) ARTICLE

② (나) US$50,000

③ (다) PRICE TERMS

④ (라) INSURANCE

해석

(주문서)

당사는 귀사에 아래와 같이 주문합니다.

(가) 물품	상품 명세	수량	단가	총액
LED TV	30 inch color TV	50 sets	@US$1,000.00 FOB Busan	(나) US$50,000

포장 :	개별 상품별로 수출 표준상자에 포장됨
원산지 :	대한민국
선석 :	올해 11월 동안
(다) 지급조건 :	취소불능 신용장에 의한 일람 후 60일 출급. 할인 요금은 귀사 담당
(라) 보험 :	ICC(A) 조건으로 송장가격의 110% 부보
검사 :	수출상 자신의 수출품질 검사

38
① 물품매도확약서
② 반대청약
③ 매매계약서
④ 주문서

39
① (가) 물품
② (나) US$50,000
③ (다) 가격조건
④ (라) 보험

해설 38

④ Order Sheet(주문서)는 성립된 매매계약의 내용을 확인하기 위하여 매수인 측이 매도인 앞으로 자사의 소정양식에 기입하여 송부하는 확인 양식이다. 주문서에 기재해야 될 사항은 주문서 번호, 상품의 명세, 수량, 가격, 포장방법, 하인, 선적시기, 지급조건이고, CIF 계약의 경우에는 보험조건도 기재한다.

39

③ (다) PRICE TERMS(가격조건) → PAYMENT TERMS(지급조건)이 되어야 한다.

대금결제조건(Payment Terms)
• 매도인의 물품인도에 대한 매수인의 제1의무인 대금결제를 위해서는 매매계약 체결 시 매매당사자, 특히 매도인은 '대금을 어떤 방법으로, 언제, 어디에서 지급받느냐 하는 것', 즉 대금결제조건을 약정해야 한다.
• 대금결제방식은 크게 신용장 방식과 무신용장 방식으로 구분되며, 무신용장 방식은 다시 다양한 방식으로 세분화된다.
  – 송금방식(송금수표, 우편송금환, 우편전신환, T/T)
  – 추심방식(D/A, D/P)
  – 신용장 방식(L/C)
  – 기타 결제방식(국제팩터링 결제, 포페이팅 결제, 오픈 어카운트 방식 등)

We are pleased to advise you that we have shipped Five hundred units of LED TV to you by the M/S 'Speed Queen' which left Incheon today, October 5.
Complying with the terms of payment, (가) 당사는 신용장 12/80001에 의거하여 미화 345만 달러 금액에 대하여 일람 후 30일 출급조건으로 귀사의 거래은행을 지급인으로 하여 환어음을 발행하였다 with attached documents, and have negotiated it through the Korea Exchange Bank in Seoul, Korea.
We hope you would accept it upon presentation.
(나) 유통불능 선하증권 사본을 동봉합니다 and copies of Marine Cargo Insurance Policy.
We hope that the goods will reach you in good condition so that you may place additional orders with us.

40 위 서한의 주제로 적절한 것은?

① Shipping Advice
② Advice of L/C
③ Advice of Insurance Contract
④ Request for Payment

41 위 서한의 (가)를 다음과 같이 영작할 때 괄호 안에 알맞은 단어를 순서대로 나열한 것은?

we have (A) a draft (B) your bank (C) 30 d/s (D) US $3,450,000.00 under L/C No. 12/80001

① A – issued, B – on, C – at, D – for
② A – issued, B – at, C – for, D – on
③ A – drawn, B – on, C – at, D – for
④ A – drawn, B – at, C – for, D – on

42 위 서한의 (나)를 올바르게 영작한 것은?

① Enclosed you will find a non-available copy of B/L
② We have enclosed a non-negotiable copy of B/L
③ Enclosing is a non-transferable copy of B/L
④ Please find enclosed a negotiable copy of B/L

해석

당사는 LED TV 500대를 M/S 'Speed Queen'호에 선적하여 금일 10월 5일 인천항을 출발함을 통지합니다. 지불 조건에 관해서는, (가) 당사는 신용장 12/80001에 의거하여 미화 345만 달러 금액에 대하여 일람 후 30일 출급조건으로 귀사의 거래은행을 지급인으로 하여 환어음을 발행하였다는 첨부된 서류를 대한민국 서울에 있는 한국 외환은행을 통하여 매입하였습니다.

제출 즉시 승인해주시기를 바랍니다.

(나) 유통불능 선하증권 사본과 해상적하보험증권 사본을 동봉합니다.

물품이 최상의 상태로 도착해서 당사에 추가주문을 하기를 바랍니다.

*Complying with : 규정에 따라
*upon presentation : 제출하는 대로 즉시
*Marine Cargo Insurance Policy : 해상적하보험증권

40

① 선적통지
② 신용장의 통지
③ 보험계약의 통지
④ 지불 요청

41

당사는 신용장 12/80001에 의거하여 미화 345만 달러 금액(D 에 대하여) 일람 후 30일 출급조건(C 으로) 귀사의 거래은행을 지급인(B 으로 하여) 환어음을 (A 발행하였다).

42

① 귀사는 사용불능 선하증권 사본이 동봉된 것을 발견할 것입니다.
② 유통불능 선하증권 사본을 동봉합니다.
③ 동봉한 것은 양도불가 선하증권 사본입니다.
④ 유통가능 선하증권 사본이 동봉된 것을 확인하여 주십시오.

해설 40

① 선적통지(Shipping Advice) : 매매계약에 따라 계약품의 선적 전 또는 선적 후에 본선명, 선적일, 선적항 등을 수입자에게 E-mail, Telex, Cable로 통지하고 그 후 선적서류의 사본 등을 항공편으로 발송하면서 명세를 통지하는 방법이 많이 사용되고 있다. 'Shipping Notice'라고도 부른다.

41

• A : '환어음을 발행하다(draw a draft)'는 의미의 동사가 와야 하는데, have가 있으므로, 과거분사형인 drawn이 와야 한다.
• B : '귀사의 거래은행을 지급인으로 하여(on your bank)'이므로, 전치사 on이 적절하다.
• C : '일람 후 30일 출급조건으로(at 30 d/s)'이므로 전치사 at이 와야 한다.
• D : 미화 345만 달러 금액에 '대하여(for)'이므로, 전치사 for가 적절하다.

42

(나) '유통불능 선하증권 사본을 동봉합니다.'에서 '유통불능 선하증권 사본'은 non-negotiable copy of B/L이고, enclose가 '동봉하다'는 뜻이므로, ② We have enclosed a non-negotiable copy of B/L가 올바른 표현이다.

[43~44] 다음 문장의 밑줄 친 부분과 바꾸어 쓸 수 없는 것은?

43
Thanks to emerging markets, our items are at a <u>brisk</u> demand.

① bullish

② active

③ strong

④ dull

44
We shall expect you to <u>execute</u> this order in due course.

① fulfill

② induce

③ perform

④ accomplish

정답 43 ④ 44 ②

해석 43 신흥시장 덕분에, 당사의 물품은 수요가 **활발하다**.
① 희망에 찬, 낙관적인
② 활동적인
③ 튼튼한, 강한, 힘센
④ 침체된, 부진한

44 당사는 귀사가 적절한 시기에 이 주문을 <u>이행할</u> 것을 기대하겠습니다.
① 이행하다, 수행하다
② 설득하다, 유도하다
③ 수행하다
④ 완수하다, 성취하다, 해내다

해설 43
①, ②, ③은 모두 brisk(활기찬)와 유사한 의미인데 반해, ④는 '침체된, 부진한'이라는 반대의 의미이므로 바꾸어 쓸 수 없다.
*emerging market : 신흥시장
*brisk : 활기찬, 빠른
*demand : 수요

44
①, ③, ④는 밑줄 친 execute(이행하다)와 비슷한 의미인데, ②는 '설득하다, 유도하다'의 뜻이므로, 서로 바꾸어 쓸 수 없다.
*execute : 집행[이행]하다
*in due course : 적절한 때에

45 다음 내용을 가장 잘 영작한 것은?

> 이 문제를 해결하기 위하여 당사는 모든 품목에 대해 대체품을 선적했습니다.

① To confirm the matter, we have consigned the shipments for all the purchase.
② To adjust the matter, we have dispatched an assortment of all the items.
③ To cover the problem, we have sent the superior goods for all the items.
④ To put the matter right, we have shipped replacements for all the items.

정답 ④

해석 ① 이 문제를 확인하기 위해서, 당사는 모든 구매품에 대한 선적품을 양도했습니다.
② 이 문제를 조절하기 위해서, 당사는 모든 품목에 대해 종합품을 발송했습니다.
③ 모든 문제를 다루기 위해, 당사는 모든 품목에 대해 우량품을 보냈습니다.
④ 이 문제를 해결하기 위하여, 당사는 모든 품목에 대해 대체품을 선적했습니다.

해설 주어진 문장을 구분하여 영작하면 다음과 같다.
• 이 문제를 해결하기 위하여 : To put the matter[problem] right
• ~에 대한 대체품 : replacements for
• 당사는 선적했습니다 : we have shipped
따라서 가장 자연스럽게 영작한 문장은 ④ To put the matter right, we have shipped replacements for all the items.이다.
*confirm : 확인하다
*consign : ~에게 ~을 보내다
*adjust : 조정하다
*dispatch : 보내다[발송하다]
*assortment : (같은 종류의 여러 가지) 모음, 종합
*put the matter right : 사건을 정리하다, 바로잡다
*replacement : 교체[대체]물

46 유리그릇을 선적하고자 할 때 사용하기에 적합한 화인(Shipping marks)은?

① Fragile

② Inflammable

③ Use hooks

④ Radioactive

정답 ①

해석 ① 부서지기[손상되기] 쉬운
② 인화성의
③ 갈고리 사용
④ 방사능의

해설 ① 유리그릇을 선적할 때 적합한 화인은 Fragile(부서지기[손상되기] 쉬운)이다.
화인(Shipping marks)
• 화인은 수출품 매 포장의 외장에 특정 기호, 포장번호, 목적항 등을 표시하여 화물의 분류(구분)·식별을 용이하게 하고 화물의 운송 및 보관 시 필요한 화물취급상의 지시·주의사항 등을 포장에 표시하는 것이다.
• 화물취급상 특히 주의해야 할 점(This Side Up, Fragile, Keep Dry 등)을 표시하는 주의표시(Care/Side/Caution Mark)는 통상 외장의 측면에 표시하기 때문에 Side Mark라고도 한다.

47 다음 설명과 용어의 연결이 틀린 것을 고르시오.

① A statement giving details for quantity and price of goods. − Debit Note

② A certificate used in export for source of goods. − Certificate of Origin

③ A bill of exchange (draft) which is not accompanied by the shipping documents. − Clean Bill

④ A bill payable upon presentation. − Sight Bill

정답 ①

해석 ① 상품의 양과 가격에 대한 상세 명세서 − 차변표(Debit Note)
② 수출 상품의 원산지를 밝히는 증서 − 원산지증명서(Certificate of Origin)
③ 선적서류를 동반하지 않은 환어음 − 클린어음(Clean Bill)
④ 어음의 제시 즉시 지불가능한 어음 − 일람불[일람출금]환어음(Sight Bill)

해설 ① 차변표(Debit Note) : 수출과 관련된 유료견품비 등 비정산 대금이나 누락금액의 청구 시에 이용되는 서식을 말한다. 이는 상대방에 대한 채권이 발생하였을 경우에, 이 전표를 이용하여 그 금액만큼 상대방의 차변계정에 기재한다 하여 차변표라 부른다.

48 다음을 영작하고자 할 때 ( )에 들어갈 표현이 바르게 연결된 것은?

> 당사의 의견으로는 분손부담보 대신 전위험담보조건으로 부보하는 것이 귀사에게 유리할 것입니다.
> We are of the opinion that it would be your advantage to have (가) cover instead of (나).

① 가 − W.A., 나 − A.R.
② 가 − A.R., 나 − W.A.
③ 가 − A.R., 나 − F.P.A.
④ 가 − F.P.A., 나 − W.A.

정답 ③

해석

당사의 의견으로는 <u>분손부담보</u> 대신 <u>전위험담보조건</u>으로 부보하는 것이 귀사에게 유리할 것입니다.
We are of the opinion that it would be your advantage to have (가 A.R.) cover instead of (나 F.P.A.).

해설 **구 협회적하약관상 보험조건**

분손부담보 (Free from Particular Average ; FPA)	• ICC 약관에서 담보범위가 가장 좁은 조건 • 원칙적으로 분손(단독해손)은 보상하지 않지만 화물을 적재한 선박이나 부선이 침몰·좌초·대화재·충돌했을 경우의 단독해손에 대해서는 인과관계를 묻지 않고 보상함
전위험담보 (All Risks ; AR)	• 면책위험 및 보험료율서상에서 제외된 위험으로 인한 손해 이외의 모든 손해가 면책률 없이 보상됨 • 보험금 청구를 위해 피보험자는 손해가 구체적으로 어느 위험으로 발생했는지 입증 • 모든 위험을 담보하는 조건이나 모든 손해·멸실을 담보하는 것은 아니고, 약관상 규정된 면책사항은 담보하지 않음 • 약관상 면책위험 　－ 보험계약자, 피보험자의 고의 또는 불법적인 행위 　－ 화물의 통상적인 누손이나 마모 　－ 보험목적물 고유의 하자, 자연소모 　－ 운송지연에 의한 손해 　－ 전쟁 및 동맹파업에 의한 손해(추가로 특별약관을 첨부하여 보험료를 납입하면 보상 가능)
분손담보 (With Average ; WA)	• 분손담보조건은 분손부담보조건(FPA)에서 보상대상이 아닌 단독해손(화물적재 선박이나 부선이 침몰·좌초·대화재·충돌로 인한 손해 이외의 증권본문의 담보위험에 따른 분손) 가운데 증권기재의 면책률(일정비율 미만의 사고액 공제)을 초과하는 손해를 보상함 • 침몰·좌초·대화재·충돌 이외의 단독해손으로는 현실적으로 악천우(Heavy weather)에 의한 적하의 풍랑손해가 해당함. 즉, WA와 FPA의 차이는 풍랑에 의한 단독해손 보상 여부 • ICC(WA)에서는 원칙적으로 (단독해손보상의 조건인) 소손해(Petty claim)면책 비율 적용

49 밑줄 친 부분의 뜻이 되도록 할 때 순서가 바른 것은?

부산을 떠나 뉴욕항으로 가는 M/S Arirang호 편으로 선적해 주십시오.
Please ship our goods [(A) for (B) M/S Arirang (C) Busan (D) on (E) New York (F) leaving].

---

① (D) – (B) – (F) – (C) – (A) – (E)
② (D) – (E) – (F) – (B) – (A) – (C)
③ (F) – (E) – (D) – (B) – (A) – (C)
④ (F) – (B) – (C) – (E) – (A) – (D)

정답 ①

해석
부산을 떠나 뉴욕항으로 가는 M/S Arirang호 편으로 선적해 주십시오.
Please ship our goods [(D) on (B) M/S Arirang (F) leaving (C) Busan (A) for (E) New York].

해설 'M/S Arirang호 편으로'에서 '~(편)으로'는 전치사 on을 사용하여 나타낸다. '~을 떠나다'는 leaving [장소], '~을 향하다'는 for [장소]이므로 '부산을 떠나 뉴욕항으로 가는'은 leaving Busan for New York으로 영작하여야 한다. 따라서 Please ship our goods (D) on (B) M/S Arirang (F) leaving (C) Busan (A) for (E) New York.의 순서가 되어야 자연스러우므로 정답은 ①이다.
*ship : 선적하다
*leave : 떠나다, 출발하다

50 Incoterms 2010의 가격조건에 대한 설명에서 (   )에 들어갈 내용으로 알맞은 것은?

> "Free on Board" means that the seller delivers the goods on board the vessel nominated by the buyer at the named port of shipment or procures the goods already so delivered. The risk of loss of or damage to the goods passes when (   ) and the buyer bears all costs from that moment onwards.

① the goods are on board the vessel

② the goods are alongside the ship

③ the seller places the goods at the disposal of the carrier

④ the seller delivers the goods to the carrier

정답 ①

해석

'본선 인도'란 매도인이 지정한 선적항에 매수인에 의해 지정된 본선에 물품을 적재하여 인도하거나 그렇게 인도된 물품을 조달하는 것을 의미한다. 물품의 멸실 혹은 손상에 관한 위험은 (물품이 본선에 적재되었을) 때 이전하며, 매수인은 그 시점 이후로부터 모든 비용을 부담한다.

① 물품이 본선에 적재되다

② 물품은 선측에 있다

③ 매도인은 운송인의 처분에 따라 물품을 배치한다

④ 매도인은 운송인에게 물품을 인도한다

해설 Incoterms 2010 본선 인도(FOB) 조건의 사용지침(Guidance Note) 내용이다.

FOB[Free On Board, (지정선적항) 본선 인도조건]

• 계약물품을 지정선적항의 본선상에 인도하는 조건

• FOB 다음에 지정선적항을 표시(매도인 수출통관)

• 물품의 인도장소 : 선적항에 수배된 선박의 본선을 통과한 곳

• 물품에 대한 매매당사자의 위험부담의 분기점(위험이전) : 물품이 지정선적항 본선 갑판에 안착되었을 때

• 물품에 대한 매매당사자의 비용부담의 분기점(경비이전) : 물품이 지정선적항 본선 갑판에 안착되었을 때(매도인은 인도할 때까지 모든 비용부담, 매도인은 매수인이 지명한 본선에 수출통관된 물품을 적재해야 함)

*alongside the ship : (선박) 선측

*disposal : 처분

*carrier : 운송인

51 수출입 금지 품목에 해당하는 것은?

① 위조 화폐
② 마 약
③ 권 총
④ 칼

정답 ①

해설 **수출입의 금지(관세법 제234조)**
다음 해당 물품은 수출하거나 수입할 수 없다.
• 헌법질서를 문란하게 하거나 공공의 안녕질서 또는 풍속을 해치는 서적·간행물·도화·영화·음반·비디오물·
조각물 또는 그 밖에 이에 준하는 물품
• 정부의 기밀을 누설하거나 첩보활동에 사용되는 물품
• 화폐 채권이나 그 밖의 유가증권의 위조품·변조품 또는 모조품

52 수입화물선취보증장(L/G)에 대한 내용으로 옳은 것은?

① 수출상의 거래은행이 연대하여 보증하는 서류이다.
② 화물이 먼저 도착했으나 운송서류가 도착하지 않았을 때 사용할 수 있다.
③ 신용장결제방식이나 송금결제방식에서 모두 사용 가능하다.
④ 근거리 해상운송뿐만 아니라 최근에는 원거리 해상운송에서도 사용이 가능하다.

정답 ②

해설 **수입화물선취보증장(Letter of Guarantee, L/G)**
• 수입화물이 수입지에 이미 도착하였음에도 불구하고 운송서류가 도착하지 않아 수입업자가 화물의 인수가 불가능
할 때 동 화물의 인수가 가능하도록 운송서류 원본을 제시하지 않고서도 화물을 인수하는 것과 관련한 모든
책임을 은행이 진다는 내용의 보증서이다.
• L/G의 발급은 운송서류의 원본을 인도하는 것과 동일한 효과를 가져오며, 신용장 조건과 일치하지 않는 서류가
내도하여도 화물이 수입업자에게 인도된 후이므로 수입업자는 매입은행에 대하여 수입어음의 인수 또는 지급을
거절할 수 없다.

53 Surrendered B/L의 특징으로 옳은 것은?

① 운송인은 선하증권 원본을 3통 발급한다.
② 수출지와 수입지가 근거리인 경우 발행된다.
③ 추심결제방식이나 신용장결제방식에 적합하다.
④ 양도나 유통이 가능하다.

정답 ②

해설 권리포기 선하증권(Surrendered B/L)
• 현금거래이며 원본이 양도된 B/L이다.
• 유통불가(Non-Negotiable)하다.
• 실제로 선하증권 원본이 발행되어 유통되는 것은 아니다.
• 신속한 화물의 유통을 목적으로 한다.
• Fax나 e-mail로 보내도 수입상이 화물을 인수할 수 있다.
• 통상 가까운 국가 간의 거래 시나 확실하게 믿을 수 있는 거래 시에 발행한다.

54 신용장에 대한 설명으로 옳지 않은 것은?

① 확인신용장은 관계당사자인 수익자, 확인은행의 동의가 있고 개설의뢰인의 요청이 있으면 취소가 가능하다.
② 현재 사용하는 신용장은 대부분 취소불능 신용장이다.
③ UCP 600에서 취소가능 신용장은 사용할 수 없다.
④ 취소불능 신용장은 관계당사자 전원의 동의 없이 일방이 신용장을 취소할 수 없다는 의미이다.

정답 ①

해설 확인신용장(Confirmed L/C)
• 수익자가 발행한 어음의 인수, 지급 또는 매입에 대한 제3은행의 추가적 확약이 있는 신용장이다.
• 발행은행이 지급불능상태에 빠지면 확인은행이 발행은행을 대신하여 지급하므로 수익자는 이중의 지급확약을 받게 된다.
• 확인은행의 확약은 발행은행의 그것을 보증하는 것이 아니라 별개의 독립된 것이 된다.
• 통상 개설은행의 요청으로 통지은행이 확인은행을 겸한다.

55 무역계약에 대한 내용으로 옳지 않은 것은?

① 매도인이 대금을 받고 매수인에게 물품의 소유권을 이전하기로 약정하는 계약을 광의의 무역계약이라고 한다.

② 계약은 일정한 형식이 필요하지 않은 불요식 계약의 성질을 가지고 있다.

③ 매도인의 물품인도에 대하여 매수인이 약인으로서 대금을 지급하는 유상계약이다.

④ 계약서는 2통을 작성하며 매도인과 매수인이 서명 후 각각 1통씩 보관한다.

정답 ①

해설 ① 매도인이 대금을 받고 매수인에게 물품의 소유권을 이전하기로 약정하는 계약을 물품매매계약이라 한다.

물품매매계약의 정의(Sale of goods Acts, 제2조)

A contract of sale of goods is a contract by which the seller transfers or agrees to transfer the property in goods to the buyer for a money consideration, called the price.

물품매매계약은 매도인이 금전적 대가(Price)를 받기 위해 물품의 소유권(Property in Goods)을 매수인(Buyer)에게 양도하거나 양도에 동의하는 계약이다.

56 다음 내용의 상황에 적용되지 않은 가격조건은?

보험계약자	피보험자	운송 중 위험부담
수입업자	수입업자	수입업자

① EXW

② FOB

③ FCA

④ CIP

정답 ④

해설 ④ 운송비 · 보험료 지급 인도조건(CIP)은 매도인이 합의된 장소에서(당사자 간 이러한 장소의 합의가 있는 경우) 물품을 자신이 지정한 제3자에게 인도하고 지정목적지까지 물품을 운송하는 데 필요한 계약을 체결하고 그 비용을 부담해야 하는 것을 의미한다.

CIP[Carriage and Insurance Paid to, (지정목적지) 운임 · 보험료 지급 인도조건]상 매도인과 매수인의 책임

매도인(Seller)	매수인(Buyer)
• 수출통관 필 • 자기가 지명한 운송인 또는 기타 당사자에게 물품 인도 • 운임 부담, 보험계약 체결 • 통상의 운송서류를 지체 없이 매수인에게 제공	• 물품이 운송인에게 인도된 이후의 모든 위험부담 • 지정목적지까지의 운송비 이외 모든 비용부담

57 다음 내용에서 설명하는 품질결정방법에 사용되는 품목으로 옳은 것은?

> • 일정한 규격이 없고, 견본제시도 곤란할 때 사용
> • 해마다 또는 지역에 따라 그 품질이 다르므로 공인기관이 설정한 해당연도의 평균 중등품의 등급을 받은 물품으로 거래

① 선박, 운반기계   ② 곡물, 과일
③ 목재, 냉동어류   ④ 원면, 인삼

정답 ②

해설 **품질의 결정방법(매매방식) 및 시기**
• 평균중등품질조건(Fair Average Quality ; FAQ) : 동종 상품의 평균적인 중등품을 품질인도조건으로 하는 것이다. 계약 시에는 전년도 수확물의 중등품을, 인도 시에는 당해 연도의 신품 수확물의 중등품을 기준으로 한다.
• 판매적격품질조건(Good Merchantable Quality ; GMQ) : 목재나 냉동 수산물과 같이 정확한 견본을 이용할 수 없는 경우 매도인에 의해 상품이 시장에서 통용되는 품질임을 보증하는 품질조건이다.
• RT(Rye Terms) : 곡물류의 거래에 있어 물품 도착 시 상품이 손상되어 있을 경우 매도인이 부담하는 데에서 생긴 조건으로 양륙품질조건(Landed Quality Terms)에 해당한다.

58 다음 내용에서 설명하는 신용장 거래의 특성을 고른 것은?

> 신용장은 그 성질상 그것이 매매계약 또는 기타 계약에 근거를 두고 발행된 것이기는 하지만 이와는 별개의 거래이다.

① Principle of Independence   ② Principle of Abstraction
③ Doctrine of Strict Compliance   ④ Doctrine of Substantial Compliance

정답 ①

해석 ① 독립성의 원칙   ② 추상성의 원칙
③ 엄격일치의 원칙   ④ 상당일치의 원칙

해설 ① 독립성의 원칙 : 신용장은 수출·입자 간 체결된 매매계약 등을 근거로 개설되지만, 신용장 개설 후에는 그 근거가 되었던 매매계약과 완전히 독립되어 그 자체로 별도의 법률관계가 형성됨으로서 신용장 당사자(개설은행과 수익자)가 신용장 조건에 따라서만 행동하는 것(즉, 매매계약으로부터의 단절)을 신용장의 독립성이라 한다.
신용장거래의 특성
• 독립성의 원칙(The Principle of Independence)
• 추상성의 원칙(The Principle of Abstraction)
• 한계성의 원칙(The Principle of Limitation)
• 엄격일치의 원칙(The Principle of Strict Compliance)
• 상당일치의 원칙(The Principle of Substantial Compliance)

59 대금결제 관련 수입업자에게 가장 유리한 결제방식으로 옳은 것은?

① Usance L/C
② at sight L/C
③ D/P
④ O/A

정답 ④

해석 ① 기한부 신용장
② 일람출급신용장
③ 지급인도
④ 청산계정

해설 ④ 수입업자의 입장에서 L/C는 제품의 품질을 보장받을 수 없다. 수입업자의 입장에서 가장 유리한 거래는 O/A이다.
청산계정(Open Account Credit Terms, O/A)
수출업자가 물품을 선적한 후 운송관련 서류를 직접 수입자에게 발송하고 수출채권을 은행에 매각하여 현금화하는
방식으로, '외상수출 채권방식', '선적통지 결제방식', '무서류 매입방식'이라고 불린다.

---

60 다음 내용은 인코텀즈(Incoterms) 2010 가격조건에 대한 내용 설명이다. (가)와 (나)에 들어갈 가격
조건으로 옳은 것은?

> • FOB 조건이나 (가) 조건에서는 매수인이 해상보험계약 체결 시 자신을 피보험자로서 보험계약
> 을 하므로 보험계약자와 피보험자가 동일인이다.
> • CIP 조건이나 (나) 조건은 매도인이 자신을 피보험자로 하여 보험계약을 체결하고 보험료를 납부
> 하지만 배서에 의해 피보험자가 매수인으로 바뀌게 되어 사고발생 시 매수인이 보상을 받게 된다.

① (가) CIF – (나) CFR
② (가) FCA – (나) CIF
③ (가) CFR – (나) CPT
④ (가) CFR – (나) CIF

정답 ④

해설 FOB vs CFR vs CIF

구 분	FOB	CFR	CIF
위험의 이전시점	선박의 본선	선박의 본선	선박의 본선
수출자의 비용부담	선적항에서 갑판에 적재될 때까지	FOB 비용에 합의된 도착항까지의 운임	FOB 비용에 합의된 도착항까지의 운임 및 보험료
물품 인도방식	현물인도방식	서류인도방식	서류인도방식
운임 지급방법	후불[착불]운임(Freight Collect)	선불운임(Freight Prepaid)	선불운임(Freight Prepaid)
보험관계	매수인 부보(자신을 위한 보험가입)	매수인 부보(자신을 위한 보험가입)	매도인 부보(매도인이 매수인을 위해 보험부보)

61 다음 내용은 무엇에 대한 설명인가?

> We accept your offer with the following slight modifications of price and delivery terms.

① Firm Offer
② Acceptance
③ Cross Offer
④ Counter Offer

정답 ④

해석

> 당사는 귀사의 청약의 가격조건과 인도조건을 다음과 같이 약간 수정해서 승낙합니다.

① 확정청약
② 승 낙
③ 교차청약
④ 반대청약

해설 ④ 청약을 받은 자가 청약 제의자에게 청약사항을 일부 수정하여 다시 제의하는 것으로, 청약과 반대청약이 여러 번 반복되면서 거래 조건에 대한 최종합의에 이르게 된다.

반대청약(Counter Offer)
• 청약을 받은 피청약자가 원청약의 가격·수량·선적시기 등과 관련된 조건을 변경하거나 새로운 조항을 추가한 청약을 원청약자에게 보내는 것을 말한다.
• 반대청약은 원청약 거절임과 동시에 피청약자가 청약자에게 하는 새로운 청약으로서 승낙이 아니기 때문에 계약은 성립되지 않으며, 피청약자의 반대청약에 대하여 원청약자가 승낙을 해야만 계약이 성립된다.
• 반대청약은 상대방의 최종 승낙이 있기 전까지 계속 진행될 수 있으며, 대응청약이라고도 한다.

62 지정된 목적지까지 계약상품을 인도하는 데 필요한 모든 비용과 위험을 매도인이 부담하는 인코텀즈 (Incoterms) 2010이 아닌 것은?

① CIF
② DAT
③ DAP
④ DDP

정답 ①

해설 ① 운임 · 보험료 포함 인도조건(CIF)은 'CFR + 해상 보험료' 조건으로, 수출통관은 매도인이, 수입통관은 매수인이 한다.

CIF[Cost, Insurance and Freight, (지정목적항) 운임 · 보험료 포함 인도조건]상 매도인과 매수인의 책임

매도인(Seller)	매수인(Buyer)
• 수출통관 필	• 물품이 운송인에게 인도된 이후의 모든 위험부담
• 해상운송계약 체결	• 지정목적지까지의 운송비 이외 모든 비용부담
• 운임 부담	
• 보험계약 체결	
• 통상의 운송서류를 지체 없이 매수인에게 제공	

---

63 계약 당사자 사이에 발생한 클레임의 해결을 위하여 당사자가 합의하여 선택할 수 있는 방법으로 강행력은 없으나 제3자의 판단에 따라 문제를 해결하는 방식을 무엇이라 하는가?

① 화 해
② 조 정
③ 중 재
④ 소 송

정답 ②

해설 조정(Conciliation/Mediation)
• 계약 일방 또는 쌍방의 요청에 따라 제3자를 조정인으로 선임한다.
• 조정인이 제시하는 해결안(조정안)에 양 당사자의 합의로 분쟁을 해결하는 방법이다.
• 조정안에 대해 양 당사자가 합의할 경우 조정결정은 중재판정(중재 다음 단계)과 동일한 효력이 발생한다.
• 일방이 거부할 경우 강제력이 없어(강제력 있는 중재판정과 구별) 30일 내에 조정절차는 폐기된다.
• 이후 중재규칙에 의한 중재인을 선정, 중재절차가 진행된다.
• 위의 30일 기간은 당사자의 약정에 의해 기간을 연장할 수 있다.

64 다음 내용 중 성격이 다른 하나는 무엇인가?

① Trade Inquiry
② Selling Offer
③ Buying Offer
④ Order Sheet

[정답] ①

[해설] ① 상품조회(Trade Inquiry) : 수입상 측에서 수입하려는 상품에 대한 구체적인 매매조건에 관한 문의를 의미하며, 수출상 측에서 판매권유 또는 판매조건을 제시하는 서한은 Sales Letter(판매권유서한) 또는 Circular Letter(거래 권유서)이라고 한다.
② 매도오퍼(Selling Offer) : 매도인(수출상)이 매수인(수입상)에게 판매조건을 제시하는 것을 의미하며, 오퍼(Offer) 라고 한다.
③ 매수오퍼(Buying Offer) : 매수인(수입상)이 매도인(수출상)에게 구매조건을 제시하는 것을 의미하며, 주문 (Order)이라고 한다.
④ 주문서(Order Sheet) : 성립된 매매계약의 내용을 확인하기 위하여 매수인 측이 매도인 앞으로 자사의 소정양식에 기입하여 송부하는 주문확인서이다. 주문서에 기재해야 될 사항은 주문서 번호, 상품 명세, 수량, 가격, 포장방법, 하인, 선적시기, 지급조건이며, CIF 계약의 경우에는 보험조건도 기재한다.

65 인코텀즈(Incoterms) 2010 중 해상운송에만 사용하는 규칙으로 옳지 않은 것은?

① FAS
② FCA
③ FOB
④ CFR

[정답] ②

[해설] FCA[Free CArrier, (지정장소) 운송인 인도조건]
• 운송인 인도조건(FCA)은 모든 운송방식에 사용될 수 있는 규칙으로 매도인이 매도인의 구내(Seller's Premises) 또는 그 밖의 지정장소에서 약정기간 내에 매수인이 지정한 운송인 또는 그 밖의 당사자에게 수출통관을 필한 계약물품을 인도해야 하는 조건(매도인 수출통관 의무)이다.
• 특 징
 – 단일운송과 복합운송 여부를 가리지 않고 사용 가능하다.
 – 해상운송이 전혀 포함되지 않은 경우에도 사용 가능하다.
 – 운송 일부에 선박이 이용되는 경우에도 사용 가능하다.
인코텀즈(Incoterms) 2010 중 해상과 내수로 운송에 적용 가능한 규칙
• 화물 인도·도착 장소 모두 항구라는 특성의 FAS, FOB, CFR, CIF 조건으로 구성된다.
• 규칙(4개) : FAS(Free Alongside Ship), FOB(Free on Board), CFR(Cost and Freight), CIF(Cost, Insurance and Freight)

66 피보험자가 추정전손의 경우 보험금 전액을 지급받기 위하여 보험의 목적에 대한 소유권과 제3자에 대한 구상권을 보험자에게 양도하는 것을 무엇이라 하는가?

① 배상책임손해
② 위 부
③ 대 위
④ 구조비

정답 ②

해설 위부(Abandonment)
해상보험의 특유의 제도로서 보험의 목적(선박, 적하품 등)에 선박의 행방불명 등으로 추정전손(Constructive total loss)이 발생한 경우 피보험자(Insured)가 화물과 이에 부수되는 모든 권리를 보험회사에 이전하고 보험금액의 전액을 청구하는 해상보험제도이다.

67 상업송장을 보충하는 역할을 하며, 포장단위별로 가격을 제외하고 수량과 순중량, 총중량, 용적, 화인, 포장의 일련번호 등을 기재하는 서류로 옳은 것은?

① Commercial Invoice
② Certificate of Origin
③ Packing List
④ Air Waybill

정답 ③

해석 ① 상업송장
② 원산지 증명서
③ 포장명세서
④ 항공화물운송장

해설 포장명세서(Packing List)
• 수입업자가 각 화물의 내용을 쉽게 파악하기 위해 요구되는 포장된 내장품의 명세서로 상업송장의 부속서류로 작성되는 서류이다.
• 계약서나 신용장상에 요구가 없으면 화환어음 취결 시 선적서류로서 은행에 제출할 필요가 없다. 그러나 포장명세서는 상업송장의 보충서류로 관례적으로 선적서류에 포함한다.
• 포장명세서에는 상품의 외장(Outer Packing), 내장(Inner Packing)의 명세, 주문번호, 화인, 상자번호, 내용명세, 순중량, 용적 등이 기입된다.

68 품질(Quality)조건에 대한 설명으로 옳은 것은?

① 선박, 운반기계 등은 견본품에 의한 매매를 한다.
② 대부분의 물건은 현품에 의한 매매를 주로 한다.
③ 등급에 의한 매매에는 보세창고도거래(BWT)가 있다.
④ 표준품 매매에는 FAQ, USQ, GMQ가 있다.

정답 ④

해설 **품질의 결정방법(매매방식) - 품질약정조건**
- 규격/명세서매매(Sales by Specification) : 견본제시가 불가능한 선박·기계·의료기기·공작기계·철도·차량 등의 거래 시 설계도·청사진 등 규격서 또는 설명서로 물품의 품질을 약정하는 방법이다.
- 견본매매(Sales by Samples) : 국제거래에서 대부분의 품질결정은 견본에 의해 이루어지며, 거래 목적물의 견본을 거래상품의 대표격으로 하여 품질기준으로 삼는 방법이다. 즉, 거래 목적물의 품질을 제시된 견본에 의해 약정하는 방법이다.
- 점검매매 : 보세창고인도(Bonded Warehouse Transaction, BWT)조건의 거래나 현품인도지급(Cash on Delivery, COD) 거래 등에서 사용한다.
- 표준품매매(Sales by Standard/Type) : 표준으로 인정하는 것을 기초로 가격을 결정하고, 실제 상품의 품질이 표준품과 다른 경우 가격 증감으로 조정하는 거래이다. 표준품보다 품질이 좋으면 값을 더 받고 나쁘면 값을 깎아주며, 농수산물·임산물·광물 등의 1차 상품과 같이 자연 조건에 따라 품질의 변화가 많은 상품에 주로 사용되는 방법이다.
- 세 가지 표시방법 : 평균중등품질(Fair Average Quality, FAQ), 적격품질(Good Merchantable Quality, GMQ), 보통품질(Usual Standard Quality, USQ)

69 신용조회(Credit Inquiry)에 대한 설명으로 옳지 않은 것은?

① 3C's는 Capital, Capacity, Character이다.
② 거래처의 주거래은행에 의뢰할 수 있다.
③ 거래 위험요소를 사전에 예방하기 위해 신용조회가 필요하다.
④ 신용조회 시, 제공된 정보는 모두에게 공개한다고 약속한다.

정답 ④

해설 **신용조회(Credit Inquiry) 의뢰**
- 신용조회 의뢰는 신용조회처에 상대방 회사의 신용상태(Credit standing)를 조사하여 그 결과를 알려달라고 요청하는 것이다.
- 신용조회 의뢰 내용 등에 대해서는 비밀을 유지하여야 한다.
- 신용조회 의뢰 서한 작성내용 및 순서 : 신용조회 이유 → 신용조회 대상 회사명과 주소 → 조회 의뢰 내용 → 비밀 유지, 비용부담 약속 → 협조 부탁 문언

70 항공화물운송장(Air Waybill)에 대한 설명으로 옳지 않은 것은?

① 유가증권이다.
② 비유통성이다.
③ 기명식이다.
④ 수취식이다.

정답 ①

해설 항공화물운송장(Air Waybill, AWB)
- 화물을 항공으로 운송하는 경우 송하인과의 운송계약 체결을 증명하기 위해 항공사가 발행하는 기본적인 운송/선적 서류
- IATA가 정한 규정에 의거하여 발행되는 서류
- 요식성 증권(상법이 규정한 법적 필수사항 기재 필요)
- 요인증권(운송계약을 원인으로 발행)
- 비유통성/비유가/기명식 증권
- 수취식(창고입고 상태에서 발행)
- 단순 화물수취증

71 협회적하약관에 대한 설명으로 옳지 않은 것은?

① A/R은 보험료가 가장 고율이며 손해보상 범위가 가장 넓다.
② WA는 단독해손에 의한 손해는 보상하지 않는다.
③ ICC(B)는 종래의 WA의 담보위험이 명확하지 않았던 것을 보완한 조건이다.
④ FPA는 공동해손에 의한 손해는 보상한다.

정답 ②

해설 ICC(WA)(With Average, 분손담보조건)
- 분손담보조건은 분손부담보조건(FPA)에서 보상대상이 아닌 단독해손(화물적재 선박이나 부선이 침몰·좌초·대화재·충돌로 인한 손해 이외의 증권 본문의 담보위험에 따른 분손) 가운데 증권기재의 면책률(일정 비율 미만의 사고액 공제)을 초과하는 손해를 보상한다.
- 침몰·좌초·대화재·충돌 이외의 단독해손으로는 현실적으로 악천우(Heavy weather)에 의한 적하의 풍랑손해가 해당한다. 즉, WA와 FPA의 차이는 풍랑에 의한 단독해손 보상 여부다.
- ICC(WA)에서는 원칙적으로 (단독해손 보상의 조건인) 소손해(Petty claim)면책 비율을 적용한다.

72 전 세계 은행과 금융기관들이 외환거래 등에서 각종 메시지를 안전하고 확실하게 교환할 수 있게 해주는 통신망은?

① EDI

② SWIFT

③ EXTRANET

④ BOLERO

 정답 ②

해설 ① 전자문서교환(Electronic Data Interchange, EDI) : 컴퓨터로 각종 행정서류 및 상거래 서식을 서로 합의한 표준화된 양식에 맞추어 상호 교환하여 재입력과정 없이 직접 업무에 활용할 수 있도록 하는 새로운 정보전달방식이다.
③ 엑스트라넷(EXTRANET) : 회사와 고객 사이의 통신을 개선한, 인터넷과 인트라넷을 결합시킨 시스템이다.
④ 볼레로(Bill of Lading for Europe, BOLERO) : 볼레로 시스템 서비스를 이용하여 수출상과 수입상이 합의한 내용과 제시된 서류내용을 점검하는 시스템이다. 수출상이 제시한 모든 전자서류를 자동적으로 점검하며 전자서류의 신속한 확인과 전송을 위해서 볼레로회사가 이를 대행한다.
국제은행 간 자금결제통신망(Society for Worldwide Inter-bank Financial Telecommunication, SWIFT)
• 국제은행 간 자금결제를 위한 정보통신망이다.
• 국제자금결제(international financial system)를 EDI 방식에 의한 문서전달체제이다.
• 전문(電文)이 신속·정확하며 표준화된 양식의 사용으로 통신비를 절약할 수 있다.
• 전송메시지를 암호화하여 고도의 보안성을 유지한다.

73 보험 관련 용어에 대한 설명으로 옳은 것은?

① Insurance Premium - 위험부담에 대한 대가로서 피보험자에게 납부하는 금액

② Insured Amount - 피보험이익을 경제적으로 평가한 금액

③ Insurable Value - 보험자가 부담하는 보상책임의 최고 한도액

④ Policy Holder - 자기명의로 보험료를 부담하는 사람

 정답 ④

해설 ④ 보험계약자(Policy Holder) : 보험자와 보험계약을 체결한 보험계약 청약자로서 보험료 지급의무, 중요사항의 고지의무 및 위험변경 증가 등의 통지의무 등을 부담하는 자를 말한다. 보험계약자는 통상 피보험자와 동일한 사람이 되나 그렇지 않은 경우도 있다.
① 보험료(Insurance Premium) : 보험자의 위험부담에 대해 보험계약자가 지급하는 대가
② 보험금액(Insured Amount) : 보험자가 보험계약상 부담하는 손해보상책임의 최고 한도액
③ 보험가액(Insurable Value) : 피보험이익의 평가액으로 특정 피보험자에게 발생할 수 있는 경제적 손해의 최고 한도액

74 무역계약의 기본조건으로 다음 내용이 포함되는 것은?

> Drafts, irrevocable Letter of Credit, at sight, full invoice value

① Orders
② Payment
③ Quotations
④ Shipment

정답 ②

해설

> 환어음, 취소불능 신용장, 일람불[일람출급], 송장금액 전액

① 주 문
② 지 불
③ 견 적
④ 선 적

해설 무역계약의 8대 기본조건은 품질조건(Quality terms), 수량조건(Quantity terms), 가격조건(Price terms), 선적조건(Shipment terms), 보험조건(Insurance terms), 결제조건(Payment terms), 포장조건(Terms of Packing), 무역분쟁/클레임 조건(Terms of trade dispute/claim)이다.

75 우리나라 무역관리를 위한 3대 법규를 옳게 나열한 것은?

① 대외무역법 – 무역관리법 – 관세법
② 대외무역법 – 외국환거래법 – 관세법
③ 국제물품매매법 – 무역결제법 – 국제상사중재법
④ 국제물품매매법 – 국제운송법 – 무역보험법

정답 ②

해설 ② 우리나라의 대외무역의 기본법규는 대외무역법이며, 여기에 관세법과 외국환거래법을 포함하여 3대 무역 기본법이라고 한다. 이 3대 무역 기본법은 우리나라 무역 관리의 근간이다.

무역 기본법규의 목적

대외무역법	대외무역을 진흥하고 공정한 거래질서를 확립, 국제수지의 균형과 통상의 확대를 도모함으로써 국민 경제를 발전시키는 데 이바지함을 목적으로 한다.
관세법	관세의 부과 · 징수 및 수출입물품의 통관을 적정하게 하고 관세수입을 확보함으로써 국민 경제의 발전에 이바지함을 목적으로 한다.
외국환거래법	외국환거래 기타 대외거래의 자유를 보장하고 시장기능을 활성화하여 대외거래의 원활화 및 국제수지의 균형과 통화가치의 안정을 도모함으로써 국민 경제의 건전한 발전에 이바지함을 목적으로 한다.

제1과목 **영문해석**

01 선적조건이 다음과 같이 기재된 경우, 허용되는 선적기간에 대한 해석으로 옳은 것은?

> "Shipment shall be effected on or about April 15, 2019"

① 4월 10일에서 4월 20일까지
② 4월 10일에서 4월 21일까지
③ 4월 11일에서 4월 20일까지
④ 4월 11일에서 4월 21일까지

정답 ①

해석

> "선적은 2019년 4월 15일 경에 실시될 것이다."

해설 UCP 600 중 선적기간의 해석
- 선적기한을 정함에 있어서 지정된 선적일자에 From, To가 사용된 경우는 해당 일자가 포함되고 After, Before가 사용된 경우는 해당 일자가 포함되지 않는다.
- On or About라는 용어가 지정일자와 함께 표시된 경우에는 ±5일 이내의 기간(끝 날짜 포함)을 선적일자로 본다.
- 선적방법에 대한 약정 시 분할선적(Partial shipment), 환적(Transhipment)은 금지표시가 없으면 허용된 것으로 간주되며, 선적지와 선적일이 상이해도 동일선박에 의해 운송되는 경우에는 분할선적으로 간주하지 않는다.

Except so far as otherwise expressly stated, this export credit is subject to the UCP 600 (2007 revision), ICC Publication No. 600.	
/27 : sequence of total	: 1/1
/40A : form of documentary credit	: IRREVOCABLE
/20 : documentary credit number	: M061212345678
/31C : date of issue	: FEB.15.2019
/31D : date and place of expiry	: APR.15.2019 KOREA
/50 : applicant	: CHAO HAO CO., LTD. 5631, HONG KONG, CHINA
/59 : beneficiary	: SANGGONG CO., LTD. 123-45, JUNG-GU, SEOUL, KOREA
/32B : currency code amount	: USD 300,000.00
/39A : pct credit amount tolerance	: 10/10
/46A : documents required	
+ SIGNED COMMERCIAL INVOICE IN QUINTUPLICATE + PACKING LIST IN TRIPLICATE + FULL SET OF CLEAN ON BOARD OCEAN BILLS OF LADING MADE OUT TO THE ORDER OF HONG KONG BANK MARKED FREIGHT COLLECT AND NOTIFY APPLICANT + CERTIFICATE OF ORIGIN IN TRIPLICATE	

02 위의 신용장의 내용과 관련이 없는 것은?

① 신용장의 유효기간은 두 달이다.
② 신용장 금액의 과부족을 허용하고 있다.
③ 적용하는 신용장통일규칙은 UCP 600이다.
④ 신용장 유효기일은 수입업자 국가를 기준으로 한다.

03 발행되어야 하는 상업송장의 부수는?

① 3부
② 4부
③ 5부
④ 6부

해석

달리 명시되지 않은 한, 이 수출신용장은 ICC 간행물 600호 UCP 600(2007 개정판)의 적용을 받습니다.	
/27 : 순 서	: 1/1
/40A : 신용장 형태	: 취소불능
/20 : 신용장 번호	: M061212345678
/31C : 발행일자	: 2019년 2월 15일
/31D : 유효기일 및 장소	: 2019년 4월 15일, 한국
/50 : 개설의뢰인	: CHAO HAO CO., LTD. 5631, HONG KONG, CHINA
/59 : 수익자	: SANGGONG CO., LTD. 123-45, JUNG-GU, SEOUL, KOREA
/32B : 통화 금액	: 300,000.00 US달러
/39A : 신용장 금액 과부족 백분율	: 10/10
/46A : 요구되는 서류들	

+ 서명된 상업통장 5통
+ 포장명세서 3통
+ 운임 후불 및 착화통지처 개설의뢰인으로 명시되어 있는 HONG KONG 은행 지시식 무사고 선적선하증권
+ 원산지증명서 3통

해설 02

④ /31D : date and place of expiry(유효기일 및 장소)이므로, 신용장 유효기일은 <u>수입업자 국가 → 수출업자 국가</u>를 기준으로 한다.

03

③ SIGNED COMMERCIAL INVOICE IN QUINTUPLICATE는 '서명된 상업송장 5통'이라는 뜻이다.

서류의 통수와 관련된 표현
• 원본 1통 : original(one copy)
• 2통 : duplicate
• 3통 : triplicate
• 4통 : quadruplicate
• 5통 : quintuplicate
• 6통 : sextuplicate

04 다음 빈칸 안에 들어갈 알맞은 단어는?

> ( ) means the bank that adds its confirmation to a credit upon the issuing bank's authorization or request.

① Advising bank
② Collecting bank
③ Reimbursing bank
④ Confirming bank

정답 ④

해석
> 확인은행이란 발행은행의 수권이나 요청에 따라 추가로 신용장에 대해 확인하는 은행을 말한다.

① 통지은행
② 추심은행
③ 상환은행
④ 확인은행

해설
① 통지은행(Advising bank) : 신용장 발행은행이 직접 수익자에게 신용장을 통지하지 않고 수익자 소재지에 있는 환거래은행 또는 자기의 지점을 통하여 통지하는 경우 그 통지를 의뢰받은 은행을 통지은행이라고 부른다.
② 추심은행(Collecting bank) : D/P · D/A 거래에서 수출지의 추심의뢰은행(Remitting bank)으로부터 선적서류와 환어음을 최초로 받은 수입지의 은행을 가리킨다. 추심결제 거래에서는 어음지급인(수입업자)에게 추심서류를 제시(Presenting bank, 제시은행)하여야 하는데, 추심은행이 수입업자의 거래은행일 경우에는 동 은행이 추심은행과 제시은행의 역할을 동시에 행하게 된다.
③ 상환은행(Reimbursing bank) : 신용장에서 지급 · 인수 또는 매입은행에 대한 상환을 발행은행의 본 · 지점 또는 제3의 은행으로 청구하게 하는 경우, 발행은행을 대신하여 상환업무를 수행하는 은행이며 발행은행이 당좌예금계정을 발행하고 있는 예치환거래은행(Depository correspondent bank) 또는 발행은행의 해외지점이 된다. 대금을 결제한다는 의미에서 결제은행(Settling bank), 어음에 대하여 지급을 하는 은행이라는 점에서 어음지급은행(Drawee bank)이라고도 하며 Banker's Usance의 경우 인수은행(Accepting bank)이라고 불린다.

05 영어 명칭을 올바르게 해석한 것은?

① Packing List – 포장검사서
② Certificate of Inspection – 검사증명서
③ Customs Invoice – 영사송장
④ Air Waybill – 해상운송장

정답 ②

해설
① Packing List : 포장검사서 → 포장명세서
③ Customs Invoice : 영사송장 → 세관송장
④ Air Waybill : 항공화물운송장 → 해상운송장
검사증명서(Certificate of Inspection)
• 매매계약서의 품질조건에 권위 있는 검사기관의 검사에 합격한 상품만을 선적하기 위해 약정한 것이다.
• 특정 검사기관을 합의하지 않았을 때는 수입상의 대리인이 발행한 합격증 또는 지정 검사기관의 검사합격증을 인정할 수 있다.
• 품질증명서(Quality Certificate)나 분석증명서(Certificate of Analysis) 등도 검사증명서의 일종이다.
• 당해 거래의 물품이 중량 또는 용적이 기준이 되는 경우 공인검정인(Swom Measurer/Surveyor)이 발행한 중량/용적증명서(Certificate of Measurement/Weight)로도 대체할 수 있다.

06 James가 마지막에 할 말로 가장 적절한 것은?

> James : This is Horizon Co., Ltd. How may I help you?
> Steve : Hello. My name is Steve Clark from Steel Soft. I am trying to reach Seung-hoon Choi, please.
> James : I'm sorry, but he just stepped out.
> Steve : Then, could you ask him to call me back when he comes back?
> James : Sure. Does he have your number?
> Steve : Yes, he does. But let me give you my number. It's 2690-1683.
> James : _____

① OK. Are you ready?
② It takes so long. I will call you later.
③ Let me transfer you to him now.
④ OK. I will ask him to return your call.

정답 ④

해석

제임스 : 호라이즌 사입니다. 무엇을 도와드릴까요?
스티브 : 안녕하세요. 저는 스틸소프트사의 스티브 클락입니다. 최성훈씨와 통화하고 싶은데요.
제임스 : 죄송합니다만, 그 분은 방금 사무실을 나가셨습니다.
스티브 : 그러면, 돌아오시는 대로 연락 좀 달라고 전해 주시겠어요?
제임스 : 물론이지요. 그 분이 전화번호를 알고 있나요?
스티브 : 네. 하지만 제 번호를 드릴게요. 2690-1683번입니다.
제임스 : 네, 알겠습니다. 돌아오는 대로 전화하라고 전하겠습니다.

① 네. 준비되었나요?
② 시간이 오래 걸려요. 내가 나중에 전화할게요.
③ 지금 그분과 연결해드릴게요.
④ 네, 알겠습니다. 돌아오는 대로 전화하라고 전하겠습니다.

해설 본 대화는 전화한 사람(Steve Clark)이 찾는 사람(Seung-hoon Choi)이 부재 중이어서 통화하지 못하고 자신의 전화번호를 남기는 상황이다. 스티브가 Could you ask him to call me back when he comes back?(돌아오시는 대로 연락 좀 달라고 전해 주시겠어요?)라고 했으므로, 제임스는 찾는 사람이 돌아오는 대로 스티브에게 전화하라고 전하겠다는 말을 하는 것이 자연스럽다.
*step out : 나가다

[07~08] 다음 서한을 읽고 물음에 답하시오.

We received these goods here on September 22.

(가) <u>For your reference</u>, we are enclosing some photos taken as a proof for the damaged goods.

(나) Therefore, we would request you to ship the substitutes for the damaged goods by September 30.

(다) After a careful examination of them, we discovered that 5 screens are in damaged condition.

(라) These damages are obviously due to defective packing of the goods.

We would appreciate your immediate attention to correct this matter.

---

07 위 서한을 순서대로 가장 적절히 나열한 것은?

① (다) – (라) – (가) – (나)
② (다) – (가) – (나) – (라)
③ (라) – (가) – (다) – (나)
④ (라) – (다) – (가) – (나)

08 위 서한의 밑줄 친 부분의 뜻으로 가장 적절한 것은?

① 귀사의 추천으로
② 귀사가 언급한 것처럼
③ 귀사에게 문의 드리기 위해서
④ 귀사의 참조를 위해서

정답 07 ① 08 ④

해석

당사는 이 상품들을 9월 22일 이곳에서 받았습니다.

(다) 그것들을 주의 깊게 검사한 결과, 5개의 스크린이 손상되어 있다는 것을 발견했습니다.
(라) 이러한 손상은 분명히 상품 포장의 결함에 기인한 것이 분명합니다.
(가) 귀사의 참조를 위해서, 당사는 파손된 상품에 대한 증거로 찍은 사진 몇 장을 동봉합니다.
(나) 그러므로, 당사는 귀사에게 9월 30일까지 파손된 상품의 대체품을 선적해 줄 것을 요청하겠습니다.

이 문제를 바로잡을 수 있도록 귀사가 즉시 주의를 기울여주셨으면 감사하겠습니다.

*For your reference : 참고로
*as a proof for : ~의 증거로
*due to : ~에 기인하는, ~때문에
*substitute : 대용물[품], 대체물
*defective : 결함이 있는

해설 07
① 해당 서신의 내용상 흐름은 '9월 22일 상품 도착 → (다) 스크린 5개가 손상된 것을 발견 → (라) 포장 결함으로 인한 손상이라고 결론 → (가) 파손된 상품 사진 동봉 → (나) 9월 30일까지 대체품 선적 요청'이 자연스럽다.

08
④ 상품의 포장 결함으로 손상이 발생하여 파손된 상품 사진을 동봉하여 참고하라는 내용이므로 밑줄 친 For your reference는 '귀사의 참조를 위해서'로 해석된다.
*For your reference : 귀사의 참조를 위해서

09 다음 중 선하증권 기재사항이 바르게 번역된 것은?

① Consignor – 수화인

② Revenue Tons – 운임톤

③ Laden on Board Date – 발행일

④ Port of Discharge – 선적항

[정답] ②

[해설] ① Consignor : 수화인 → 송화인, 화주(위탁자)
③ Laden on Board Date : 발행일 → 본건이 적재되었다는 것을 의미하며, 선적일자와 사인이 표시되어 있음
④ Port of Discharge : 선적항 → 하역항구(해상운송의 최종 목적지)
운임톤(Revenue Ton, R/T)
선박의 화물적재능력은 중량과 용적의 양면으로 제한되므로 중량화물(Weight cargo)은 중량기준으로 운임이 부과되고, 경량화물(Light cargo)은 용적기준으로 운임이 부과된다. 이 경우 운임산정기준에서 중량화물과 용적화물의 구별이 모호하거나 경합될 때에는 용적과 중량에서 계산된 운임 중 더 많은 쪽에서 선사가 부과하는 것을 말하며, 'Freight Ton'이라고도 한다.

10 다음의 운송용어 약어를 틀리게 표현한 것은?

① THC – Terminal Handling Charge

② PSI – Partial Shipment Inspection

③ BAF – Bunker Adjustment Factor

④ CAF – Currency Adjustment Factor

[정답] ②

[해설] ② PSI : Partial Shipment Inspection → Pre Shipment Inspection(선적 전 검사)
① 터미널화물처리비(Terminal Handling Charge, THC) : 화물이 컨테이너 터미널에 입고된 순간부터 본선의 선측까지, 반대로 본선 선측에서 CY의 게이트를 통과하기까지 화물의 이동에 따르는 비용이다. 종전에는 선사가 해상운임에 포함하여 부과하였으나 1990년에 구주운임동맹(FEFC)이 분리하여 징수하면서 다른 항로로 확산되고 있다.
③ 유가할증료(Bunker Adjustment Factor, BAF) : 운임할증의 하나로서 Bunker surcharge라고도 한다. 해운동맹을 비롯한 각국 선주들은 유류가격의 지속적인 인상으로 운항비가 상승하기 때문에 운임의 타산이 맞지 않게 됨으로써 발생하는 손해를 보전하기 위해 유류상승에 상응하는 부가운임을 화주에게 부과하게 된다. 중동 산유국들의 석유무기화로 가장 큰 타격을 입고 있는 산업이 바로 외항해운업이라고 할 수 있는데, 즉 유가상승은 선박의 운항비에 직접 영향을 미치게 된다.
④ 통화할증료(Currency Adjustment Factor, CAF) : 운임이 보통 미 달러로 계산되기 때문에 미국 이외의 국가에서는 환 리스크가 발생하므로 선박회사들이 여기서 발생하는 손실을 기본운임에 부가하여 징수하는 바, 이와 같이 부가되는 할증료를 가리킨다.
선적 전 검사(Pre Shipment Inspection, PSI)
Incoterms 2000에서 규정하고 있는 용어로서, 매수인 자신이 수출국 등에서 행한 검사나, 매수인의 요청에 의한 특정 기관이 미리 행한 검사를 말하며, 이러한 검사비용을 선적 전 검사비용(Costs of pre-shipment inspection)이라 하여 매수인이 부담하는 것을 원칙으로 한다.

11 밑줄 친 부분을 올바르게 번역한 것은?

The award rendered by the arbitrators shall be final and binding upon both parties concerned.

① 중재인들에 의하여 해결된 타협
② 중재인들에 의해서 주어진 상
③ 중재인들에 의해서 제시된 조정안
④ 중재인들에 의하여 내려지는 판정

정답 ④

해석

중재인들에 의하여 내려지는 판정은 최종적인 것으로 당사자 쌍방에 대하여 구속력을 가진다.

해설 밑줄 친 The award rendered by the arbitrators에서 award는 '중재판정'을 가리키고, arbitrators는 '중재인들'을 뜻하므로 올바르게 해석하면 ④ '중재인들에 의하여 내려지는 판정'이다.

중재판정(Award)
• 중재계약 당사자가 부탁한 분쟁 해결을 위해 중재인이 내리는 최종적 결정이다.
• 재판소의 확정판결과 동일한 효력을 인정받는다.
• 중재판정은 서면으로 작성, 중재인이 서명 날인, 중재판정에 대한 주문 및 이유 요지와 작성 연월일을 기재해야 한다.
• 중재합의 약정이 있는데 소송을 제기할 때 제소당한 측이 중재합의가 있음을 주장하면 재판소는 소송 신청을 각하한다.
• 거래상대가 중재판정을 이행하지 않으면 재판소 강제집행절차로 실행하게 할 수 있다.
*arbitrator : 중재인
*binding : 법적 구속력이 있는
*both parties concerned : 당사자 쌍방

12 다음 밑줄 친 부분과 바꾸어 쓸 수 있는 표현을 고르면?

All banking commissions and charges are for account of beneficiary.

① at the risk of
② by reason of
③ at the cost of
④ for the use of

정답 ③

해석

모든 은행 수수료와 요금은 수익자 부담이다.

① ~의 위험을 무릅쓰고
② ~의 이유로
③ ~의 셈으로
④ ~의 요구에 따라

해설 ③ for account of는 '~의 셈으로'이고, at the cost of는 '~의 비용을 지불하고'의 의미이므로, 서로 바꾸어 쓸 수 있다.

*charge : (상품서비스에 대한) 요금
*beneficiary : 수익자

[13~14] 다음 서한을 읽고 물음에 답하시오.

We are glad to accept your offer of August 3 for 500 refrigerator units at ¥1,000.00 per unit, FOB Incheon for October shipment.
① To confirm this business, we are enclosing our Purchase Note No. 1021 together with the copies of relative information.
② To reimburse, we ③ have arranged with our bankers for an irrevocable Letter of Credit to be opened in your favor.
Since this business is very important to both of us, we would like you to ④ give it your best attention.
Enclosed : 1 Purchase Note No. 1021
1 Copy of Relative information

13 위 서한의 의도로 적절한 것은?

① 확정청약을 위한 무역계약서 송부
② 승낙 확인을 위한 구매서 동봉
③ 주문 승낙 후 주문서 동봉
④ 신용장 개설을 위한 구매계약서 요청

14 밑줄 친 ①~④의 뜻으로 바르지 않은 것은?

① 확인하기 위하여
② 개설하기 위하여
③ 당사의 은행과 협의하였다
④ 최대한 배려를 하다

정답 13 ② 14 ②

해석

당사는 냉장고 500대를 한 대당 ¥1,000.00 가격으로 FOB 인천 조건으로 10월에 선적하는 귀사의 청약을 승낙하게 되어 기쁩니다.
이 거래를 ① 확인하기 위해, 당사는 관련 정보 사본과 함께 구매서 No. 1021을 동봉합니다.
② 상환하기 위해, 당사는 귀사를 수익자로 하여 취소불능 신용장을 개설할 것을 ③ 당사의 은행과 협의했습니다.
이 거래는 우리 두 당사자 모두에게 매우 중요하므로, 당사는 귀사가 ④ 그것에 대해 최대한 배려해 주시기를 바랍니다.
동봉서류 : 구매서 No. 1021 1부, 관련 정보 사본 1부

*confirm : 사실임을 보여주다[확인해 주다]
*together with : ~을 포함하여
*reimburse : 상환하다
*arrange with : 결말짓다, 해결하다, 합의하다
*irrevocable Letter of Credit : 취소불능 신용장
*in your favor : 귀사를 수익자로 하여

해설 13

We are glad to accept your offer(귀사의 청약을 승낙하게 되어 기쁘다)라고 한 다음 To confirm this business, we are enclosing our Purchase Note No. 1021 together with the copies of relative information(이 거래를 확인하기 위해, 관련 정보 사본과 함께 구매서 No. 1021를 동봉합니다.)이라고 한 것으로 미루어 정답은 ② '승낙 확인을 위한 구매서 동봉'이다.

14

reimburse는 '상환하다'를 뜻하므로, ② '개설 → 상환하기 위하여'로 해석하여야 한다.

15 다음 영어를 우리말로 잘못 번역한 것을 고르시오.

① Please insure against ICC(A) for US $500,000.00 on the shipment by S/S "Hanbada".
→ "한바다" 선박의 적재 화물에 대해 ICC(A)조건으로 50만 달러의 보험을 부보하십시오.

② Your order will be shipped on M/S "Evergreen" leaving New York on or about May 1.
→ 귀사의 주문품이 5월 1일 경에 뉴욕에 도착예정인 "Evergreen"호에 선적될 것입니다.

③ As they have settled the account on time, we believe they are good for this amount.
→ 그들이 제때에 결제해 왔기 때문에 당사는 그들이 이 금액을 지급할 수 있다고 믿습니다.

④ Our cellular phones are second to none in appearance and performance.
→ 당사의 휴대폰은 겉모양과 성능 면에서 최고입니다.

정답 ②

해설 leaving ~[장소]은 '~을 떠나다'의 의미이므로 leaving New York은 '뉴욕을 떠나(서)'의 뜻이므로 바르게 번역하면
② '귀사의 주문품이 5월 1일 경에 뉴욕에 도착예정인 → 출발예정인 "Evergreen"호에 선적될 것입니다.'이다.
*insure : 보험에 들다[가입하다]
*on or about : 무렵, 경
*second to none : 제일의

16 다음 중 클레임 제기의 사유가 다른 하나는?

① You have not sent us all the goods we ordered, and the following are missing.
② Checking the goods, we found that some items were not packed.
③ To our regret, the case contains only 10 forks instead of 12 entered on the invoice.
④ You have delivered the goods below the standard we expected from the samples.

정답 ④

해석 ① 귀사는 당사의 주문품을 모두 보내주지 않았으며, 다음 상품들이 누락되었습니다.
② 상품을 점검해 보니, 일부 품목은 포장되지 않았습니다.
③ 유감스럽게도, 그 케이스에는 송장에 입력된 포크 12개가 아니라 포크 10개만 포함하고 있었습니다.
④ 귀사는 견본에서 예상한 표준 이하의 물품을 인도했습니다.

해설 ①, ②, ③은 주문한 것보다 수량이 부족하다는 내용인데, ④는 품질 불량(goods below the standard)에 대한
클레임이다.
*To our regret : 유감스럽게도
*instead of : ~대신에
*invoice : 송장, (물품 대금작업비 등의) 청구서
*deliver : (물건·편지 등을) 배달하다; (사람을) 데리고 가다

[17~18] 다음 문장의 해석으로 가장 옳은 것을 고르면?

17 Enclosed you will find our check for US $20.00 covering the sample you sent to us.

① 귀사께서는 당사가 보낸 견본을 결제할 미화 20달러의 수표를 첨부해 주세요.
② 귀사가 보낸 견본에 대한 대금 미화 20달러의 수표를 동봉합니다.
③ 귀사는 당사가 동봉한 수표 20달러가 견본에 대한 결제금액임을 알 것입니다.
④ 귀사는 당사가 보낸 견본에 대하여 미화 20달러의 수표로 결제해 주세요.

18 Export packing will be charged at the lowest possible prices, but there is no charge for the individual packing.

① 수출포장은 가장 낮은 가격을 부과하기 때문에 개별포장은 어렵습니다.
② 수출포장은 최저가격을 요구할 것이며, 개별포장은 요구하지 않을 것입니다.
③ 수출포장은 개별포장을 포함하지 않으므로 가장 낮은 가격을 수수료로 책정할 것입니다.
④ 수출포장은 최저가격으로 청구될 것이며, 개별포장은 무료입니다.

정답 17 ② 18 ④

해설 **17**
주어진 문장을 구분하여 해석하면 다음과 같다.
• Enclosed : 동봉합니다
• you will find our check for US $20.00 : 귀사는 당사의 미화 20달러의 수표를 찾을 것이다
• covering the sample : 견본에 대한 대금
• you sent to us : 귀사가 보낸
따라서 바르게 해석한 문장은 ② '귀사가 보낸 견본에 대한 대금 미화 20달러의 수표를 동봉합니다.'이다.
*Enclosed : 동봉하니
*cover : (무엇을 하기에 충분한 돈을[이]) 대다[되다]

18
주어진 문장을 구분하여 해석하면 다음과 같다.
• Export packing : 수출포장 〈주어〉
• will be charged : 청구될 것이다
• at the lowest possible prices : 최저가격으로[에]
• there is no charge : 요금이 없다
• for the individual packing : 개별포장에 관해서는
따라서 바르게 해석한 문장은 ④ '수출포장은 최저가격으로 청구될 것이며, 개별포장은 무료입니다.'이다.
*charge : 청구하다

19 다음 서신은 무엇에 대한 내용인가?

> We have arranged with the New York Bank for an irrevocable credit in your favor for US $770,000.00 covering the amount of our order No. 543.
> The advising bank, HSBC Bank in your city, will send you the L/C within several days.
> We would request you to attach the relative documents to your sight draft when negotiating it through your bankers.

① 수출상이 수입상에게 환어음 결제를 요청하는 서한
② 개설은행이 수출상에게 신용장 개설을 통지하는 서한
③ 수입상이 수출상에게 신용장 개설을 통지하는 서한
④ 통지은행이 수출상에게 환어음 결제를 요청하는 서한

정답 ③

해석

당사의 주문 No. 543에 해당하는 77만 달러에 대하여 귀사를 수익자로 하여 뉴욕은행에 취소불능 신용장을 개설했습니다.
귀사의 도시에 소재한 통지은행 HSBC 은행이 귀사에 수일 내 신용장을 보낼 것입니다.
귀사의 은행을 통해 매입할 때 귀사의 일람불 환어음 관련 서류를 첨부해 줄 것을 요청할 것입니다.

*irrevocable credit : 취소불능 신용장
*advising bank : 통지은행
*within several days : 수일 내에
*attach : 첨부하다
*sight draft : 일람불 환어음

해설 첫 문장인 We have arranged with the New York Bank for an irrevocable credit in your favor for US $770,000.00 covering the amount of our order No. 543(당사의 주문 No. 543에 해당하는 77만 달러에 대하여 귀사를 수익자로 하여 뉴욕은행에 취소불능 신용장을 개설했습니다.)로 미루어 ③ '수입상이 수출상에게 신용장 개설을 통지하는 서한'임을 알 수 있다.

20 다음 우리말을 영어로 잘못 옮긴 것을 고르시오.

① 신속히 회답해 주시면 감사하겠습니다.

→ We thank you for your ready reply.

② 당사는 귀사의 확인회신을 고대하고 있습니다.

→ We are looking forward to your confirmation reply.

③ 당사는 6월 9일자 귀사 서한에 대한 회답이 늦은 데 대하여 사과드립니다.

→ We apologize you for the delay in replying to your letter of June 9.

④ 당사는 가장 유리한 가격을 확보할 수 있습니다.

→ We are in a position to secure the most favorable price.

정답 ①

해설 '신속한 회답'은 prompt reply로 나타낼 수 있다. ready reply는 '준비된 회답'이라는 의미이므로 주어진 우리말 문장을 바르게 영어로 옮기면 ① We thank you for your <u>ready</u> reply → your <u>prompt</u> reply.이다.

---

21 다음 서신의 밑줄 친 부분의 해석으로 틀린 것은?

① <u>Refer to File No. 432</u>

② <u>Moon Electric Power, Inc</u>.
333 Mesa Place
Las Cruces, New Mexico 54321

③ <u>ATTN : Jack Williams</u>

Dear Jack Williams

④ <u>Re: Order No. 1275</u>

We are pleased to acknowledge your letter of January 5, accepting our counter offer of January 3.

We have the gladness to give you an order for 1,000 sets of Electric Induction Stovetops Model AA-555, and now enclose our order No. 1275. We trust that you will find the particulars of our order correct in every respect.

① 파일번호 제432호를 참조하시기 바랍니다.

② 수신인 회사명은 Moon Electric Power, Inc.이다.

③ Jack Williams씨 앞

④ 재주문 번호 1275

해석

친애하는 잭 윌리엄스

④ Re : Order No. 1275

당사는 1월 3일자 당사의 카운터 오퍼를 승인하는 1월 5일자 귀사의 서신을 받았음을 알려드립니다.

당사는 귀사에 전기 인덕션 스토브 AA-555 1,000세트를 주문하며, 주문 No. 1275를 동봉합니다. 귀사는 당사 주문서의 세부사항이 모든 면에서 정확하다는 것을 알게 되리라고 믿습니다.

해설 Re는 (업무상의 서신·이메일에서 관련 주제를 나타낼 때) '~와 관련하여' 또는 '회신으로'의 뜻이므로, ④ '재주문 번호 1275 → 주문 번호 1275 관련[회신]'이다.
*acknowledge : (편지·소포 등을) 받았음을 알리다
*particulars : (특히 공적 문서에 기록하는) 자세한 사실[사항]
*in every respect : 모든 점에서

22 다음 내용과 일치하지 않는 것은?

> Order now and receive a 15% discount!
> Korea Soft just published PC Software Market Report 2019.
> Korea's software market is the second largest after the U.S., importing US $3 billion of software each year.
> The report discusses the market overview, industry structure, trends and opportunities and challenges for overseas software developers. The table of contents is available at www.getglobal.com.
> If you order the report by Feb. 10, you'll receive a 15% discount.
> Order now online, by fax or mail and take advantage of this special offer!
> For questions or additional information, please contact info@getglobal.com.

① 코리아 소프트에서는 PC소프트웨어 시장 리포트 2019년을 막 발간하였다.
② 한국의 소프트웨어 시장은 미국보다 더 크다.
③ 한국은 매년 30억 달러 상당의 소프트웨어를 수입한다.
④ 목차는 www.getglobal.com에서 볼 수 있다.

지금 주문하시고 15% 할인 받으세요!

코리아소프트는 PC소프트웨어 시장보고서 2019를 최근 발간했습니다.

한국의 소프트웨어 시장은 매년 30억 달러의 소프트웨어를 수입하면서 미국에 이어 두 번째로 큰 규모입니다.

이 보고서는 시장 개요와 산업 구조, 동향, 해외 소프트웨어 개발자를 위한 기회와 과제를 논의합니다. 목차는 www.getglobal.com에서 구할 수 있습니다.

2월 10일까지 보고서를 주문하면 15% 할인을 받을 수 있습니다.

지금 온라인으로 팩스나 메일로 주문하시고 이 특별 할인 혜택을 받으세요!

질문이나 추가 정보는 info@getglobal.com으로 문의하세요.

세 번째 문단에서 Korea's software market is the second largest after the U.S.(한국의 소프트웨어 시장은 ... 미국에 이어 두 번째로 큰 규모)라고 했으므로 정답은 ② '한국의 소프트웨어 시장은 미국보다 더 크다 → 작다.'이다.

*billion : 10억

*market overview : 시장 개요

*available : 구할[이용할] 수 있는

*take advantage of : ~을 이용하다; ~을 기회로 활용하다

23 다음 문장의 해석으로 올바른 것을 고르시오.

> Please let us know whether you have stock of them, and how long it will take you to ship in case of sold out.

① 동 상품의 재고가 있는지 여부와 매진된 경우 선적하기 위해 얼마나 걸릴 것인지를 알려주시기 바랍니다.

② 동 상품의 재고 또는 귀사가 품절될 때까지 판매하는 경우 얼마나 걸리는지 선적할 수 있도록 알려주시기 바랍니다.

③ 귀사께서 얼마나 오랫동안 재고를 가지고 있는지 여부와 선적을 하기 위해 귀사 판매 방법을 알려주시기 바랍니다.

④ 동 상품의 재고를 얼마나 오랫동안 가지고 있는지 여부와 판매가 늦어지는 경우 선적하기 위해 얼마나 걸리는지를 알려주시기 바랍니다.

정답 ②

해설 주어진 문장을 구분하여 해석하면 다음과 같다.
- Please let us know : 당사에 알려주시기 바랍니다
- whether you have stock of them : 귀사가 동 상품의 재고를 가지고 있는지 여부
- how long it will take you to ship : 선적하기 위해 (시간이) 얼마나 걸릴 것인지
- in case of sold out : 품절될 경우

따라서 영문을 바르게 해석한 것은 ② '동 상품의 재고 또는 귀사가 품절될 때까지 판매하는 경우 얼마나 걸리는지 선적할 수 있도록 알려주시기 바랍니다.'이다.

*in case of : ~의 경우, 만일 ~한다면
*whether : ~인지 아닌지[여부]

24 밑줄 친 부분과 의미가 같은 것을 고르시오.

In these circumstances, we deeply regret that <u>we have no alternative but to</u> accept your order cancellation.

① we have no choice to

② there is no other way than to

③ we have no difficulty to

④ it is impossible for us to

정답 ②

해석

이런 상황에서 <u>당사는</u> 유감스럽게도 귀사의 주문 취소를 받아들일 수밖에 없습니다.

① 당사는 ~할 선택이 없습니다
② ~하는 것 외에 다른 방법이 없습니다
③ 당사는 ~에 어려움이 없습니다
④ 당사는 ~할 수 없습니다

해설 밑줄 친 we have no alternative but to는 '~외에 대안이 없다'는 뜻으로, ② there is no other way than to(~하는 것 외에 다른 방법이 없습니다)와 그 의미가 같다. ① we have no choice to는 '~하는[한] 선택지가 없다'는 뜻이므로 같은 뜻이 되려면 we have no choice but to(당사는 ~할 수밖에 없습니다)로 바꾸어야 한다.

*have no alternative but to : ~외에 대안이 없다
*there is no other way than to : ~하는 것 외에 다른 방법이 없다

25 다음 서한을 읽고 서한의 의도가 맞은 것을 고르시오.

> We found that the credit amount is US $100,000.00 only. This is not correct because you placed an additional order of US $20,000.00's worth of women's sportswear.
> The time of shipment is fast approaching and we have to request you to increase the credit amount to US $120,000.00 to ensure punctual shipment as contracted.

① Asking for amendment of the L/C
② Asking for extending shipping date
③ Request for opening an L/C
④ Asking for amendment of additional order

정답 ①

해석

당사는 신용장 금액이 10만 달러에 불과하다는 것을 발견했습니다. 귀사가 2만 달러 상당의 여성 스포츠웨어를 추가로 주문했기 때문에 이것은 잘못된 것입니다.
선적 시간이 빠르게 다가오고 있고, 당사는 계약한 대로 적시 선적을 보장하기 위해서 귀사에 신용장 금액을 $120,000.000까지 늘려줄 것을 요청해야 하겠습니다.

① 신용장 조건변경 요청
② 선적일자 연장 요청
③ 신용장 개설 요청
④ 추가주문 수정 요청

해설 마지막 문장에서 we have to request you to increase the credit amount to US $120,000.00(당사는 귀사에 신용장 금액을 $120,000.000까지 늘려줄 것을 요청하여야 한다)라고 하였으므로 정답은 신용장의 조건을 변경하기를 요청한다는 내용의 ① Asking for amendment of the L/C이다.
*credit amount : 신용장 금액
*ensure : 보장하다
*punctual : 시간을 지키는[엄수하는]
*shipment : 선적

26 괄호 안에 들어갈 수 없는 표현은?

> 이 주문을 2019년 4월 24일까지 이행해 주십시오.
> Please (   ) this order until April 24, 2019.

① execute

② fulfill

③ place

④ carry out

정답 ③

해석

> 이 주문을 2019년 4월 24일까지 이행해 주십시오.
> Please (execute/fulfill/carry out) this order until April 24, 2019.

① 집행[이행]하다
② 이행하다
③ ~에 두다; ~을 주문하다
④ ~을 수행[이행]하다

해설 괄호 안에 들어갈 표현은 '(주문을) 이행하다'의 의미이다. ①, ②, ③은 모두 '집행[이행]하다, 수행하다'의 의미로 동일하지만, ③ place an order은 '주문하다'의 의미로 어울리는 표현이 아니다.
*execute : 집행[이행]하다
*fulfill : (의무·약속·직무 등을) 다하다, 이행하다
*carry out : ~을 수행[이행]하다

27 보험관련 용어의 영어표현으로 옳은 것은?

① 현실전손 - Constructive Total Loss
② 추정전손 - Actual Total Loss
③ 특별분손 - Particular Average
④ 공동해손 - General Average

정답 ④

해설 ① 현실전손 : Constructive Total Loss → Actual Total Loss
② 추정전손 : Actual Total Loss → Constructive Total Loss
③ 단독해손 : Particular Average → Particular Average

해상손해의 분류

해상손해	물적손해	전손(Total Loss)	현실전손(Actual Total Loss)
			추정전손(Constructive Total Loss)
		분손(Partial Loss)	단독해손(Particular Average Loss)
			공동해손(General Average Loss)
	비용손해	구조비(Salvage Charge)	
		특별비용(Particular Charges)	
		손해방지비용(Sue and Labour Charges)	-
		손해조사비용(Survey Fee)	
		공동해손비용(General Average Expenditure)	
	책임손해	선박충돌 손해배상 책임	
		공동해손분담금(General Average Contribution)	

28 다음 용어의 올바른 영어표현은?

① 부도수표 – Defective Check
② 대금청구서 – Credit Note
③ 기한 경과 부채 – Overdue Debt
④ 송금수표 – Protested Check

정답 ③

해설 ① 부도수표 : Defective Check → Protested Check
② 대금청구서 : Credit Note → Bill of Statement
④ 송금수표 : Protested Check → Remittance Check
*Defective Check : 부정수표
*Credit Note : 대변표(cf. Debit Note : 차변표)
*Protested Check : 부도수표

29 괄호에 들어갈 표현으로 옳은 것은?

The words "from" and "after" when used to determine a maturity date (   ) the date mentioned.

① exclude
② include
③ extend
④ contain

정답 ①

해석
'부터'와 '이후'라는 단어는 만기일을 결정하기 위하여 사용된 경우에는 언급된 당해 일자를 제외한다.

① 제외하다
② 포함하다
③ 연장하다
④ ~이 들어있다

해설 ① UCP 600 제3조 해석의 내용으로, 만기일을 나타낼 때 'from'과 'after'는 언급될 해당 일자를 제외한다.
UCP 600 제3조 해석
The words "to", "until", "till", "from" and "between" when used to determine a period of shipment include the date or dates mentioned, and the words "before" and "after" exclude the date mentioned.
"to", "until", "till", "from" 및 "between" 등의 단어는 선적기간 결정을 위해 사용되는 경우 언급된 당해 일자를 포함하며, "before" 및 "after"는 언급된 당해 일자를 제외한다.

30 ⓐ~ⓓ에 들어갈 단어를 순서대로 나열한 것은?

Complying with the terms of payment, we have drawn a draft (ⓐ) your bank (ⓑ) 30 d/s (ⓒ) US $3,450,000.00 (ⓓ) L/C No. 12/80001 with attached documents, and have negotiated it through the Korea Exchange Bank in Seoul, Korea.

① ⓐ on, ⓑ for, ⓒ at, ⓓ under
② ⓐ on, ⓑ at, ⓒ for, ⓓ under
③ ⓐ for, ⓑ on, ⓒ under, ⓓ at
④ ⓐ for, ⓑ under, ⓒ on, ⓓ at

정답 ②

해석
지불조건에 따라, 당사는 귀사의 은행(ⓐ 에) 첨부서류와 함께 신용장 No. 12/80001(ⓓ 에 의거하여) $3,450,000.00(ⓒ 에 대하여) 일람 후 30일 출급 환어음(ⓑ 을) 발행했으며, 한국 서울 외환은행을 통하여 매입했습니다.

해설
• ⓐ · ⓑ : '귀사의 은행에 일람 후 30일 출급 환어음을 발행하다'라는 의미의 표현은 draw a draft on your bank at 30d/s로 나타낼 수 있다.
• ⓒ : 전치사 for는 본문에서 '~에 대하여'라는 의미로 사용되었다.
• ⓓ : '~에 의거하여'라는 표현은 전치사 under를 사용하여 나타낸다.
*Complying with : ~에 따라
*terms of payment : 지불조건, 결제조건
*draw[value] a draft on A at 30d/s(= draw[value] on A at 30d/s) : A에게 일람 후 30일 출급 환어음을 발행하다
*under one's L/C : 신용장에 의거하여

[31~33] 다음 서신을 읽고 물음에 답하시오.

Your letter of April 15 pointing out our mistake was a serious shock to us.
We at once (가) 조사하였다 the matter at our shipping department and found that one of our workers had mistakenly shipped 50 Refrigerator Model 90 instead of Model 80.
We will of course (나) 교체하다 them with Model 80 by the first available vessel.
As for Model 90, we will (다) 부담하다 all expenses you (라) 지불하다 in shipping them back to us.
We hope you would forgive us (A) 당사는 이 문제를 잘 처리하도록 노력할 것이기 때문에.

31 위 서신에 나타난 클레임 사유로 적절한 것은?

① Inferior quality
② Short shipment
③ Wrong shipment
④ Misdescription

32 위 서신의 (가)~(라)에 들어갈 표현으로 옳지 않은 것은?

① (가) examined
② (나) revise
③ (다) bear
④ (라) pay

33 위 서신의 (A)를 영작할 때 바른 것은?

① as we will try to settle this matter
② as we will try to go through this matter
③ as we will try to acknowledge this matter
④ as we will try to compensate for the matter

해석

당사의 잘못을 지적하는 4월 15일자 귀사의 서신은 당사에 심각한 충격이었습니다.

당사는 즉시 당사의 선적부에서 그 문제를 (가) 조사했으며, 당사의 직원 중 한 명이 실수로 냉장고 50대를 모델 80 대신 모델 90을 선적했다는 것을 알았습니다.

당사는 물론 이용가능한 첫 번째 선박편에 냉장고 모델 80을 (나) 교체할 것입니다.

모델 90에 대해 말하자면, 귀사가 그것들을 당사에 되돌려 보내는 데 (라) 지불한 선적비용을 모든 비용을 당사가 (다) 부담할 것입니다.

당사를 용서해주시기 바랍니다. (A) 당사는 이 문제를 잘 처리하도록 노력할 것입니다.

31
① 열등 품질
② 싣고 남은 화물
③ 잘못된 선적
④ (계약의) 오기

32
① (가) 조사하다
② (나) 수정하다
③ (다) 부담하다
④ (라) 지불하다

33
① 당사는 이 문제를 잘 처리하도록 노력할 것이기 때문에
② 당사는 이 문제를 겪으려고 노력할 것이기 때문에
③ 당사는 이 문제를 인정하려고 노력할 것이기 때문에
④ 당사는 이 문제에 대해 보상하려고 노력할 것이기 때문에

해설 **31**

one of our workers had mistakenly shipped 50 Refrigerator Model 90 instead of Model 80(당사의 직원 중 한 명이 실수로 냉장고 50대를 모델 80 대신 모델 90을 선적했다)고 했으므로, 정답은 선적이 잘못되었다는 내용의 ③ Wrong shipment이다.

*mistakenly : 잘못하여, 실수로

32

② revise는 '수정[개정]하다'의 의미이므로 (나)에 들어갈 표현으로 적절하지 않다. '교체하다'는 replace로 나타내야 적절하다.

*revise : 수정[개정]하다
*bear : (비용을) 부담하다

33

밑줄 친 (A) '당사는 이 문제를 잘 처리하도록 노력할 것이기 때문에'를 나누어 영작하면 다음과 같다.
• 당사는 ~ 노력할 것이기 때문에 : as we will try
• 이 문제를 잘 처리하도록(하기 위해) : to settle this matter
따라서 ① as we will try to settle this matter가 적절한 표현이다.

*settle : (논쟁 등을) 해결하다; 정리하다
*go through : (행동·절차 등을) 거치다; ~을 살펴보다
*acknowledge : 인정하다
*compensate for : ~을 보상[보충]하다

34 다음 문장을 영작할 때 사용할 수 있는 단어로 어색한 것은?

> "당사는 귀사에게 신용장의 유효기간과 선적기일을 각각 2주일씩 연장해주실 것을 요청합니다."

> We would like to ① ⓐ you to ② ⓑ the shipping date and the credit ③ ⓒ by two weeks ④ ⓓ .

① ⓐ ask
② ⓑ expire
③ ⓒ validity
④ ⓓ respectively

정답 ②

해석
We would like to ⓐ ask you to ⓑ expire → extend the shipping date and the credit ⓒ validity by two weeks ⓓ respectively.

① ⓐ 요청하다
② ⓑ 만료되다
③ ⓒ 유효기간
④ ⓓ 각 각

해설 ② ⓑ에는 '연장하다'라는 의미의 표현이 들어가야 하므로, expire(만료되다) → extend(연장하다)가 되어야 한다.
*validity : 유효함, 타당성
*shipping date : 선적일자

35 당사는 이 신용장 원본이 귀사로 직접 발송되었다는 통보를 받았습니다.

→ We ( ).

(1) the original
(2) directly to you
(3) had been forwarded
(4) are informed that
(5) of this credit

① (3) − (1) − (5) − (4) − (2)
② (3) − (2) − (4) − (1) − (5)
③ (4) − (1) − (5) − (3) − (2)
④ (4) − (2) − (1) − (5) − (3)

36 귀사가 회답주신 모든 정보는 극비에 부칠 것임을 약속드립니다.

→ We assure you that ( ).

(1) you give us
(2) confidence
(3) in the strictest
(4) any information
(5) will be kept

① (2) − (1) − (5) − (3) − (4)
② (2) − (5) − (3) − (4) − (1)
③ (4) − (1) − (5) − (3) − (2)
④ (4) − (5) − (3) − (2) − (1)

해석 35

> 당사는 이 신용장 원본이 귀사로 직접 발송되었다는 통보를 받았습니다.
> → We (are informed that the original of this credit had been forwarded directly to you).

36

> 귀사가 회답주신 모든 정보는 극비에 부칠 것임을 약속드립니다.
> → We assure you that (any information you give us will be kept in the strictest confidence).

해설 35

주어진 문장을 구분하여 영작하면 다음과 같다.
• 당사는 통보를 받았습니다 : We are informed that ~
• 이 신용장 원본 : the original of this credit
• 귀사로 직접 발송되었다 : (which/that) had been forwarded directly to you
따라서 옳은 순서대로 영작한 것은 ③ (4) are informed that – (1) the original – (5) of this credit – (3) had been forwarded – (2) directly to you이다.
*be informed that : ~을 통지받다
*original : 원본
*forward : 전달하다

36

주어진 문장을 구분하여 영작하면 다음과 같다.
• (당사는) 약속드립니다 : We assure you that ~
• 귀사가 회답주신 모든 정보 : any information you give us
• 극비에 부칠 것이다 : will be kept in the strictest confidence
따라서 옳은 순서대로 영작한 것은 ③ (4) any information – (1) you give us – (5) will be kept – (3) in the strictest – (2) confidence이다.
*assure : 장담하다, 확언[확약]하다
*in the strictest confidence : 극비에

37 밑줄 친 빈 칸에 들어갈 표현으로 적절하지 않은 것은?

> Thank you for the order of Laptop Computers, which is now being processed. We should inform you, however, that _____ the flood at our county it will be difficult for us to send your goods by the date stipulated.
> We regret this, and would ask you to extend your L/C to October 10, so that we can make shipment as soon as the flood stops.

① owing to
② due to
③ on account of
④ in spite of

정답 ④

해석

귀사의 노트북 컴퓨터의 주문에 감사드리며, 현재 처리되고 있습니다. 그러나 당사 자치주의 홍수로 인해 귀사의 지정 날짜까지 물품을 보내기는 어려울 것임을 통지해야 합니다.
당사는 이것을 유감으로 생각하며, 홍수가 멈추는 대로 선적할 수 있도록 신용장을 10월 10일까지 연장해 줄 것을 요청합니다.

① ~ 때문에
② ~에 기인하는
③ ~ 때문에[~해서]
④ ~에도 (불구하고)

해설 내용상 빈 칸에는 원인을 나타내는 '~ 때문에, ~에서 비롯된'의 의미를 가진 표현이 들어가야 한다. owing to, due to, on account of는 모두 '~ 때문에, ~에 기인하는'의 뜻이지만 ④ in spite of는 '~에도 (불구하고)'의 뜻이므로 내용상 적절하지 않다.
*the date stipulated : 규정된 날짜
*on account of : ~ 때문에[~해서]

38 다음을 영작할 때 (   )에 들어갈 말이 순서대로 올바르게 나열된 것은?

> "미화 3,500달러의 청구서는 지급 기일이 90일 경과하고 있습니다. 9월 20일까지 3,500달러 전액을 송금해 주십시오."

> Your bill of US $3,500.00 is (㉠) by 90 days. Please (㉡) US$3,500.00 in full by September 20.

① ㉠ outdated – ㉡ defer
② ㉠ overcharged – ㉡ transfer
③ ㉠ outstanding – ㉡ refer
④ ㉠ overdue – ㉡ remit

[정답] ④

[해석]

> Your bill of US $3,500.00 is (㉠ overdue) by 90 days. Please (㉡ remit) US$3,500.00 in full by September 20.

① ㉠ 구식인 – ㉡ 미루다
② ㉠ (금액을) 많이 청구하다 – ㉡ 양도하다
③ ㉠ 미지불된 – ㉡ 조회하다; 지시하다
④ ㉠ 지불 기한을 넘긴 – ㉡ 송금하다

[해설] 주어진 문장에 따르면 ㉠에는 '(청구서의 지급 기일이) 경과하다'의 의미가, ㉡에는 '송금하다'의 의미가 들어가야 한다. 따라서 ④ ㉠ overdue[(지불·반납 등의) 기한이 지난] – ㉡ remit[송금하다]가 적절하다.
*in full : 전부[빠짐없이]
*outdated : 구식인, 낡은
*defer : 미루다, 연기하다
*overcharge : (금액을) 많이 청구하다, 바가지를 씌우다
*outstanding : 미지불된, 미지급된; 뛰어난
*refer : 참조하다, 조회하다; 지시하다

We thank you very much for your firm offer of July 25 for five hundred (500) refrigerator units, but your offer price is a little (가) 비싼 compared with that of other suppliers.
You must remember that competition (나) 이 업종에서 is so much (다) 치열한 that unless you make the unit price ¥1,000.00 rather than ¥1,100.00 per unit, we cannot accept your offer as you requested.
Your kind (라) 할인 will enable us to introduce your goods to our market.
We are looking forward to your confirmation.

39 상기 서한의 의도는 무엇인가?

① to accept the firm offer
② to ask for price reduction
③ to acknowledge the order
④ to request new supplier

40 위 서한의 (가) ~ (라)에 들어갈 표현이 잘못된 것은?

① (가) high
② (나) in this line
③ (다) keen
④ (라) avoid once

정답 39 ② 40 ④

해석
당사는 냉장고 500대에 대한 귀사의 7월 25일자 확정청약에 매우 감사드립니다. 하지만 귀사의 청약 가격은 다른 공급자들에 비해 약간 (가) 비쌉니다. 귀사가 기억해야 할 것은 (나) 이 업종에서의 경쟁이 너무 (다) 치열해서 귀사가 한 대당 가격을 ¥1,100.00에서 ¥1,000.00으로 낮추지 않는다면, 당사는 귀사가 요청한 청약을 승낙할 수 없다는 사실입니다.
귀사의 친절한 (라) 할인으로 당사는 귀사의 상품을 우리 시장에 소개할 수 있을 것입니다.
당사는 귀사의 확인을 고대합니다.

39
① 확정청약을 승낙하기 위해서
② 가격할인을 요청하기 위해서
③ 주문을 인정하기 위해서
④ 새로운 공급처를 요청하기 위해서

40
① (가) 높은; (가격이) 비싼
② (나) 이 업종에서
③ (다) (경쟁 등이) 치열한
④ (라) 한 번 회피하다

해설 39

② unless you make the unit price ¥1,000.00 rather than ¥1,100.00 per unit, we cannot accept your offer as you requested(한 대당 가격을 ¥1,100.00에서 ¥1,000.00으로 낮추지 않는다면, 당사는 귀사가 요청한 청약을 승낙할 수 없다)라는 서신의 내용으로 미루어 가격할인을 요청하는 것을 알 수 있다.

*firm offer : 확정청약

*suppliers : 공급자, 공급 회사

*be looking forward to : ~을 고대하다

*confirmation : 확인(무엇이 사실이거나 확정되었음을 보여주는 진술·편지 등)

*price reduction : 가격할인

*acknowledge : 인정하다

40

④ (라)에는 '(가격)할인'을 뜻하는 표현이 들어가야 하는데, avoid once는 '한 번 회피하다'의 뜻으로 그 의미가 전혀 다르다. 따라서 (라)에 들어가야 할 표현은 Your kind (라) 할인(avoid once → price reduction) will enable us to introduce your goods to our market(귀사의 친절한 할인으로 당사는 귀사의 상품을 우리 시장에 소개할 수 있을 것입니다.)이다.

41 다음 우리말을 영어로 잘못 옮긴 것은?

① 보험가액 – Insurable value

② 보험금액 – Insured amount

③ 보험금 – Insurable interest

④ 보험료 – Insurance premium

정답 ③

해설 ③ 보험금 : Insurable interest → Claim amount

(지급)보험금(Claim amount)

• 담보위험으로 피보험자가 입은 재산상의 손해에 대해 보험자가 피보험자에게 실제 지급하는 보상금액이다.

• 보험금은 보험가액과 보험금액과의 관계에 따라 전부(보험금액 = 보험가액) 또는 일부(보험금액 < 보험가액)가 보상되는데 우리나라는 보험계약 체결 시 보험가액을 협정하지 않으므로 CIF 가격을 기초로 하여 보험금액을 정하는 것이 좋다.

피보험이익(Insurable interest)

• 보험목적물과 피보험자 사이의 이해관계, 즉 보험목적물에 보험사고가 발생함으로써 피보험자가 경제상의 손해를 입을 가능성이 있는 경우 이 보험목적물과 피보험자와의 경제적 이해관계를 피보험이익이라고 하며, 이를 보험계약의 목적이라고도 한다.

• 해상보험에서 피보험목적물에 해상위험이 발생하지 않음으로써 이익을 얻고, 또 해상위험이 발생함으로써 손해를 입는 이해관계자가 피보험목적물에 대해 피보험이익을 가진다고 말할 수 있다.

42 영어로 가장 맞게 영작한 것은?

> 당사는 모든 주문이 제 때에 이행될 수 있도록 항상 최선을 다합니다.

① We always try our best to make all orders in time.
② We always carry on all orders in due course with our attention.
③ We always make every efforts to induce all orders in time.
④ We always do our best to execute all orders in due course.

정답 ④

해석 ① 당사는 제 때에 모두 주문할 수 있도록 항상 최선을 다합니다.
② 당사는 적절한 때에 모든 주문을 계속할 수 있도록 주의합니다.
③ 당사는 제 때에 모든 주문을 유도할 수 있도록 항상 최선의 노력을 합니다.
④ 당사는 모든 주문이 제때에 이행될 수 있도록 항상 최선을 다합니다.

해설 주어진 문장을 구분하여 영작하면 다음과 같다.
• 당사는 항상 최선을 다합니다 : We always do our best
• 모든 주문이 이행되다 : to execute all orders
• 제 때에 : in due course(= in time)
따라서 가장 자연스럽게 영작한 표현은 ④ We always do our best to execute all orders in due course이다.
*do one's best : 최선을 다하다
*execute : 실행[수행]하다
*in due course : 적절한 때에
*make every efforts : 최선의 노력을 하다
*induce : 설득하다, 유도하다

---

43 일반적인 무역계약의 체결 과정으로 옳은 것은?

① Market Research → Circular Letter → Inquiry → Firm Offer → Counter Offer → Acceptance → Contract
② Market Research → Inquiry → Firm Offer → Order → Acknowledgement → Acceptance → Sales Letter
③ Market Research → Inquiry → Firm Offer → Counter Offer → Acceptance → Circular letter → Sales Contract
④ Market Research → Inquiry → Firm Offer → Acceptance → Order → Counter Offer → Contract

---

정답 ①

해설 무역계약의 체결 과정
Market Research(시장조사) → Circular Letter(거래권유장) → Inquiry(신용조회) → Firm Offer(확정청약) → Counter Offer(반대청약) → Acceptance(승낙) → Contract(계약 체결)

44 괄호 안에 들어갈 수 없는 표현은?

당사는 귀사의 청약을 즉시 승낙할 것입니다.
We will accept your offer (   ).

① without delay

② at once

③ immediately

④ as requested

정답 ④

해석

당사는 귀사의 청약을 즉시 승낙할 것입니다.
We will accept your offer (without delay/at once/immediately).

① 지체 없이
② 한 번에
③ 즉 시
④ 요청한대로

해설 괄호 안에는 '즉시, 바로'라는 의미의 without delay, at once, immediately가 들어가는 것이 자연스럽다. ④ as requested는 '요청한대로'의 뜻이므로 적절한 영작이 아니다.

안심Touch

[45] 다음은 전화메시지 내용이다. 읽고 물음에 답하시오.

> I'm afraid we will have to postpone it. Please call me back at 777-1234 <u>면담일정을 다시 잡을 수 있도록</u>. Thanks.

45 밑줄 친 부분의 영작으로 옳은 것은?

① in order for you may rearrange the meeting

② so that we can reschedule the meeting

③ so as to restart the meeting

④ so that we might catch the meeting again

[정답] ②

[해석]
당사는 그것을 연기해야 할 것 같습니다. <u>면담일정을 다시 잡을 수 있도록</u> 777-1234로 연락주세요. 감사합니다.

① 귀사가 회의를 재정비할 수 있도록
② 면담일정을 다시 잡을 수 있도록
③ 회의를 다시 시작하기 위해서
④ 회의를 다시 만날 수 있도록

[해설] 밑줄 친 '면담일정을 다시 잡을 수 있도록'을 구분하여 영작하면 다음과 같다.
• ~하도록 하다, ~하기 위하여 : so that ~(= in order for, so as to)
• 당사가 다시 면담일정을 잡다 : we can reschedule the meeting
따라서 적절한 영작은 ② so that we can reschedule the meeting이다.
*I'm afraid : (유감스러운 내용을 말할 때 예의상 덧붙이는 표현) ~할[인] 것 같다, (유감이지만) ~이다
*rearrange : 재정비하다
*reschedule : 일정을 변경하다

46 신용장 거래에서 다음 질문에 가장 적합하지 않은 것을 고르시오.

① Who has a primary obligation to effect payment under a Credit? – Issuing Bank

② Who does the exporter forward the documents to? – Beneficiary

③ Under a confirmed Documentary Credit, who gives an undertaking to pay? – Issuing Bank and/or Confirming Bank

④ Who applies for the credit to be issued? – Applicant

해석 ① 신용장 하에서 1차적인 지불의무가 있는 것은 누구인가? – 개설은행

② 수출업자는 서류를 누구에게 송부하는가? – 수익자

③ 확인된 화환신용장 하에, 누가 지불을 약속하는가? – 개설은행 또는 확인은행

④ 신용장 개설을 신청하는 사람은 누구인가? – 개설의뢰인

해설 ② 신용장을 받은 수출업자는 신용장에서 요구한 선적서류와 환어음을 준비하여 신용장에서 지정된 지급·인수 또는 매입은행, 또는 자유(개방)매입 신용장의 경우에는 자신에게 유리한 은행에 이를 제시한다.

신용장거래 당사자

개설의뢰인 (Applicant)	수익자(Beneficiary, 수출업자)와의 매매계약에 따라 자기거래은행(Opening Bank)에 신용장을 개설해줄 것을 요청하는 수입업자로 향후 수출 환어음 대금의 결제의무자가 됨
개설은행 (Issuing Bank)	수입업자의 거래은행으로서 개설의뢰인(수입업자)의 요청과 지시에 의하여 신용장을 발행하며, 환어음 지급에 있어서 최종적인 책임을 부담
확인은행 (Confirming Bank)	신용장 개설은행의 의뢰에 의해 개설은행의 재력·존폐에 상관없이 신용장 조건에 의거 발행된 환어음을 지급·인수·매입하겠다는 독립적인 확약을 부가해 주는 은행

*primary obligation : 일차적 의무

*effect payment : 지불하다

*forward : 전달하다

*beneficiary : 수익자

[47~48] 다음 문장의 (   ) 안에 알맞은 용어를 고르시오.

47 The word "(   )" means that the B/L must not bear any superimposed clause or notation which expressly declares a defective condition of the goods or the packing.

① clean

② dirty

③ foul

④ unclean

48 (   ) is the consignment note used for the carriage of goods by air.

① Air Waybill

② Sea Waybill

③ Combined Transport Document

④ Bill of Lading

해석 47

'(무고장)'이라는 단어는 선하증권에 물품 또는 포장의 하자상태(defective conditions)를 명시적으로 선언하는 어떤 중첩된 조항이나 표기가 없어야 한다는 것을 의미한다.

① 무고장
② 더러운
③ 더러운, 부정의
④ 고 장

48

(항공화물운송장)은 항공에 의한 상품운송에 사용되는 탁송화물 운송장이다.

① 항공화물운송장
② 해상화물운송장
③ 복합운송증권
④ 선하증권

해설 47

무고장선하증권(Clean B/L)
• 화물의 손상 및 과부족이 없이 발행되는 증권과 손상 및 과부족이 있을지라도 그 내용이 M/R(Mate's Receipt, 본선수취증)의 Remarks(비고)란에 기재되지 않은 선하증권이다.
• 증권 면에 "Shipped on board in apparent good order and condition"이라고 표시되기도 한다.

고장선하증권(Foul/Dirty B/L)
• 화물의 손상 및 과부족이 있어서 그 내용이 M/R의 Remarks(비고)란에 기재된 선하증권이다.
• 이러한 Foul B/L의 경우 은행이 매입을 거절하므로, 수출업자는 선박회사에 L/I(Letter of Indemnity, 손상화물보상장)를 제공하고 무고장선하증권(Clean B/L)을 교부받아야 한다.
• 사고 문언은 "3 package short in dispute", "3 cases wet or torn(broken)", "3 cases loose strap" 등으로 표시한다.

48

① 항공화물운송장(Air Waybill, AWB) : 항공사가 화물을 항공으로 운송하는 경우 송하인과의 운송계약 체결을 증명하기 위해 항공사가 발행하는 기본적인 운송/적적서류이다. 항공운송의 법률적 근거는 국제항공운송 통일규칙에 관한 조약인 항공운송 관련 Warsaw 조약에 있다.
② 해상화물운송장(Sea Waybill, SWB) : 선하증권과 달리 운송중인 화물에 대한 전매 필요성이 없는 경우 발행되는 선적서류로 유통성 있는 권리증권이 아니라는 점을 제외하면 선하증권과 성질 및 기능이 동일하다. 운송계약의 증거서류이자 운송화물에 대한 수령증(화물수취증)이며, 기명식으로만 발행된다.
③ 복합운송증권(Combined Transport Document) : 일관운송의 전 구간에 대해 책임을 지는 주체인 복합운송인이 발행하는 복합운송계약의 증거서류이다.
④ 선하증권(Bill of Lading, B/L) : 화주(송하인)의 요청으로 화주(송하인)와 운송계약을 체결한 운송인(선사)이 발행하는 정기선 운송계약의 증거이다. 증권상에 기재된 화물의 권리를 구현하기 때문에 일반적으로 배서에 의하여 유통된다.
*consignment note : 탁송화물 운송장

49 다음 중 CIF 조건과 관련이 없는 내용을 고르시오.

① The seller delivers the goods on board the vessel or procures the goods already so delivered.

② The buyer must contract for and pay the costs and freight necessary to bring the goods to the named place of port.

③ The seller shall clear the goods for export.

④ The seller is required to obtain insurance only on minimum cover.

[정답] ②

[해석] ① 매도인이 물품을 본선에 적재하여 인도하거나 이미 그렇게 인도된 물품을 조달한다.
② 매수인은 물품을 지정목적항까지 운송하는 데 필요한 계약을 체결하고 이에 따른 비용과 운임을 부담한다.
③ 매도인이 물품의 수출통관을 해야 한다.
④ 매도인은 단지 최소조건으로 보험을 부보하도록 요구된다.

[해설] ② 매수인(buyer) → 매도인(seller)은 물품을 지정목적항까지 운송하는 데 필요한 계약을 체결하고 이에 따른 비용과 운임을 부담한다.
CIF[Cost, Insurance and Freight, (지정목적항) 운임·보험료 포함 인도조건]
• CFR 조건에 보험조건이 포함된 조건(매도인 수출통관)
• 물품의 인도장소 : 선적항의 본선을 통과한 곳
• 물품에 대한 매매당사자의 위험부담의 분기점(위험이전) : 물품이 지정선적항 본선 갑판에 안착됐을 때
• 물품에 대한 매매당사자의 비용부담의 분기점(경비이전) : 목적항(매도인은 적재 시까지 모든 비용과 목적항까지 운임, 양하비 부담 + 보험료)

50 다음은 일반거래조건협정서의 내용 중 일부이다. 영작할 때 알맞은 표현은?

> 거래는 본인 대 본인으로서 행하기로 한다. 즉, 양 당사자는 각자의 명의와 계산과 책임으로 행하기로 한다.

① Business shall be conducted as principal to principal, i.e., both parties shall do in their own names and on their own account and responsibility.

② Business shall act as agent to agent, i.e., both parties shall be done in their own names and on their own account and responsibility.

③ Business shall be conducted as agent to principal, i.e., both parties shall act in their own names and on their own account and responsibility.

④ Business shall be done as principle to principle, i.e., both parties shall do in their own names and on their own account and responsibility.

정답 ①

해석 ① 거래는 본인 대 본인으로서 행하기로 한다. 즉, 양 당사자는 각자의 명의와 계산과 책임으로 행하기로 한다.
② 거래는 대리인 대 대리인으로서 행하기로 한다. 즉, 양 당사자는 각자의 명의와 계산과 책임으로 행하기로 한다.
③ 거래는 대리인 대 본인으로서 행하기로 한다. 즉, 양 당사자는 각자의 명의와 계산과 책임으로 행하기로 한다.
④ 거래는 원칙 대 원칙으로서 행하기로 한다. 즉, 양 당사자는 각자의 명의와 계산과 책임으로 행하기로 한다.

해설 주어진 문장을 구분하여 영작하면 다음과 같다.
• 거래는 ~ 행하기로 하다 : Business shall be conducted
• 본인 대 본인으로서 : '~대 ~으로서'는 as ~ to ~로 나타내며, '본인'을 나타내는 표현은 principal이므로 as principal to principal이다.
• 즉, 양 당사자는 ~ 행하기로 하다 : i.e., both parties shall do/act/be done
• 각자의 명의와 계산과 책임으로 : in their own names and on their own account and responsibility
따라서 옳게 영작한 것은 ① Business shall be conducted as principal to principal, i.e., both parties shall do in their own names and on their own account and responsibility이다.
일반거래조건협정서(Agreement on General Terms and Conditions of Business)
Business : Both Seller and Buyer act as Principals and not as Agents.
거래형태 : 거래는 매매당사자 모두 본인 대 본인으로 하며 대리인으로 하는 것이 아니다.

51 해상운송과 관련된 국제법규가 아닌 것은?

① 하터법
② 헤이그–비스비 규칙
③ 로테르담 규칙
④ 몬트리올 협약

정답 ④

해설 몬트리올 협약(Montreal Agreement)
1996년 5월 16일에 체결한 미국 취항 항공회사 간의 협정으로 여객의 인신배상에 대한 운송인의 책임제한에 관한 항공사 간의 협정을 말한다. 정식 명칭은 '바르샤바 협약 및 헤이그 의정서의 책임제한에 관한 협정(Agreement Relating to Liability Limitations of the Warsaw Convention and Hague Protocol)'이다.

52 화물의 운송계약을 체결하였음을 증명하고, 화물의 수취증만으로서 기능하는 서류는?

① Commercial Invoice
② Bill of Lading
③ Air Waybill
④ Insurance Policy

정답 ③

해설 항공화물운송장(Air Waybill, AWB)의 기능
항공화물운송장은 항공화물운송계약의 체결을 증명하고, 송하인으로부터 화물의 인수와 운송을 보장하는 기본 증거서류로 그 기능은 다음과 같다.
• 송하인으로부터 화물의 수취를 증명하는 화물수취증
• 송하인과 항공사 간의 항공운송계약 성립을 증명하는 증거서류
• 항공운임, 제반 수수료에 대한 계산서 및 청구서
• 송하인이 화주보험에 가입을 한 경우 보험가입증명서
• 수입통관 시 항공운임, 보험료의 증명자료로서 세관신고서
• 항공화물의 취급, 중계, 배달 등에 대한 송하인의 운송인에 대한 취급 지침서
• 수하인에 대한 화물인도증서

53 국내 공급업자를 수익자로 하여 개설된 신용장으로 계약물품의 수출을 위한 국내거래에만 사용 가능한 신용장은?

① Confirmed L/C
② Secondary L/C
③ Stand-by L/C
④ Red Clause L/C

정답 ②

해석 ① 확인신용장
② 내국신용장
③ 보증신용장
④ 선대신용장

해설 ② 내국신용장[Secondary L/C(= Local/Baby/Domestic credit)] : 수출업자(제1수익자)가 자신 앞으로 내도한 원신용장(Master L/C)을 담보로 자신의 거래은행에 요청하여 '국내 원료공급자, 하청업자 또는 생산업자'를 수익자(제2수익자)로 하여 개설한 신용장을 말한다.
① 확인신용장(Confirmed L/C) : 개설은행의 요청에 따라 개설은행 외의 제3의 은행이 수익자가 발행한 환어음의 지급·인수·매입을 확약한 신용장이다. 수익자 입장에서 개설은행의 신용이 의심스러운 경우에 요구하며, 통상 개설은행의 요청으로 통지은행이 확인은행을 겸한다.
③ 보증신용장(Stand-by L/C) : 담보력이 부족한 국내 상사의 해외지사의 현지 운영자금 또는 국제입찰 참가에 수반되는 입찰보증(Bid bond)·계약이행보증(Performance bond) 등에 필요한 자금을 해외현지은행에서 대출받고자 할 때, 이들의 채무보증을 목적으로 국내 외국환은행이 해외은행 앞으로 발행하는 무담보신용장(Clean L/C)이다.
④ 선대신용장(Red Clause L/C) : 수출물품의 생산·가공·집화·선적 등에 필요한 자금을 수출업자에게 융통해 주기 위하여 매입은행으로 하여금 일정한 조건에 따라 신용장금액의 일부 또는 전부를 수출업자에게 선대(선불)해 줄 것을 허용하고 신용장 개설은행이 그 선대금액의 지급을 확약하는 신용장이다.

54 주로 대량의 산적화물(Bulk Cargo)에 대하여 운송수요자인 화주의 요청에 따라 특정 시기 및 장소에 맞춰 불규칙적으로 운항하는 선박은?

① Tramper
② Liner
③ Passenger Ship
④ Cargo Ship

정답 ①

해석 ① 부정기선
② 정기선
③ 여객수송선
④ 화물선

해설 해상운송의 종류

정기선(Liner)	부정기선(Tramper)
• 정기항로에 취항하여 정해진 항구 사이를 정해진 운항일정에 따라 규칙적으로 항행하고 사전에 정해진 운임률(Tariff)을 적용하는 것 • 운송인 : Common/Public carrier • 대상화물 : 주로 완제품이나 반제품 등 일반화물	• 항로나 운항기일이 지정되지 않고 화물이 있을 때마다 또는 선복 수요가 있을 때, 화주가 요구하는 시기와 항로에 따라 화물을 운송하는 것 • 운송인 : Private carrier • 대상화물 : 석탄·곡류·목재 등 대량화물

55 중재(Arbitration)에 대한 설명으로 옳지 않은 것은?

① 제3자에 의해 분쟁을 해결하는 방법으로 대법원의 확정판결과 동일한 효력이 있다.

② 단심제로 운영하고 있어 신속하게 문제를 해결할 수 있고 대법원에 상소할 수 있다.

③ 판정결과의 비공개가 원칙이므로 회사의 사업상 비밀이 보장된다.

④ 중재인을 실정에 맞게 전문가로 선정할 수 있다.

정답 ②

해설 중재는 단심제이므로 신속하게 문제를 해결할 수 있지만, 일방의 불복으로 법원에 다시 제소할 수 없고 사건의
종결을 의미하므로, 대법원에 상소할 수 있다는 ②가 틀린 설명이다.

중재(Arbitration)

• 법원의 소송절차로 분쟁을 해결하지 않고 분쟁당사자 간 합의(중재합의)에 의거 제3의 중재기관의 중재인
  (Arbitrator)에 의한 중재판정(Award)을 통해 분쟁을 해결하는 방법이다.

• 중재판정은 양 당사자가 절대 복종해야하는 강제력 있는 판정이며, 당사자 합의수용 여부와 상관없이 무조건
  대법원 확정판결과 동일한 효력이 발생한다.

• 일방의 불복으로 법원에 다시 제소할 수 없고, 사건 종결을 의미한다.

• 단심제로 대개 3개월 이내(우리나라 30일 이내) 모든 절차가 종료된다.

• 소송에 비해 신속하고 비용이 저렴하다.

• 비공개 진행이 원칙이며, 기업기밀을 유지할 수 있다.

56 환어음의 필수기재사항이 아닌 것은?

① 환어음 표시

② 무조건 위탁문언

③ 지급인

④ 환어음 번호

정답 ④

해설 환어음 필수기재사항

• 환어음 표시문구

• 일정금액(대금)의 무조건 지급위탁문언

• 지급인

• 지급만기일

• 지급지(Place of Payment)

• 수취인

• 발행일 및 발행지

• 발행인의 기명날인 또는 서명

57 수출업자와 수입업자 사이에 지속적으로 거래를 하는 경우에 사용하며 일정 기간이 경과하거나 일정한 금액을 사용하면 자동적으로 갱신되어 재사용할 수 있는 신용장은?

① Transferable L/C
② Clean L/C
③ Stand-by L/C
④ Revolving L/C

정답 ④

해석 ① 양도가능신용장
② 무고장신용장
③ 보증신용장
④ 회전신용장

해설 ④ 회전 신용장(Revolving L/C) : 수출·입업자 사이에 동종의 상품거래가 상당기간 계속하여 이루어질 것으로 예상되는 경우 거래 시마다 신용장을 개설하는 불편을 덜기 위하여 일정기간 동안 일정금액의 범위 내에서 신용장 금액이 자동 갱신되어 재사용할 수 있도록 하는 조건으로 개설된 신용장이다.
① 양도가능신용장(Transferable L/C) : 신용장을 받은 최초의 수익자인 원(제1)수익자가 신용장 금액의 전부 또는 일부를 1회에 한하여 국내외 제3자(제2수익자)에게 양도할 수 있는 권한을 부여한 신용장을 말한다.
② 무고장신용장(Clean L/C) : 선적한 물품에 별다른 손상 및 하자가 없어 M/R(Mate's Receipt, 본선수취증)의 Remarks(비고)란에 하자에 대한 사항이 기재되지 않은 신용장이다.
③ 보증신용장(Stand-by L/C) : 담보력이 부족한 국내 상사의 해외지사의 현지 운영자금 또는 국제입찰 참가에 수반되는 입찰보증(Bid bond)·계약이행보증(Performance bond) 등에 필요한 자금을 해외현지은행에서 대출받고자 할 때, 이들의 채무보증을 목적으로 국내 외국환은행이 해외은행 앞으로 발행하는 무담보신용장(Clean L/C)이다.

58 다음 인코텀즈 2010 조건 중 위험이전 시점이 다른 하나는?

① FOB
② CFR
③ CIF
④ CPT

정답 ④

해설 ④ CPT[Carriage Paid To, (지정목적지) 운임 지급 인도조건]에서 물품에 대한 매매당사자의 위험부담의 분기점(위험이전)은 지정된 운송인에게 인도 시(물품을 지정 목적지까지 운송할 운송인의 보관 하에 최초 운송인에게 물품 인도 시)이다.
본선 난간(Ship's rail) 개념의 포기
FOB(본선 인도), CFR(운임 포함 인도), CIF(운임·보험료 포함 인도) 등에서의 위험분기점이 본선 난간(Ship's Rail)에서 갑판(On Board)으로 변경됐다. 즉, FOB, CFR, CIF 규칙은 인도지점으로서의 '본선 난간(Ship's Rail)'이란 문구가 삭제되고 '물품은 본선에 적재(the goods being delivered they are 'on board' the vessel)'된 시점에 인도된다는 내용으로 바뀌었다.

59 다음은 추심과 신용장결제방식의 차이점이다. 잘못된 내용은?

	구 분	추심결제방식	신용장결제방식
1	대금지급 책임	수입상	개설은행
2	서류심사 의무	없 음	있 음
3	어음 지급인	추심은행	개설은행
4	사용 방법	collection	지급, 인수, 매입, 연지급

① 1

② 2

③ 3

④ 4

정답 ③

해설 추심결제방식 vs 신용장결제방식

구 분	추심결제방식(D/P, D/A)	신용장결제방식(Letter of Credit)
대금지급 기간	• 추심기간만큼은 대금지급의 지연이 불가피함	• 동시에 선지급(Negotiation, 매입) 가능
은행의 대금지급 의무	• 은행은 대금추심업무만 부담. 취급은행이 대금지급을 보장하지 않음 • 대금 회수 불능의 위험 존재	• 수출상에 대한 지급확약채무 부담(개설은행이 대금지급 확약)
은행의 서류심사 의무	• 추심의뢰은행이나 추심은행은 서류심사 의무를 부담하지 아니함 • 은행은 선의의 당사자로서 수출업자의 추심 대리인에 불과	• 은행은 신용장 조건에 일치하는 서류를 심사하여야 할 의무가 있음

안심Touch

60 다음 중 동시지급 조건에 해당하는 것을 고르면?

① Red Clause L/C
② Open Account
③ D/A basis
④ COD basis

정답 ④

해석 ① 전대신용장
② 청산계정
③ 인수도조건
④ 현물상환지급

해설 ① 전대신용장(Red Clause L/C) : 선지급(Payment in Advance) 조건으로, 신용장 수익자가 신용장 수령 후 물품선적 이전에 물품대금을 선대한다.
② 청산계정(Open Account) : 후지급(Deferred Payment) 조건으로, 은행을 통하지 않는 단순송금 방식이므로 수입상의 신용에만 의존한다.
③ 인수도조건(D/A basis) : 후지급(Deferred Payment) 조건으로, 수출상(의뢰인)이 물품을 선적한 후 구비 서류에 '기한부환어음'을 발행·첨부하여 자기거래은행(추심의뢰은행)을 통해 수입상 거래은행(추심은행)에 그 어음대금의 추심을 의뢰하면, 추심은행은 이를 수입상(Drawee, 지급인)에게 제시하여 그 제시된 환어음을 일람지급받지 않고 인수만 받음으로써(Against Acceptance, 환어음 인수와 상환) 선적서류를 수입상에게 인도한 후 약정된 만기일에 지급받는 방식이다.

동시지급(Cash on Shipment) 조건
물품 선적·인도 또는 해당 운송서류 인도와 동시에 물품대금을 지급하는 방식이다.
• COD(Cash On Delivery, 현물상환지급) : 수입지에 수출상의 대리인이 있는 경우 사용하기에 적절하다.
• CAD(Cash Against Documents, 서류상환지급) : 통상적으로 수출상이 선적 후 선적서류를 수출지 수입상의 대리인에게 제시하여 서류와 상환으로 대금이 결제되는 방식이다.
• 일람지급(At Sight) 신용장방식 : 환어음이 발행되지 않으며, 신용장에 의한 환어음의 매입 여부는 언급하지 않고 개설은행, 또는 그의 지정은행(지급은행)에 선적서류와 환어음을 제시하면 이를 일람한 즉시 대금을 지급(Honour) 하겠다고 확약한다.
• 지급인도(Documents against Payment ; D/P) 방식 : 수출상(의뢰인)이 계약물품 선적 후 구비 서류에 일람출급환어음을 발행·첨부하여 자기거래은행(추심의뢰은행)을 통해 수입상의 거래은행(추심은행) 앞으로 그 어음대금의 추심을 의뢰하면, 추심은행은 수입상(Drawee, 지급인)에게 그 어음을 제시하여 어음금액을 지급받고 (Against Payment, 대금결제와 상환) 서류를 인도하는 거래 방식이다.

61 다음 운송서류 중 기본서류에 속하는 것은?

① Certificate of Origin

② Bill of Landing

③ Packing List

④ Inspection Certificate

[정답] 모두 정답

[해석] ① 원산지증명서
② 선하증권
③ 포장명세서
④ 검사증명서

[해설] 운송서류에 관한 사항[요구서류(Documents Required)]
• 운송서류의 종류와 통수 및 요구하는 선적서류의 조건을 명시한다.
• 주요서류 : 상업송장(Commercial Invoice), 선하증권(Bill of Lading), 보험증권(Insurance Policy)
• 기타(부속)서류 : 포장명세서(Packing List), 수량용적증명서(Certificate of Measurement/Weight), 검사증명서 (Inspection Certificate), 원산지증명서(Certificate of Origin), 영사송장(Consular Invoice)

62 다음 인코텀즈 2010 중 유일하게 매도인의 물품 양륙의무가 있는 조건은?

① CPT

② DAT

③ DAP

④ DDP

[정답] ②

[해설] ② DAT(Delivered at Terminal) : 지정도착항 또는 지정목적지에 있는 지정터미널에서 도착된 운송수단으로부터 일단 양화한 물품을 매수인의 임의처분 상태로 인도하는 것을 의미한다. 매도인은 합의된 부두 또는 장소의 터미널까지 물품을 운송하여 양화하는 데 수반되는 모든 위험을 부담한다.
① CPT(Carriage Paid To) : 매도인은 합의된 장소에서 자기가 지명한 운송인 또는 기타 당사자에게 수출통관을 필한 물품을 인도하여야 한다.
③ DAP(Delivered at Place) : 합의된 도착장소에서 물품을 도착된 운송수단으로부터 양화하지 않은 상태로 매수인 의 임의처분 상태에서 인도한다.
④ DDP(Delivered Duty Paid) : 매도인이 합의된 도착장소에서 수입통관을 필한 물품을 도착된 운송수단으로부터 양화하지 않은 상태로 매수인의 임의처분 상태에서 인도한다.

63 다음이 설명하는 용선계약의 한 방식으로 옳은 것은?

> 선주가 아무런 장비를 갖추지 않은 선체만 빌려 주고 선박의 운항에 필요한 선원, 장비, 소모품 등은 용선자 갖추는 용선계약

① Time charter
② Voyage charter
③ Trip charter
④ Bareboat charter

[정답] ④

[해석] ① 정기[기간]용선계약
② 항해용선계약
③ 항해용선계약
④ 나용선계약

[해설] ④ 나용선계약(Bareboat charter) : 의장은 제외하고 오직 배만 빌리는 것으로 용선자가 선박을 제외한 선장, 선원, 선체보험료, 항해비, 수리비, 장비와 소요품 일체를 책임지는 용선계약이다.
① 정기[기간]용선계약(Time charter) : '용선기간'을 기준으로 대가(용선료)를 산정하는 방식으로 선원 및 선박에 필요한 모든 용구를 비치시킨 내항성(Seaworthiness)을 갖춘 선박을 일정기간 용선하는 것을 말한다.
② · ③ 항해용선계약(Voyage/Trip charter) : 한 항구에서 다른 항구까지 1항차 또는 수개항차의 운송을 기준으로 체결하는 용선계약으로 특정항해구간에 대해서만 운송계약을 체결하는 것이다.

64 다음이 설명하는 용어를 고르면?

> • 피보험이익을 경제적으로 평가한 금액
> • 보험사고 발생 시 피보험자가 피보험이익에 대하여 입은 손해의 한도액
> • 보험에 부보할 수 있는 최고의 한도액

① 보험가액
② 보험금
③ 보험료
④ 보험금액

[정답] ①

[해설] ② 보험금(Claim amount) : 담보위험으로 피보험자가 입은 재산상의 손해에 대해 보험자가 피보험자에게 실제 지급하는 보상금액
③ 보험료(Insurance premium) : 보험자의 위험부담에 대해 보험계약자가 지급하는 대가
④ 보험금액(Insured amount) : 보험자가 보험계약상 부담하는 손해보상 책임의 최고 한도액으로, 보험가액의 범위 내에서 보험자가 지급하게 되는 손해보상액인 지급보험금의 최고 한도액(당사자 간 사전 책정 금액)

65 다음 중 연계무역이 아닌 것은?

① 물물교환　　　　　　　　② 구상무역
③ 대응구매　　　　　　　　④ 중계무역

정답 ④

해설 연계무역(Counter trade)
일반적으로 특정 물품의 수출과 수입이 연계된 무역거래를 포괄적으로 총칭하여 연계무역이라 한다. 여기에는 물물교환(Barter trade), 구상무역(Compensation trade), 대응구매(Counter purchase), 산업협력(Industrial cooperation) 등 네 가지 형태로 구분된다.
중계무역(Intermediary trade)
• 수출 목적으로 외국에서 물품을 수입하여 원형 그대로 다시 제3국에 수출하는 무역형태이다.
• 보세구역 및 보세구역 외 장치의 허가를 받은 장소 또는 자유무역지역 이외의 국내에 반입하지 아니하고 수출하는 수출입 형태이다.
• 중계무역 물품의 경우 수출입승인 대상물품으로 지정된 경우에도 해당 물품의 수출입승인에서 제외된다.
• 중계무역의 수출실적 인정금액은 수출금액(FOB 가격)에서 수입금액(CIF 가격)을 공제한 가득액이다.

66 다음 중 대금지급시기에서 공통점이 없는 것은?

① D/P
② O/A
③ CAD
④ Sight payment L/C

정답 ②

해석 ① 지급인도조건
② 청산계정
③ 서류상환지급
④ 일람지급 신용장

해설 ② O/A(청산계정) : 후지급(Deferred Payment) 조건으로, 은행을 통하지 않는 단순송금 방식이므로 수입상의 신용에만 의존한다.
①·③·④ 동시지급(Cash on Shipment) 조건으로 물품 선적·인도 또는 해당 운송서류 인도와 동시에 물품대금을 지급하는 방식이다.
물품·서류 인도시점 기준 무역대금결제방식 유형
• 선지급(Payment in Advance) : 주문불방식(CWO), 단순사전송금방식[우편송금환(M/T), 전신송금환(T/T), 송금수표(D/D)], 전대신용장(Red Clause L/C), 연장신용장, 특혜신용장
• 동시지급(Cash on Shipment) : 물품인도 결제방식(COD), 서류인도 상환방식(CAD), 일람지급(At Sight) 신용장, 지급인도조건(D/P)
• 후지급(Deferred Payment) : 기한부 신용장(Usance L/C), 인수인도조건(D/A), 상호계산/청산계정(Open Account)

67 다음 중 용어의 의미가 옳지 않은 것은?

① Commercial Invoice – 영사송장
② Insurance Policy – 보험증권
③ Bill of Lading – 선화증권
④ Certificate of Origin – 원산지증명서

정답 ①

해설 ① Commercial Invoice : 영사송장 → 상업송장
상업송장(Commercial Invoice)
• 수출입계약조건을 이행했다는 것을 수출자가 수입자에게 증명하는 서류이다.
• 어음, 선하증권, 보험증권과 달리 그 자체가 청구권을 표시하는 것은 아니다.
• 계약상의 유용성에 비추어 기본서류로 취급한다.
• 상업송장에 기재하는 상품명은 꼭 신용장 내용과 일치해야 한다.
• 분할선적 금지를 명시하지 않았다면 분할 허용으로 간주한다.
영사송장(Consular Invoice)
수입상품가격을 높게 책정함에 따른 외화 도피나 낮게 책정함에 따른 관세포탈을 규제하기 위하여 수출국에 주재하고 있는 수입국 영사의 확인을 받아야 하는 송장이다.

---

68 다음의 영문표현 중 올바른 것을 고르시오.

인도불이행

① Non-Delivery
② Delay in Delivery
③ Superior Delivery
④ Short Delivery

정답 ①

해석 ① 인도불이행
② 인도지연
③ 상급물품 인도
④ 인도[선적/물품]부족

해설 **Non-Delivery(인도불이행)**
• 적하물의 종류 여하를 막론하고 운송인에게 인도한 수량의 전부 또는 일부가 수하인에게 인도되지 않는 경우를 말한다. 내용물의 부족은 Non-Delivery로 보지 아니하며, 손해 형태의 위험으로서 그 Non-Delivery가 도난, 착오, 하역, 분실 또는 해물 등 어떠한 원인에 의하여 발생하든 관계가 없다.
• Non-Delivery의 원인은 명확하지 않은 것이 통례이나, 면책위험에 의한 것이 명확한 경우에는 물론 보험자는 보상의 책임이 없다.
*delay shipment, shipment in delay : 지연선적

69 무역 분쟁의 해결 형태 중 당사자들에 의한 해결 방법은 무엇인가?

① 화해(Compromise)

② 조정(Mediation)

③ 중재(Arbitration)

④ 소송(Litigation)

정답 ①

해설 ① 화해(Compromise) : 상호평등의 원칙 하에 당사자가 직접적 협의를 통해 자주적으로 타협점을 찾는 것을 말하며, 이 경우 보통 화해계약을 체결한다. '당사자가 서로 양보할 것', '분쟁을 종결할 것', '그 뜻을 약정할 것' 등 3가지 요건이 필요하다.

② 조정(Mediation) : 계약 일방 또는 쌍방의 요청에 따라 제3자를 조정인으로 선임하여 조정인이 제시하는 해결안(조정안)에 양 당사자의 합의로 분쟁을 해결한다.

③ 중재(Arbitration) : 법원의 소송절차로 분쟁을 해결하지 않고 분쟁당사자 간 합의(중재합의)에 의거 제3의 중재기관의 중재인(Arbitrator)에 의한 중재판정(Award)을 통해 분쟁을 해결하는 방법이다.

④ 소송(Litigation) : 국가기관인 법원의 판결에 의한 분쟁해결 방법으로 국제무역 거래에서는 일국의 법 효력 및 법원 재판관할권이 상대국까지 미치지 않아 외국에서는 그 판결의 승인·집행이 보장되지 않는다.

70 초과보험을 나타내는 표현으로 옳은 것은?

① 보험가액 = 보험금액

② 보험가액 > 보험금액

③ 보험가액 < 보험금액

④ 보험가액 ≧ 보험금액

정답 ③

해설 ③ 초과보험(Over insurance) : 보험금액이 보험가액보다 크다.

보험가액과 보험금액

• 전부보험(Full insurance) : 보험금액과 보험가액이 동일 → 보험가액 = 보험금액

• 일부보험(Partial insurance) : 보험금액이 보험가액보다 적음 → 보험가액 > 보험금액

• 초과보험(Over insurance) : 보험금액이 보험가액보다 큼 → 보험가액 < 보험금액

71 다음 중 무역거래의 당사자인 수입상을 칭하는 용어가 아닌 것은?

① Applicant   ② Drawer

③ Consignee   ④ Buyer

정답 ②

해석 ① 개설의뢰인   ② 환어음 발행인
③ 수하인   ④ 매수인

해설 ② 환어음 발행인(Drawer) : 어음을 발행하는 자를 말하며 화환어음에서는 수출자가 어음의 발행인이 된다.

무역거래의 당사자

수입상(Importer)	수출상(Exporter)
Applicant(개설의뢰인), Drawee(환어음 지급인), Consignee (수하인), Buyer(매수인), Accountee(대금결제인)	Beneficiary(수익자), Drawer(환어음 발행인), Consignor/ Shipper(송하인), Seller(매도인), Accounter/Payee (대금수령인)

72 다음 ( ) 안에 들어갈 주체가 순서대로 나열된 것은?

> Berth Term은 선적과 양륙 비용을 ( )가 부담하는 반면, FI는 선적비용은 ( ), 양륙 비용은
> ( )가 부담한다.

① 선주 - 선주 - 용선자
② 선주 - 용선자 - 선주
③ 용선자 - 선주 - 용선자
④ 용선자 - 용선자 - 선주

정답 ②

해설 하역비(Stevedorage) 부담 조건

구 분	하역비 부담 조건	선적(비용)	양륙(비용)
정기선	Berth Terms	선주 부담	선주 부담
부정기선	FI(Free In)	화주 부담	선주 부담
	FO(Free Out)	선주 부담	화주 부담
	FIO(Free In & Out)	화주 부담	화주 부담

73 청약과 함께 견본을 송부하여 피청약자가 물품을 점검하고 만족하면 청약이 유효하며 신시장 개척 시 적합한 청약은?

① Offer subject to prior sale

② Offer subject to final confirmation

③ Offer on sale or return

④ Offer on approval

정답 ④

해석 ① 선착순매매 조건부청약
② 최종확인 조건부청약
③ 반품허용 조건부청약
④ 견본승인/점검매매 조건부청약

해설 ④ 견본승인/점검매매 조건부청약(Offer on approval) : 명세서로서는 청약 승낙이 어려운 경우, 청약 시 견본을 송부, 피청약자가 견본 점검 후 구매의사가 있으면 대금을 지급하고 그렇지 않으면 반품해도 좋다는 조건의 청약이다. 주로 새로운 개발품이나 기계류와 같은 복잡한 상품에 사용된다.

① 선착순매매 조건부청약(Offer subject to prior sale) : 청약에 대한 승낙 의사가 피청약자로부터 청약자에게 도달했다 해도 바로 계약이 성립하는 것이 아니며, 그 시점에 당해 물품 재고가 남아 있는 경우에 한해 계약이 성립하는 청약으로 재고잔류 조건부청약(Offer Subject to Being Unsold)이라고도 한다.

② 최종확인 조건부청약(Offer subject to final confirmation) : 청약자가 청약할 때 단서로서 계약 성립에는 청약자의 확인이 필요하다는 내용(Offer Subject to Final Confirmation)을 명시한 조건부청약으로, 확인 조건부청약(Sub-con offer)이라고도 한다. 형식적으로는 청약이지만 그 본질은 청약이 아닌 청약의 유인(Invitation to offer)에 지나지 않는다.

③ 반품허용 조건부청약(Offer on sale or return) : 청약 시 물품을 대량으로 송부하여 피청약자가 이를 위탁판매하게 하고 미판매 잔여 물품은 다시 반납한다는 것을 조건으로 하는 청약으로 확정청약의 일종이다.

74 다음 무역계약의 특성을 잘못 설명된 것은?

① 낙성계약 – 일방의 계약체결을 위한 의사표시인 청약에 대해 승낙하여 성립
② 쌍무계약 – 수출업자는 물품공급의 의무를 부담하고 수입업자는 대금지급 의무를 부담
③ 유상계약 – 수출업자의 물품공급에 대해 수입업자는 물품수령의 의무를 부담
④ 불요식계약 – 무역계약 성립에는 일정한 형식 없이 구두나 서명으로도 계약체결이 가능

정답 ③

해설 ③ 유상계약(Contract for consideration) : 보험계약은 보험자의 보상약속에 대해 보험계약자가 이에 대한 보수인
보험료를 지급한다고 약속하게 되므로 당사자의 채무내용이 서로 대가관계에 있는 유상계약이다.
무역계약의 법적 성질

낙성(합의)계약 (Consensual contract)	무역매매계약은 매도인의 청약에 대한 매수인의 승낙 또는 매수인의 주문에 대한 매도인의 주문승낙에 의해 성립함
유상계약 (Remunerative contract)	무역매매계약은 계약당사자가 상호 대가의 관계에 있고 화폐적 급부를 할 것(대금을 수령)을 목적으로 하는 법적 특성이 있음
쌍무계약 (Bilateral contract)	무역매매계약은 당사자 간 상호 채무를 부담하는 쌍무계약적 특성이 있음(매도인의 물품인도의무에 대해 매수인은 대금지급의무를 지는 특성)
불요식계약 (Informal contract)	무역매매계약은 문서와 구두에 의한 명시계약뿐 아니라 묵시계약에 의해서도 성립될 수 있음(특정한 형식적 요건에 의해 이루어지는 것이 아님)

75 다음 중 선하증권의 기능이 아닌 것은?

① 물품 수취증
② 운송계약의 추정적 증거
③ 권리증권
④ 운송계약의 확정적 증거

정답 ④

해설 ④ 선하증권은 운송계약의 추정적 증거가 될 뿐이지만, 선하증권상 화물의 상태에 관한 기재는 운송인이 그러한
상태대로 화물을 수령하였다는 결정적 증거가 된다.
선하증권의 기능
• 권리증권(Document of Title)
• 운송계약의 증빙(Evidence of Contract for Carriage)
• 화물영수증(Receipt for the Goods)

제1과목 **영문해석**

01 문장을 옳게 해석한 것은?

① We regret to learn that you received the inferior and damaged goods.
→ 귀사는 당사가 불량하고 파손된 상품을 받았다는 것을 알게 되어 유감스럽습니다.

② After a careful investigation, we noticed that it occurred in our dispatching department.
→ 당사의 세심한 조사 결과, 그 문제가 당사의 포장 부서에서 일어났다는 것을 알았습니다.

③ We apologize for any inconvenience our mistake may have caused you.
→ 귀사의 실수로 당사를 불편하게 한 것에 대하여 사과를 요구합니다.

④ We hope that this will not influence you unfavorably in the matter of future orders.
→ 당사는 이번 일이 앞으로의 주문에 있어서 불리하게 작용하지 않기를 바랍니다.

정답 ④

해설 ① 귀사는 당사가 → 당사는 귀사가 불량하고 파손된 상품을 받았다는 것을 알게 되어 유감스럽습니다.
② 당사의 세심한 조사 결과, 그 문제가 당사의 포장부서 → 발송부서에서 일어났다는 것을 알았습니다.
③ 귀사의 → 당사의 실수로 당사를 → 귀사를 불편하게 한 것에 대하여 사과를 요구합니다 → 사과드립니다.
*occur : 일어나다, 발생하다
*apologize for : ~에 대해 사과하다

[02~04] 환어음을 읽고 물음에 답하시오.

BILL OF EXCHANGE

NO. 456123   SEPTEMBER 23, 2019   SEOUL, KOREA

FOR USD 19,200.-

AT 60 DAYS AFTER SIGHT OF THIS FIRST BILL OF EXCHANGE(SECOND OF THE SAME ① <u>TENOR</u> AND DATE BEING UNPAID) PAY TO (가) <u>SILLA BANK</u> OR ② <u>ORDER</u> THE SUM OF SAY US DOLLARS NINETEEN THOUSAND TWO HUNDRED ONLY ;

③ <u>VALUE</u> RECEIVED AND CHARGE THE SAME TO ④ <u>ACCOUNT</u> OF (나) <u>SHANGHAI TRADING LIMITED, SHANGHAI, CHINA</u> DRAWN UNDER (다) <u>SHANGHAI BANK, SHANGHAI, CHINA</u>

L/C NO. M1234606NS0001   DATED AUGUST 30, 2019

TO <u>SHANGHAI</u> BANK   (라) <u>KOREA EXPORTING CO,, LTD.</u>

    HEAD OFFICE, <u>SHANGHAI</u>   *Daehan Seo*

                              Daehan Seo, President

---

02 위 서류에서 (가) ~ (라) 중 Payee를 나타내는 것은?

① (가)
② (나)
③ (다)
④ (라)

03 위 서류에 대한 설명으로 옳은 것은?

① 위 어음은 Sight bill이다.
② Shanghai Bank는 Negotiating bank이다.
③ 추심거래에서의 환어음이다.
④ 위 환어음의 지급인은 Shanghai Bank, Shanghai, China이다.

04 밑줄 친 ① ~ ④ 중 그 의미가 잘못 연결된 것은?

① 어음 기한
② 주 문
③ 금 액
④ 계 정

해석

환어음

(환어음) 번호 : 456123 　　　　2019년 9월 23일 　　　　서울, 대한민국

FOR USD 19,200.-

AT 60 DAYS AFTER SIGHT(일람 후 60일 지급 조건의 기한부 환어음, 지급기일) OF THIS FIRST BILL OF EXCHANGE(SECOND OF THE SAME ① TENOR(어음 기한) AND DATE BEING UNPAID)(환어음임을 나타내는 문언) PAY TO (가) SILLA BANK(어음대금 수취인) OR ② ORDER(은행 지시식) THE SUM OF SAY US DOLLARS NINETEEN THOUSAND TWO HUNDRED ONLY (환어음 금액, US$19,200); ③ VALUE(금액) RECEIVED AND CHARGE THE SAME TO ④ ACCOUNT(계정) OF (나) SHANGHAI TRADING LIMITED, SHANGHAI, CHINA(결제인) DRAWN UNDER (다) SHANGHAI BANK, SHANGHAI, CHINA(지급인).

신용장 번호 : M1234606NS0001 　　　　　　일자 : 2019년 8월 30일

TO SHANGHAI BANK 　　　　　　　　　　　(라) KOREA EXPORTING CO., LTD.
　　HEAD OFFICE, SHANGHAI(지급인) 　　　　　　*Daehan Seo*(발행인)
　　　　　　　　　　　　　　　　　　　　　　Daehan Seo, President

해설 02

① 위 환어음에서 'PAY TO SILLA BANK OR ORDER'라고 했으므로, payee는 SILLA BANK이다.

수취인(Payee, 환어음 금액을 지급받을 자)의 표시

기명식	Pay to a bank	수취인란에 특정인의 성명이나 상호 기재
지시식	Pay to a bank or order	선택 지시식
	Pay to the order of a bank	기명 지시식
소지인식	Pay to bearer	어음 소지인에게 지급/우리나라는 인정 안 됨

03

① 위 어음은 Sight bill(일람출급환어음) → At 60 days after sight(일람 후 60일 출급환어음)이다.

② Shanghai Bank는 Negotiating bank → Issuing bank 또는 Reimbursing bank이다(pay to 뒤에 수취인으로 기재되어 있기 때문에 매입은행이 아닌 개설은행 또는 상환은행이 기재).

③ 추심 거래 → 신용장 방식에서의 환어음이다(신용장 번호 : L/C NO. M1234606NS0001).

04

② order는 Pay to a bank or order으로 환어음 수취인(Payee)의 표시 방식으로 환어음의 금액을 지급받을 자(선택 지시식)를 나타낸다.

05 밑줄 친 부분의 해석으로 옳은 것은?

> Our payment terms for the first order is by <u>sight draft drawn under an irrevocable L/C opened through the Hana Bank</u>.

① 하나은행을 통해 개설된 일람출급 취소불능 신용장에 의거하여 발행된 환어음
② 하나은행을 통해 개설된 취소가능 신용장에 의거하여 발행된 일람출급 환어음
③ 하나은행을 통해 개설된 취소불능 신용장에 의거하여 발행된 일람출급 환어음
④ 하나은행을 통해 개설된 일람출급 취소가능 신용장에 의거하여 발행된 환어음

정답 ③

해석
> 첫 번째 주문에 대한 당사의 결제조건은 <u>하나은행을 통해 개설된 취소불능 신용장에 의거하여 발행된 일람출급 환어음</u>이다.
>
> *sight draft : 일람출급 환어음
> *irrevocable L/C : 취소불능 신용장

해설 밑줄 친 부분을 구분하여 해석하면 다음과 같다.
- sight draft drawn : 발행된 일람출급 환어음
- under an irrevocable L/C : 취소불능 신용장에 의거하여
- opened through the Hana Bank : 하나은행을 통해 개설된

따라서 바르게 해석한 것은 ③ '하나은행을 통해 개설된 취소불능 신용장에 의거하여 발행된 일람출급 환어음'이다.

06 UCP 600에서 다음에 해당하는 서류는?

> ⅰ. must appear to have been issued by the beneficiary
> ⅱ. must be made out in the name of the applicant
> ⅲ. must be made out in the same currency as the credit; and
> ⅳ. need not be signed.

① Letter of credit
② Bill of lading
③ Commercial invoice
④ Insurance policy

정답 ③

해석
    ⅰ. 수익자에 의해 발행되어야 한다.
    ⅱ. 개설인의 이름으로 작성되어야 한다.
    ⅲ. 신용장과 동일한 통화로 만들어져야 한다.
    ⅳ. 서명할 필요가 없다.

    ① 신용장
    ② 선하증권
    ③ 상업송장
    ④ 보험증권

해설 **상업송장 작성 시 주의사항**
• 송장에 기재한 상품 명세는 신용장상의 상품 명세와 동일해야 한다.
• 단가, 가격조건, 금액 등이 정확하고 신용장 조건과 일치해야 한다.
• 신용장 번호, 수익자, 수하인, 선명, 목적지, 작성자의 서명 등이 정확해야 한다.
• 선하증권, 보험증권, 기타 선적서류와 그 기재 내용이 상치되지 않아야 한다.
• 상업송장은 원칙적으로 신용장의 개설의뢰인에 의하여 발행되어야 한다.
• 상업송장의 작성일은 어음의 발행일 이후의 날짜가 되지 않도록 해야 한다.
• 작성자는 어음의 발행인이 되며 그가 서명을 한다.
• 발행통수는 신용장상에 특별한 지시가 없을 때는 2통, 필요에 따라 그 이상을 작성한다.

07 결제 관련 용어를 우리말로 잘못 옮긴 것은?

① Settling bank － 결제은행
② Transmitting bank － 환거래은행
③ Transferring bank － 양도은행
④ Accepting bank － 인수은행

정답 ②

해설 ② Transmitting bank : 환거래은행 → 신용장 통지은행
통지은행(Advising/Notifying/Transmitting bank)
• 어떠한 책임이나 약정 없이(Without engagement) 개설은행으로부터 내도된 신용장을 수익자에게 통지(송부나 교부)해 주는 수출지의 은행으로서 통지은행이 통지요청을 받았다고 해서 반드시 통지해야 하는 것도 아니고, 통지를 했다고 해서 반드시 수권은행의 역할을 할 필요도 없다.
• 지급·인수·매입 의무는 없으나 신용장의 외관상 진위여부(Apparent authenticity) 확인을 위해 상당한 주의 (Reasonable care)를 기울일 의무가 있다.
• 보통 수출국에 위치한 신용장 개설은행의 본·지점이나 환거래은행[Correspondent bank(Corres)]이 된다.

08 다음 서한의 주제로 적절한 것은?

> We are very sorry to learn from your e-mail that you could not find our shipment date quite attractive to you.
>
> Owing to the recent rush of orders, we cannot promise an earlier date of shipment than August 10.
>
> Considering our long term business relations, however, we can ship them in two lots equally. The first lot can be shipped within the period you suggested and the remaining second lot can be sent out one month thereafter.
>
> If you accept the partial shipment, we will proceed with your order.
>
> We are looking forward to your prompt reply.

① 결제조건
② 품질조건
③ 포장조건
④ 인도조건

정답 ④

해석

당사는 유감스럽게도 귀사의 이메일로부터 당사는 귀사에게 적합한 선적일을 맞출 수 없다는 것을 알았습니다. 최근 주문이 쇄도하여, 당사는 8월 10일보다 더 이른 선적 날짜를 약속할 수 없습니다.

하지만 귀사와의 장기간 비즈니스 관계를 고려할 때 당사는 그것들을 동일하게 두 묶음으로 나누어 선적할 수 있습니다. 첫 번째 물량은 귀사가 제안한 기간 내에 선적할 수 있으며, 두 번째 물량은 그 후 한 달 후에 보낼 수 있습니다.

귀사가 부분 선적을 승인한다면, 당사는 귀사의 주문을 진행할 것입니다.

귀사의 빠른 답신을 기대합니다.

*lot : 무리[그룹]; (사물의) 묶음[무더기]
*partial shipment : 부분선적
*proceed : 진행하다
*look forward to : ~을 기대하다

해설 서신의 첫 문장에서 you could not find our shipment date quite attractive to you(당사는 귀사에게 적합한 선적일을 맞출 수 없다는 것을 알았다)라고 했고 다음 문장에서 Owing to the recent rush of orders, we cannot promise an earlier date of shipment than August 10(최근 주문이 쇄도하여, 당사는 8월 10일보다 더 이른 선적 날짜를 약속할 수 없다)이라고 했으므로, 서신의 주제는 선적일정에 관한 내용인 ④ '인도조건(Delivery Terms)'이다.

09 밑줄 친 부분에 가장 가까운 해석은?

We wish to inform you that we have sent you our catalog and price list <u>under separate cover</u>.

① 각각 최상의 조건으로
② 각각의 부보 내용과 함께
③ 별도로 결제할 수 있도록
④ 별도의 우편으로

정답 ④

해석

당사는 당사의 카탈로그와 가격표를 <u>별도의 우편으로</u> 귀사에 보냈다는 것을 귀사에 알려드립니다.

해설 문맥상 밑줄 친 under separate cover는 separate가 '별도의, 구분된', cover가 '우편, 봉투'의 뜻이므로 ④ '별도의 우편으로'라고 해석하는 것이 자연스럽다.
*inform : 알리다
*price list : 가격표

10 밑줄 친 부분과 의미가 같은 것은?

Your shipments do not <u>come up to</u> the design of the sample.

① match
② adjust
③ compare
④ cover

정답 ①

해석

귀사의 선적품은 견본 디자인의 <u>기준에 미치지</u> 않는다.

① 일치하다
② 조정하다
③ 비교하다
④ 부보[보장]하다

해설 밑줄 친 come up to는 '(요구되는 수준에) 미치다[이르다]'의 뜻이므로, '어떠한 수준에 도달하였다, 일치한다'라는 의미를 내포하고 있다. 따라서 정답은 '~와 일치하다, 맞추다'는 의미를 가진 ① match이다.

11 밑줄 친 부분과 의미가 비슷한 것은?

> We have to ask you to <u>amend</u> the figure immediately.

① allow
② balance
③ furnish
④ modify

정답 ④

해석

> 당사는 당장 수치를 <u>수정해 줄</u> 것을 요청해야 한다.

① 허락하다, 용납하다
② 균형을 유지하다[잡다]
③ (가구를) 비치하다
④ 수정[변경]하다, 바꾸다

해설 밑줄 친 부분 amend는 '(법 등을) 개정[수정]하다'라는 뜻이므로, 정답은 이와 비슷한 '수정하다, 바꾸다'의 의미를 가진 ④ modify이다.

12 영문을 해석한 것으로 옳지 않은 것은?

① As the prices are bullish, we suggest you to place an immediate order. → 가격이 상승하고 있으므로 즉시 주문하시기 바랍니다.
② This offer will be withdrawn if not accepted within seven days. → 이 청약은 7일 이내에 승낙되지 않으면 철회됩니다.
③ We are obliged for your immediate issuance of the L/C as requested by us. → 당사의 요청으로 귀사는 신용장을 즉시 발행하지 않을 수 없습니다.
④ The date of bills of lading shall be taken as conclusive proof of the date of shipment. → 선하증권의 일자는 선적일의 결정적 증거로서 간주됩니다.

정답 ③

해설 be obliged for는 '감사하다'의 뜻이므로 ③은 '당사는 귀사가 신용장을 즉시 발행해 준 것에 대해 감사합니다.'로 바뀌어야 한다.
*bullish : 상승세의
*place an order : ~에게 ~을 주문하다
*withdraw : 중단[취소/철회]하다
*as requested by : ~의 요구에 따라
*conclusive : (의심할 여지가 없게) 결정적인[확실한]

13 다음 서한의 의도로 적절한 것은?

> We have received with thanks your letter of June 2 proposing to enter into business relations with us in electronic goods.
>
> We are prepared to establish business relations with you, provided that the terms and conditions are satisfactory.
>
> We would appreciate receiving your best CIF Shanghai price on refrigerator as well as a price list and latest catalog.
>
> If your prices are reasonable and the merchandise is suitable for our trade, we will be able to place large orders.
>
> We look forward to hearing from you soon.

① Business proposal　　　　　② Trade inquiry

③ Selling inquiry　　　　　　④ Reply to inquiry

정답 ②

해석

전자제품과 관련하여 당사와 거래를 제안하는 6월 2일자 귀사의 서신을 감사히 받았습니다.
조건이 만족스럽다면, 당사는 귀사와 거래를 맺을 준비가 되어 있습니다.
귀사의 가격표와 최신 카탈로그뿐만 아니라, 냉장 상태로 CIF 상하이 가격 조건으로 최상의 제품을 보내주시면 감사하겠습니다.
귀사의 가격이 합리적이고 제품이 당사의 무역에 적절하다면, 당사는 대량주문을 할 수 있습니다.
당사는 귀사의 빠른 회신을 고대합니다.

*enter into business relations with : ～와 상거래하게 되다
*provided that : ～할 것 같으면
*terms and conditions : (계약이나 지불 등의) 조건

① 사업제안서　　　　　　　② 거래조회
③ 판매조회　　　　　　　　④ 조회에 대한 회답

해설 위 서신은 수입업자가 수출업자에게 거래에 관련된 조건, 즉 품질·가격·거래조건 등의 매매조건을 문의하면서 필요 시 가격, 카탈로그 및 견본을 의뢰하는 거래조회(Trade inquiry)이다. 거래조회에는 매도인이 하는 Selling inquiry(판매조회)와 매수인이 하는 Buying inquiry(구매조회)가 있다.
거래조회(Trade inquiry) 내용
• 제품명
• 상품 매입에 필요한 정보
• 상품 목록(Catalog)
• 품질 및 예상주문수량
• 가격표(Price list)와 대금결제방법
• 견적서
• 제품인도시기
• 선적조건
• 보험조건 등

14 추심결제방식 용어를 우리말로 옮긴 것 중 옳지 않은 것은?

① Principal – 추심의뢰인
② Remitting bank – 추심의뢰은행
③ Collecting bank – 결제은행
④ Presenting bank – 제시은행

정답 ③

해설 ③ Collecting bank : 결제은행 → 추심은행

추심결제방식의 당사자
- 추심의뢰인(Principal) : 계약물품 선적, 거래 은행에 추심 취급을 의뢰하는 매매계약상의 매도인(Seller)인 수출업자 (Exporter)
- 추심의뢰은행(Remitting bank) : 추심의뢰인(수출업자)으로부터 금융서류와 상업서류의 추심을 의뢰받은 수출국 은행, 보통 수출업자의 거래은행
- 추심은행(Collection bank) : 추심의뢰은행 이외에 추심과정에 참여하는 모든 은행, 보통 수입자의 거래은행
- 제시은행(Presenting bank) : 수입업자인 지급인에게 추심서류를 제시하는 은행

15 다음 용어를 우리말로 옮긴 것 중 옳지 않은 것은?

① Compromise – 화해
② Governing rule – 재판 관할
③ Arbitration – 중재
④ Litigation – 소송

정답 ②

해설 ② Governing rule : 재판 관할 → 준거법

무역계약의 준거법
준거법이란 국제사법 또는 당사자 간 합의에 의하여 계약의 성립, 효력, 해석 등 법률문제에 적용하기로 정한 법을 말한다. 무역거래 당사자들은 계약서 또는 거래 협정서에 준거법을 명시함으로써 양 당사자가 체결한 계약내용의 해석에 대한 견해 차이와 분쟁을 최소화한다.

16 결제관련 약어의 의미가 잘못된 것은?

① COD – 물품상환도
② CAD – 서류상환도
③ T/T – 전신송금
④ D/P – 인수도조건

정답 ④

해설 ④ D/P : 인수도조건(Documents against Acceptance, D/A) → 지급인도방식(Document against Payment, D/P)

D/P(Document against Payment, 지급인도조건)
수출상(의뢰인)이 계약물품 선적 후 구비 서류에 일람출급환어음을 발행·첨부하여 자기거래은행(추심의뢰은행)을 통해 수입상의 거래은행(추심은행) 앞으로 그 어음대금의 추심을 의뢰하면, 추심은행은 수입상(Drawee, 지급인)에게 그 어음을 제시하여 어음 금액을 지급받고(Against Payment, 대금결제와 상환) 서류를 인도하는 거래 방식이다.

17 다음 서한을 순서대로 옳게 나열한 것은?

> (가) MacGregor Importing Co., Ltd. and The SOI Co., Inc.
> (나) We hope this information is helpful to you.
> (다) In reply to your letter of March 5, we are glad to recommend you the following firms :
> (라) For their financial standing, they will supply you with references, upon request.
> (마) The above firms are interested in importing electronic products, and they enjoy a good reputation here. But we assume no responsibility for them.

① (다) – (마) – (가) – (나) – (라)
② (다) – (가) – (마) – (라) – (나)
③ (가) – (마) – (다) – (라) – (나)
④ (다) – (가) – (라) – (마) – (나)

[정답] ②

[해석]

(다) 3월 5일자 귀사의 서신에 대한 답신으로 당사는 귀사에 다음 회사를 추천합니다. :
(가) MacGregor Importing Co., Ltd.와 The SOI Co., Inc.
(마) 상기 회사들은 전자기기 제품 수입에 관심이 있으며, 이곳에서 평판이 좋습니다. 하지만 당사는 그 회사들에 대한 책임을 지지 않습니다.
(라) 그들의 재정 상태에 대해서는 요청하면 귀사에 신용조회처를 제공할 것입니다.
(나) 당사는 이 정보가 귀사에 도움이 되기를 바랍니다.

*recommend : 추천[천거]하다
*electronic products : 전자기기
*reputation : 평판, 명성

[해설] ② 위 서신은 거래처 소개의뢰 서신에 대한 답신임을 먼저 밝히고(다), 회사명을 소개한 다음(가), 그 회사의 평판을 말하고 있으나 책임은 지지 않는다고 설명하고 있다(마). 다음으로 해당 회사의 재정 상태에 대해서는 신용조회처를 요청(상기 회사에 직접 문의)하라고 하고(라), 마지막으로 정보가 도움이 되기를 바란다는 말로 끝을 맺고 있다(나).
거래처 소개
• 거래처 소개 시 다음 내용을 제시, 거래가 신속히 이루어질 수 있도록 해야 한다.
 – 회사명과 주소를 정확히 제시한다.
 – 홈페이지 주소, 전화, 팩스, 텔렉스 번호 등 각종 통신수단을 명시한다.
• 거래처 소개서 내용
 – 소개하는 말
 – 회사명, 주소, 각종 통신수단
 – 당해 회사에 대한 특기사항
 – 신용 상태에 대한 책임 여부
 – 맺음말

18 다음 대화 내용은 기한 내에 보고서를 작성할 수 있을지 걱정이 되는 Brawn이 John에게 지시하는 내용이다. 어색한 내용은?

> ㉠ Brawn : I need those reports by Wednesday.
> ㉡ John : I have a lot to do this week.
> ㉢ Brawn : Make the reports your first priority. Everything else can wait.
> ㉣ John : Oh, I didn't know that. My work is very important to me.

① ㉠
② ㉡
③ ㉢
④ ㉣

정답 ④

해석
㉠ Brawn : 나는 수요일까지 그 보고서가 필요해요.
㉡ John : 이번 주에는 할 일이 많아요.
㉢ Brawn : 그 보고서를 최우선 순위로 삼아요. 다른 건 다 기다릴 수 있어요.
㉣ John : 오, 몰랐어요. 내게는 모든 일이 다 중요해요.

*priority : 우선, 우선권

해설 ㉣ Make the reports your first priority. Everything else can wait(그 보고서를 최우선 순위로 삼아요. 다른 건 다 기다릴 수 있어요.)에 대하여 John이 Oh, I didn't know that(오, 몰랐어요.)이라고 했으므로, "My work → All work is very important to me(내게는 모든 일이 다 중요해요.)."라고 답해야 적절하다.

19 다음 문장의 해석으로 옳지 않은 것은?

(A) In confirmation of our conversation by telephone this morning,

(B) we e-mail an application for Forward Exchange Contract

(C) which you have agreed to enter into the T/T buying rate of ₩1,200 per US Dollar for 60 d/s

(D) on the Bank of California to be offered to you during January.

---

① (A) 오늘 아침 전화 대화에 대한 확인으로
② (B) 당사가 선물환 계약 신청서를 이메일로 보내드립니다.
③ (C) 이 계약서는 일람출급 환어음에 대해 미화 달러당 1,200원의 전신환 매입율로 계약을 체결하는 데 동의했습니다.
④ (D) 1월 중에 귀사에게 제공한 캘리포니아 은행을 지급인으로 하는

정답 ③

해석

(A) 오늘 아침 전화 대화에 대한 확인으로,
(B) 당사가 선물환 계약 신청서를 이메일로 보내드립니다.
(C) 이 계약서는 일람출급 환어음 → 일람 후 60일 출급 환어음에 대해 미화 달러당 1,200원의 전신환 매입율로 계약을 체결하는 데 동의했습니다.
(D) 1월 중에 귀사에게 제공한 캘리포니아 은행을 지급인으로 하는

해설 ③ (C)에서 60 d/s는 '일람 후 60일 출급 환어음'을 뜻하므로 (C)는 '이 계약서는 일람출급 환어음 → 일람 후 60일 출급 환어음에 대해 미화 달러당 1,200원의 전신환 매입율로 계약을 체결하는 데 동의했습니다.'로 해석하여 야 한다.
*confirmation : 확인
*Forward Exchange Contract : 선물환 계약
*buying rate : 매입 시세
*60 d/s : 일람 후 60일 출급 환어음

POLICY NO. HS0123 Assured(s) etc. Sanggong Trading Co., Ltd.		
① <u>Claims</u>, if any, payable at/in Claims Settling Agent in Nagoya, Japan		Ref. No. L/C No. 315−5880 INVOICE NO. Munt 11
Survey should be approved by Claims Settling Agent in Nagoya, Japan		② <u>Amount Insured</u> 44,000 yen
③ <u>Local Vessel or Conveyance/From</u> (Interior Port or place of Loading)		Conditions subject to the following as per back hereof Institute Cargo Clauses [ICC(B)]
Ship or Vessel called Miss Korea V−22	Sailing on or about October 10, 2019	
At and From Busan, Korea	Transhipped at	
Arrive at Nagoya, Japan		
④ *Subject-matter Insured*		
− Korean Washing Machine Sets − Model WM Large Type 100 sets Model WM Small Type 300 sets − − − − − 이 하 생 략 − − − − −		

20 위 서식의 명칭은?

① Insurance cover note

② Commercial invoice

③ Bill of lading

④ Insurance policy

21 밑줄 친 ① ~ ④의 해석으로 틀린 것은?

① 손해배상청구 금액

② 보험금액

③ 국내 선박 또는 운송수단

④ 피보험목적물

해석

증권번호 : HS0123 피보험자(들) : Sanggong Trading Co., Ltd.	
① **보험금 지급자** Claims Settling Agent(클레임 청산대리인) in Nagoya, Japan	참조번호 신용장 번호 : 315-5880 송장 번호 : Munt 11
사고 통지처 Claims Settling Agent(클레임 청산대리인) in Nagoya, Japan	② **보험금액** 44,000 yen

③ **국내 선박 또는 운송수단** (Interior Port or place of Loading)		본 계약서에 기재되어 있는 조건(보험조건) Institute Cargo Clauses [ICC(B)]
선박명 Miss Korea V-22	**출항예정일** 2019년 10월 10일	
보험시작 Busan, Korea	**환적지**	

보험종료 Nagoya, Japan	

④ **_피보험목적물_**

– 한국 세탁기 세트 –
WM 모델 대형 100세트
WM 모델 소형 300세트
– – – – – 이 하 생 략 – – – – –

20
① 보험승낙서
② 상업증권
③ 선하증권
④ 보험증권

해설 20

④ POLICY NO. HS0123(증권 번호)로 미루어 위 서식은 보험증권(Insurance policy)이다.

보험증권(Insurance policy)

보험가입자가 보험목적물 매 건별로 보험회사(Insurance company) 및 보험업자와 보험계약을 체결할 경우, 보험회사나 보험업자가 발급하는 보험계약 증명서류이다. 보험계약 성립의 증거로서 보험자가 피보험자의 청구에 의하여 교부하는 것으로 계약서는 아니지만 유가증권의 성격을 가지며 통상 배서나 인도에 의하여 양도된다.

21

① Claims, if any, payable at/in은 '손해배상청구 금액'이 아니라 '보험금 지급지'를 말하는데, 여기에는 보험회사의 Settling Agent(청산대리인)가 기재된다. 현지에서 운송 중 문제가 발생하면 지정 손해사정사가 조사 실시 후 작성한 Survey report를 보고 보험금 지급 여부와 지급 가능한 보험금을 산정한다.

22 다음 서한 내용 중 밑줄 친 부분과 바꾸어 쓸 수 있는 단어로 옳은 것은?

> We have the pleasure to e-mail our Price List. Our samples have been sent to you today by separate post.
>
> If you go through our samples and prices, you will find that these are of your interest. Please pass your orders at your earliest convenience.
>
> We are pleased that profitable business relations have now been opened between you and us, and hope to do business with you in the near future.

① supply
② send
③ fulfill
④ inform

정답 ②

해석
당사는 가격표를 이메일로 보내게 되어 기쁩니다. 당사의 견본은 오늘 귀사에 별도의 우편으로 보내졌습니다.

당사의 견본과 가격을 검토한다면, 귀사는 이것들이 귀사의 관심사라는 것을 알게 될 것입니다. 가능한 한 빨리 주문을 전달해 주십시오.

현재 당사와 귀사 사이에 이익이 되는 사업 관계를 개설해서 기쁘며, 가까운 미래에 귀사와 거래하기를 희망합니다.

*by separate post : 별도의 우편으로
*go through : ~을 검토[고려]하다
*profitable : 수익성이 있는

① 공급[제공]하다
② 전하다[보내다]
③ 다하다, 이행하다, 수행하다
④ 알리다[통지하다]

해설 본 서한은 작성자가 가격표와 견본을 보낸 후 상대방의 검토를 요청하는 내용이다. 더불어, 검토 후 물품에 관심이 있다면 주문하여 거래를 희망한다는 내용이다. 따라서 pass your orders는 '주문을 전달하다'는 뜻이므로, 밑줄 친 pass는 '전하다[보내다]'를 뜻하는 ② send와 바꿔 쓸 수 있다.

23 다음 밑줄 친 부분의 해석으로 옳은 것은?

> Dear Mr. Harrison,
>
> We highly appreciate your Order No. 111 for 500 sets of these automatic machines.
>
> Much as we would like to supply you with the machines, we shall be unable to fill this order for the moment.
>
> <u>Our works are fully occupied with orders for this model</u>, the earliest shipment we could make at the moment would be October.

① 당 공장은 이 모델로 완전히 예약되어 있어서
② 당 공장은 이 모델에 대한 주문이 바쁠 거라는 말이 있어서
③ 당 공장은 이 라인에 대한 결정권으로 주문이 가득 차 있기 때문에
④ 당 공장은 최근에 이 라인이 완전히 예약되어 있기는 하지만

정답 ①

해석

친애하는 해리슨 씨,

당사는 귀사의 자동화 기계 500세트에 대한 주문 번호 111에 매우 감사드립니다.

귀사에 이 기계를 공급하고 싶긴 하지만, 당사는 당장은 이 주문을 이행할 수 없습니다.

<u>당 공장은 이 모델로 완전히 예약되어 있어서</u>, 현재 당사가 할 수 있는 가장 빠른 선적은 10월이 될 것입니다.

*much as : ~이긴 하지만
*fill : (주문대로) 이행하다
*for the moment : 당장은, 우선은
*be fully occupied with : ~으로[하기에] 바쁘다, 여념이 없다

해설 본 서한의 작성자는 상대방의 주문에 감사하고 있지만, 현재 공장이 해당 모델 주문예약이 꽉 차 있는 상태이므로, 주문 이행이 늦어질 수밖에 없음을 설명하고 있다. 따라서 밑줄 친 부분에서 be fully occupied with는 '~으로[하기에] 바쁘다'의 뜻이므로, 정답은 ① '당 공장은 이 모델로 완전히 예약되어 있어서'이다.

24 다음 내용은 서한의 일부이다. (A)의 서명은 어느 경우에 해당하는가?

(A)	Faithfully yours, ⌐ per pro. STAR TRADING COMPANY │ *Richard L. Hilton* │ Richard L. Hilton └ Executive Director

① 회사 대표의 서명
② 대리 서명
③ 개인 자격의 서명
④ 여성의 서명

정답 ②

해설 ② 무역 서신에서 정식 서명의 경우 회사명, 서명, 서명자의 성명, 직위명 등을 기재하고, 대리로 서명하는 경우 회사명 앞에 '∼ 대리로'라는 의미의 per pro.(= by pro.) 또는 p.p.를 표시한다.

25 다음 우리말을 영문으로 옮길 때 ( ) 안에 적합하지 않은 것을 고르시오.

이 청약은 귀사의 답신이 늦어도 5월 16일까지는 당사에 도착할 것을 조건으로 합니다.
→ This offer is subject to your (ⓐ) reaching us (ⓑ) May 16, our time.

① ⓐ reply − ⓑ by
② ⓐ confirm − ⓑ till
③ ⓐ response − ⓑ on or before
④ ⓐ answer − ⓑ not later than

정답 ②

해석 ① ⓐ 답신 − ⓑ ∼까지
② ⓐ 확인 − ⓑ ∼까지
③ ⓐ 답변 − ⓑ ∼이전에
④ ⓐ 대답 − ⓑ ∼까지는[이내에]

해설 ①, ③, ④는 모두 ⓐ '답신', ⓑ '∼까지'를 뜻하는데, ② ⓐ confirm은 '확인하다'이므로 ⓑ에 들어가기에 적절한 표현이 아니다.
*be subject to : ∼의 대상이다
*confirm : 사실임을 보여주다[확인해 주다]

26 다음 이메일 송부 의도로 가장 옳은 것은?

Dear Mr. Nash,

This is second reminder that your account to cover our May statement is now overdue for three months.
We enclose a statement of your account up to August 20 totaling US $2,500.
We shall thank you for a remittance in due course.

Yours very truly,

① 대금 결제 재촉
② 잔액 송금 알림
③ 견적 요청
④ 가격 협상

정답 ①

해석

친애하는 Nash씨,

이 서신은 당사의 5월 명세서 대금 결제가 현재 세 달 동안 지불 기한이 지났음을 알리는 두 번째 독촉장입니다.
당사는 8월 20일까지의 귀사의 결제액 US $2,500에 대한 명세서를 동봉합니다.
적절한 때에 송금액을 보내주시면 감사하겠습니다.

진심을 담아,

*reminder : 독촉장
*statement : 내역서, 명세서
*overdue : (지불·반납 등의) 기한이 지난
*remittance : 송금액
*in due course : 적절한 때에

해설　위 서신의 첫 문장에서 This is second reminder that your account ... is now overdue for three months(지불 기한이 지났음을 알리는 두 번째 독촉장입니다)로 미루어 정답은 ① '대금 결제 재촉'이다.

27 다음 괄호 안에 들어갈 수 없는 표현은?

> 당사는 귀사가 가능한 빨리 답장을 보내주기를 기대합니다.
> → We hope you will (   ) us with a reply as soon as possible.

① favor   ② inform
③ provide   ④ supply

정답 ②

해석 ① (계획 등을) 보내주다   ② 알리다, 통지하다
③ 주다, 제공하다   ④ 제공하다

해설 주어진 문장에서 괄호 안에는 '～을 보내주다'라는 의미가 들어가야 한다. ①, ③, ④는 모두 '～에게 ～를 주다'라는
뜻이지만, ② inform은 '알리다[통지하다]'라는 의미이므로 적절한 표현이 아니다.
*reply : 답장, 답신
*favor (with) : 베풀다, 주다

28 다음 문장을 가장 옳게 영작한 것은?

> 10월에는 판매의 급격한 증가로 재정적으로 큰 어려움을 겪지 않을 것입니다.

① We will have no difficulty in financing as the sales radically increase in October.
② We will have difficulty in financing as the radical sales increase in October.
③ We will have no difficulty in financing as the sales radically increase in October.
④ We will have difficulty in financing as the purchase radically increase in October.

정답 ①, ③

해석 ① 10월에는 판매의 급격한 증가로 재정적으로 큰 어려움을 겪지 않을 것입니다.
② 10월에는 급격한 판매의 증가로 재정적으로 큰 어려움을 겪을 것입니다.
③ 10월에는 판매의 급격한 증가로 재정적으로 큰 어려움을 겪지 않을 것입니다.
④ 10월에는 판매가 급격하게 증가하여 재정적으로 큰 어려움을 겪을 것입니다.

해설 주어진 문장을 구분하여 영작하면 다음과 같다.
• 당사는 (～에서) 큰 어려움을 겪지 않을 것입니다. : We will have no difficulty in ～(ing)
• 재정적으로 : financing
• 판매의 급격한 증가로(판매가 급격하게 증가하였기 때문에) : as the sales radically increase
따라서 가장 적절하게 영작한 것은 ① · ③ We will have no difficulty in financing as the sales radically increase
in October.이다.
②와 ④는 '... 재정적으로 큰 어려움을 겪을 것이다'의 뜻이므로 의미가 반대가 된다.
*have no difficulty in : ～에 아무런 어려움이 없다
*have difficulty in : ～하는 데 (무척) 고생하다

29 다음 우리말을 영작할 때 괄호 안에 들어갈 표현으로 옳은 것은?

> 이 매도약서를 확인한 후에 서명하고 그 부본을 매도인에게 보내주십시오.
> → Please sign and return (　　　) to the seller after confirming this Sales Note.

① the contract sheet

② the duplicate

③ the original

④ an order sheet

정답　②

해석

이 매도약서를 확인한 후에 서명하고 그 부본을 매도인에게 보내주십시오.
→ Please sign and return (the duplicate) to the seller after confirming this Sales Note.

① 계약서

② 사 본

③ 원 본

④ 주문전표

해설 빈 칸에는 '부본[사본]'이라는 의미의 표현이 들어가야 하므로, '2통, 부본[사본]'을 뜻하는 ② the duplicate가 적절하다. ③ the original은 '서류 원본'을 의미한다.
*return : 돌려주다, 반납하다, 돌려보내다
*confirm : 사실임을 보여주다[확인해 주다]

30 다음 Incoterms 2010 DDP 조건의 일부를 읽고 (　　) 안에 알맞은 말로 연결된 것을 고르면?

> • (ⓐ) means that the seller delivers the goods when the goods are placed at the disposal of the buyer, cleared for import on the arriving means of transport ready for unloading at the named place of destination.
> • DDP represents the minimum obligation for the (ⓑ).
> • Any VAT or other taxes payable upon import are for the (ⓒ) account unless expressly agreed otherwise in the sales contract.

① ⓐ Duty Delivered Paid － ⓑ seller － ⓒ buyer's

② ⓐ Duty Delivered Paid － ⓑ buyer － ⓒ buyer's

③ ⓐ Delivered Duty Paid － ⓑ seller － ⓒ seller's

④ ⓐ Delivered Duty Paid － ⓑ buyer － ⓒ seller's

해석
- (ⓐ 관세 지급 인도)는 수입통관된 물품이 지정목적지에서 도착운송수단에 실린 채 양하준비된 상태로 매수인 의 처분 하에 놓일 때에 매도인이 인도한 것으로 보는 것을 의미한다.
- DDP는 (ⓑ 매수인의) 최소의무를 나타낸다.
- 수입 시 부과되는 부가가치세 또는 기타 세금은 (ⓒ 매도인)이 부담한다. 단, 매매계약에서 명시적으로 달리 합의된 경우에는 그에 따른다.

해설 DDP[Delivered Duty Paid, (지정목적지) 관세 지급 인도조건]
- DDP는 매도인이 지정목적지에서 수입통관을 필한 물품을 도착된 운송수단으로부터 양하하지 않은 상태로 매수인 에게 인도하는 조건
- DDP 뒤에 지정목적지를 표시(매도인 수출 및 수입통관)
- 물품의 인도장소 : 지정목적지
- 물품에 대한 매매당사자의 위험부담의 분기점(위험이전) : 지정목적지(물품이 수입통관되어 수입국 내 지정목적지 에서 양하되지 않고 매수인의 임의처분 하에 인도되었을 때)
- 물품에 대한 매매당사자의 비용부담의 분기점(경비이전) : 지정목적지(매도인은 물품이 인도될 때까지 모든 비용, 수입통관비용, 관세, 조세, 부과금 부담)

31 다음 (가) 부분을 영작한 것 중 바른 것을 고르면?

> (가) <u>물품 수량이 5%를 초과하지 아니하는 과부족은 허용된다</u>, provided the credit does not state the quantity in terms of a stipulated number of packing units or individual items and the total amount of the drawings does not exceed the amount of the credit.

① An excess of 5% more or a shortage of 5% less of the goods is not approved.

② An estimate of the quality of the goods is allowed for 5% more or less clause.

③ A tolerance not exceeding 5% more or 5% less than the quantity of the goods is allowed.

④ An variation 5% more or less for the quantity of the goods cannot be permitted.

정답 ③

해석
신용장이 포장단위 혹은 개별품목의 개수로 수량을 명시하지 않고 또한 총 청구금액이 신용장의 금액을 초과하 지 않는 경우라면, (가) <u>물품 수량이 5%를 초과하지 아니하는 과부족은 허용된다.</u>

① 물품의 5% 초과 또는 5% 부족은 승인되지 않는다.
② 물품의 품질 평가는 5%를 초과하지 아니하는 오차는 허용된다.
③ 물품 수량이 5%를 초과하지 아니하는 과부족은 허용된다.
④ 물품 수량의 차이가 대략 5%인 경우는 허용되지 않는다.

해설 밑줄 친 부분을 구분하여 영작하면 다음과 같다.
- 과부족은 허용된다 : A tolerance is allowed
- 물품의 수량 : the quantity of the goods
- 5%를 초과하지 아니하는 : not exceeding 5% more or 5% less than ∼

따라서 (가) 부분의 올바른 영작은 ③ A tolerance not exceeding 5% more or 5% less than the quantity of the goods is allowed.이다.

*tolerance : 허용 오차, 공차
*excess : (∼ 이상의) 초과량[액]
*variation : (특히 양·정도의) 변화[차이]

---

32 다음 일반거래조건 협정서의 ( ) 안에 들어갈 표현으로 바르게 연결된 것은?

> Insurance :
> All shipments are to be (ⓐ) on ICC(B) including War Risks for the invoice amount plus ten percent; and the insurance policy is to be (ⓑ) in U.S. dollars and the claims are payable in New York.

① ⓐ covered – ⓑ made out
② ⓐ settled – ⓑ written out
③ ⓐ effected – ⓑ kept out
④ ⓐ concluded – ⓑ turned out

정답 ①

해석
해상보험 :
모든 선적품은 송장금액의 110%를 보험금액으로 하여 전쟁위험을 포함한 ICC(B) 조건으로 (ⓐ 부보되어야) 한다. 모든 보험증권은 미국 달러화로 표시하고 뉴욕 지급으로 (ⓑ 작성되어야) 한다.

① ⓐ 부보된 – ⓑ 작성된
② ⓐ 결제된 – ⓑ 작성된
③ ⓐ 시행된 – ⓑ 관련되지 않은
④ ⓐ 체결한 – ⓑ 판명이 된

해설 ① 빈 칸 ⓐ가 포함된 문장은 '선적품들이 전쟁위험을 포함한 ICC(B) 조건으로 부보되어야 한다'는 뜻이 되어야 하므로, '(보험 등) 부보[보장]하다'는 의미의 covered가 들어가야 한다. ⓑ에는 '보험증권이 뉴욕 지급으로 작성되어야 한다'는 뜻이므로, '작성되다'를 의미하는 made out이 들어가야 적절하다.

*cover : (분손 등에 대비해 보험으로) 부보[보장]하다
*make out : (문서 등을) 작성하다

33 다음 UCP 600의 (   ) 안에 들어갈 말이 순서대로 배열된 것은?

> "제시라 함은 개설은행 또는 지정은행에게 신용장에 의한 서류를 인도하는 행위 또는 그렇게 인도된 서류를 말한다."
>
> Presentation means either the (ⓐ) of documents under a credit to the (ⓑ) or nominated bank or documents so (ⓒ)

① ⓐ issuance – ⓑ issuing bank – ⓒ issued
② ⓐ delivery – ⓑ issuing bank – ⓒ delivered
③ ⓐ advice – ⓑ advising bank – ⓒ advised
④ ⓐ requirement – ⓑ advising bank – ⓒ required

정답 ②

해석 ① ⓐ 발행 – ⓑ 개설은행 – ⓒ 발행된
② ⓐ 인도 – ⓑ 개설은행 – ⓒ 인도된
③ ⓐ 통지 – ⓑ 통지은행 – ⓒ 통지된
④ ⓐ 요구 – ⓑ 통지은행 – ⓒ 요구된

해설 UCP 600의 제2조 정의 중 제시(Presentation)에 해당하는 내용이다.
• 신용장에 의한 서류를 인도하는 행위 : the delivery of documents under a credit
• 개설은행 또는 지정은행에게 : to the issuing bank or nominated bank
• 그렇게 인도된 서류 : documents so delivered
따라서 UCP 600의 제시(Presentation)에 대한 내용을 옳게 영작한 것은 ②이다.
UCP 600 제2조 정의
Presentation means either the delivery of documents under a credit to the issuing bank or nominated bank or documents so delivered.
제시란 개설은행 또는 지정은행에 신용장에 의한 서류를 인도하는 행위 또는 그렇게 인도된 서류를 말한다.

---

34 다음 중 대금결제에서 수익자에게 가장 안전한 신용장을 고르시오.

① Confirmed credit
② Revolving credit
③ Usance credit
④ Irrevocable credit

해석 ① 확인신용장
② 회전신용장
③ 기한부 신용장
④ 취소불능 신용장

해설 확인신용장(Confirmed L/C)
- 개설은행의 요청에 따라 개설은행 외의 제3의 은행이 수익자가 발행한 환어음의 지급·인수·매입을 확약한 신용상이다.
- 수익자 입장에서 개설은행의 신용이 의심스러운 경우에 요구한다.
- 통상 개설은행의 요청으로 통지은행이 확인은행을 겸한다.
- 개설은행과 별개로 확인은행이 대금지급을 확약하므로, 수익자는 이중 확약을 받을 수 있다.

35 우리말을 영작할 때 괄호 안에 들어갈 알맞은 단어가 순서대로 배열된 것은?

"본 신용장에 의거하여 발행된 어음금액 및 매입일은 매입은행에 의하여 반드시 본 신용장 이면(뒷면)에 배서되어야 합니다."

The amount of each draft drawn under this credit and the date of negotiation must be (ⓐ) on the (ⓑ) hereof by the negotiating bank.

① ⓐ signed － ⓑ background
② ⓐ endowed － ⓑ opposite
③ ⓐ induced － ⓑ converse
④ ⓐ endorsed － ⓑ reverse

정답 ④

해석 ① ⓐ 서명된 － ⓑ 배경
② ⓐ 기부된 － ⓑ 반대
③ ⓐ 유도된 － ⓑ (정)반대
④ ⓐ 배서된 － ⓑ 이면, 반대

해설 ④ 빈 칸 ⓐ 앞에 The amount of each draft drawn under this credit and the date of negotiation must be(어음금액 및 매입일이 본 신용장 이면에 배서되어야 한다)라고 했으므로, '배서하다'를 뜻하는 endorse가 들어가야 한다. 배서되는 곳은 신용장의 이면이므로, ⓑ에는 '이면(뒷면)'을 뜻하는 reverse가 들어가야 한다.
*endow : (돈을) 기부하다
*induce : 유인[설득]하다
*converse : (정)반대

36 우리말을 영작할 때 괄호 안에 들어갈 알맞은 단어가 순서대로 배열된 것은?

> "확정청약은 일요일과 국경일을 제외하고 발송한 시간 이후 48시간 동안 유효하다."
>
> Firm offers are to remain (ⓐ) for forty-eight hours after the time of (ⓑ), excluding Sundays and national holidays.

① ⓐ opened – ⓑ consignment   ② ⓐ good – ⓑ send
③ ⓐ available – ⓑ shipment   ④ ⓐ effective – ⓑ dispatch

정답 ④

해석 ① ⓐ 개설된 – ⓑ 탁송품   ② ⓐ 좋은 – ⓑ 발송
　　③ ⓐ 이용가능한 – ⓑ 선적   ④ ⓐ 유효한 – ⓑ 발송

해설 ④ 빈 칸 ⓐ에는 '확정청약이 48시간 동안 유효하다'는 의미의 문장이 되어야 하므로, '유효하다'를 뜻하는 effective가 들어가야 한다. ⓑ에는 '(확정청약을) 발송하다'는 의미가 들어가야 하므로 '발송'을 뜻하는 dispatch가 적절한 표현이다.
　　*consignment : 탁송품
　　*effective : 유효한, 시행되는
　　*dispatch : 보내다, 발송하다

---

37 우리말을 영작할 때 괄호 안에 들어갈 알맞은 단어가 순서대로 배열된 것은?

> "이 청약은 회신이 6월 20일 정오까지 도착해야 하는 조건부입니다."
>
> This offer is (ⓐ) on your reply being (ⓑ) here by noon of June 20.

① ⓐ conditional – ⓑ received   ② ⓐ subject – ⓑ receiving
③ ⓐ optional – ⓑ reaching   ④ ⓐ liable – ⓑ reached

정답 ①

해석 ① ⓐ 조건부인 – ⓑ 도착해야 하는(받아야 하는)
　　② ⓐ ~에 달려있는 – ⓑ 받는
　　③ ⓐ 선택적인 – ⓑ 도착하는
　　④ ⓐ 책임이 있는 – ⓑ 도달된

해설 ① 빈 칸 ⓐ에는 '특정 시간까지 도착해야 하는 조건부 청약'이라는 것을 나타내야 하므로, '조건부'를 뜻하는 conditional이 들어가야 한다. ⓑ에는 '청약에 대한 회신이 ~까지 도착해야 한다'는 의미를 표현해야 하므로 '도착하다'를 뜻하는 received가 적절하다.
　　*subject (to) : ~에 달려있는, ~을 조건으로
　　*liable : (지불할) 책임이 있는

38 다음을 영작한 것 중 잘못된 것을 고르면?

① 다음의 회사들이 당사의 재정 상태에 관한 정보를 귀사에게 제공할 것입니다. → The following companies will furnish you with information regarding our financial status.

② 송장의 요구된 수정을 하여 주시면 감사하겠습니다. → We would appreciate it if you would make the required adjustment in the invoice.

③ 가격은 부산항도착 운임·보험료 포함조건을 기준으로 원화로 견적하기로 합니다. → Prices are to be quoted in Korean Won on the basis of CIF Busan.

④ 당사는 귀사에게 파손된 상품에 대한 손해배상 청구를 할 수밖에 없습니다. → We have no choice but to claiming for you on the damaged goods.

정답 ④

해설 '~할 수밖에 없다'를 뜻하는 have no choice but to 다음에는 동사원형이 와야 하므로, ④ 'We have no choice but to <u>claiming → claim</u> for you on the damaged goods.'로 바뀌어야 한다.
*furnish A with B : A에 B를 제공하다
*quote : 견적하다
*have no choice but to 〈동사원형〉 = cannot help ~ing : ~할 수밖에 없다

39 선적 관련 용어를 영어로 잘못 표현한 것은?

① 선적요청서 – S/R
② 선적지시서 – S/O
③ 본선수취증 – M/R
④ 부두수취증 – D/O

정답 ④

해설 ④ 부두수취증 : D/O → Dock Receipt(D/R). 부두수취증(Dock Receipt, D/R)은 컨테이너에 물품이 적입되고 봉인된 후 운송인이 해당 화물을 인수하면서 발행하는 서류이다. D/O(Delivery Order, 화물인도지시서)는 목적항에서 선하증권을 제시한 경우 발급하는 서류이다.
① 선적요청서(Shipping Request, S/R) : 화주가 송하인, 수하인, 화물명세 등을 운송인에게 전달하기 위한 서류이다.
② 선적지시서(Shipping Order, S/O) : 선적요청서를 받은 운송인이 물품 선적을 지시하는 서류이다.
③ 본선수취증(Mate's Receipt, M/R) : 재래선 화물의 경우 물품이 적재된 후 일등항해사가 발행하는 서류이다.
*Delivery Order(D/O) : 화물인도지시서

40 다음 우리말을 영어로 옮길 때, 가장 적절한 것은?

> 당사는 이 금액을 귀사의 계정에 대기하였습니다.

① We have credited this amount to your account.
② We have debited this amount to your account.
③ We have placed this account to your credit.
④ We have placed this account to your debit.

정답 ①

해석 ① 당사는 이 금액을 귀사의 계정에 대기하였습니다.
② 당사는 이 금액을 귀사 계정의 차변에 기입했습니다.
③ 당사는 이 계정을 귀사의 대변에 기입했습니다.
④ 당사는 이 계정을 귀사의 차변에 기입했습니다.

해설 주어진 문장을 구분하여 영작하면 다음과 같다.
• 당사는 ~에 ~을 입금했습니다 : We have credited ~ to ~
• 이 금액 : this amount
• 귀사의 계정에 : to your account
따라서 올바르게 영작한 것은 ① We have credited this amount to your account.이다.
*debit the amount to ~ : 그 금액을 ~의 차변에 기입하다

[41~42] 다음 서한을 읽고 물음에 답하시오.

We are pleased to advise you that we have shipped five hundred units of LED TV to you by the M/S "Speed Queen" ① <u>due to</u> leave Incheon for Shanghai. The ② <u>ETA</u> will be around July 30, 2019. (가) <u>결제조건에 따라서</u>, we have drawn a draft on your bank at 30 d/s for US $3,450,000 under L/C No. 12/80001 with attached documents, and have ③ <u>negotiated</u> it through the Korea Exchange Bank in Seoul, Korea. We hope you would honor it upon presentation.
We have enclosed a ④ <u>non-negotiable</u> copy of B/L and copies of Marine Cargo Insurance Policy and one copy of Packing List.
We hope that the goods will reach you in good condition so that you may place additional orders with us.

41 밑줄 친 (가)를 영어로 옮길 때, 가장 적절하지 않은 것을 고르면?

① Complying with the terms of payment
② According to the terms of payment
③ Because of the terms of payment
④ In compliance with the terms of payment

42 위 서한의 ①∼④의 뜻으로 바르지 않은 것은?

① ∼할 예정인
② 입항예정일
③ 매입하다
④ 지급불능

정답 41 ④ 42 ④

해석

당사는 LED TV 50대를 인천을 출발해서 상하이에 ① 도착예정인 M/S "Speed Queen"에 선적했음을 귀사에 알립니다. ② 도착예정 시간은 2019년 7월 30일입니다.
(가) 결제조건에 따라서, 당사는 신용장(L/C No. 12/80001)과 첨부서류에 의하여 US $3,450,000에 대하여 일람 후 30일 지급 환어음을 귀사의 은행에 발행했으며, 한국 서울에 있는 외환은행을 통하여 ③ 매입했습니다.
당사는 ④ 유통불능 선하증권 사본과 해상적하보험증권 사본, 가격리스트 사본을 동봉했습니다.
당사는 물품이 좋은 상태로 도착해서 귀사가 당사에 추가 주문하기 바랍니다.

*due to : ∼할 예정인
*ETA : 도착예정 시간(estimated time of arrival) (→ ETD)
*negotiate : 매입하다
*non-negotiable B/L : 유통불능 선하증권

해설 41

①, ②, ④는 모두 '결제조건에 따라'의 뜻인데, ③은 '결제조건 때문에'이므로, 밑줄 친 (가)를 영어로 옮길 때 가장 적절하지 않은 것은 ③이다.
*complying with : ∼에 따라
*according to : (지시·합의 등에) 따라
*because of : ∼ 때문에(= owing to)
*in compliance with : ∼에 따라, ∼에 응하여

42

④ non-negotiable : 지급불능 → 유통불능 [cf. 지급불능 : insolvency]
① due to는 '∼ 때문에'라는 의미로 자주 사용되나, 본 서한에서는 due to leave Incheon for Shanghai(인천을 출발해서 상하이에 도착예정인)에서 알 수 있듯이 '∼할 예정인'의 뜻으로 쓰였다.
② ETA(Estimated Time of Arrival)는 '입항[도착]예정일'을 의미하며, '출항예정일'은 ETD(Estimated Time of Departure)이다.
③ negotiate는 '매입[유통]하다'의 의미이다.

43 거래처 소개의뢰에 대한 회신 서한 내용 중 일부이다. 다음 문장을 영작한 표현으로 적합하지 않은 것을 고르시오.

> 4월 13일 귀사의 서한에 대한 회신으로 당사의 다음 발행판 사보에 귀사의 발표 내용을 넣기 위해서 준비하고 있고 출판되면 한 부를 귀사에게 발송해 드리겠습니다.

① With reference to your e-mail made from April 13,

② we have arranged to insert your announcement

③ in the next issue of our bulletin,

④ a copy of which will be sent to you on publication.

[정답] ①

[해석] ① 4월 13일 귀사의 서한에 대한 회신으로
② 당사는 귀사의 발표 내용을 넣기 위해서 준비하고 있고
③ 당사의 다음 발행판 사보에
④ 출판되면 한 부를 귀사에게 발송해 드리겠습니다.

[해설] ① 위 서한에서 '4월 13일 귀사의 서한에 대한 회신으로'는 '회신, 답신'을 의미하는 단어가 reply이므로, With reference → reply to your e-mail made from April 13으로 바뀌어야 한다. reference는 '참조(사항)'이라는 뜻이다.
*With reference to : ~을 참조하여, 관련하여

44 다음 서한의 ①~④와 바꾸어 쓸 수 있는 표현이 올바른 것은?

> ① In response to your inquiry of May 15 about Brown Trading Company, Ltd.
> We are pleased to ② inform you as follow :
> We have had large scale transactions with this ③ firm for more than 10 years and during these years they have always been prompt and punctual in their payment and have never failed to meet their obligations.
> We are, therefore, of the opinion that you may safely have transactions with them and will, no doubt, be satisfied with their manner of conducting business.
> You will please note, however, that this information is ④ furnished without any responsibility on our part.

① Replying

② approve

③ cooperation

④ supplied

정답 ④

해석

브라운 무역회사에 대한 5월 15일자 귀사의 문의에 대한 ① 회신으로, 당사는 귀사에 다음과 같이 ② 알려드립니다. : 당사는 이 ③ 회사와 10년 이상 대규모 거래를 해왔으며 이 기간 동안 그들은 항상 제때 결제했으며, 그들의 의무를 다하지 못한 적이 없습니다.

그러므로, 당사의 의견은 그 회사와의 거래가 안전할 것이며, 귀사는 그들의 업무 방식에 만족할 것이 확실하다는 것입니다.

하지만 당사는 이 정보에 대하여 어떤 책임도 ④ 제공하지 않는다는 점 유의해 주십시오.

*in response to : ~에 대한 회신으로
*inform : (특히 공식적으로) 알리다[통지하다]
*firm : 회사
*furnish : 제공[공급]하다

① ~대한 회신으로
② 승인하다
③ 협조, 협력
④ 제공된

해설 ④ furnish A with B는 'A에게 B를 제공하다'의 의미이므로, supply(공급[제공]하다)와 바꾸어 쓸 수 있다.
① In response to는 '~에 회신(답)하여'이며, 이와 같은 의미를 나타내려면 Replying → Replying to가 와야 한다.
② inform은 '알리다'의 의미이며, approve는 '승인하다'라는 뜻이므로 바꾸어 쓸 수 없다.
③ firm은 '회사'이고, cooperation은 '협조, 협력'이라는 의미이므로 서로 대체하여 쓸 수 있는 표현이 아니다.

45 다음 우리말 지문을 영작할 때 ①~④에 들어갈 단어가 옳지 않은 것은?

다음과 같이 신용장 변경을 요청합니다.
• 금액을 미화 5만불까지 증액시키고,
• 선적 기일을 5월 31일까지 연장하며,
• 매도인의 검사가 최종이라는 조건을 삽입할 것

Please ① _____ the L/C as follows.
• Amount to be ② _____ up to US$50,000,
• Shipping date to be ③ _____ to May 31,
• ④ _____ the clause that seller's inspection is final.

① modify
② increased
③ expired
④ Insert

해석 ① 수정[변경]하다, 바꾸다
② 증가[인상]시키다, 늘리다
③ 만료가 되다, 기한이 다 되다
④ 끼우다[넣다/삽입하다]

해설 ③ '선적 기일을 5월 31일까지 연장하며'에서 '연장하다'는 의미를 나타내는 단어로는 extend가 적절하다. expire는 '만료[만기]가 되다'의 의미이므로 적절하지 않은 표현이다. 따라서 Shipping date to be expired → extended to May 31가 되어야 한다.

46 다음 우리말을 영작하려고 할 때 주어진 단어나 어구가 올바르게 배열된 것을 고르시오.

당사의 고객들은 이 상품을 급하게 필요로 하고 있습니다. 그래서 귀사께서 전신으로 승낙을 즉시 알려주시기 바랍니다.

→ Our clients are in a hurry for the goods and we (   ) immediately.

(A) your cable
(B) have to
(C) acceptance
(D) ask you to
(E) let us have

① (B) − (D) − (E) − (C) − (A)
② (D) − (B) − (A) − (E) − (C)
③ (B) − (D) − (E) − (A) − (C)
④ (D) − (B) − (E) − (C) − (A)

해석
당사의 고객들은 이 상품을 급하게 필요로 하고 있습니다. 그래서 귀사께서 전신으로 승낙을 즉시 알려주시기 바랍니다.
→ Our clients are in a hurry for the goods and we (have to ask you to let us have your cable acceptance) immediately.

해설 주어진 문장 '귀사께서 전신으로 승낙을 (즉시) 알려주시기 바랍니다.'를 구분하여 영작하면 다음과 같다.
• (당사는) 귀사께서 알려주시기 바랍니다 : We have to ask you to let us have
• 전신 승낙 : your cable acceptance
따라서 올바르게 영작된 표현은 ③ We have to ask you to let us have your cable acceptance이다.
*in a hurry : 서둘러[급히]

47 다음 중 가리키는 대상이 다른 하나는?

① Drawer ② Applicant
③ Consignee ④ Accountee

48 다음은 E-mail 내용이다. 서한 내용 중 주요 요소에 속하는 것은?

To : smith@cybergmail.com
From : happy33@happy.co.kr
① CC : ffkim@glad.co.kr

② Subject : New Production Launch
③ Date : Tue. 12th April, 2019
④ Attachment : Product brochures and price lists

Dear Mr. Smith,

Thank you for your e-mail about our new printers, the SSM-150 and the SSM-200. Attached are product brochures and price lists.

－ － － 이 하 생 략 － － －

① CC : ffkim@glad.co.kr
② Subject : New Production Launch
③ Date : Tue. 12th April, 2019
④ Attachment : Product brochures and price lists

To : smith@cybergmail.com
From : happy33@happy.co.kr
① 참조 : ttkim@glad.co.kr

② 주제 : 신제품 출시
③ 날짜 : 2019년 4월 12일 화요일
④ 첨부 : 제품 브로슈어 및 가격 리스트

친애하는 스미스 씨께,

당사의 새 프린터 제품 SSM-150과 SSM-200에 대한 귀사의 이메일에 감사드립니다. 제품 브로슈어 및 가격 리스트를 첨부합니다.

- - - 이 하 생 략 - - -

① 참조 : ffkim@glad.co.kr
② 주제 : 신제품 출시
③ 날짜 : 2019년 4월 12일 화요일
④ 첨부 : 제품 브로슈어 및 가격 리스트

무역영어 서신의 기본 요소

• 서두(Letterhead) : 서신용지 맨 윗부분에 인쇄되어 있는 곳 • 발신일자(Date) : 서신을 발송한 날짜 • 수신인 주소(Inside address) : 편지지에 수신인의 회사명과 주소를 재기입 • 첫인사(Salutation) : 우리말의 근계(謹啓) 또는 '친애하는 ~에게'와 같은 인사말

• 본문(Body of Letter) : 무역영어 서신의 핵심을 이루는 부분

• 끝인사(Complimentary close) : 무역영어 서신의 마지막 부분에 쓰이는 인사 • 서명(Signature) : 서명은 서신내용에 대한 책임의 소재를 분명히 하기 위해 사용

49 다음 대화의 밑줄 친 부분의 영작으로 알맞은 것은?

> A : Hello, my name's Jane Kim. Thank you for calling Morning Trading. How may I help you?
>
> B : Hello, my name's John Sawyer. I'd like to speak to Ian Han, if I may.
>
> A : Okay, well I'm sorry, but <u>지금 다른 전화를 받고 있습니다</u>. Can I take a message or perhaps I can help you?
>
> B : Yes, please. Could you tell him that the email he sent me arrived today, but there should have been an attachment. But it came with no attachment. Please tell him to resend the email.

① I'll put you through right away.

② you seem to have a wrong number.

③ his phone is always engaged.

④ he is on another line just now.

정답 ④

해석
A : 안녕하세요, Jane Kim입니다. 모닝 트레이딩에 전화주셔서 감사합니다. 무엇을 도와드릴까요?

B : 안녕하세요, 저는 John Sawyer입니다. 가능하다면, Ian Han과 통화하고 싶습니다.

A : 네, 알겠습니다. 죄송한데, <u>지금 다른 전화를 받고 있습니다</u>. 메시지를 전해드리거나 아니면 제가 도와드릴까요?

B : 네. 그가 보낸 이메일이 오늘 도착했는데, 첨부 파일이 빠졌다고 전해주시겠어요? 메일을 다시 보내달라고 전해주세요.

① 전화 연결해 드리겠습니다.

② 전화 잘못 거신 것 같습니다.

③ 그의 전화는 항상 통화중이에요.

④ 지금 그는 다른 전화를 받고 있습니다.

해설 본 대화는 B(John Sawyer)가 Ian Han과 통화를 하려고 전화를 걸었으나, Ian Han이 다른 전화를 받고 있어 A(Jane Kim)에게 메모를 전달해달라고 하는 내용이다. 이 때 on another line은 '다른 전화를 받고 있는 중'이라는 뜻이므로, 밑줄 친 '지금 다른 전화를 받고 있습니다.'를 바르게 영작한 것은 ④ he is on another line just now이다.

50 What is the intent in this letter?

> We have completed our inquires concerning the firm you mentioned in your letter of September 21 and have to inform you to carefully consider the full business with them.
>
> In the past two years the company has experienced a serious difficulty in finance and delayed in executing their normal payment.
> Over-buying would appear to be a liable fault in this company.
>
> We would suggest you to pay the most careful attention to the business with them.

① Informing of the delay of reply
② Giving unfavorable reply against counter offer
③ Reporting on unfavorable credit information
④ Replying to the trade inquiry

정답 ③

해석
당사는 9월 21일자 귀사의 서신에서 언급한 회사와 관련된 당사의 조사를 마쳤으며 그들과의 전면적인 거래를 조심스럽게 고려하라고 귀사에 알려드립니다.

지난 2년 동안 그 회사는 재정적으로 심각한 어려움을 겪었으며 정상 지불 이행을 미루었습니다.
초과 구매는 이 회사에게 책임이 있는 과실로 보입니다.

당사는 그 회사와의 거래에 최대한 주의를 기울일 것을 귀사에 제안합니다.

*intent : 의도
*execute : 실행[수행]하다
*liable : (무엇의 비용을 지불할) 법적 책임이 있는
*to pay the most careful attention to : ~에 가장 세심한 주의를 기울이다

① 회신 지연 통보
② 반대 청약에 대해 불리한 답변 제공
③ 불리한 신용정보에 대한 보고
④ 거래조회에 회신

해설 위 서신의 첫 문장에서 have to inform you to carefully consider the full business with them(그들과의 전면적인 거래를 조심스럽게 고려하라고 귀사에 알려드린다.)이라고 했으며, 다음 문장에서 In the past two years the company has experienced a serious difficulty in finance(그 회사가 지난 2년 동안 재정적인 어려움을 겪었고, 정상 지불을 미루었다.)라고 설명하고 있다. 마지막 문장에서도 We would suggest you to pay the most careful attention to the business with them(그 회사와의 거래에 최대한 주의를 기울일 것을 귀사에 제안합니다.)이라고 했으므로, 요청한 신용조회의 결과가 부정적이라는 것을 나타내고 있으므로, 정답은 ③ '불리한 신용정보에 대한 보고'이다.

51 추심(Collection)거래에 적용되는 국제규칙으로 옳은 것은?

① UCP 600

② URC 522

③ ISBP 745

④ MIA 1980

정답 ②

해설 ② 추심결제방식에 적용되는 국제규범은 화환어음 추심에 관한 통일규칙(URC 522)이다.
① UCP 600 : 신용장에 적용되는 국제규범인 신용장통일규칙이다.
③ ISBP 745 : 국제표준은행관행으로 신용장통일규칙을 보충해준다.
④ MIA 1980 → MIA 1906 : 영국해상보험법이다.

52 D/P 결제조건에 대한 설명으로 옳은 것은?

① 추심결제방식으로, 인수도조건이다.

② 기한부 환어음이 발행되며, 지급인은 추심은행이다.

③ D/A에 비하여 수출업자에게 유리한 결제방식이다.

④ Delivery against Payment의 약자이다.

정답 ③

해설 ③ D/P(Documents Against Payment) 방식은 추심지시서를 통한 일종의 현금결제이며, D/A(Documents Against Acceptance) 방식은 환어음 인수를 통한 외상결제방식이다. 따라서 D/A에 비하여 수출업자에게 유리하다.
① D/P는 추심결제방식으로, 지급인도조건이며, 인수인도조건은 D/A이다.
② 일람불(At Sight) 환어음이 발행되며, 지급인은 수입업자이다.
④ D/P는 Document against Payment의 약자이다.
지급인도조건(Documents Against Payment, D/P)
수출업자(의뢰인)가 계약물품 선적 후 구비 서류에 '일람출급환어음'을 발행·첨부하여 자기거래은행(추심의뢰은행)을 통해 수입업자의 거래은행(추심은행) 앞으로 그 어음대금의 추심을 의뢰하면, 추심은행은 수입업자(Drawee, 지급인)에게 그 어음을 제시하여 어음금액을 지급받고(Against Payment, 대금결제와 상환) 서류를 인도하는 거래방식이다.

53 해상보험계약에 대한 설명으로 옳지 않은 것은?

① 보험가액 – 보험사고가 발생한 경우에 피보험자가 입게 되는 손해액의 최고한도액

② 보험금액 – 보험목적물에 경제적 손해가 발생했을 경우 보험자가 지급하는 금액

③ 전부보험 – 보험금액과 보험가액이 동일한 경우의 보험

④ 초과보험 – 보험금액이 보험가액보다 큰 경우의 보험

정답 ②

해설 ② 보험금액은 보험자가 보험계약상 부담하는 손해보상책임의 최고 한도액으로, 보험가액의 범위 내에서 보험자가 지급하는 손해보상액인 지급보험금의 최고 한도액(당사자 간 사전 책정 금액)을 의미한다.

54 일반적인 수입통관 절차로 옳게 나열된 것은?

> (A) 수입신고
> (B) 관세납부
> (C) 물품반입
> (D) 물품반출
> (E) 평가세율 확정
> (F) 물품검사 및 감정

① (A) → (C) → (E) → (B) → (F) → (D)

② (A) → (C) → (F) → (E) → (D) → (B)

③ (C) → (A) → (F) → (E) → (B) → (D)

④ (C) → (F) → (A) → (D) → (E) → (B)

정답 ③

해설 **수입통관 절차**
물품 반입(보세구역) → 수입신고(협정관세 적용, 관세감면 신청) → 세관심사(전산처리, 서류제출심사, 물품검사) → 평가세율 확정 → 관세납부(사전납부, 사후납부) → 물품 인도(화물출고, 국내배송)

55 환거래가 수반되고 하나의 계약서를 작성하며 수출입물품의 대금을 그에 상응하는 수입 또는 수출로 상계하는 무역거래방식으로 옳은 것은?

① 중계무역
② 구상무역
③ 대응구매
④ 통과무역

정답 ②

해설 ① 중계무역 : 수출을 목적으로 외국에서 물품을 수입하여 원형 그대로 다시 제3국에 수출하는 무역형태이다.
③ 대응구매 : 구상무역과 차이는 없으나, two-way-trade 개념에 의해서 두 개의 계약서로 거래가 이루어지는 점이 다르다.
④ 통과무역 : 수출국에서 제3국으로 수출되는 물품이 자국을 경유하는 무역형태이다.

56 다음이 설명하는 용선계약의 종류로 옳은 것은?

> 한국의 H화주는 인천항에서 중국의 상해항까지 화물을 운송하기 위해 S선박회사의 선박을 용선하고 1항차를 기준으로 용선료를 지급하려고 한다.

① 항해용선
② 정기용선
③ 나용선
④ 기간용선

정답 ①

해설 항해용선계약(Voyage/Trip charter)
• 한 항구에서 다른 항구까지 1항차 또는 수개항차의 운송을 기준으로 체결하는 용선계약으로 특정항해구간에 대해서만 운송계약을 체결하는 것이다.
• 용선료는 실제 적재량(톤당 얼마 등)을 기준으로 책정한다.
• 출발항에서 목적항까지 1항해(편도)를 약정하는 경우를 Voyage charter, 왕복 운항을 약정하는 경우를 Trip charter라고 구분하기도 한다.
• 표준서식으로 가장 보편적인 것은 GENCON(Uniform General Charter)이다.
• 항해용선계약의 변형으로 Lump-sum charter(선복용선계약)와 Daily charter(일대용선계약)가 있다.

57 용적에 사용되는 단위로 옳지 않은 것은?

① Barrel

② SM(Square Meter)

③ CBM(Cubic Meter)

④ CFT(Cubic Feet)

정답 ②

해설 용적/부피(Measurement)
- 주로 액체나 목재 등의 측정기준으로 사용되는 단위
- 목재 : 입방미터(Cubic Meter ; CBM, ㎥), 입방피트(Cubic Feet ; CFT), 용적톤(Measurement Ton ; M/T), Super Feet(SF) 등
- 액체류 : Drum, Gallon, Barrel, Liter 등
- 곡류 : Bushel

58 품질결정에 대한 설명으로 옳은 것은?

① 일반 공산품의 경우 물품 양륙 시의 상태 여하로 품질을 결정한다.

② 견본제공이 가능한 공산품은 표준품매매 방법을 사용한다.

③ 기계류, 선박과 같은 내구재나 산업설비 거래 시에는 규격매매를 사용한다.

④ 목재, 광석, 생선류의 경우 판매적격품질조건으로 품질을 결정한다.

정답 ④

해설 ① 일반 공산품의 경우 물품의 품질이 선적 시에 약정한 품질과 일치하는 방법으로 결정한다.
② 견본제공이 가능한 공산품은 견본매매 방법을 사용한다. 표준품매매 방법은 추상적으로 제시하여 대체로 이와 유사한 수준의 품질을 결정하는 방법으로 농산물, 광산물 등에 활용된다.
③ 기계류, 선박과 같은 내구재나 산업설비 거래 시에는 명세서매매를 사용한다.

59 거래상대국의 상대로부터 허가받은 보세창고에 상품을 무환으로 반입한 후 현지에서 매매계약을 통해 판매하는 거래는?

① Plant 수출
② BWT 수출
③ OEM 수출
④ Knock-down 수출

정답 ②

해설
① Plant 수출 : 생산설비·기술·노하우(Know how) 등을 결합, 종합적으로 수출하는 형태의 무역이다.
③ OEM 수출 : 주문자 상표부착 수출방식으로 국제 간 주문·하청 생산에 의한 무역을 의미한다.
④ Knock-down 수출 : 상대국에 현지 공장을 건설하고 자국의 부품을 수출하여 현지에서 직접 조립 판매하는 형태의 무역이다.

60 다음이 설명하는 연계무역의 한 방식으로 옳은 것은?

> 수출업자가 플랜트, 장비, 기술 등을 수출하고 이에 대응하여 동 설비나 기술로 생산된 제품을 다시 구매해 가는 것을 의미하는 것으로, 이는 수입국의 산업을 발전시킬 목적으로 자본, 기술 등을 공여하는 산업협력의 일환으로 이용된다.

① Barter trade
② Transit trade
③ Switch trade
④ Product buy back

정답 ④

해석
① 물물교환, 바터무역
② 통과무역
③ 스위치무역
④ 제품판매(무역)

해설
④ 제품판매(무역)(Product buy back deal) : 한 나라에 생산설비를 수출하고 그 설비로 생산된 제품을 재수입하는 형태의 무역이다.
① 물물교환(Barter trade) : 두 나라가 특정 상품을 상호 교환하는 방식의 무역으로 양국 간 수출입 균형을 통해 외국환수불이 발생되지 않도록 통제하기 위한 무역형태이다.
② 통과무역(Transit trade) : 수출 무역상품이 수입국에 직송되지 않고, 제3국을 통과·경유하여 수입국에 송부되는 무역으로 제3국 관점에서 본 무역의 형태이다.
③ 스위치무역(Switch trade) : 수출·수입국 간에 매매계약이 체결되고, 물품도 양자 간에 직송되지만 대금 결제만 제3국 업자를 개입시켜 간접적으로 행해지는 무역이다.

61 중개무역과 중계무역의 차이점에 대한 설명으로 옳지 않은 것은?

① 중계무역업자는 무역계약의 직접 당사자이지만 중개무역업자는 거래만을 알선한다.
② 중개무역은 수입금액과 재수출금액과의 차이, 즉 매매차익을 목적으로 한다.
③ 중개무역의 경우 물품이 수출국에서 수입국으로 직접 운송된다.
④ 중계무역업자가 수출업자로부터 직접 수입하고, 이를 다시 수입업자에 재수출한다.

정답 ②

해설 ② 중계무역(Intermediary trade)에 대한 설명이다. 중개무역(Merchandising trade)은 수출국과 수입국 간에 직접 매매계약이 체결되지 않고 제3국의 제3자(중개업자)가 개입하여 계약이 체결되는 거래형태이다.

중개무역 vs 중계무역의 비교

중개무역 (Merchandising Trade)	• 수출국과 수입국 간에 직접 매매계약을 체결하지 않고 제3국의 제3자(중개업자)가 개입하여 계약이 체결되는 거래형태 • 상품 소유권이 중개업자로 이전되지 않음 • 중개업자는 단순히 수수료를 목적으로 함 • 대외무역법상 수출입거래에 해당하지 않음
중계무역 (Intermediary Trade)	• 외국에서 물품을 수입하여 원형 그대로 다시 제3국에 수출하는 것 • 상품 소유권이 이전됨 • 물품매매에 따른 차액이 목적 • 대외무역법상 수출입거래에 해당

62 환어음의 특징으로 옳은 것은?

① 채무자가 채권자 앞으로 발행한다.
② 지시인이나 소지인에게 일치하는 서류에 대해 어음금액을 지급할 것을 확약하는 요식증권이며 유가증권이다.
③ 환어음에 표시되는 금액의 통화는 신용장의 통화와 동일하거나 다를 수도 있다.
④ 환어음은 무조건적으로 작성하여야 하며 서면으로 작성하여야 한다.

정답 ④

해설
① 국제무역거래에서 채권자(수출자)가 채무자(개설은행 혹은 수입자) 앞으로 발행한다.
② 채권금액을 지시인(to order) 또는 소지인(bearer)에게 일정한 기일 내에 일정한 장소에서 일정한 금액을 무조건 지급할 것을 서면으로 위탁하는 요식・유가증권이다.
③ 환어음상 금액이 기재될 때 그 표시통화는 신용장상 표시통화와 일치해야 한다.

환어음(Bill of exchange)
• 채권자인 수출자가 발행인(Drawer)이 되고 채무자인 수입자 또는 은행을 어음의 지급인(Drawee, Payer)으로 발행되는 무역결제에 사용되는 어음을 말한다.
• 발행인이 지급인에게 자신이 지시하는 자(Payee, 수취인)에게 일정금액(환어음 금액)을 일정기일(만기)에 무조건 지급할 것을 위탁하는 요식성 유가증권이다.
• 환어음상에서의 통화는 신용장에 표시된 통화와 일치해야 한다.

63 다음 내용이 설명하는 것으로 옳은 것은?

> 거래제의를 받은 사람이 그 제의에 대하여 관심이나 상품을 구매할 의사가 있을 때, 상품의 매입 즉, 거래조건에 관해 문의하는 것

① Credit inquiry
② Trade inquiry
③ Firm offer
④ Counter offer

정답 ②

해석
① 신용조회
② 거래조회
③ 확정청약
④ 반대청약

해설
① 신용조회(Credit inquiry) : 계약으로 연결될 가능성이 있다고 판단되는 거래선의 신용에 대해 신용조사 전문기관에 의뢰하여 조사하는 것
③ 확정청약(Firm offer) : 청약자가 청약할 때 피청약자의 승낙을 정하여 그 기간 내 피청약자가 승낙 시 즉각적인 계약 체결을 예정하는 청약
④ 반대청약(Counter offer) : 청약을 받은 피청약자가 원청약의 가격・수량・선적시기 등과 관련된 조건을 변경하거나 새로운 조항을 추가한 청약을 원청약자에게 보내는 것

64 다음 상황에서 필요한 서류로 옳은 것은?

> 사고부 선하증권 대신에 수출상이 파손된 화물에 대하여 모든 책임을 부담할 것을 보증하고 선박회사로부터 무사고 선하증권을 발급받고자 함

① Trust Receipt
② Delivery Order
③ Letter of Guarantee
④ Letter of Indemnity

정답 ④

해석 ① 수입화물대도
② 화물인도지시서
③ 수입화물 선취보증장
④ 파손화물운송장

해설 ④ 파손화물운송장(Letter of Indemnity, L/I) : 수출업자가 실제로는 고장부 선하증권이지만 무고장부 선하증권으로 선하증권을 발행받을 때 선박회사에 제출하는 보상장으로, 무역 관행상 은행은 고장부 선하증권을 수리하지 않기 때문에 화주는 선적화물에 하자가 있으면 선박회사에 L/I를 제출하고 이로 인한 화물 손상은 화주가 부담한다.
① 수입화물대도(Trust Receipt, T/R) : 은행은 담보권을 확보한 채로 수입자에게 담보화물을 대도하고 수입자는 화물매각대금으로 대금결제 또는 차입금을 상환하는 제도이다.
② 화물인도지시서(Delivery Order, D/O) : 선사가 수하인으로부터 B/L이나 L/G를 받고 본선 또는 터미널(CY 또는 CFS)에 화물인도를 지시하는 서류이다.
③ 수입화물 선취보증장(Letter of Guarantee, L/G) : 선하증권 없이 수입화물을 먼저 수취할 때 선사에게 제출하는 보증서로, 전자선하증권(e-B/L)이 운용될 경우 사용이 감소된다.

65 보험자가 위험인수 대가로 수취하는 것으로 옳은 것은?

① 보험가액
② 보험금액
③ 보험금
④ 보험료

정답 ④

해설 ④ 보험료(Insurance premium) : 보험자의 위험부담에 대해 보험계약자가 지급하는 대가
① 보험가액(Insurable value) : 피보험이익의 평가액으로 특정 피보험자에게 발생할 수 있는 경제적 손해의 최고 한도액
② 보험금액(Insured amount) : 보험자가 보험계약상 부담하는 손해보상책임의 최고 한도액
③ (지급)보험금(Claim amount) : 담보위험으로 피보험자가 입은 재산상의 손해에 대해 보험자가 피보험자에게 실제 지급하는 보상금액

66 거래선에 대한 신용조사 시 연간매출액, 취급 품목, 거래 관계, 생산 능력 등을 조사하는 것은 3C 중 무엇에 포함되는가?

① Currency　　　　　　　　　　② Capital
③ Capacity　　　　　　　　　　④ Character

정답 ③

해석　① 통 화　　　　　　　　　② 자본, 자금
　　　③ 능력, 수용력　　　　　　④ 성격, 상도덕

해설　신용조회 내용 3C's

Character (성격 또는 상도덕)	회사의 사업목적, 경영자의 태도, 영업태도, 계약이행에 대한 열의, 계약이행 상태, 업계 평판, 품질 등에 대한 항목
Capital (재정상태)	자본금의 규모, 채권, 채무, 수권자본과 납입자본, 자기자본과 타인자본의 비율 등
Capacity (기업운용 능력)	해당 기업의 전반적인 경영 상태 및 영업능력에 관한 내용(영업방법 및 형태, 거래방법, 거래량, 거래실적, 경력·경험, 경영진의 생산주문 이행능력, 연간 매출액 및 생산능력, 연혁 등)

67 거래제의서(Circular letter) 작성 시 유의사항이 아닌 것은?

① 상대방 입장에서 이해하기 쉽도록 작성해야 한다.
② 적절한 이미지를 사용하여 바이어의 이목을 끌 수 있어야 한다.
③ 회사와 제품을 과장해서 소개해야 한다.
④ 상대방에게 판매하려는 품목을 정확히 기재해야 한다.

정답 ③

해설　③ 과장된 회사소개를 삼가고 생산량과 연간 매출액 등을 언급해야 한다.
　　　거래제의(Business proposal)
　　　• 신용조사 결과 거래가능업체로 판정된 상대방에게 구체적인 사항을 제시하여 거래를 제의한다.
　　　• 자기소개서(Circular letter)를 발송한다.
　　　• Circular letter는 일반적으로 가볍게 돌리는 거래 의향서이며, Business proposal은 의미는 비슷하나 보다 무게가 실린 서신이라고 보면 된다.
　　　• 작성 내용은 일반적으로 다음과 같다.
　　　　- 상대방을 알게 된 배경이나 경로
　　　　- 거래제의 상사의 업종, 취급상품, 거래국가 등
　　　　- 거래제의 상사의 자국 내에서의 지위, 경험, 생산규모 등
　　　　- 거래조건(특히 결제 및 가격조건 등)
　　　　- 신용조회처(주로 거래은행명 및 주소)
　　　　- 정중한 결문

68 신용장 방식의 거래에서 개설의뢰인의 입장에서 본 신용장의 효용으로 옳은 것은?

① 안심하고 선적할 수 있다.
② 발행된 신용장 조건과 서류가 일치하는 한 대금회수를 보장받을 수 있다.
③ 선적한 후 신용장 조건에 일치하는 서류를 은행에 세시하여 대금을 즉시 회수할 수 있다.
④ 선적기일과 유효기일이 명시되어 있으므로 늦어도 언제까지 상품이 도착할 것이라는 예측이 가능하다.

정답 ④

해설 ①, ②, ③은 수익자(Beneficiarty, 수출자) 입장에서 본 신용장의 효용이다.

신용장의 효용

수익자(Beneficiary, 수출자)	개설의뢰인(Applicant, 수입자)
• 수출자는 안심하고 선적 가능 • 신용장 조건에 일치하는 한 수출대금의 회수를 보장받을 수 있음 • 선적한 후 신용장 조건에 일치하는 서류를 은행에 제시하여 대금 즉시회수 가능 • 수출자 앞으로 발행된 신용장을 근거로 무역금융상 지원 가능	• 물품의 대금은 상품이 선적된 후 지급하며, 기한부 신용장의 경우 수입상품의 판매대전으로 만기일에 결제 가능 • 수입자는 신용장 조건대로 계약 상품이 선적될 것을 확신함 • 선적기일과 유효기일이 명시되어 있으므로 늦어도 언제까지 상품이 도착할 것이라는 예측 가능

---

69 인코텀즈(Incoterms) 2010 가격조건 중 CIF New York에 대한 설명으로 옳은 것은?

① New York항 출발 운임·보험료 포함가격이다.
② 매수인이 운송계약을 체결해야 한다.
③ 우리나라에서는 수출통관 기준이 되는 가격조건이다.
④ 수출자는 수입자를 위해 적하보험을 부보한다.

정답 ④

해설 CIF New York 가격조건은 수출자가 화물을 출발항의 본선에 적재 후 인도하는 조건으로, 비용은 New York항에 도착할 때까지의 운임과 해상운송보험료를 수출자가 부담한다. 이 때 수출자가 수입자를 보험의 수익자로 하는 해상운송보험에 가입해야 한다.

CIF[Cost, Insurance and Freight, (지정목적항) 운임·보험료 포함 인도조건]상 매도인과 매수인의 책임

매도인(Seller)	매수인(Buyer)
• 수출통관 필 • 해상운송계약 체결 • 운임 부담 • 보험계약 체결 • 통상의 운송서류를 지체 없이 매수인에게 제공	• 물품이 운송인에게 인도된 이후의 모든 위험부담 • 지정목적지까지의 운송비 이외 모든 비용부담

70 다음은 제3자를 통한 클레임의 해결방법에 대한 순서이다. (   ) 안에 들어갈 알맞은 것은?

| (㉠) → Mediation → (㉡) → Litigation |

① ㉠ Arbitration, ㉡ Conciliation
② ㉠ Intercession, ㉡ Conciliation
③ ㉠ Warning, ㉡ Arbitration
④ ㉠ Intercession, ㉡ Arbitration

정답 ④

해석

| (㉠) → 조 정 → (㉡) → 소 송 |

① ㉠ 중재, ㉡ 조정
② ㉠ 알선, ㉡ 조정
③ ㉠ 경고, ㉡ 중재
④ ㉠ 알선, ㉡ 중재

해설 제3자 개입에 의한 해결방법 순서

1. 알선(Intercession = Intermediation) : 계약 일방 또는 쌍방의 요청에 따라 공정한 제3자(상사 중재원 등)가 사건에 개입하고, 원만한 타협을 권유하여 자발적인 클레임 해결에 이르도록 하는 방법이다. 양 당사자 간 자발적 합의가 없으면 실패하는 법적 강제력이 없다.

2. 조정(Mediation = Conciliation) : 계약 일방 또는 쌍방의 요청에 따라 제3자를 조정인으로 선임하고, 조정인이 제시하는 해결안(조정안)에 양 당사자의 합의로 분쟁을 해결하는 방법이다. 조정안에 대해 양 당사자가 거부할 경우 강제력이 없어(강제력 있는 중재판정과 구별) 30일 내에 조정절차는 폐기된다.

3. 중재(Arbitration) : 법원의 소송절차로 분쟁을 해결하지 않고 분쟁당사자 간 합의(중재합의)에 의거 제3의 중재기관의 중재인(Arbitrator)에 의한 중재판정(Award)을 통해 분쟁을 해결하는 방법이다. 중재판정은 양 당사자가 절대 복종해야하는 강제력 있는 판정이며, 당사자 합의수용 여부와 상관없이 무조건 대법원 확정판결과 동일한 효력을 발생한다.

4. 소송(Litigation) : 국가기관인 법원의 판결에 의한 분쟁해결 방법으로 국제무역 거래에서는 일국의 법 효력 및 법원 재판관할권이 상대국까지 미치지 않아(외국과의 사법협정 미체결) 외국에서는 그 판결의 승인·집행이 보장되지 않으며, 법적 구속력이 강하다.

71 다음 설명하는 거래형태에 대한 무역종류의 명칭으로 옳은 것은?

> 국내에서 거위털 이불을 생산하는 ㈜상공은 거위털 수입을 직접 하는 것이 어려워 다른 수입업자에게 위탁하는 형태의 간접거래 방식을 택하고 있다. 그러나 이로 인해 수수료 지불에 따른 비용이 증가한다는 단점이 발생하고 있다.

① Master contract
② Agency contract
③ Exclusive contract
④ Case by case contract

정답 ②

해석 ① 포괄/장기계약
② 대리점 계약
③ 독점계약
④ 개별계약

해설 ② 대리점 계약(Agency contract) : 계약 당사자인 본인(매도인) 대 대리인이라는 관계에서 본인(매도인)이 대리점에 본인(매도인)의 대리인으로서 행위를 할 권한을 부여하고, 그 수권행위에 의해 매도인과 매수인 간의 권리와 의무관계를 규정한다.
① 포괄/장기계약(Master contract) : 연간 또는 장기간 기준으로 계약을 체결하고 필요 시마다 수정을 가한다.
③ 독점계약(Exclusive contract) : 수출입 전문상사 간에 매매를 국한시키는 계약이다.
④ 개별계약(Case by case contract) : 매매 당사자가 거래 시마다 거래조건에 상호 합의 하에 하는 계약이다.

---

72 양도가능 신용장에 개입하는 당사자가 아닌 자를 고르면?

① 제1수익자
② 양도은행
③ 제2수익자
④ 제3수익자

정답 ④

해설 양도가능 신용장(Transferable L/C)
• 신용장을 받은 최초의 수익자인 원(제1)수익자가 신용장 금액의 전부 또는 일부를 1회에 한하여 국내외 제3자(제2수익자)에게 양도할 수 있는 권한을 부여한 신용장을 말한다.
• 양도가능 신용장은 1회에 한해 양도가능하므로 제2수익자가 다시 제3자에게 본 신용장을 양도할 수 없다.
• 신용장 개설 시 개설은행이 양도가능하다고 명시적으로 동의한 경우, 즉 신용장에 명시적으로 Transferable 표시가 있어야만 원(제1)수익자 외에 제3자(제2수익자)에게 양도가 가능하다.

73 결제와 관련한 내용으로 옳지 않은 것은?

① Stand-by credit는 무담보 신용장(Clean credit)이다.

② D/A 거래에서 환어음의 인수(Acceptance)가 이루어진다.

③ Paying bank는 예치환 거래은행(Depository correspondent bank)이다.

④ L/G는 매입은행에서 발행한다.

정답 ④

해설 ④ 화물선취보증장(L/G)은 원본서류가 도착하기 전에 수입자가 물품을 사전에 인수할 수 있도록, 즉 운송인이 원본서류 없이 물품을 사전 인도할 때 발생하는 손해에 대한 신용장 개설은행이 발행하는 보증서이다.
　　① Stand-by credit는 국내 상사의 해외지사의 현지 운영자금 또는 국제입찰 참가에 수반되는 입찰보증 등에 필요한 자금을 해외현지은행에서 대출받고자 할 때, 이들 채무보증을 목적으로 국내 외국환은행이 해외은행 앞으로 발행하는 무담보 신용장(Clean L/C)이다.
　　② D/P 방식은 추심지시서를 통한 일종의 현금결제이며, D/A 방식은 환어음 인수(Acceptance)를 통한 외상결제방식이다.
　　③ Paying bank는 대금결제를 위하여 개설은행이 전액을 위탁해 둔 은행으로 통상 개설은행의 예치환거래은행(Depository correspondent bank)인 경우가 많다.

74 거래를 사용하는 데 적합한 정형거래조건으로 옳은 것은?

> 한국의 수출상이 독일의 수입상에게 냉장고와 텔레비전을 선박전용운송으로 수출하고자 한다.

① FCA

② FOB

③ CIP

④ CPT

정답 ②

해설 INCOTERMS 2010
　　• 11개의 정형거래조건을 운송방식불문 조건과 선박운송전용 조건으로 분류하였다.
　　• 1그룹(운송방식불문 조건) : EXW, FCA, CPT, CIP, DAT, DAP, DDP
　　• 2그룹(선박운송전용 조건) : FAS, FOB, CFR, CIF

75 거래하려는 상대방과 동종의 사업에 종사하는 업체에 의뢰하여 신용조사를 하는 방법으로 옳은 것은?

① Mercantile agency reference
② Trade reference
③ Bank reference
④ KOTRA reference

정답 ②

해석 ① 상업흥신소 신용조회처
② 동업자 신용조회처
③ 은행 신용조회처
④ 대한무역투자진흥공사(KOTRA) 신용조회처

해설 ② 주로 사용되는 신용조회처는 상대방 거래은행에 요청하는 은행 신용조회처(Bank reference), 같은 업종에 종사하는 사람에게 요청하는 동업자 신용조회처(Trade reference) 등으로 그 외에 흥신소 등을 활용할 수 있다.

신용조회처의 종류
• 은행 신용조회처(Bank reference)
• 동업자 신용조회처(Trade reference)
• 상업흥신소(Commercial credit agencies)
• 외환은행(Exchange bank)
• 수출보험공사나 신용보증기금을 통한 신용조사
• 대한무역투자진흥공사(KOTRA)의 수탁신용조사방법을 통한 해외 거래처 신용조사
• 수출업자의 해외지사, 출장소, 판매 대리점 등

2018년 기출문제(기출이 답이다)

PART 03

2018년 기출문제

무역영어 3급 기출이 답이다

제1과목 **영문해석**

[01~02] 다음 통신문을 읽고 물음에 답하시오.

> Thank you for your sample and price list. As stated in our last meeting, we are very interested in distributing your goods in Korea. (1) We would like to cooperate to produce the goods as soon as possible. Kindly include any other information you feel would be (2) pertinent. We have some very promising contacts for this product in our country.
> Thank you in advance for your prompt action.

01 밑줄 친 (1)의 해석으로 옳은 것은?

① 당사는 가능한 빨리 생산하도록 협조하고 싶습니다.
② 가능한 빨리 생산하도록 노력해 주십시오.
③ 협력한다면 곧 제품을 생산할 수 있을 것입니다.
④ 협조하기 위하여 가능한 빨리 생산하겠습니다.

02 밑줄 친 (2)와 의미가 가장 가까운 것은?

① important
② enclosed
③ relevant
④ immediate

해석

귀사의 샘플과 가격 리스트를 보내주셔서 감사합니다. 지난 번 회의에서 명시된 바와 같이, 귀사의 제품을 한국에서 유통시키는 데 큰 흥미를 갖고 있습니다. (1) 당사는 빠른 시일에 제품 생산에 협조하고 싶습니다. 귀사가 (2) 관련 있다고 느끼는 다른 정보를 포함해 주십시오. 당사는 자국에서 이 제품에 대한 유망한 관계를 갖고 있습니다.

귀사의 즉각적인 조치에 미리 감사드립니다.

*pertinent : (특정한 상황에) 적절한[관련 있는]
*promising : 유망한, 촉망되는; 조짐이 좋은

02
① 중요한
② 동봉된
③ 관련 있는
④ 즉각적인

해설 01

밑줄 친 We would like to cooperate to produce the goods as soon as possible를 구분하여 해석하면 다음과 같다.

• We would like to : 당사는 ~하고 싶습니다
• cooperate : 협조하다
• to produce the goods : 물품을 생산하도록, 생산하는데
• as soon as possible : 가능한 한 빨리

따라서 (1)의 해석으로 옳은 것은 ① '당사는 가능한 빨리 생산하도록 협조하고 싶습니다.'이다.

*would like to : ~하고 싶다
*produce the goods : 제품을 생산하다
*as soon as possible : 가능한 한 빨리

02

밑줄 친 (2) pertinent의 의미는 '적절한, 관련 있는'이므로, 이와 의미가 가장 유사한 것은 '관련 있는'을 뜻하는 ③ relevant이다.

03

> All goods exported for our account are covered by <u>the Open Policy</u> taken out from the said
> insurance company.

① 아래의 보험회사에서 작성된 보험가입증명서
② 상기의 보험회사에서 발행한 포괄예정보험증권
③ 아래의 보험회사에서 결제한 포괄예정보험증권
④ 상기의 보험회사에서 작성한 보험가입증명서

04

> Payment should be made by an irrevocable L/C at sight or <u>T/T in advance</u>.

① 전신환 사후송금
② 사후 일반 송금
③ 전신환 사전송금
④ 우편환 사전송금

[정답] 03 ② 04 ③

[해석] 03

당사의 계정을 위해서 수출된 모든 제품은 <u>상기의 보험회사에서 발행한 포괄예정보험증권</u>에 의해서 보장됩니다.

*Open Policy : 포괄예정보험증권
*the said : 앞에 말한

04

지불은 일람불 취소불능 신용장 또는 <u>전신환 사전송금</u> 방식으로 지불되어야 합니다.

*irrevocable L/C at sight : 일람불 취소불능 신용장

[해설] 03

Open Policy는 '포괄예정보험'을 뜻하고, taken out은 문맥상 '(보험 · 융자 등에) 들다, 받다'라는 뜻이므로 올바른 해석은 ② '상기의 보험회사에서 발행한 포괄예정보험증권'이다.
Open Policy(포괄예정보험계약)
계약자가 수출 또는 수입하는 화물의 전부 또는 특정한 일부의 화물에 대하여 무기한의 예정보험으로 계약을 체결하는 보험이다. Open Cover/Policy/Contract라고도 부른다.

in advance는 '선금[선지급]으로; 미리, 전부터'라는 뜻이고 T/T는 Telegraphic Transfer(전신환 송금방식)의 약어이므로 올바른 해석은 ③ '전신환 사전송금'이다.

T/T(Telegraphic Transfer, 전신환 송금방식)

수입자의 요청에 따라 송금은행이 지급은행 앞으로 수출자에게 일정 금액을 지급하여 줄 것을 위탁하는 지급지시서(Payment order)를 전신으로 보내는 방식을 말한다. 송금과정이 신속·편리하고 환율변동에 따른 위험도 적어 무역대금 결제에 많이 사용하는 송금방식이다. 그러나 전신료의 비용이 많이 든다는 단점이 있다.

Irrevocable L/C(취소불능 신용장)

• 취소불능 신용장의 경우 신용장 개설 이후 신용장이 수익자에게 통지된 후 유효기간 내에 관계 당사자 전원(개설은행/확인은행, 수익자, 통지은행)의 합의 없이는 신용장을 취소·변경할 수 없다.

• 기존 UCP에서는 신용장에 취소불능이나 취소가능 표시가 없거나 불명확할 때에 취소불능 신용장으로 간주하도록 규정하고 있었으나, UCP 600 개정에서는 신용장은 원칙적으로 취소불능을 상정하고 있다.

05 인코텀즈 2010의 가격 조건에 대한 해석으로 옳지 않은 것은?

① DAT − 도착터미널 인도조건

② FAS − 선측 인도조건

③ FCA − 운송인 인도조건

④ CIP − 도착장소 인도조건

정답 ④

해설 CIP[Carriage and Insurance Paid to, (지정목적지) 운임·보험료 지급 인도조건]

• CPT 조건에 운송 도중의 위험에 대비한 적하보험계약을 체결하고 보험료를 지급하는 것을 매도인의 의무에 추가한 조건(매도인 수출통관)

• 물품의 인도장소 : 지정된 운송인

• 물품에 대한 매매당사자의 위험부담의 분기점(위험이전) : 지정된 운송인에게 인도 시(물품을 지정목적지까지 운송할 운송인의 보관 하에 최초 운송인에게 물품 인도 시)

• 물품에 대한 매매당사자의 비용부담의 분기점(경비이전) : 합의된 목적지(매도인은 물품 인도 시까지 모든 비용과 지정목적지 운임·보험료 부담)

[06~08] 다음 밑줄 친 부분과 뜻이 같은 것을 고르시오.

06

> We enclose invoice totaling $500.00 covering the first shipment per S.S Nova Scotia.

① amounting to

② overdue

③ balance

④ in payment of

07

> We were pleased to hear that <u>you were attracted by</u> our display of motor accessories.

① you were impressed with

② you were competed with

③ you were favored with

④ you were furnished with

08

> Would you be kind enough to <u>quote us</u> on an FOB Korean port basis.

① inform us of the price

② receive the quotation

③ wish to refer to us

④ place an order with us

해석 06

당사는 S.S Nova Scotia에 대한 첫 번째 선적물의 <u>합계가</u> 되는 $500.00 청구서를 동봉합니다.

① (합계가) ~에 이르다
② 지불기한이 지난
③ 잔액, 잔금
④ ~의 지불로

07

당사는 <u>귀사가</u> 자동차 액세서리에 대한 당사의 전시에 <u>관심을 가졌다</u>는 것을 듣고 기뻤습니다.

① 귀사가 ~에 감명[인상]을 받았다
② 귀사가 ~와 경쟁했다
③ 귀사가 ~의 혜택을 받았다
④ 귀사가 ~을 지급[제공]받았다

08

FOB 한국항을 근거로 한 <u>견적을 당사에 알려주시기</u>를 부탁드립니다.

① 당사에 가격을 알려주다
② 견적을 받다
③ 당사에 문의하길 바라다
④ 당사에 주문을 하다

해설 06

밑줄 친 totaling은 '합계[총] ~이 되다'의 뜻이므로, '(합계가) ~에 이르다'를 의미하는 ① amounting to와 바꾸어 쓸 수 있다.
*overdue : (지불·반납 등의) 기한이 지난
*balance : 지불 잔액, 잔금

07

밑줄 친 be attracted by는 '~에 관심을 가지다'의 뜻이므로, '~에 감명[인상]을 받다'를 의미하는 ① you were impressed with와 바꾸어 쓸 수 있다.

08

밑줄 친 quote us는 '당사에 견적을 내다'라는 뜻이므로, '당사에 가격[견적]을 알려주다'를 의미하는 ① inform us of the price와 바꾸어 쓸 수 있다.

Shipment : Your Order No. 3456

We have to invite your attention to a stevedore's strike which started a week ago.

(1) This strike shows no sign of letting up; it is feared to last at least another 2 weeks.

(2) We must consider a change, therefore, in our shipping arrangement.

---

09 밑줄 친 (1)의 해석으로 옳은 것은?

① 이번 파업은 수습될 전망이 전혀 없는 것은 아니며 지난번 2주간은 너무도 힘이 들었습니다.

② 이번 파업은 확대될 것 같지는 않고 최소한 앞으로 2주 정도면 끝날 것 같아 걱정입니다.

③ 이번 파업은 누그러질 기미가 없고 이는 적어도 앞으로 2주 정도는 지속될 것 같습니다.

④ 이번 파업은 곧 재개될 것 같지는 않고 최소한 2주간은 지난 것 같습니다.

10 밑줄 친 (2)의 해석으로 옳은 것은?

① 그러므로 선적수배를 변경할 것도 생각해 보았음이 분명합니다.

② 그러므로 선적 수배의 변경을 고려해 보아야겠습니다.

③ 그러므로 선적조건을 바꿀 것을 심사숙고해 보셔야 합니다.

④ 그러므로 선적지시에 대해 당사의 변경사항을 고려해 보셔야 합니다.

해석

선적 : 주문 번호 3456

1주일 전에 시작된 stevedore의 파업에 귀사가 관심을 가져주시기 바랍니다.

(1) <u>이번 파업은 누그러질 기미가 없고 이는 적어도 앞으로 2주 정도는 지속될 것 같습니다.</u>

(2) <u>그러므로 선적 변경을 고려해 보아야겠습니다.</u>

*show no sign of : ～할 기미가 보이지 않다
*let up : 누그러지다[약해지다]
*shipping arrangement : 선적 준비[마련]

해설 09

밑줄 친 This strike shows no sign of letting up; it is feared to last at least another 2 weeks를 구분하여 해석하면 다음과 같다.
• This strike shows no sign : 이번 파업은 징후[조짐, 기미]가 보이지 않는다
• of letting up : (강도가) 약해지다[누그러지다]
• it is feared to last : 지속될 것 같다; 지속될까 염려스럽다
• at least another 2 weeks : 적어도 앞으로 2주 간
따라서 (1)을 바르게 해석한 것은 ③ '이번 파업은 누그러질 기미가 없고 이는 적어도 앞으로 2주 정도는 지속될 것 같습니다.'이다.

10

밑줄 친 We must consider a change, therefore, in our shipping arrangement를 구분하여 해석하면 다음과 같다.
• We must consider a change : 당사는 변경을 고려하여야 한다
• in our shipping arrangement : 당사의 선적일정에 관하여
따라서 (2)를 바르게 해석한 것은 ② '그러므로 선적 수배의 변경을 고려해 보아야겠습니다.'이다.

11 다음 통신문을 작성한 의도는 무엇인가?

> We inform you that your ordered goods were surely on-board the vessel. ETD Shanghai is May 10, and ETA Busan is May 12. Invoice, packing list, B/L, C/O, and inspection report arc attached.

① 선적 통보 및 선적서류 송부
② 선적 지연 해명 및 관련서류 첨부
③ 부산에서의 출항과 상하이 도착일 통보
④ 선적예약 및 선적서류 준비

[정답] ①

[해석]

당사는 귀사의 주문 물품이 선적되었음을 알려드립니다. 5월 10일 상하이를 출발 예정이며 5월 12일 부산에 도착 예정입니다. 청구서와 포장명세서, 선하증권, 원산지증명서, 조사보고서를 동봉합니다.

*ETD : 출발[출항] 예정 시간(Estimated Time of Departure)
*ETA : 도착 예정 시간(Estimated Time of Arrival)
*C/O : 원산지증명서(Certificate of Origin)

[해설] ① 선적서류란 국제무역거래에 사용되는 일련의 무역관련 서류를 의미한다. 여기에는 화물의 소유권을 의미하는 '선하증권', 그 화물의 운송 중에 발생하는 위험의 담보를 입증하는 '보험증권', 그리고 물품의 내용명세나 대금청구 내역을 기재한 '상업송장' 등의 3가지 주요 서류 및 기타 여러 서류들이 포함된다.

신용장통일규칙(UCP 600)에서 인정하고 있는 운송서류

구 분	서류 명칭	세부 서류 명칭
주(요)서류	운송서류 (UCP상 운송서류)	• 해상/해양선하증권(Marine/Ocean B/L) • 비유통 해상화물운송장(Non-negotiable SWB) • 용선계약부 선하증권(Charter Party B/L) • 복합운송서류(Multimodal Transport Document) • 항공운송서류(Air Transport Document) • 도로, 철도, 내수로 운송서류(Road, Rail or Inland Transport Document) • 특사수령증 및 우편수령증(Courier and Post Receipts) • 운송주선인 발행 운송서류(Transport Documents Freight Forwarders)
	보험서류	• 해상보험증권(Marine Insurance Policy) • 보험증명서(Certificate of Insurance)
	대금청구서류	• 상업송장(Commercial Invoice)
부속서류		• 품질/수량증명서(Certificate of Quality or Quantity) • 부속품질/수량증명서(Specification of Quality or Quantity) • 포장명세서(Packing List) • 영사송장(Consular Invoice) • 세관송장(Customs Invoice) • 원산지증명서(Certificate of Origin) • 대변표(Credit Note) • 차변표(Debit Note) • 계산서(Statement of Account) • 용적중량증명서(Certificate of Measurement and/or Weight)

12 다음 약어 풀이로 옳지 않은 것은?

① CY - Container Yard

② LCL - Less than Car Load

③ CAF - Currency Adjustment Factor

④ CFS - Container Freight Station

정답 ②

해석 ① 컨테이너 전용 야적/장치장
② 소량 컨테이너 화물
③ 통화할증료
④ 컨테이너 화물 조작장/집화소

해설 ② LCL : Less than Car Load → Less than Container Load
① 컨테이너 전용 야적/장치장(Container Yard, CY) : 컨테이너 및 컨테이너 화물을 인수·인도하는 장소로 화주와 운송인 간 책임의 분기점이다.
③ 통화할증료(Currency Adjustment Factor, CAF) : 운임이 보통 미 달러로 계산되기 때문에 미국 이외의 국가에서는 환 리스크가 발생하므로 선박회사들이 여기서 발생하는 손실을 기본운임에 부가하여 징수하는 할증료를 가리킨다.
④ 컨테이너 화물 조작장/집화소(Container Freight Station, CFS) : 선사나 대리점이 선적할 화물을 화주로부터 인수하거나 양하된 화물을 화주에게 인도하기 위하여 지정한 장소이다.
LCL(Less than Container Load, 소량 컨테이너 화물)
다수 화주의 소화물을 모아서 하나의 컨테이너 화물로 작업하는 경우를 LCL 화물이라 하며, LCL 화물의 경우 화주가 직접 운송사(선사)와 접촉하지 않고 대개 운송중개인(Forwarder)의 도움을 받는다.

[13~15] 다음 문장의 해석으로 옳지 않은 것을 고르시오.

13 ① The credit will be sent by Web EDI to you by the due date.
→ 이 신용장은 기일 내에 귀사에 웹 전자문서교환으로 보내질 것입니다.

② Your account to cover our July statement is now overdue for two month.
→ 당사의 7월 청구서를 지급하기 위한 귀사의 계정이 현재 두 달 동안 미지급 상태입니다.

③ We have negotiated it through the Korea Exchange Bank in Seoul, Korea.
→ 당사는 대한민국 서울에서 한국외환은행을 통해서 그것을 협상하였습니다.

④ Regarding our credit standing, we wish to refer you to our web site.
→ 당사의 신용상태에 관하여서는 당사의 웹사이트를 조회해 보시기 바랍니다.

14 ① It is our custom to trade on an irrevocable L/C.

→ 취소불능 신용장으로 거래하는 것은 당사의 관행입니다.

② They have always settled their accounts promptly on the net dates.

→ 동 상사는 항상 제 날짜에 즉시 대금을 결제해왔습니다.

③ We have pleasure in offering you.

→ 당사는 귀사에 기꺼이 청약합니다.

④ No orders are binding until acknowledged by seller.

→ 모든 주문은 판매자가 승낙할 때까지 구속력이 있습니다.

15 ① As a trial order, we are delighted to give you a small order for 50 units of Mountain Bicycles.

→ 시험주문으로, 산악자전거 50대를 소량주문을 하게 되어 기쁘게 생각합니다.

② Prices are to be quoted in US Dollars on CIF New York.

→ 가격은 뉴욕항까지 운임·보험료 포함 가격조건으로 미화로 견적되어야 합니다.

③ The concern is of good repute here.

→ 이곳의 관심은 좋은 평판을 받는 것입니다.

④ Draft is to be drawn at 30 d/s under non-transferable credit.

→ 환어음은 양도불능신용장에 의거하여 일람 후 30일 출급 조건으로 발행하기로 합니다.

정답 13 ③ 14 ④ 15 ③

해설 **13**

'~와 협상하다'의 의미를 나타내는 표현은 negotiate with이므로 '당사는 대한민국 서울에서 한국외환은행을 통해서 그것을 협상하였습니다.'의 해석이 올바르게 연결되려면 ③ We have negotiated it through → with the Korea Exchange Bank in Seoul, Korea.이어야 한다.

14

'모든 주문은 판매자가 승낙할 때까지 구속력이 있습니다.'가 올바른 해석이 되려면 '~없다'는 뜻의 No 대신 '모든'을 뜻하는 All을 써야 한다. 따라서 ④ No → All orders are binding until acknowledged by seller.이다.

15

concern이 문맥상 '업체, 회사'라는 뜻으로 사용되었고, good repute는 '좋은 평판'이라는 의미이므로, ③ The concern is of good repute here를 해석하면 '그 업체는 여기에서 좋은 평판을 받고 있습니다.'이다.

16 다음 내용은 무역계약을 체결하려고 일반거래조건 협정서에 합의한 내용 중 일부이다. 해당되는 무역계약 조항을 무엇이라고 하는가?

> This agreement shall be governed as to all matters including validity, construction, and performance under and by United Nations Convention on Contracts for the International Sale of Goods(1980).

① Infringement Clause
② Governing Law Clause
③ Force Majeure Clause
④ Liquidated Damages Clause

 정답 ②

해석

본 계약의 유효성, 성립 및 이행에 관한 준거법은 국제물품 매매계약에 관한 유엔협약(1980)에 준거한다.

*validity : 유효함
*United Nations Convention on Contracts for the International Sale of Goods : 국제물품 매매계약에 관한 유엔협약, CISG

① 권리침해조항
② 준거법조항
③ 불가항력조항
④ 손해배상액 예정조항

해설 준거법조항(Governing Law Clause)
• 준거법조항은 계약의 해석에 있어서 어느 국가의 법률을 적용하느냐 하는 문제를 약정한 조항을 말한다.
• 현재 국제적으로 통일된 물품매매법이 존재하지 않기 때문에 계약의 성립·이행·해석 등에 관해 어느 법을 준거법으로 할 것인지에 대해 계약서에 명시해야 한다.
• 준거법으로 가장 널리 이용되고 있는 비엔나협약(CISG)은 원칙적으로 협약에 비준한 체약국의 매매당사자 간에 적용된다. 비엔나협약(CISG)에도 물품매매에 관한 매도인과 매수인의 의무가 규정돼 있으나 그 내용이 포괄적이어서 일반적 국제 관습인 INCOTERMS와 충돌이 생길 경우 INCOTERMS가 우선 적용된다.

17 다음 지문의 설명과 가장 관련이 깊은 것은?

> The money paid to the charterer if the charterer saves time of loading or unloading.

① Demurrage – 체선료
② Charterage – 용선료
③ Detention Charge – 체박손해금
④ Dispatch Money – 조출료

정답 ④

해석
　　　　　　용선주가 선적 또는 하역 시 시간을 절약한 경우 용선주에게 지불되는 돈

해설 조출료(Dispatch Money)
• 조출료는 용선계약상 허용된 정박기간 종료 전에 하역이 완료되었을 때 그 절약된 기간에 대하여 선주가 용선주에게 지급하는 일종의 격려금(Incentive)이다.
• 보통 체선료의 1/2이지만 때에 따라서는 1/3로도 한다.
• 조출료의 계산방법에는 "All Laytime Saved"와 "All Time Saved"의 두 가지 방법이 있다.

18 다음을 읽고 괄호 안에 들어갈 Incoterms 2010의 조건을 고르면?

> (　) means that the seller delivers the goods to the carrier or another person nominated by the buyer at the seller's premises or another named place. The parties are well advised to specify as clearly as possible the point within the named place of delivery, as the risk passes to the buyer at that point.

① EXW
② FCA
③ CPT
④ CIP

정답 ②

해석

FCA(운송인 인도)란 매도인이 물품을 매도인의 구내 또는 그 밖의 지정장소에서 매수인이 지정한 운송인 또는 그 밖의 당사자에게 인도하는 것을 의미한다. 지정된 인도장소 내 지점에서 위험이 매수인에게 인도되기 때문에 당사자들에게 가급적 명확하게 해당 지점을 명시할 것을 권장한다.

*nominated : 지정된
*party : (소송계약 등의) 당사자
*specify : (구체적으로) 명시하다

해설 FCA[Free CArrier, (지정장소) 운송인 인도조건]
• 매도인이 매도인의 구내(Seller's premises) 또는 그 밖의 지정장소에서 약정기간 내에 매수인이 지정한 운송인 또는 그 밖의 당사자에게 수출통관을 필한 계약물품을 인도해야 하는 조건(매도인 수출통관)
• 물품의 인도장소
 – 매도인의 작업장(매도인은 운송수단에 물품을 적재할 의무가 있음)
 – 매수인이 지정한 운송인(물품 양하는 매수인의 책임)
• 물품에 대한 매매당사자의 위험부담의 분기점(위험이전) : 운송인에게 인도한 시점(매도인은 지정된 장소에서 매수인이 지정한 운송인에게 수출통관 된 물품을 인도하며 이 조건은 모든 운송형태에 적합)
• 물품에 대한 매매당사자의 비용부담의 분기점(경비이전) : 운송인에게 인도한 시점(매도인은 인도할 때까지 모든 비용부담)

19 다음 용어의 해석으로 옳지 않은 것은?

① Payment L/C – 선대신용장
② Freely Negotiable L/C – 자유매입 신용장
③ Transferable L/C – 양도가능 신용장
④ Clean B/L – 무고장 선하증권

정답 ①

해설 ① Payment L/C : 선대신용장 → 지급신용장
지급신용장(Payment L/C)
환어음의 배서인이나 선의의 소지인에 대한 약정이 없이, 수익자가 개설은행이나 지정은행에 직접 선적서류를 제시하면 지급하겠다는 약정만 있는 신용장이다.
선대신용장(Packing Credit)
수출업자가 해당 상품의 선적 전에 대금을 선지급 받을 수 있도록 수권하고 있는 신용장이다. 선대받은 대전이 수출상품의 포장(Packing)이나 집하에 사용되며, 발행은행이 매입은행으로 하여금 수출업자에게 선적 전에 일정한 조건으로 수출대금을 선대할 수 있도록 수권하는 문언을 신용장에 기재하고 그 선대금의 상환을 확인한다.

20 포장에서 주의 표시의 뜻으로 옳지 않은 것은?

① Fragile – 깨지기 쉬움
② Inflammable – 부패성 물질
③ Keep Dry – 습기 방지
④ Sling Here – 이곳에서 들어 올림

정답 ②

해설 ② Inflammable : 부패성 물질 → 인화물질
주의사항 표시(Care/Side/Caution Mark)
• Handle with Care : 취급주의
• Glass with Care : 유리주의
• Acid with Care : 질산주의
• Inflammable : 인화물질
• Poison : 독약
• Explosive : 폭약물
• Dangerous : 위험물
• Perishable : 부패성 화물
• Keep out of the Sun : 햇볕에 쬐지 말 것
• Keep (in) Cool (Place) : 서늘한 곳에 보관
• Open in Dark Place : 암실 개봉
• Keep Dry : 건조한 곳에 보관
• Do not Drop : 낙하 금지
• Use No Hook : 갈고리 사용 금지
• No Upside Down : 거꾸로 들지 말 것
• This Side Up : 이쪽 면(표시면) 위로
• Keep Upright : 세워 둘 것
• This End up : 상단 위로
• Open Here : 여기를 개봉하시오
• Open This End : 상단을 개봉하시오

[21~22] 다음 서한을 읽고 물음에 답하시오.

Many thanks for your inquiry of April 22 for Sanggong Cellular Phones.

Especially our cellular phones are the products of (1) the finest materials and the highest technical innovation and (2) second to none in appearance and performance. Our goods are reasonable in price and superior in quality.

Enclosed are (3) a copy of the specification and a price list.

As we (4) do not pursue a fair margin of profit, you may be sure that a transaction with us will lead us to a mutual profit.

We are looking forward to your prompt reply.

---

21 위 서한 작성자가 상대방을 설득하기 위해 제시한 조건에 해당하는 것은?

① Quality
② Quantity
③ Packing
④ Delivery

22 밑줄 친 부분 (1) ~ (4)의 해석으로 옳지 않은 것은?

① (1) 최고급 재료와 최상의 기술 혁신
② (2) 겉모양과 성능 면에서 최고인
③ (3) 명세서와 포장명세서 사본
④ (4) 상당한 이윤을 추구하지 않는다.

2018

제1회 기출문제

2018년 3급 제1회(111회) 기출문제 **325**

해석

상공 휴대폰에 대한 귀사의 4월 22일자 문의에 감사드립니다.

특별히 당사의 휴대폰은 (1) 최고급 재료와 최상의 기술혁신으로 만들어진 제품이며, (2) 외양과 기능수행 면에서 최고입니다. 당사의 제품은 합리적인 가격과 우수한 품질의 상품입니다.

(3) 제품설명서와 가격명세서 사본을 동봉합니다.

당사가 (4) 많은 이익을 추구하지는 않으므로, 당사와의 거래가 귀사와 저희 상호 간에 이익이 될 것입니다.

귀사의 즉각적인 답신을 기대하고 있겠습니다.

*inquiry : 문의
*materials : 자재, 재료
*second to none : 제일의, 무적이다
*specification : 제품설명서
*fair margin of profit : 상당한 이익

21
① 품 질
② 수 량
③ 포 장
④ 인 도

해설 21

서신 작성자는 자사의 제품이 최고급 재료와 최상의 기술 혁신으로 만들어진 품질이 매우 뛰어난 제품이라고 소개하고 있다. 또한 Our goods are reasonable in price and superior in quality(당사의 제품은 합리적인 가격과 우수한 품질의 상품입니다.)라고 했으므로, 상대방을 설득하기 위해 제시한 조건은 ① Quality(품질)이다.

22

본 서신에서는 작성자가 자사 제품을 소개하여 거래를 요청하는 내용이므로 밑줄 친 부분은 ③ (3) '명세서와 포장명세서 사본 → 제품설명서(specification)와 가격명세서(price list) 사본'을 동봉하였다고 해석해야 한다.

23 다음 두 문장이 같은 의미가 되도록 ( ) 안에 단어가 순서대로 나열된 것은?

> The CCPIT has given us your name as a reputable importer of electronic goods.
> → ( ) the CCPIT, we have ( ) that you are one of the reputable importers of electronic goods.

① From, introduced
② Through, learned
③ With, hoped
④ For, understood

정답 ②

해석

CCPIT가 당사에 귀사를 유명한 전자제품 수입사로 제공했습니다.
→ CCPIT를 (통해서), 당사는 귀사가 유명한 전자제품 수입사 중 한 곳이라고 (들었습니다).

① ~(으)로부터, 소개하다
② ~을 통해서, ~을 알게 되다[배우다]
③ ~와 함께, 희망하다
④ ~을 위하여, 이해하다

해설 ② 주어진 첫 번째 문장은 'CCPIT가 당사에 귀사를 유명한 전자제품 수입사로 제공했습니다.'의 뜻이므로 두 문장이 같은 의미가 되려면 빈 칸에는 각각 소개한 주체를 나타내는 '~을 통해서, ~(으)로부터', '제공하다'의 의미와 유사한 '~라고 알게 되다, 소개받다'가 들어가야 한다.
① introduced는 '소개하다'라는 능동의 의미이므로, 두 문장을 같게 하려면 been introduced가 되어야 한다.
*CCPIT(China Council for the Promotion of International Trade) : 중국국제무역촉진위원회
*through : ~을 통하여, ~때문에
*learn : ~을 알게 되다

Thank you very much for your sample and price list of June 20, 2018. As a trial order, we are delighted to give you a small order for 50 sets of 27″ LED TV.

The particulars are detailed in the enclosed Purchase Order Sheet No. HBT-10. Upon receipt of your acceptance, we will open an irrevocable letter of credit through The Bank of New York, U.S.A. ___(1)___, we will give you a large order in the near future.

---

24 위 서한의 내용과 일치하지 않는 것은?

① 수출업자가 작성한 구매청약에 대한 통신문이다.

② 시험주문으로 27″ LED TV 50세트를 주문하고자 한다.

③ 구매자는 신용장을 개설하려고 한다.

④ 상품명세는 첨부된 구매주문서에 있다.

25 내용상 위 서한의 (1)에 들어갈 내용으로 가장 적절한 것은?

① If you give us a buying offer

② If you cover the amount of this order

③ If we receive your irrevocable letter of credit

④ If this initial order turns out satisfactory

해석

2018년 6월 20일에 보내주신 귀사의 샘플과 가격리스트에 감사드립니다. 당사는 시험주문으로 27″ LED TV 50세트를 소량주문하게 되어 기쁩니다.

세부 명세는 동봉한 구매주문서 No. HBT-10에 자세히 기록되어 있습니다. 귀사의 승인을 받는 대로, 당사는 미국 뉴욕은행을 통해서 취소불능 신용장을 개설할 것입니다.

(1) 금번 주문이 만족스럽다면, 당사는 가까운 미래에 대량주문을 할 것입니다.

*trial order : 시험주문
*particulars : 상세, 명세

25

① 귀사에 구매청약을 해주신다면
② 당사가 이번 주문의 액수를 충당할 수 있다면
③ 귀사가 당사의 취소불능 신용장을 받는다면
④ 이번 첫 주문이 만족스럽다면

해설 24

① 위 서한은 서한 작성자가 수출업자의 샘플과 가격리스트가 동봉된 지난 서한에 대한 답신을 보내며 시험주문을 요청하는 내용이다. 따라서 수출업자가 작성한 구매청약에 대한 통신문이 아닌 수입업자가 작성한 시험주문에 대한 통신문이다.

25

④ 빈 칸 (1)의 뒤에서 we will give you a large order in the near future(가까운 미래에 대량주문을 할 것입니다.)라고 했으므로, '금번 주문이 만족스럽다면'이라는 표현이 들어가야 흐름상 적절하다.

*buying offer : 구매[매입/매수]청약
*initial order : 첫 주문

[26~27] 다음을 영작하고자 할 때 (   ) 안에 적합한 것을 고르시오.

26

> 첨부된 지시서대로 신용장을 5,500불로 증액해 주시겠습니까?
> → Will you please (   ) the credit to $5,500 in accordance with attached instructions?

① withdraw
② increase
③ extend
④ deduct

27

> 당사의 의견으로는 분손부담보조건대신 전위험담보조건으로 부보하는 것이 귀사에게 유리할 것입니다.
> → We are of the opinion that it would be your advantage to have (   ) cover instead of (   ).

① W.A – A.R
② A.R – W.A
③ A.R – F.P.A
④ F.P.A – W.A

해석 26

첨부된 지시서대로 신용장을 5,500불로 증액해 주시겠습니까?
→ Will you please (increase) the credit to $5,500 in accordance with attached instructions?

① 인출하다
② 증가하다
③ 연장하다
④ 공제하다

27

당사의 의견으로는 분손부담보조건대신 전위험담보조건으로 부보하는 것이 귀사에게 유리할 것입니다.
→ We are of the opinion that it would be your advantage to have (A.R) cover instead of (F.P.A).

해설 26

② increase : (양·수·가치 등이) 증가하다, 인상되다, 늘다; 증개[인상]시키다, 늘리다
① withdraw : (계좌에서 돈을) 인출하다
③ extend : 연장하다
④ deduct : (돈·점수 등을) 공제하다

27

ICC(AR)(All Risks, 전위험담보조건)
• 전위험담보조건에서는 면책위험 및 보험요율서상에서 제외된 위험으로 인한 손해 이외의 모든 손해가 면책율 없이 보상된다.
• 전위험담보조건 하에서 보험금 청구를 위해서는 피보험자는 손해가 구체적으로 어느 위험에 의해 발생했는지를 입증하면 충분하다.
• 모든 위험을 담보하는 조건이나, 모든 손해·멸실을 담보하는 것은 아니고, 약관상 규정된 다음 면책사항은 담보하지 않는다.
  – 보험계약자, 피보험자의 고의 또는 불법적인 행위
  – 화물의 통상적인 누손이나 마모
  – 보험목적물 고유의 하자, 자연소모
  – 운송지연에 의한 손해
  – 전쟁 및 동맹파업에 의한 손해(추가로 특별약관을 첨부하여 보험료를 납입하면 보상가능함)
ICC(FPA)(Free from Particular Average, 분손부담보조건)
• ICC 약관에서 담보범위가 가장 좁은 조건이다.
• 원칙적으로 단독해손은 보상하지 않지만 화물을 적재한 선박이나 부선이 침몰·좌초·대화재·충돌을 당했을 경우의 단독해손에 대해서는 인과관계를 묻지 않고 보상한다.

[28~31] 아래는 통신문 일부분을 영문으로 옮긴 것이다. 물음에 답하시오.

당사는 4월 15일자 귀사의 조회에 감사드립니다. 당사는 중고 승용차 50대를 호치민항 도착 운임·보험료 포함 가격으로 하여 1대당 미화 5천 달러로 청약을 하는 바 당사의 청약은 귀사의 회답이 당사에 5월 15일까지 도착하는 조건입니다.

〈영작〉

Thank you for your (A) of April 15. We are pleased to offer you sales of (B) 50 passenger cars on (C) at USD5,000 (D) unit, (E) that your reply will reach us (F) May 15.

28 (A), (B)에 들어갈 올바른 단어는?

① call — old

② inquiry — second handed

③ trade — old

④ call — second handed

29 (C)에 들어갈 적합한 정형거래조건 표시는?

① CIF Hochimin

② CFR Hochimin

③ FOB Hochimin

④ CPT Hochimin

30 (D)에 들어갈 올바른 단어는?

① at

② from

③ per

④ of

31 (E), (F)에 들어갈 올바른 단어는?

① provided — by

② if — by

③ provided — from

④ if — no later than

해석

당사는 4월 15일자 귀사의 (A 조회)에 감사드립니다. 당사는 (B 중고) 승용차 50대를 (C 호치민항 도착 운임·보험료 포함 가격)으로 하여 1대(D 당) 미화 5천 달러로 청약을 하는 바 당사의 청약은 귀사의 회답이 당사에 5월 15일(F 까지) 도착하는 (E 조건입니다).

〈영작〉

Thank you for your (A inquiry) of April 15. We are pleased to offer you sales of (B second handed) 50 passenger cars on (C CIF Hochimin) at USD5,000 (D per) unit, (E provided) that your reply will reach us (F by) May 15.

28
① 전화; 방문 – 오래된, 낡은
② 조회 – 중고의
③ 무역 – 오래된, 낡은
④ 전화; 방문 – 중고의

29
① 호치민항 도착 운임·보험료 포함 인도조건
② 호치민항 도착 운임 포함 인도조건
③ 호치민항 도착 본선 인도조건
④ 호치민항 도착 운임 지급 인도조건

30
① ~에(서)
② ~(으)로부터
③ ~당[마다]; ~에 대하여
④ ~(사물·사람에 속한, 관련된 것)의

31
① ~을 조건으로 – ~까지는; ~에 의해
② (만약) ~한다면 – ~까지는; ~에 의해
③ ~을 조건으로 – ~(으)로부터
④ (만약) ~한다면 – 늦어도 ~까지는

해설 28
② 주어진 한글 문장을 영작했을 때 (A)와 (B)에 들어갈 의미는 각각 '조회', '중고'이다. 따라서 이에 어울리는 영어 표현은 '조회, 문의'라는 뜻의 inquiry와 '중고의'라는 뜻을 나타내는 second handed이다.
*inquiry : 조회, 문의
*second handed : 중고의

29
CIF[Cost Insurance and Freight, (지정목적항) 운임·보험료 포함 인도조건]
• 운임보험료가 화물판매가에 포함된 가격 조건을 말한다. 즉 계약 상품을 수출항에서 본선에 선적할 때까지의 비용을 포함한 수출원가에 수입항까지의 운임과 보험료를 합친 일종의 복합원가를 채산 기준으로 하여 체결되는 계약이다.
• CIF 계약의 특징은 상품의 선적이 계약 당사자 위험부담의 한계점이 되고 비용의 분담은 수입항까지 수출상이 부담하나 소유권은 선적서류가 수입상에게 합법적으로 도달된 후에 비로소 선적 시까지 소급하여 수입상에게 귀속된다는 점이다.

30

③ 통신문에서 (D)에 해당하는 의미는 '1대당'이라는 뜻이다. 따라서 '1대'라는 뜻을 가진 unit의 앞에 '~당[마다]'을 나타내는 per가 들어가야 한다.

*per : 각[매] ~에 대하여, ~당[마다]

31

① 통신문 마지막 문장에서 '귀사의 회답이 당사에 5월 15일까지 도착하는 조건입니다.'라고 했으므로 (E), (F)에 들어갈 의미는 '~을 조건으로', '~까지'이다. 따라서 (E)에는 조건문을 이끄는 provided가 들어갈 수 있으며, 날짜를 표기할 때는 '~(특정 일자)까지는'을 나타내는 by를 사용해야 한다.

*provided that : ~을 조건으로

*by : ~까지는

[32~33] 다음 밑줄 친 단어와 바꾸어 쓸 수 있는 것을 고르시오.

32

Please note, however, that we have specially accepted your request <u>solely</u> because we wish many orders from you in the future.

① partially

② truly

③ often

④ only

33

Unless the goods can be shipped by January 13, we will have to <u>withdraw</u> the order.

① revoke

② revise

③ conclude

④ remove

정답 32 ④ 33 ①

해석 32

그러나 당사는 <u>오로지</u> 향후 귀사로부터 대량주문을 받고자 귀사의 요청을 특별히 승인했다는 점에 주목해 주시기 바랍니다.

① 부분적으로, 불완전하게
② 정말로
③ 자주, 종종
④ 오직, 오로지

33

만약 상품이 1월 13일까지 선적되지 않으면, 당사는 주문을 <u>철회해야</u>만 할 것입니다.

① 철회하다
② 개정[수정]하다
③ 끝내다
④ 제거하다

해설 32

밑줄 친 solely는 '오로지, 단지; 단독으로'의 뜻으로, ④ only와 같은 의미이다.
*note : ~에 주목하다
*partially : 부분적으로, 불완전하게
*truly : 정말로, 진실로

33

밑줄 친 withdraw는 '(제공 등을) 중단[취소/철회]하다'의 뜻으로 ① revoke와 같은 의미이다.
*withdraw : 중단[취소/철회]하다
*revoke : 폐지[철회/취소]하다
*revise : 개정[수정]하다
*conclude : 결론을 내리다; 끝내다; (협정·조약을) 체결하다

34 무역 용어 중 표현이 옳지 않은 것은?

① 서류발급비 – Documentation Fee

② 체화료 – Delayed Charge

③ 운임톤 – Revenue Ton

④ 할증료 – Surcharge

[정답] ②

해설 ② 체화료 : Delayed Charge → Demurrage

체화료(Demurrage)

- 초과정박일(계약 정박기간 초과일)에 대해 화주(용선자)가 선주에게 지급하는 위약금(Penalty) 또는 지체상금으로 보통 조출료의 2배이다.
- 체화료는 1일 24시간을 기준하여 계산하지만, WWD(Weather Working Day)의 경우엔 주간 하역, 즉 1일 24시간으로 계산하기도 한다.
- 체화료는 선적 및 양륙을 분리하여 따로 계산(Laydays not reversible)하는 것을 원칙으로 하나, 용선자의 선택 하에 선적 및 양륙기간을 합산하여 계산(Laydays reversible)하는 경우도 적지 않다.

[35~37] 다음 서한을 읽고 물음에 답하시오.

We have received your letter of October 10 regarding 150 LED TV sets covering your order No. 145, to which our most careful attention has been given.

(1) 세심하게 검사해보니, we could not find any errors on our part. We took every effort to (A) fill your order and the shipping company received all the products in perfect condition as is evident from the clean B/L we obtained.

We agree that rough handling in transit was the cause of the damage. In the circumstances, therefore, we suggest you (B) file your claim with the shipping company for settlement.

We hope this matter will not influence our relationship unfavorably.

35 위 서한의 작성 의도는 무엇인가?

① To refuse a claim from buyer

② To raise a claim to seller

③ To make an order to seller

④ To confirm an order to buyer

36 위 서한의 (1)을 영작할 때 옳은 것은?

① Complying with your inspection
② Going with records carefully
③ After careful investigation
④ On giving most careful attention

37 위 서한의 (A), (B)와 바꾸어 쓸 수 있는 표현으로 옳은 것은?

① (A) execute, (B) adjust
② (A) accomplish, (B) accept
③ (A) confirm, (B) enter
④ (A) carry out, (B) lodge

정답 35 ① 36 ③ 37 ④

해석

당사는 귀사의 주문서 No. 145 중 당사가 큰 관심을 갖고 진행해 온 LED TV 150세트 주문에 대한 10월 10일자 귀사의 서신을 받았습니다.
(1) 세심하게 검사해보니, 저희 측으로서는 아무런 오류를 발견할 수 없었습니다. 당사는 귀사의 주문을 (A) 충족시키기 위해 최선을 다했으며, 당사가 입수한 무사고 선하증권에서도 명백하게 나와 있듯이 선적회사는 모든 제품을 완벽한 상태로 인수했습니다.
제품 수송 중 난폭하게 취급한 것이 손상의 원인이라는 점에 동의합니다. 그러므로, 이런 상황에서는 선적회사에 클레임을 (B) 제기할 것을 제안합니다.
당사는 금번 문제가 우리 관계에 불리한 영향을 주지 않기를 바랍니다.

*regarding : ~에 관하여[대하여]
*cover : 다루다; 포함시키다
*fill : 충족시키다
*clean B/L : 무사고 선하증권
*in transit : 수송 중에
*file : (소송 등을) 제기[제출]하다
*unfavorably : 불리하게

35
① 매수인으로부터의 클레임을 거절하기 위하여
② 매도인에게 클레임을 제기하기 위하여
③ 매도인에게 주문을 하기 위하여
④ 매수인에게 주문을 확인하기 위하여

36
① 귀사의 조사에 따라
② 기록을 신중하게 받아들이기
③ 세심하게 검사해보니
④ 세심한 주의를 기울이자마자

37
① (A) 실행[수행]하다, (B) 조정하다; 바로잡다
② (A) 완수하다, 해내다, (B) 받아들이다
③ (A) 확실히 하다, (B) 들어가다; 시작하다
④ (A) ~을 수행[이행]하다 (B) 제기[제출]하다

해설 35
위 서신은 we could not find any errors on our part(저희 측으로서는 아무런 오류를 발견할 수 없었습니다.)나 the shipping company received all the products in perfect condition(선적회사는 모든 제품을 완벽한 상태로 인수했습니다.)을 통해 알 수 있듯이 서신 작성자가 물품의 하자에 대하여 책임이 없음을 설명하고 있으며, 이에 대한 수입회사의 클레임을 거절하고 있으므로, ①이 정답이다.

36
주어진 (1) '세심하게 검사해보니,'를 구분하여 영작하면 '검사, 조사'는 investigation, '~해보니, ~해 본 후'는 after로 나타낼 수 있으므로 정답은 ③ After careful investigation이다.

37
④ (A) fill an order는 '주문을 충족시키다'라는 뜻이므로, carry out an order(주문을 이행하다)로 바꿔 쓸 수 있다. (B) file your claim은 '클레임을 제기하다'라는 뜻이므로, '(공공기관 당국에 이의 등을) 제기[제출]하다'라는 뜻의 lodge로 바꿔 쓸 수 있다.

[38~41] 다음을 영작하고자 할 때 (   ) 안에 가장 적합한 것을 고르시오.

38

귀사의 참조를 위해, 당사는 샘플 조각을 보냅니다.
→ (   ), we send you a piece of the sample.

① For your attention
② For your reference
③ For your inspection
④ For your arrangement

39

> 뉴욕을 향해 출항하는 아리랑호에 물품을 선적할 것입니다.
> → We will ship the goods on the m/s Arirang (   ) New York.

① leaving
② heading for
③ scheduled to leave
④ due to sail from

40

> 귀사께서 당사의 새로운 지시사항에 응할 수 있는지를 이메일로 확인해 주시겠습니까?
> → Would you please confirm by email that you can (   ).

① follow our new instructions
② compete with our new directions
③ set up our new descriptions
④ attach our new indications

41

> 당사는 연체된 7월분 계정에 대해 귀사로부터 송금 소식 듣기를 기대하고 있습니다.
> → We are expecting to hear from you with a remittance against your July accounts (   ).

① oversight
② outstanding
③ extraordinary
④ exceptional

[정답] 38 ② 39 ② 40 ① 41 ②

[해석] 38

> 귀사의 참조를 위해, 당사는 샘플 조각을 보냅니다.
> → (For your reference), we send you a piece of the sample.

① 귀사의 주의[주목]를 위해
② 귀사의 참조를 위해
③ 귀사의 조사를 위해
④ 귀사의 (처리)방식 마련[논의]을 위해

39

뉴욕을 향해 출항하는 아리랑호에 물품을 선적할 것입니다.
→ We will ship the goods on the m/s Arirang (heading for) New York.

① ~을 떠나는
② ~을 향하는
③ 떠날 예정인
④ ~로부터 출항예정인

40

귀사께서 당사의 새로운 지시사항에 응할 수 있는지를 이메일로 확인해 주시겠습니까?
→ Would you please confirm by email that you can (follow our new instructions).

① 당사의 새로운 지시사항을 따르다
② 당사의 새로운 지시사항과 겨루다
③ 당사의 새로운 설명서를 만들다
④ 당사의 새로운 표식을 부착하다

41

당사는 연체된 7월분 계정에 대해 귀사로부터 송금 소식 듣기를 기대하고 있습니다.
→ We are expecting to hear from you with a remittance against your July accounts (outstanding).

① 실수로, 간과한
② 미지급된
③ 보기 드문, 임시의
④ 이례적인, 예외의

해설 **38**

reference는 '참조'라는 의미이므로, 밑줄 친 '귀사의 참조를 위해서'는 ② For your reference가 가장 적절하다.

39

'~로 향해가는'(뉴욕항 도착)은 heading for로 나타낼 수 있으므로 정답은 ②이다. 나머지는 모두 뉴욕항에서 출발한다는 의미를 나타낸다.
*heading for : ~으로 향하다[하게 하다]

40

'지시사항'은 instruction, '~에 응하다'는 follow로 나타낼 수 있으므로 정답은 ①이다. ②의 compete with는 '~와 겨루다, 경쟁하다'이므로 반대의 의미를 표현하는 것이다.
*follow : (충고·지시 등을) 따르다[따라하다]
*instructions : 지시, 명령

41

② outstanding은 '(보수·업무·문제 등이) 아직 처리되지 않은, 미지불된, 미해결된'이라는 뜻을 나타내므로 빈 칸에 들어갈 '연체된'과 어울리는 표현이다.
*oversight : (잊어버리거나 못 보고 지나쳐서 생긴) 실수, 간과

[42~44] 우리말을 영어로 옮길 때 괄호 안에 적합한 표현을 순서대로 올바르게 나열한 것을 고르시오.

42

> 당사는 6월 20일에 신용장을 개설하였음을 통지합니다.
> → We (   ) our L/C has been (   ) on June 20.

① notice － addressed
② inform － reimbursed
③ advise － issued
④ transfer － arranged

43

> 불량 제품을 새 제품으로 교환해 주십시오.
> → Please (   ) the inferior goods (   ) new ones.

① replace － by
② substitute － for
③ dispatch － for
④ exchange － of

44

> 귀사가 제시한 조건을 수용할 수 없다는 것이 유감입니다.
> → We are (   ) to say that we may not be able to (   ) your conditions.

① regret － assume
② regretful － accommodate
③ delighted － refer
④ afraid － decline

해석 42

당사는 6월 20일에 신용장을 <u>개설</u>하였음을 <u>통지합니다.</u>
→ We (advise) our L/C has been (issued) on June 20.

① 통지하다, 공고하다 - 보내다; 제기하다
② 알리다 - 상환, 배상하다
③ 통지하다 - 개설하다, 발행하다
④ 이동하다 - 조정하다

43

불량 제품을 새 제품<u>으로</u> <u>교환해 주십시오.</u>
→ Please (replace) the inferior goods (by) new ones.

① 교환하다, 대체하다 - ~으로
② 대신[대체]하다 - ~을 위하여
③ 발송하다 - ~을 위하여
④ 교환하다 - ~의

44

귀사가 제시한 조건을 <u>수용</u>할 수 없다는 것이 <u>유감</u>입니다.
→ We are (regretful) to say that we may not be able to (accommodate) your conditions.

① 후회하다 - 추정하다
② 유감인 - 수용하다
③ 기쁘다 - 참조하다
④ 두려워하는 - 감소하다

해설 42

③ advise는 '(정식으로) 알리다'라는 뜻이고, issue는 '발부[지급/교부]하다'인데 수동태(has been)이므로 issued 가 와야 한다.
*notice : ~을 의식하다[(보거나 듣고) 알다]
*address : (편지 봉투에) 주소를 쓰다, (~ 앞으로 우편물을) 보내다
*inform : (특히 공식적으로) 알리다[통지하다]
*reimburse : 배상[변제]하다
*transfer : (장소를) 옮기다, 이동[이송/이전]하다
*arrange : 마련하다, (일을) 처리[주선]하다

43

① replace는 '(낡은 것·손상된 것 등을) 바꾸다[교체하다]'의 뜻으로, 전치사 by와 함께 쓰인다.
*substitute ~ for : ~을 대신하게 되다, ~대신으로 쓰다

44

② 첫 번째 괄호에는 be 동사 다음이므로 형용사 regretful(유감스러워 하는)이 오고, 두 번째 괄호에는 be able to 다음에 동사 원형으로 accommodate(의견 등을 수용하다)가 들어가는 것이 적절하다.

45 다음은 UCP 600에 관한 내용이다. (   ) 안에 들어갈 표현으로 알맞은 것은?

> The words 'to', 'until', 'till', 'from' and 'between' when used to determine (   ) include the date or dates mentioned, and the words 'before' and 'after' exclude the date mentioned.

① a period of shipment
② a maturity date
③ a period of issuance date
④ a presentation date

정답 ①

해석
(선적기간)을 결정하기 위해 to와 until, till, from, between이 쓰일 경우 해당 일자 또는 언급된 일자를 포함하고, before와 after가 사용될 경우 언급된 일자를 제외한다.

① 선적기간
② 만기일
③ 발행일자
④ 제시일자

해설 UCP 600 제3조 해석(Interpretations) 중 일부로 빈 칸에는 '선적기간'을 의미하는 ① a period of shipment가 적절하다.
*a maturity date : 만기일. 무역거래에 있어서의 환어음 대금 지급기일, 채권상환일, 보험계약기간 만료일 등을 말하며, due date라고도 부른다.
UCP 600 제3조 해석
The words "to", "until", "till", "from" and "between" when used to determine a period of shipment include the date or dates mentioned, and the words "before" and "after" exclude the date mentioned.
"to", "until", "till", "from" 및 "between" 등의 단어는 선적기간 결정을 위해 사용되는 경우 언급된 해당 일자를 포함하며, "before" 및 "after"는 언급된 해당 일자를 제외한다.

46 다음은 국제표준은행관행(ISBP)에 대한 내용 중 일부이다. (   ) 안에 들어갈 적합한 단어를 고르시오.

> 본 ISBP는 UCP의 특별보록이다.
> → This ISBP is a particular (   ) to UCP.

① compliment
② complement
③ compensation
④ comprehension

정답 ②

해석 ① compliment : 칭찬(의 말), 찬사
② complement : 보완물
③ compensation : 보상(금)
④ comprehension : 이해력

해설 ② 주어진 한글 문장을 바르게 영작하기 위해서는 빈 칸에 들어갈 표현의 뜻은 '보록'이므로 '보완물, 보충물'이라는 의미의 complement가 들어가는 것이 적합하다.
*complement : ~ (to sth) 보완물

47 다음을 영작할 때 가장 옳지 않은 것은?

① 선적을 완료할 수 있도록 신용장을 연장해 주시기를 바랍니다.
→ We ask you to extend your credit to enable us to complete the shipment.
② 귀사의 주문서 번호 제100호에 대한 신용장을 개설해 주시면 감사하겠습니다.
→ We appreciate for opening an L/C for our order No. 100.
③ 선적서류와 상환으로 대금결제를 해 드릴 것입니다.
→ We will make payment against shipping documents.
④ 당사는 귀사를 수익자로 하는 신용장 조건의 정정을 당사의 거래은행에 지시했습니다.
→ We have instructed our bankers to amend the terms of L/C in your favor.

정답 ②

해설 주어진 문장인 '귀사의 주문서 번호 제100호에 대한 신용장을 개설해 주시면 감사하겠습니다.'를 영작하면 다음과 같다.
• 당사는 ~ 감사하겠다 : We appreciate for
• 신용장 개설 : opening an L/C
• 귀사의 주문서 번호 제100호에 대한 : for your order No.100.
따라서 바르게 영작한 것은 We appreciate for opening an L/C for our → your order No.100이다.

48 다음 용어를 영어로 옮긴 것으로 옳지 않은 것은?

① 기한부 어음 – Usance Bill
② 매입율 – Offer Rate
③ 화환신용장 – Documentary Credit
④ 무담보 어음 – Clean Draft

정답 ②

해설 ② 매입율 : Offer Rate → Buying Rate
① 기한부 어음(Usance Bill) : 환어음 제시 후 일정기간 후 지불되는 어음(제시된 즉시 지급하는 것이 아님)이다.
③ 화환신용장(Documentary Credit) : 일종의 담보 역할을 하는 선하증권, 송장, 보험증권 등의 운송서류가 첨부되어야만 어음대금을 결제받을 수 있는 신용장이다.
④ 무담보 어음(Clean Draft) : 환어음의 담보가 되는 선적서류를 첨부하지 않고 환어음 단독(무담보 조건)으로도 결제가 가능한 환어음이다.
매도율(Offer Rate)과 매입율(Buying Rate)
• 매도율 : 외환·금융 시장에서 외화를 매도하거나 송금할 때 제시하는 가격이나 이자율
• 매입율 : 외화 등을 은행에서 매입할 때 적용되는 환율

49 신용장과 관련된 용어에 대한 설명이다. (   ) 안에 들어갈 알맞은 표현은?

> (   ) means the bank that issues a credit at the request of an applicant or on its own behalf.

① Issuing Bank
② Confirming Bank
③ Negotiating Bank
④ Advising Bank

정답 ①

해석
(개설은행)은 개설의뢰인 혹은 개설의뢰인의 대리인의 요청으로 신용장을 개설하는 은행을 의미한다.

*at the request of : ~의 청구가 있으면

① 개설은행
② 확인은행
③ 매입은행
④ 통지은행

해설 ① 개설은행(Issuing Bank) : 보통 수입자의 거래은행으로서 개설의뢰인(수입업자)의 요청과 지시에 의하여 신용장을 발행하는 은행이다.
② 확인은행(Confirming Bank) : 신용장 개설은행의 의뢰에 의해 개설은행의 재력·존폐에 상관없이 신용장 조건에 의거 발행된 환어음을 지급·인수·매입하겠다는 독립적인 확약을 부가해 주는 은행이다.
③ 매입은행(Negotiating Bank) : 매입은행은 제3자가 지급인인 어음·수표에 대해 권리를 취득한 은행으로 환어음 매입으로 선의의 소지자가 되어 개설은행에 어음대금 청구권을 행사할 수 있다.
④ 통지은행(Advising Bank) : 어떠한 책임이나 약정 없이 개설은행으로부터 내도된 신용장을 수익자에게 통지(송부나 교부)해 주는 수출지의 은행이다. 지급·인수·매입 의무는 없으나 신용장의 외관상 진위여부확인을 위해 상당한 주의를 기울일 의무가 있다.

50 신용장통일규칙(UCP 600) 중 무엇에 대한 내용인가?

> Banks deal with documents and not with goods, services or performance to which the documents may relate.

① 독립성의 원칙 - Principle of Independence
② 추상성의 원칙 - Principle of Abstraction
③ 엄밀일치의 원칙 - Doctrine of Strict Compliance
④ 상당일치의 원칙 - Doctrine of Substantial Compliance

정답 ②

해석
    은행은 서류를 다루는 것이지, 서류와 관련된 제품, 서비스 또는 수행을 다루는 것이 아니다.

해설 추상성의 원칙(The Principle of Abstraction)
신용장거래는 상품, 용역, 계약이행 등의 거래가 아니라 서류로서 거래가 이루어지는데, 이를 신용장의 추상성이라 한다. 즉 서류만으로 매매계약의 이행여부를 결정하게 되므로 실제 물품·용역·계약의 불일치 또는 불이행에 따른 분쟁은 신용장과 전혀 별개의 문제인 것이다.
UCP 600 제5조 서류와 물품, 용역 또는 이행
Banks deal with documents and not with goods, services or performance to which the documents may relate.
은행은 서류를 거래하는 것이지 그 서류와 관련된 물품, 용역 또는 (의무)이행을 거래하는 것이 아니다.

51 무역계약의 체결 과정이 올바르게 나열된 것은?

① 거래처 선정 – 신용조회 – 거래제의 – 청약 – 승낙
② 신용조회 – 거래제의 – 청약 – 해외시장 조사 – 승낙
③ 해외시장 조사 – 거래제의 – 청약 – 승낙 – 신용조회
④ 청약 – 거래처 선정 – 신용조회 – 거래제의 – 승낙

정답 ①

해설 **수출입의 무역 절차**
시장조사(Market research) → 거래선 발굴 → 신용조회(Credit inquiry) → 거래제의(Circular letter/Business proposal) 또는 거래조회(Trade inquiry) → 청약(Offer)·주문(Order) → 승낙(Acceptance) → 매매계약(Sales contract) → 생산시작 → 수출통관 후 선적 → 보험가입 → 선적/운송서류 구비 → 매입 → 매수인 결제완료 → 수출대금 환수 및 관세 환급

52 추심결제방식의 특성으로 가장 옳지 않은 것은?

① 환어음의 지급인은 수입업자로 한다.
② 서류와 대금을 은행(추심의뢰은행, 추심은행)을 통해 송부한다.
③ 일반적으로 본·지사 간 거래, 신용이 아주 두터운 거래처 사이에 사용된다.
④ 신용장거래와 마찬가지로 은행의 지급확약이 있으며, 신용장거래보다 은행수수료가 낮다.

정답 ④

해설 **추심결제방식(On Collection Basis)**
수출업자(채권자)가 먼저 계약물품을 선적한 후 수출지에 있는 거래외국환은행을 통하여 수입업자(채무자)에게 대금을 청구하고 수입지에 있는 추심은행을 통하여 수출대금을 회수하는 무역방식이다. 이 거래방식에는 은행이 대금지급의 책임을 부담하지 않기 때문에 만일 대금결제를 지연시키거나 거절하는 경우 은행은 수출업자에게 이 사실을 통보해 주는 데 그치고 그 이후의 문제(계약의 이행 및 클레임의 처리)는 매매당사자가 직접 해결할 수밖에 없다.

53 해외시장 조사 방법에 대한 설명으로 옳지 않은 것은?

① 직접조사는 수집된 정보가 대체로 정확한 현장조사 방법이다.
② 직접조사 방법은 비용을 절약할 수 있어서 경제적인 방법이다.
③ 간접조사 방법은 단시간 내에 광범위한 정보를 수집할 수 있다.
④ 간접조사 방법은 직접조사 방법에 비해 내용에 대한 신뢰도가 떨어질 수 있다.

[정답] ②

[해설] ② 직접조사는 현장조사이므로 정보가 대체로 정확한 반면, 비용이 많이 든다. 무역거래를 시작할 때 제일 먼저 하여야 하는 일이 해외시장 조사(Overseas marketing research)이다. 먼저 대상 국가를 선정하기 위하여 각국의 정치, 경제, 사회적 여건을 조사하고, 거래 상대방을 선정하기 위하여 품질, 가격 및 인도기일 등의 적응력을 조사하는 것을 말한다.

54 국제표준은행관행(ISBP : International Standard Banking Practice)에 대한 설명으로 옳은 것은?

① 보증신용장 하에서 서류심사를 위한 실무지침서이다.
② 서류심사 기준을 통일하여 분쟁이 생기게 하려는 것이다.
③ 개설은행에게는 선적서류 심사 지침서의 역할을 한다.
④ 사소한 하자는 서류상의 불일치로 간주한다는 취지이다.

[정답] ③

[해설] 국제표준은행관행(International Standard Banking Practice, ISBP)
• 국제상업회의소(ICC) 은행위원회는 2013년 4월 17일 'ISBP 745'를 승인하였다. 'ISBP 745'는 세 번째 버전으로 신용장통일규칙(UCP 600) 하에서 서류심사 시 적용되어야 할 국제표준은행관행에 관한 책자이며 실무지침서이다.
• 주요 내용은 다음과 같다.
   – The ISBP is a particular complement to UCP(UCP의 특별보록)
   – UCP의 규칙들을 실무에서 적용하는 기준을 정한 것
   – ISBP의 제정목적은 서류 심사의 기준을 전 세계적으로 통일하여 분쟁을 최소화하려는 것. 'ISBP 745'는 사소한 하자는 서류상의 불일치로 보지 말자는 취지로 이후 개설은행과 매입은행 간의 서류상의 분쟁이 줄어들었고 관련 당사자들이 더 용이하게 신용장 거래를 할 수 있게 되었다.
• 개설은행(Issuing bank)에는 선적서류 심사 지침서의 역할을 하며, 수익자(Beneficiary)에게는 선적서류 작성 지침서의 역할을 한다.

55 대금지급 방식 중 수입업자에게 가장 유리한 방식은?

① CWO

② CAD

③ D/P

④ D/A

정답 ④

해설 수입업자에게 유리한 결제방식

D/A(Document against Acceptance, 인수인도조건) > D/P(Document against Payment, 지급인도조건) > CAD(Cash Against Document, 서류인도 상환방식) > COD(Cash On Delivery, 물품인도 결제방식) > CWO(Cash With Order, 주문불 방식)

D/A(Document against Acceptance, 인수인도조건)

수출업자(의뢰인)가 물품을 선적한 후 구비된 서류에 '기한부환어음'을 발행·첨부하여 자기거래은행(추심의뢰은행)을 통해 수입업자 거래은행(추심은행)에 그 어음대금의 추심을 의뢰하면, 추심은행은 이를 수입업자(Drawee, 지급인)에게 제시하여 그 제시된 환어음을 일람지급 받지 않고 인수만 받음으로써(Against Acceptance, 환어음 인수와 상환) 선적서류를 수입업자에게 인도한 후 약정된 만기일에 지급받는 방식이다.

56 신용장통일규칙(UCP 600)에 대한 내용으로 옳지 않은 것은?

① 2010년에 제7차 개정되었다.

② 모든 화환신용장과 동 규칙이 적용 가능한 범위 내에서는 보증신용장을 포함하여 적용할 수 있다.

③ 임의법규에 속한다.

④ 국제상업회의소 간행물 제600호를 말한다.

정답 ①

해설 ① 2010년에 제7차 → 제6차 개정되었다.

신용장통일규칙(UCP 600) 제1조 UCP의 적용

The Uniform Customs and Practice for Documentary Credits, 2007 Revision, ICC Publication no. 600("UCP") are rules that apply to any documentary credit("credit")(including, to the extent to which they may be applicable, any standby letter of credit) when the text of the credit expressly indicates that it is subject to these rules. They are binding on all parties thereto unless expressly modified or excluded by the credit.

2007년 개정 ICC 간행물 제600호인 신용장통일규칙(UCP)은 신용장의 문서에 이 규칙이 적용된다고 명시적으로 표현할 경우 모든 화환신용장(이러한 규칙이 적용가능한 범위에서 모든 보증신용장을 포함한다. 이하 '신용장'이라 함)에 적용된다. 이 규칙들은 신용장에서 명확하게 변경되거나 배제되지 않는 한 모든 당사자들을 구속한다.

57 Incoterms 2010상 컨테이너 복합운송에 부적합한 조건은?

① FCA　　　　　　　　　　　② FOB

③ DAT　　　　　　　　　　　④ DAP

정답 ②

해설 ② 화물 인도 및 도착장소가 모두 항구라는 특성을 가진 FAS, FOB, CFR, CIF 조건은 해상운송과 내륙수로운송 전용 규칙에 해당한다.

Incoterms 2010상에서의 운송방식 분류

Incoterms 2010에서는 운송방식에 따른 분류 이전의 분류 방식인 그룹 E · F · C · D 방식 대신 "모든 운송모드 규칙(RULES FOR ANY MODE OR MODES OF TRANSPORT)"과 "해상운송과 내륙수로운송 전용 규칙/선박운송 전용 규칙(RULES FOR SEA AND INLAND WATERWAY TRANSPORT)"으로 재분류했다.

• 모든 운송모드 규칙(RULES FOR ANY MODE OR MODES OF TRANSPORT)
 – 단일운송과 복합운송 여부를 가리지 않고 사용할 수 있고, 해상운송이 전혀 포함되지 않은 경우에도 사용이 가능하며, 운송의 일부에 선박이 이용되는 경우에도 사용할 수 있다.
 – 모든 운송용 규칙(7개) : EXW(EX Works), FCA(Free Carrier), CPT(Carriage Paid To), CIP(Carriage and Insurance Paid to), DAT(Delivered at Terminal), DAP(Delivered at Place), DDP(Delivered, Duty Paid)
• 해상운송과 내륙수로운송 전용 규칙/선박운송 전용 규칙(RULES FOR SEA AND INLAND WATERWAY TRANSPORT)
 – 화물 인도 및 도착장소가 모두 항구라는 특성을 가진 FAS, FOB, CFR, CIF 조건으로 구성되어 있다.
 – 해상운송용 규칙(4개) : FAS(Free Alongside Ship), FOB(Free on Board), CFR(Cost and Freight), CIF(Cost, Insurance and Freight)

---

58 신용장방식에서 환어음을 발행하지 않고 대금지급을 은행이 보장하여 일정기간 후 지급하는 방식은?

① At sight L/C　　　　　　　② Acceptance L/C

③ Deferred payment L/C　　　④ Usance L/C

정답 ③

해석 ① 일람불신용장　　　　　　　② 인수신용장
③ 연지급신용장　　　　　　　④ 기한부신용장

해설 Deferred Payment L/C(연지급신용장)
• 환어음이 절대 발행되지 않고 연지급 약정서를 발행한다.
• 수익자가 신용장 조건에 일치하는 선적서류를 신용장에 지정되어 있는 연지급은행에 제시하면 연지급은행은 신용장에 정해져 있는 만기일에 대금을 지급하도록 약정되어 있는 신용장을 말한다.
• 기한부신용장으로만 사용한다.
• 환어음의 제시를 요구하지 않으며 만약 환어음이 필요한 경우 은행은 지급 만기일에 일람출급 환어음을 요구하여야 한다.

59 수량의 특수 조건으로 산적(Bulk)화물, 유류와 같은 휘발성 등의 감량이 예상되지만 정확한 계약수량을 선적하기 곤란한 경우에 사용되는 조건은?

① 감량면책조건　　　　　　　　② 최소인수가능 수량조건
③ 과부족 용인조건　　　　　　　④ 최대인수가능 수량조건

[정답] ③

[해설] 과부족 용인조건(More or Less Clause)
- 신용장거래 시에는 과부족 용인조건이 없더라도 5%의 과부족이 용인되는 것으로 본다.
- 유류와 같이 휘발성이 있거나 광물 등과 같은 산적화물(Bulk cargo)거래에 이용된다.
- 신용장거래 시 이 조건 하에서 통상 환어음상에는 선적 시의 송장금액에 전액이 발행되지 아니하고 90% 등과 같이 발행하는데, 이는 도착물량을 확실히 알 수 없기 때문이다.

60 다음 설명에 해당하는 보험조건은?

- 보험자가 인수하는 위험의 범위가 가장 넓다.
- 보험요율이 가장 높다.
- 보험자는 특정한 면책 위험을 제외하고 운송 중 적화에 발생하는 모든 멸실이나 손해에 대하여 보상한다.

① ICC(A/R)　　　　　　　　　② ICC(W/A)
③ ICC(FPA)　　　　　　　　　④ TLO

[정답] ①

[해설] ① ICC(A/R)(All Risks, 전위험담보조건) : 면책위험 및 보험료율서상에서 제외된 위험으로 인한 손해 이외의 모든 손해가 면책률 없이 보상된다. 모든 위험을 담보하는 조건이나 모든 손해·멸실을 담보하는 것은 아니고, 약관상 규정된 면책사항은 담보하지 않는다.
② ICC(W/A)(With Average, 분손담보조건) : 분손담보조건은 분손부담보조건(FPA)에서 보상대상이 아닌 단독해손(화물적재 선박이나 부선이 침몰·좌초·대화재·충돌로 인한 손해 이외의 증권 본문의 담보위험에 따른 분손) 가운데 증권기재의 면책률(일정비율 미만의 사고액 공제)을 초과하는 손해를 보상한다. WA와 FPA의 차이는 풍랑에 의한 단독해손 보상 여부이다.
③ ICC(FPA)(Free from Particular Average, 단독해손부담보조건) : ICC 약관에서 담보범위가 가장 좁은 조건으로, 원칙적으로 단독해손은 보상하지 않지만 화물을 적재한 선박이나 부선이 침몰·좌초·대화재·충돌 시의 단독해손에 대해서는 인과관계를 묻지 않고 보상한다.
④ TLOTLO(Total Loss Only, 전손담보조건) : 보험자가 담보한 위험으로 인해 보험목적물이 전부 멸실(전손)한 경우에만 그 보험금액 전액을 지급하기로 약정한 보험조건이다. 적하보험조건 중 가장 담보범위가 좁은 조건으로 ICC(FPA)나 ICC(C)보다 담보범위가 더 좁다.

61 클레임 해결방법 중 강제력이나 집행력의 정도를 기준으로 점차 강한 순서대로 올바르게 나열한 것은?

① 알선 → 중재 → 조정
② 중재 → 조정 → 알선
③ 조정 → 알선 → 중재
④ 알선 → 조정 → 중재

정답 ④

해설 ④ 클레임의 해결방법으로 가장 바람직한 것은 당사자 간의 우호적인 해결인 '화해'이다. 당사자 간의 해결이 여의치 않을 때 제3자를 개입하여 분쟁을 해결하는 방법으로 알선, 조정, 중재, 소송이 있다. 강제력/집행력의 정도를 기준으로 약한 것부터 강한 순으로 나열하면 '알선 – 조정 – 중재 – 소송'의 순서가 된다.

제3자 개입에 의한 무역클레임 해결
- 알선(Intercession/Recommendation) : 계약 일방 또는 쌍방의 요청에 따라 공정한 제3자(상사중재원 등)가 사건에 개입, 원만한 타협을 권유하여 자발적인 클레임 해결에 이르도록 하는 방법
- 조정(Conciliation/Mediation) : 계약 일방 또는 쌍방의 요청에 따라 제3자를 조정인으로 선임하고 조정인이 제시하는 해결안(조정안)에 양 당사자가 합의함으로써 분쟁을 해결하는 방법
- 중재(Arbitration) : 분쟁 당사자 간 합의(중재합의)에 의거 중재기관의 중재인에 의한 중재판정을 통해 분쟁을 해결하는 방법
- 소송(Litigation) : 법원에 제소하여 재판을 통해 분쟁을 해결하는 방법

62 Incoterms 2010상 해상운송 전용조건에 해당하는 것은?

> ㄱ. FAS
> ㄴ. CIF
> ㄷ. EXW
> ㄹ. DAT

① ㄱ, ㄴ
② ㄱ, ㄷ
③ ㄴ, ㄷ
④ ㄴ, ㄹ

정답 ①

해설 해상운송과 내륙수로운송 전용 규칙/선박운송 전용 규칙
- 화물 인도 및 도착장소가 모두 항구라는 특성을 가진 FAS, FOB, CFR, CIF 조건으로 구성되어 있다.
- 해상운송용 규칙(4개) : FAS(Free Alongside Ship), FOB(Free on Board), CFR(Cost and Freight), CIF(Cost, Insurance and Freight)

63 다음 내용이 포함되는 무역계약의 기본조건으로 옳은 것은?

> Drafts, irrevocable letter of Credit, at sight, full invoice value

① Orders
② Payment
③ Quotations
④ Shipment

[정답] ②

[해석]
> 환어음, 취소불능 신용장, 일람출급, 송장총액

① 주 문
② 지 불
③ 견 적
④ 선 적

[해설] ② 제시문은 무역계약의 결제조건에 해당된다. 매도인의 물품인도에 대한 매수인의 제1의무인 대금결제를 위해서는 매매계약 체결 시 매매당사자, 특히 매도인은 '대금을 어떤 방법으로, 언제, 어디에서 지급 받느냐 하는 것', 즉 대금결제 조건을 약정해야 한다. 즉, 거래하는 물품의 결제수단을 신용장조건으로 할지, 무신용장조건으로 할지, 무신용장이라면 현금으로 할지, 전신환송금으로 할지 등을 결정하는 것이다.

무역계약의 8대 기본조건
• 품질조건(Quality terms)
• 수량조건(Quantity terms)
• 가격조건(Price terms)
• 대금결제조건(Payment terms)
• 보험조건(Insurance terms)
• 선적(운송)조건(Shipment terms)
• 분쟁 및 중재에 관한 조건(Terms of claim and arbitration)
• 포장조건(Packing terms)

64 무역대금결제 지급과정에서 대금지급의 주체가 다른 하나는?

① O/A
② T/T
③ D/P
④ L/C

정답 ④

해석 ① 청산계정
② 전신환 송금방식
③ 지급인도조건
④ 신용장

해설 ④ 신용장(Letter of Credit, L/C) : 수입업자의 거래은행이 수입업자의 요청에 따라 서류를 제시하여 수출업자에게 대금지급을 확약하는 방식이다.
① 청산계정(Open Account, O/A) : 수출업자가 물품을 선적한 후 운송관련 서류를 직접 수입업자에게 발송하고 수출채권을 은행에 매각하여 현금화하는 방식으로, '외상수출 채권방식', '선적통지 결제방식', '무서류매입방식' 이라고 불린다.
② 전신환 송금방식(Telegraphic Transfer, T/T) : 수입업자의 요청에 따라 송금은행이 지급은행 앞으로 수출업자에게 일정 금액을 지급하여 줄 것을 위탁하는 지급지시서(Payment order)를 전신으로 보내는 방식을 말한다.
③ 지급인도조건(Document against Payment, D/P) : 수출업자(의뢰인)가 계약물품 선적 후 구비된 서류에 '일람출급 환어음'을 발행·첨부하여 자기거래은행(추심의뢰은행)을 통하여 수입업자의 거래은행(추심은행) 앞으로 그 어음대금의 추심을 의뢰하면, 추심은행은 수입업자(Drawee, 지급인)에게 그 어음을 제시하여 어음 금액을 지급받고(Against Payment, 대금결제와 상환) 서류를 인도하는 거래방식이다.

65 Incoterms 2010에서 규정한 가격조건은 몇 가지인가?

① 10
② 11
③ 12
④ 13

정답 ②

해설 Incoterms 2010에서 규정한 가격조건
• 모든 운송모드에 적용할 수 있는 규칙 : 7개 항목[EXW(EX Works), FCA(Free Carrier), CPT(Carriage Paid To), CIP(Carriage and Insurance Paid to), DAT(Delivered at Terminal), DAP(Delivered at Place), DDP(Delivered, Duty Paid)]
• 해상 및 내륙수로운송에 적용되는 무역규칙 : 4개 항목[FAS(Free Alongside Ship), FOB(Free on Board), CFR(Cost and Freight), CIF(Cost, Insurance and Freight)]
※ Incoterms 2020에서 DAT 규칙의 명칭이 DPU(Delivered at Place Unloaded)로 변경되었다.

66 소송에 대비한 중재의 장점으로 옳은 것은?

① 3심제를 통해서 보다 공정하게 해결할 수 있다.

② 외국에서도 집행력이 보장되어 국제거래에 적합하다.

③ 공개적으로 심리와 판결이 이루어져 객관적이다.

④ 판정에 당사자가 반드시 복종해야 하는 강제성이 없다.

[정답] ②

[해설] ② 중재판정은 외국에서도 집행력이 보장된다는 장점이 있다.

① · ③ 소송의 특징이다.

④ 양 당사자가 절대 복종해야하는 강제력 있는 판정이다(판정에 중대한 결함이 있는 경우를 제외하고 불복이 인정되지 않는다).

중재(Arbitration)의 장점

- 중재계약에서부터 중재판정에 이르는 모든 절차를 당사자의 합의로 결정한다.
- 법원의 소송보다 신속히 해결되고, 단심제로 해결할 수 있다.
- 비용이 저렴하다.
- 전문적인 중재인들이 거래내용에 맞는 분쟁해결이 가능하다.
- 중재판정은 국제적으로도 그 효력이 보장되고 있다.
- 비공식적인 절차로 진행된다.
- 거래의 기밀보장을 위해 비공개로 진행된다.

67 해상화물운송장(SWB)에 대한 설명으로 옳지 않은 것은?

① 운송중인 화물에 대한 전매가 불가능하다.

② 무기명식으로도 발행가능하다.

③ 서류를 분실하여도 화물의 인수가 가능하다.

④ 선하증권보다 간편하게 사용할 수 있다.

[정답] ②

[해설] 해상화물운송장(Sea Waybill, SWB)

- 운송 중인 화물에 대한 전매 필요성이 없는 경우 발행되는 선적서류이다.
- 운송계약의 증거서류이자 운송화물에 대한 수령증(화물수취증)이며 기명식으로만 발행된다.
- 선하증권과 마찬가지로 운송계약의 증거, 즉 화물수취의 증거로서 발행되지만 유가증권이 아니다.
- 선하증권이 발행되면 해상화물운송장은 발행되지 않는다.
- 단순히 화물의 수취증이므로 양륙지에서 화물과 상환으로 제출되는 것을 조건으로 하지 않는다.
- 비유통성이며, 운송 중인 화물은 전매 불가하다는 점, 분실 시 위험성이 적다는 점, 기명식으로만 발행된다는 점에서 항공화물운송장(AWB)과 유사하다.

68 특정 일자 이후 일정기간이 경과하면 환어음의 만기가 도래한 것으로 보는 환어음은?

① 확정일 출급 환어음
② 일람출급 환어음
③ 일부 후 정기출급 환어음
④ 일람 후 정기출급 환어음

정답 ③

해설 일람출급 신용장(At Sight L/C)
신용장에 의거 발행되는 환어음이 일람출급 어음인 경우를 일람출급 신용장이라 한다. 일람출급 신용장에는 매입신용장과 지급신용장이 있기 때문에 일람출급 신용장 개설 시 먼저 어떤 신용장을 사용할지 결정해야 한다.
기한부 신용장(Usance L/C)
• 신용장에 의거 발행되는 환어음의 기간(Tenor)이 기한부인 어음의 발행을 요구하는 신용장을 말한다. 기한부 신용장은 어음이 지급인에게 제시되면 즉시 인수가 이루어지고, 만기일(Maturity/Due date) 도래 시 지급할 것을 약속한다.
• 기한부(Usance) 어음의 기일은 다음과 같다.
   – 일람 후 정기출급(at ××days after sight) : 지급인에게 어음이 제시된 날로부터 일정기간(60, 90)이 경과한 날이 만기가 된다.
   – 일부 후 정기출급(at ××days after date) : 환어음 작성일 또는 B/L 발급일과 같이 확정된 어느 기준일, 즉 특정 일자로부터 기간 기산이 되므로 환어음 발급 당시부터 만기일이 이미 밝혀져 있다.
   – 확정일 후 정기출급(at ××days after B/L date) : 미래의 특정 일자를 미리 만기일로 지정해 놓은 경우의 기한부 어음을 말한다.

69 청약(Offer)에 대한 승낙(Acceptance)으로 무역계약이 성립된다는 법리의 논거는 무역계약의 어떠한 성질 때문인가?

① 유상계약성
② 쌍무계약성
③ 임의계약성
④ 낙성계약성

정답 ④

해설 무역계약의 법적 성질
• 낙성(합의)계약(Consensual contract) : 무역 매매계약은 '매도인의 청약(Offer)에 대한 매수인의 승낙(Acceptance)' 또는 '매수인의 주문에 대한 매도인의 주문승낙'에 의해 성립하게 되는데, 이를 낙성계약이라 한다. 매매계약은 낙성계약으로서 요물계약과는 구별된다(낙성계약과 반대로 요물계약은 당사자의 의사표시 이외에도 법이 정한 일정한 행위가 있을 때에만 계약이 성립하는 것을 의미함).
• 유상계약(Remunerative contract) : 무역 매매계약은 계약당사자가 상호 대가의 관계에 있고 화폐적 급부를 할 것을 목적으로 하는 유상계약으로서의 법적 특성이 있다.
• 쌍무계약(Bilateral contract) : 무역 매매계약은 당사자 간 상호 채무를 부담하는 쌍무계약적 특성이 있다(매도인의 물품인도의무에 대해 매수인은 대금지급의무를 지는 특성).
• 계속계약성 : 일정한 기간 동안 보험관계가 계속적으로 유지되는 계약이다. 보험자는 전보험기간 동안 위험을 부담하고 보험계약자는 정기적으로 보험료의 지급을 그 의무로 하고 있다.

70 거래선의 신용조회 시 3C's에 해당되지 않는 것은?

① Capital

② Condition

③ Character

④ Capacity

정답 ②

해석 ① 수용 능력
② 상태, 조건
③ 성격, 상도덕
④ 자 본

해설 거래선 신용조회 시 3C's
신용조회에 있어 필수적으로 조사해야 할 내용으로 3C's(Character, Capital, Capacity)가 있다.

Character **(성격 또는 상도덕)**	• 상대방의 정직성, 성실성 등에 대한 내용으로 특히 대금결제 이행 여부에 대한 판단은 회사의 규모나 재정 상태보다는 이와 같은 그 회사의 성격요인에 의해 결정된다고 보는 것이 일반적이다. • 회사의 연혁, 사업목적, 경영자의 태도, 영업태도, 계약이행에 대한 열의, 계약이행 상태, 업계 평판, 품질 등에 대한 항목들이 포함된다. • 필수 신용조회 내용 중에서 무역거래에 가장 중요한 것은 Character이다.
Capital **(재정 상태)**	• 지급능력을 판단키 위한 상대방의 재정 상태(Financial status)와 관련된 내용으로 재무제표 등을 근거로 자산내용 등을 조사해야 한다. • 자본금의 규모, 채권, 채무, 수권자본(Authorized capital)과 납입자본(Paid-up capital), 자기자본과 타인자본의 비율 등이 포함된다.
Capacity **(기업운용 능력)**	• 해당 기업의 전반적인 경영 상태 및 영업능력(Business ability)에 관한 내용이다. • 영업방법 및 형태, 거래방법, 거래량, 거래실적, 경력·경험, 경영진의 생산주문·이행 능력, 연간 매출액 및 생산능력, 연혁 등이 포함된다.

71 Incoterms 2010상의 정형거래 조건 중 수입업자의 의무부담이 적은 순서대로 올바르게 나열한 것은?

① EXW – FCA – CFR – CPT – DAP – DDP

② EXW – FOB – FAS – CPT – CIF – DDP

③ DDP – CFR – CPT – FAS – FOB – EXW

④ DDP – CIP – CIF – FOB – FAS – EXW

정답 ④

해설 INCOTERMS 2010 정형거래 조건 중 매수인과 매도인의 의무부담 내용
- DDP(Delivered Duty Paid, 관세 지급 인도조건) : 매도인(수출업자)이 수입통관을 마친 물품을 하역하지 않은 상태로 매수인(수입업자)에게 인도하는 조건으로, 매도인(수출업자)이 지정목적지에 도착한 후 수입통관 비용, 관세 및 물품을 인도할 때까지의 모든 위험과 비용을 부담한다.
- CIP(Carriage and Insurance Paid to, 운송비·보험료 지급 인도조건) : 매도인(수출업자)이 지정장소에서 약정기간 내에 매수인(수입업자)이 지명한 운송인 또는 그 밖의 당사자에게 수출통관을 마친 물품을 인도하고, 그 물품을 지정목적지까지 운송하는 비용과 보험료도 부담한다. 매수인(수입업자)은 물품이 운송인에게 인도된 이후의 모든 위험, 지정목적지까지의 운송비 및 보험료를 제외한 모든 비용을 부담한다.
- CIF(Cost, Insurance and Freight, 운임·보험료 포함 인도조건) : 매도인(수출업자)의 책임은 지정선적항에서 매수인(수입업자)이 지정한 본선에 수출통관을 마친 물품을 인도하는 것까지지만, 이후 지정목적항까지의 해상운임 비용 및 운송 도중의 위험을 담보하기 위한 보험료를 매도인(수출업자)이 부담하는 조건이다. 매수인(수입업자)은 물품이 본선에 인도된 이후의 모든 위험과 지정목적항까지의 해상운임비용 및 보험료를 제외한 모든 비용을 부담한다.
- FOB(Free On Board, 본선 인도조건) : 매도인(수출업자)이 물품을 지정선적항에서 매수인(수입업자)이 지정한 본선에 수출통관을 마친 물품을 인도하는 조건으로, 매수인(수입업자)은 본선에 물품이 인도된 이후의 모든 비용 및 위험을 부담한다.
- FAS(Free Alongside Ship, 선측 인도조건) : 매도인(수출업자)이 지정선적항에서 매수인(수입업자)이 지정한 본선의 선측(지정선적항이나 부두또는 부선)에 수출통관을 마친 물품을 인도하는 조건으로 매수인(수입업자)은 본선 선측에 물품이 인도된 이후의 모든 비용 및 위험을 부담한다.
- EXW(EX Works, 공장 인도조건) : 매도인(수출업자)이 수출품이 현존하는 장소에서 매수인(수입업자)에게 현물을 인도하는 조건으로, 수출품의 이동 없이 인도가 이루어고, 매수인(수입업자)이 수출입통관, 운송 등의 모든 책임을 부담하므로 매도인(수출업자)의 부담이 가장 적은 조건이다.

72 환어음의 필수기재사항으로 볼 수 없는 것은?

① 환어음의 표시
② 무조건 지급위탁문언
③ 대가수취 문언
④ 만기일

정답 ③

해설 환어음의 기재사항
환어음은 요식증권이므로 법에 특정된 사항이 반드시 기재되어야 효력이 발생하는 유가증권이다. 환어음 기재사항은 필수기재사항과 임의기재사항으로 나눌 수 있는데, 필수기재사항의 경우 한 가지만 누락되어도 환어음으로서의 법적 효력을 갖지 못한다.
• 필수기재사항 : 환어음 표시문구, 일정금액(대금)의 무조건 지급위탁문언, 지급인, 지급만기일, 지급지(어음금액이 지급될 일정한 지역), 수취인, 발행일 및 발행지, 발행인의 기명날인 또는 서명
• 임의기재사항 : 환어음 번호, 신용장 또는 계약서 번호, 환어음 발행 매수

73 예상 거래처 여러 곳에 자사의 취급 품목과 거래 조건 등을 간략하게 안내하는 광고문 형식으로 거래를 제의하는 서한은 무엇인가?

① Business proposal
② Circular letter
③ Trade inquiry
④ Credit inquiry

정답 ②

해석 ① 거래제안서
② 거래권유장
③ 거래조회
④ 신용조회

해설 ② 거래권유장(Circular letter) : 거래개시를 희망하고 미지의 거래처에 자사를 소개하거나 거래관계의 창설을 권유하는 서한이다. 거래 희망자는 이 서한을 많은 거래처에 보내며 내용에는 상대방을 알게 된 경위, 거래개시의 희망, 거래 상품의 명세, 자사의 거래상의 지위 및 자사의 신용조회처, 거래 조건의 개요 등을 기재한다. 나아가 거래상품의 목록, 카탈로그, 가격표도 동봉한다.
① 거래제안서(Business proposal) : 신용조사 결과 거래가능업체로 판정된 상대방에게 구체적인 사항을 제시하여 거래를 제의한다.
③ 거래조회(Trade inquiry) : 품목에 관한 보다 구체적인 문의·답신으로, 자기소개서를 받고 답장을 보낸 거래선을 상대로 거래하고자 하는 품목에 관한 상세한 정보를 전달하여 구매의욕을 고취시킨다.
④ 신용조회(Credit inquiry) : 계약연결 가능성이 있다고 판단되는 거래선 신용을 신용조사 전문기관에 의뢰하여 조사한다.

74 선하증권의 어떤 형태를 말하는 것이 아니라 선적 후 정당하다고 인정되는 기간이 경과한 후에 은행에 제시된 선하증권은?

① Stale B/L

② Red B/L

③ Short form B/L

④ Master B/L

정답 ①

해석 ① 기간경과 선하증권
② 적색[선대]선하증권
③ 약식선하증권
④ 집단선하증권

해설 기간경과 선하증권(Stale B/L)

• 신용장상에 서류제시기간이 정해져 있는 경우에는 그 기간 내에 운송서류와 금융서류가 지정된 은행이나 매입은행에 제시되어야 하며, 이러한 제시기한이 없는 경우에는 운송일자 후 21일 이내에 서류가 제시되어야 한다. 이럴 경우 21일이 경과되어 발행된 선하증권을 '기간경과 선하증권'이라고 하고, 그러한 서류를 '기간경과 서류(Stale documents)'라고 한다.

• B/L 발행 후 21일 내에 제시하지 않은(21일을 경과한) B/L을 Stale B/L로 규정하여 은행이 수리를 거부하도록 되어 있다. 단, 신용장에 "stale B/L acceptable"이라 명시된 경우에는 수리 가능하다.

75 다음 표에서 중계무역과 중개무역의 차이를 올바르게 나타내고 있는 것은?

구 분	항 목	중계무역	중개무역
A	무역주체	대리인	수출업자
B	수 익	매매 차익	수수료
C	물품구매	물품구매 없음	구매 후 수출
D	수출실적	수출실적 불인정	수출실적 인정

① A

② B

③ C

④ D

정답 ②

해설 중개무역 vs 중계무역의 비교

중개무역 (Merchandising Trade)	• 수출국과 수입국 간에 직접 매매계약을 체결하지 않고 제3국의 제3자(중개업자)가 개입하여 계약이 체결되는 거래형태 • 상품 소유권이 중개업자로 이전되지 않음 • 중개업자는 단순히 수수료를 목적으로 함 • 대외무역법상 수출입거래에 해당하지 않음
중계무역 (Intermediary Trade)	• 외국에서 물품을 수입하여 원형 그대로 다시 제3국에 수출하는 것 • 상품 소유권이 이전됨 • 물품매매에 따른 차액이 목적 • 대외무역법상 수출입거래에 해당

제1과목 **영문해석**

[01~02] 다음 서한을 읽고 물음에 답하시오.

Dear Sirs,

British Imports Co., Ltd. has recently proposed to represent us in the sale of our cylinders in EU countries, and has given us your name as a reference.

We should appreciate it if you would inform us of your experiences with this firm by returning to us the enclosed form duly filled in.
Any information that you may give us will be held in strict confidence, and we shall be pleased to (A) <u>reciprocate</u> when such an opportunity turns up.

Yours faithfully,

01 이 서한의 목적은 무엇인가?

① Referring to the reference
② Introducing a reliable firm
③ Asking for references
④ Replying to sales inquiry

02 밑줄 친 부분 (A) 대신 쓸 수 있는 표현은?

① make out
② come to an end
③ give in return
④ come forward

안심Touch

해석

친애하는 선생님께,

British Imports Co. Ltd.는 최근 EU 국가 내에서 당사 실린더의 판매에 대해 당사를 대표할 것을 제안하며, 귀사를 신용조회처로 알려왔습니다.

만약 동 회사와 거래 경험을 동봉한 양식에 정히 기입해서 반송해 주신다면 대단히 감사하겠습니다. 귀사가 제공한 정보는 극비로 취급할 것이며, 그러한 기회가 오면, 당사는 기쁜 마음으로 (A) 응답해 드릴 것입니다.

그럼 안녕히 계십시오.

*in strict confidence : 극비로
*reciprocate : 화답[응답]하다
*turn up : (기회가) (특히 우연히) 생기다[나타나다]

01
① 신용조회를 문의하기
② 믿을만한 회사를 소개하기
③ 신용조회처를 요청하기
④ 판매문의에 답하기

02
① 이해하다
② 끝나다; 죽다
③ 답례로 주다
④ (도움 등을 주겠다고) 나서다

해설 01
위 서한에서 작성자는 제품 판매를 위한 무역거래에 앞서 거래처에 대한 신용조회를 문의하고 있으며, 해당 정보는 비밀로 취급될 것이라고 설명하고 있다. 따라서 위 서한의 목적은 ① '신용조회를 문의하기'이다.

02
밑줄 친 (A) reciprocate는 '화답[응답]하다'라는 뜻이므로, '답례로 주다'라는 의미의 ③ give in return과 바꾸어 쓸 수 있다.
*make out : 이해하다
*come to an end : 끝나다; 죽다
*come forward : (도움 등을 주겠다고) 나서다

03

> We hope that you will put the matter right soon.

① adjust the matter

② correct the matter

③ settle the matter

④ examine the matter

04

> As to our credit standing, Korea Exchange Bank will provide you with the necessary information.

① As regards

② Concerning

③ According to

④ With regard to

05

> We are bound to file a claim on you to make up for US$ 5,000.

① are pleased to

② shall

③ are obliged to

④ have no choice but to

06

> Our fax of this morning asking you for an amendment of the credit amount must be confirmed.

① revision

② modification

③ renown

④ correction

정답 03 ④ 04 ③ 05 ① 06 ③

해석 03

당사는 귀사가 그 문제를 얼른 <u>시정하기</u>를 바랍니다.

*put the matter right : 시정하다

① 그 문제를 바로잡다
② 그 문제를 수정하다
③ 그 문제를 해결하다
④ 그 문제를 검사하다

04

당사의 신용상태<u>에 관해서는</u>, 한국 외환은행이 필요한 정보를 귀사에 제공할 것입니다.

*credit standing : (채무 지불 능력의) 신용상태

① ~와 관련하여
② ~와 관한
③ ~에 따르면
④ ~와 관하여

05

당사는 US$5,000에 대한 보상을 귀사에 요구<u>할 수밖에 없습니다.</u>

*file a claim : ~을 요구하다
*make up for : 보상하다

① 기꺼이 ~하다
② ~할 것이다
③ 어쩔 수 없이 ~하다
④ ~할 수밖에 없다

06

귀사에 채권금액의 <u>수정</u>을 요구하는 오늘 아침 당사의 팩스는 반드시 확정되어야 합니다.

*credit amount : 채권금액; 채권액

① 수정, 검토
② 수정, 변경
③ 명 성
④ 정정, 바로잡기

해설 03

밑줄 친 put the matter는 '문제를 시정하다'라는 뜻이며, ①·②·③은 모두 '바로잡다, 수정하다, 해결하다'로 그 의미가 유사하나, ④ examine the matter는 '그 문제를 검사하다'이므로 의미가 다르다.

04

밑줄 친 As to는 '~에 관해서는'이라는 뜻이며, ①·②·④도 모두 '~와 관련하여'로 그 의미가 유사하나, ③ According to는 '~에 따르면'이므로 의미가 다르다.

05

밑줄 친 are bound to는 '~할 의무가 있다, 반드시 ~하다'의 뜻이며, ②·③·④는 모두 '~할 것이다, 어쩔 수 없이 ~하다, ~할 수밖에 없다'로 의무 또는 각오, 명령의 의미로 유사하게 쓰였으나, ① are pleased to는 '기꺼이 ~하다'이므로 내포하고 있는 의미가 다르다.

06

밑줄 친 amendment는 '수정[개정]'의 뜻이며, ①·②·④도 모두 '수정, 검토, 변경, 정정' 등으로 그 의미가 유사하나, ③ renown은 '명성'을 뜻하므로, 밑줄 친 부분과 의미가 다르다.

07 다음 두 문장이 같은 의미가 되도록 (   ) 안에 적합한 단어는 무엇인가?

> We would like you to neglect nothing in carrying out our order.
> = We hope you will give your (   ) in fulfilling our order.

① immediate confirmation

② best quotation

③ best attention

④ prompt reply

정답 ③

해석

당사는 귀사가 우리의 주문을 이행하는 데 어떤 것도 소홀히 하지 않기를 바랍니다.
= 당사는 귀사가 우리의 주문을 성취하는 데 (최상의 관심)을 기울이기를 바랍니다.

① 즉각적인 확인
② 최상의 견적
③ 최고의 관심
④ 신속한 답변

해설 주어진 첫 번째 문장은 '당사는 귀사가 우리의 주문을 이행하는 데 어떤 것도 소홀히 하지 않기를 바랍니다.'라고 해석된다. 따라서 두 문장의 의미가 같도록 하려면 빈 칸에는 '소홀히 하지 않다, 많은 관심을 갖다' 등을 뜻하는 표현이 들어가야 한다. 주어진 보기 중 이와 비슷한 의미를 나타내는 것은 ③ best attention(최고의 관심)이다.

08 문장의 밑줄 친 부분과 뜻이 같은 것은?

> We are pleased to offer our sweaters subject to <u>prior sale</u>.

① seller's final confirmation   ② being unsold

③ bargain sale   ④ on sale or return

[정답] ②

[해석]

당사는 우리 스웨터 제품을 <u>선착순 판매</u> 조건부 청약하게 되어 기쁩니다.

*offer subject to prior sale : 선착순 판매 조건부 청약

① 매도인 최종 확인   ② 재고잔류

③ 특가판매[염가]   ④ 반품허용

[해설] 재고잔류 조건부 청약(Offer Subject to Being Unsold)

- 한정된 재고품 등에 대해서 동시에 많은 매도인(Buyer)에게 청약(Offer)을 내어 먼저 매입을 희망하는 자에게 선착순으로 판매하는 것을 말한다.
- 청약에 대한 승낙 의사가 피청약자로부터 청약자에게 도달했다 해도 바로 계약이 성립되는 것이 아니라 그 시점에 당해 물품 재고가 남아 있는 경우에 한해 계약이 성립되는 Offer로서 선착순매매 조건부 청약(Offer Subject to Prior Sale)이라고도 한다.

*offer subject to prior sale : 선착순 판매 조건부 청약
*offer subject to being unsold : 재고잔류 조건부 청약

[09~10] 다음 ( ) 안에 들어갈 가장 적절한 단어를 고르시오.

09

> ( ) means either the delivery of documents under a credit to the issuing bank or nominated bank or the documents so delivered.

① Negotiation   ② Honour

③ Presentation   ④ Confirmation

10

> We have received your letter of October 3 enclosing with your ( ) No. 100. We are sorry not to have paid your account earlier by an oversight.

① Debit Note   ② Credit Note

③ Bill of Exchange   ④ Receipt

해석 09

(제시)는 개설은행 또는 지정은행으로 신용장 하에 서류를 인도하는 것 또는 그렇게 인도된 서류를 의미한다.

① 매 입 　　　　　　　　　② 결 제
③ 제 시 　　　　　　　　　④ 확 인

10

당사는 10월 3일자 귀사의 서신에 동봉된 (차변표) No. 100을 받았습니다. 당사의 실수로 귀사의 계정을
좀 더 일찍 지불하지 못한 점을 유감스럽게 생각합니다.

*by an oversight : 부주의해서, 실수로

① 차변표 　　　　　　　　　② 신용전표
③ 환어음 　　　　　　　　　④ 영수증

해설 09

③ UCP 600 제2조 정의 중 제시(Presentation)에 관한 내용이다.
UCP 600 제2조 정의
Presentation means either the delivery of documents under a credit to the issuing bank or nominated
bank or the documents so delivered.
제시란 발행은행 또는 지정은행에 신용장상의 서류를 인도하는 행위나 그렇게 인도된 서류를 의미한다.

10

① 차변표(Debit Note) : 수출과 관련된 유료견품비 등 비정산대금이나 누락금액의 청구 시에 이용되는 서식을
말한다. 이는 상대방에 대한 채권이 발생하였을 경우에, 이 전표를 이용하여 그 금액만큼 상대방의 차변계정에
기재한다하여 차변표라 부른다.
② 신용전표(Credit Note) : 상점에 물건을 반품했을 경우 동일 액수를 다음 물건 구입 시 사용할 수 있도록 현금
대신에 써 주는 전표이다.
③ 환어음(Bill of Exchange) : 채권자인 수출자가 발행인(Drawer)이 되고 채무자인 수입자 또는 은행을 어음의
지급인(Drawee, Payer)으로 발행되는 무역결제에 사용되는 어음을 말한다.
④ 영수증(Receipt) : 선하증권에 기재된 것과 동일한 물품을 수령하였다는 추정적 증거(Prima Facie Evidence)
또는 수취증이다.

11 다음 영문을 해석한 것으로 가장 옳지 않은 것은?

① All documents must be forwarded to issuing bank in two lots by registered airmail.
→ 모든 서류는 항공속달우편으로 발행은행에게 2달 이내에 발송되어야 한다.

② Shipments must be effected by Korean Flag Vessel only.
→ 선적은 한국 국적의 선박에 의해서만 이행되어야 한다.

③ Insurance policy in duplicate, endorsed in blank for 110% of the invoice value.
→ 송장금액의 110% 금액으로 백지배서된 보험증권 2통

④ All banking commissions outside issuing country are for account of beneficiary.
→ 발행국 이외에서 발생하는 모든 은행수수료는 수익자의 부담으로 한다.

정답 ①

해설 ① All documents must be forwarded to issuing bank in two lots by registered airmail.에서 by registered airmail은 '항공등기우편'을 나타내는 표현이다. '항공속달우편'은 by express airmail 등으로 표현한다. 따라서 '모든 서류는 <u>항공속달우편 → 항공등기우편</u>으로 발행은행에게 2달 이내에 발송되어야 한다.'로 해석하여야 한다.
*by registered airmail : 항공등기우편으로

[12~13] 아래 서식을 보고 물음에 답하시오.

① Consignor CHEGO CO., LTD.		B/L No.	
Consignee TO ORDER		FBL NEGOTIABLE FIATA MULTIMODAL TRANSPORT BILL OF LADING ICC issued subject to UNCTAD/ICC Rules for Multimodal Transport Documents(ICC Publication 481)	
② Notify Party JAMMY COMPANY			
Place of Receipt BUSAN CFS		HANA SHIPPING CO., LTD.	
Ocean Vessel DHAS	Voyage No. 304S	Flag KOREA	④ Place of Delivery LOS ANGELES CY
Port of Loading BUSAN, KOREA		③ Port of Discharge LOS ANGELES	Final Destination

12 위 서식에 대한 내용으로 옳지 않은 것은?

① 복합운송 선하증권이다.
② 기명식 선하증권이다.
③ 운송인은 컨테이너 화물 집화소에서 물품을 수취한다.
④ 선박의 등록국적은 대한민국이다.

13 위 서식의 각 항목에 대한 해석으로 옳지 않은 것은?

① Consignor - 송화인
② Notify party - 착화통지처
③ Port of Discharge - 양륙항
④ Place of Delivery - 인수장소

정답 12 ② 13 ④

해석

① 송화인 CHEGO CO., LTD.		선하증권 번호	
수하인 TO ORDER		FBL UNCTAD/ICC 복합운송증권규칙(ICC 발행번호 481)을 조건으로 ICC가 발행한 유통가능 FIATA 복합운송선하증권	
② 착화통지처 JAMMY COMPANY			
인수장소 BUSAN CFS(컨테이너 화물 집화소)		HANA SHIPPING CO., LTD.	
선박명 DHAS	항 차 304S	국 적 KOREA	④ 인도장소 LOS ANGELES CY(컨테이너 장치장)
선적항 BUSAN, KOREA		③ 양륙항 LOS ANGELES	최종 목적지

해설 12

② 기명식 선하증권 → 지시식 선하증권
Consignee TO ORDER

Consignee란 수하인을 의미한다. L/C 거래일 경우 선하증권은 유가증권으로 은행에서 배서에 의하여 양도가 가능하기 때문에 신용장을 개설할 때 물품 대금을 결제할 때까지 물품에 대한 소유권은 은행에 있으므로 선적서류상의 수하인은 수입자가 아닌 은행이 된다. 지시식의 경우 통상 to order 다음에 신용장 개설은행의 이름이 명기되고 notify 부분에 착화통지처인 수입자의 이름을 명기한다.

13

④ Place of Delivery : 인수장소 → 인도장소
① 송화인(Consignor) : 운송계약의 당사자로서 화물운송을 운송인에 대해 자신의 이름으로 의뢰하는 자(= Exporter, Seller, Shipper)
② 착화통지처(Notify party) : 화물이 목적지에 도착했을 때 선박회사가 화물도착통지(Arrival Notice)를 보낼 상대방
③ 양륙항(Port of Discharge) : 선적 화물을 양하·하역하는 장소(= 도착항)

14 다음 서한이 의도하는 내용은?

> We have no connections in your city and are looking for importers with whom we can establish business relations. We should appreciate it if you would supply us with some names of firms importing household products.

① 거래처 소개 의뢰
② 거래처 추천
③ 신용조회
④ 신용조회 회신

정답 ①

해석
당사는 귀하의 도시와 아무런 연결이 없으므로, 당사가 비즈니스 관계를 확립할 수 있는 수입업자를 찾고 있습니다. 만약 귀하가 가정용품을 수입하는 회사를 알려주신다면 감사하겠습니다.

해설 위 서한의 if you would supply us with some names of firms importing household products(만약 가정용품을 수입하는 회사를 알려주신다면)로 미루어 ① '거래처 소개 의뢰'임을 알 수 있다.

거래처 소개의뢰 및 소개
• 거래처 소개의뢰서 내용 구성
  - 당사의 소개 또는 상대방을 알게 된 경위
  - 당사의 취급 품목 및 소개 의뢰
  - 신용조회처 제공
  - 맺음말 : 협조를 부탁하는 말 등
• 거래처 소개
  - 거래처 소개 시 회사명과 주소 및 홈페이지 주소, 전화, 팩스, 텔렉스 번호 등 각종 통신수단을 명시하여, 거래가 신속히 이루어질 수 있도록 하는 것이 바람직하다.
  - 거래처 소개서 내용 구성 : 소개하는 말 → 회사명, 주소, 각종 통신수단 → 당해 회사에 대한 특기 사항 → 신용상태에 대한 책임 여부 → 맺음말

15 다음 문장에서 설명하고 있는 가격 조건은?

> The seller delivers when the goods are on board the vessel nominated by the buyer. This means that the buyer has to bear all costs and risks of loss of or damage to the goods from that point.

① CIF

② FAS

③ FOB

④ CFR

[정답] ③

[해석]
매도인은 매수인이 지정한 선박에 물품을 인도한다. 이것은 매수인이 그 순간부터 물품의 손실 또는 손상에 대한 모든 비용과 위험을 감당해야 한다는 것을 의미한다.

*nominated : (시간·날짜·제목을) 정하다
*bear : (비용을) 부담하다, (의무·책임을) 지다

[해설] FOB[Free On Board, (지정선적항) 본선 인도조건]
• 계약물품을 지정선적항의 본선상에 인도하는 조건
• FOB 다음에 지정선적항을 표시(매도인 수출통관)
• 물품의 인도장소 : 선적항에 수배된 선박의 본선을 통과한 곳
• 물품에 대한 매매당사자의 위험부담의 분기점(위험이전) : 물품이 지정선적항 본선 갑판에 안착되었을 때
• 물품에 대한 매매당사자의 비용부담의 분기점(경비이전) : 물품이 지정선적항 본선 갑판에 안착되었을 때(매도인은 인도할 때까지 모든 비용부담, 매도인은 매수인이 지명한 본선에 수출통관된 물품을 적재해야 함)
• 매도인(Seller)과 매수인(Buyer)의 책임

매도인(Seller)	매수인(Buyer)
• 수출통관 필 • 매수인이 지정한 본선상에 물품 인도	• 선박수배 • 수배된 선박명, 선적장소 및 선적시기 매도인에게 통지 • 선측에 인도된 때부터 선적비용과 그 물품에 관한 모든 비용 및 위험부담

We appreciate your letter of May 24 We have (가) <u>issued</u> an (나) <u>irrevocable L/C</u> (다) <u>in your favor</u> with the Hong Kong Bank for HK$40,000.00 covering the amount of our order No. 777.
You may have the L/C through Seoul Bank, being (라) <u>advising bank</u> in a few days.
After shipment, you may present relevant documents to (마) <u>your bankers</u> for negotiation.
Your prompt attention to this matter would be highly appreciated.

---

16 밑줄 친 (가) 부분과 의미가 다른 것은?

① allowed 　　　　　② established
③ opened 　　　　　④ arranged

17 밑줄 친 (나) ~ (마)에 대한 설명으로 옳은 것은?

① (나) – 신용장 관계 당사자 전원의 합의가 있어도 취소가 불가능한 신용장이다.
② (다) – 귀사를 지급인으로 한다는 의미이다.
③ (라) – Remitting bank라고도 한다.
④ (마) – 매입은행을 의미한다.

정답　16 ①　17 ④

해석
　당사는 5월 24일 귀사의 서신에 감사드립니다. 당사는 주문 No. 777의 금액 HK$40,000.00에 대하여 홍콩은행에 (다) <u>귀사를 수익자로 하는</u> (나) <u>취소불능 신용장을</u> (가) 개설했습니다.
　귀사는 수일 안에 (라) <u>통지은행</u>인 서울은행을 통하여 신용장을 받게 될 것입니다.
　선적 후에 귀사는 매입을 위하여 (마) <u>귀사의 거래은행</u>에 관련 서류를 제시하십시오.
　이 문제에 대한 귀사의 신속한 관심에 대단히 감사드립니다.

*advising bank : 통지은행
*issue : 개설하다, 발행하다

해설　16
　① allow는 '허락하다, 용납하다'라는 의미이므로 밑줄 친 issue(개설하다)와 바꾸어 쓸 수 없다. establish, open, arrange는 '개설하다'는 의미로 사용될 수 있다.

17
　① (나) 신용장 관계 당사자 전원의 <u>합의가 있어도 취소가 불가능한 신용장이다</u> → 합의 없이는 신용장을 취소·변경할 수 없다.
　② (다) 귀사를 <u>지급인으로</u> → 수익자로 하여
　③ (라) <u>Remitting bank</u> → Notifying bank라고도 한다.

취소불능 신용장(Irrevocable L/C)

- 취소불능 신용장의 경우 신용장 개설 이후 신용장이 수익자에게 통지된 후 유효기간 내에 관계 당사자 전원(개설은행 /확인은행, 수익자, 통지은행)의 합의 없이는 신용장을 취소·변경할 수 없다.
- 기존 UCP에서는 신용장에 취소불능이나 취소가능 표시가 없거나 불명확할 때에 취소불능 신용장으로 간주하도록 규정하고 있었으나, UCP 600 개정에서는 신용장은 원칙적으로 취소불능을 상정하고 있다.

매입은행(Negotiating Bank)

- 매입이란 어음을 할인하여, 즉 이자와 수수료를 받고 사들이는 행위를 의미하며, 매입은행은 제3자가 지급인인 어음·수표에 대해 권리를 취득한 은행으로 환어음 매입으로 선의의 소지자(Bona fide holder)가 되어 개설은행에 어음대금 청구권을 행사할 수 있다.
- 지급거절 시는 상환청구권(Recourse)을 행사할 수 있어 수출상에 대한 최종지급이라 볼 수 없다.
- 통상 수익자의 거래은행이 매입은행이 되나, 개설은행이 지정한 은행 또는 어떤 은행도 매입은행이 될 수 있다.

---

18 다음에서 설명하고 있는 신용장에 해당하는 것은?

> We hereby issue in your favor this documentary credit which is available by negotiation with any bank of your time draft drawn on us.

① Freely Negotiable Credit   ② Acceptance Credit

③ Defered payment Credit   ④ Payment Credit

정답 ①

해석

당사는 귀사를 수익자로 하여 귀사의 기한부 환어음을 어느 은행에서든지 매입 가능한 화환신용장을 개설한다.

*time draft : 기한부 환어음
*documentary credit : 화환신용장

① 자유매입 신용장   ② 인수신용장
③ 연지급신용장   ④ 지급신용장

해설

① 자유매입 신용장(Freely Negotiable Credit) : 수익자가 매입은행을 자유롭게 선택, 수출지 어느 은행이라도 매입할 수 있는 신용장이다. 가장 보편적인 형태의 신용장이라는 의미에서 이를 General L/C, 혹은 Nego 은행이 개방되어 있다는 의미에서 Open L/C라고도 부른다. 이 신용장 하에서 개설은행의 지급확약을 받고 있는 자는 어음의 발행인(Drawee), 어음의 배서인(Endorser) 등이 모두 포함된다.

② 인수신용장(Acceptance Credit) : 수익자가 신용장 조건에 일치하는 선적서류와 함께 기한부환어음을 신용장에 지정되어 있는 인수은행에 제시하면 인수은행은 개설은행 대신 신용장 금액을 지급하고 신용장에 정해져 있는 만기일에 대금을 개설은행에게서 받는 신용장을 말한다.

③ 연지급신용장(Deferred payment Credit) : 수익자가 신용장 조건에 일치하는 선적서류를 신용장에 지정되어 있는 연지급은행에 제시하면 연지급은행은 신용장에 정해져 있는 만기일에 대금을 지급하도록 약정되어 있는 신용장을 말한다.

④ 지급신용장(Payment Credit) : 환어음의 배서인이나 선의의 소지인에 대한 약정이 없이, 수익자가 개설은행이나 지정은행에 직접 선적서류를 제시하면 지급하겠다는 약정만 있는 신용장이다.

> Thank you for your sample and price list. As stated in our last meeting, we are very interested in distributing your goods in Korea. (1) We would like to cooperate to produce the goods as soon as possible. Kindly include any other information you feel would be (2) pertinent. We have some very promising contacts for this product in our country. Thank you in advance for your prompt action.

19 밑줄 친 (1)의 해석으로 옳은 것은?

① 당사는 가능한 빨리 생산하도록 협조하고 싶습니다.
② 가능한 빨리 생산하도록 노력해 주십시오.
③ 협력한다면 곧 제품을 생산할 수 있을 것입니다.
④ 협조하기 위하여 가능한 빨리 생산하겠습니다.

20 밑줄 친 (2)와 의미가 가장 가까운 것은?

① important   ② enclosed
③ relevant   ④ immediate

정답 19 ① 20 ③

해석

귀사의 샘플과 가격 리스트를 보내주셔서 감사합니다. 지난 회의에서 말한 것처럼, 당사는 귀사의 제품을 한국에서 배급하는 데 깊은 관심이 있습니다.
(1) 당사는 가능한 빨리 생산하도록 협조하고 싶습니다. 귀사가 (2) 관련 있다고 생각하는 다른 정보를 알려주십시오. 당사는 우리나라에서 이 제품에 대한 유망한 관계를 갖고 있습니다. 귀사의 즉각적인 답변에 대해 미리 감사드립니다.

*pertinent : (특정한 상황에) 적절한[관련 있는]
*promising : 유망한, 촉망되는; 조짐이 좋은

20
① 중요한   ② 동봉된
③ 관련 있는   ④ 즉각적인

해설 19
밑줄 친 문장을 구분하여 해석하면 다음과 같다.
• We would like to : 당사는 ~하고 싶다
• cooperate to produce the goods : 물품을 생산하는데 협력하다
• as soon as possible : 가능한 빨리
따라서 옳게 해석한 것은 ① '당사는 가능한 빨리 생산하도록 협조하고 싶습니다.'이다.
*cooperate : 협조하다

20
③ 밑줄 친 pertinent는 '(어떠한 상황에) 관련 있는[적절한]'이라는 뜻이므로 '관련 있는'이라는 의미를 나타내는 relevant와 그 의미가 같다.

[21~24] 다음 문장의 해석으로 가장 옳은 것을 고르시오.

21

> Expenses related to sample shall be borne by the respective senders.

① 견본에 관련된 세금은 각각의 발송자가 지불해야 한다.
② 견본과 관련된 비용은 존중받는 공급업자가 부담한다.
③ 견본과 관련된 결제는 각각의 공급업자에 의해 이루어진다.
④ 견본과 관련된 비용은 각각의 발송자가 부담한다.

22

> It is our custom to trade on an irrevocable credit basis, under which we draw a draft at 30 d/s.

① 취소불능 신용장에 의거 거래하는 것이 당사의 관례이며 이에 의거 당사는 일람 후 30일 출급 환어음을 발행합니다.
② 취소불능 신용장 거래 시 세금이 부과되며, 이에 따라 당사는 일람 후 30일 출급 환어음으로 거래합니다.
③ 취소불능 신용장에 의거 일부 후 30일 출급 환어음으로 거래해야 하는 것이 당사의 관례입니다.
④ 취소불능 신용장은 일람 후 30일 후에 발행된 환어음에 의거 세금이 부과되고 발행됩니다.

23

> Please amend the L/C No. 235 to extend the validity till August 12.

① 제235호의 신용장을 8월 12일까지 유효기간을 확정하고 회신해주세요.
② 제235호의 신용장을 8월 12일까지 유효기간을 연장하도록 수정해주세요.
③ 제235호의 신용장을 8월 12일 안에 작성하여 선적금액을 검토해주세요.
④ 제235호의 신용장을 8월 12일 안에 통지하고 도착 일자를 연장해주세요.

24

> We send you a debit note of US$10,000 for overdue balance.

① 당사는 미불 잔액에 대한 미화 만 달러의 차변표를 보냅니다.
② 당사는 미불된 미화 만 달러의 대변표를 보냅니다.
③ 당사는 지급기일이 다가온 미화 만 달러의 차변표를 보냅니다.
④ 당사는 연체된 미화 만 달러에 대한 영수증을 보냅니다.

해석 21

견본과 관련된 비용은 각각의 발송자가 부담한다.

22

취소불능 신용장에 의거 거래하는 것이 당사의 관례이며 이에 의거 당사는 일람 후 30일 출급 환어음을 발행합니다.

23

제235호의 신용장을 8월 12일까지 유효기간을 연장하도록 수정해주세요.

24

당사는 미불 잔액에 대한 미화 만 달러의 차변표를 보냅니다.

해설 21
주어진 문장을 구분하여 해석하면 다음과 같다.
• Expenses related to sample : 견본(샘플)과 관련된 비용은
• shall be borne : 떠맡아지다, 부담하다
• by the respective senders : 각각의 발송자에 의해
따라서 옳게 해석한 것은 ④ '견본과 관련된 비용은 각각의 발송자가 부담한다.'이다.
*bear : (책임 등을) 떠맡다[감당하다]

22
주어진 문장을 구분하여 해석하면 다음과 같다.
• It is our custom : 이것은 당사의 관습이다
• to trade on an irrevocable credit basis : 취소불능 신용장에 기초한 거래를 하는 것
• under which we draw a draft at 30 d/s : 당사는 일람 후 30일 출급 환어음을 발행한다
따라서 옳게 해석한 것은 ① '취소불능 신용장에 의거 거래하는 것이 당사의 관례이며 이에 의거 당사는 일람 후 30일 출급 환어음을 발행합니다.'이다.
*custom : 관습
*irrevocable credit : 취소불능 신용장
*draw a draft at 30 d/s : 30일 출급 환어음을 발행하다

23
주어진 문장을 구분하여 해석하면 다음과 같다.
• Please amend the L/C No. 235 : 신용장 번호 235호를 수정[변경]하여 주세요
• to extend the validity till August 12 : 8월 12일까지 유효기간을 연장하다
따라서 옳게 해석한 것은 ② '제235호의 신용장을 8월 12일까지 유효기간을 연장하도록 수정해주세요.'이다.
*amend : (법 등을) 개정[수정]하다
*extend the validity : 유효기간을 연장하다

24

주어진 문장을 구분하여 해석하면 다음과 같다.

• We send you a debit note of US$10,000 : 당사는 10,000달러 상당의 차변표를 귀사에 보낸다
• for overdue balance : 미지불 잔액에 대한

따라서 옳게 해석한 것은 ① '당사는 미불 잔액에 대한 미화 만 달러의 차변표를 보냅니다.'이다.

*debit note : 차변표
*overdue : (지불·반납 등의) 기한이 지난
*balance : 지불 잔액, 잔금

25 다음 문장의 밑줄 친 부분의 해석으로 맞는 것은?

> The arbitral award shall have the same effect on the parties as the final and conclusive judgement of the court.

① 임의 판정 – 최종적이고 상당한 판결
② 중재 판정 – 확정 판결
③ 임의 수상 – 최후의 판결
④ 소송 재판 – 결정적인 판결

정답 ②

해석

중재판정은 당사자들에게 법원의 확정판결과 동일한 효력을 가진다.

*arbitral award : 중재판정
*final and conclusive judgement : 확정판결

해설 중재판정[(Arbitral) Award]
• 중재판정은 중재인(Arbitrator)이 중재(Arbitration) 절차에 따라 최종적으로 내린 판정을 말한다.
• 중재판정은 법원이 내리는 확정판결과 동일한 효력을 가진다. 일방 당사자가 중재판정에 따르지 않으면 다른 당사자는 법원에 강제집행을 요구할 수 있다.
• 뉴욕협약(United Nations Convention on the Recognition and Enforcement of Foreign Arbitral Awards)에 가입한 국가 간에서는 중재판정은 상호 간에 집행할 수 있다.

[26~28] 다음 우리말을 영문으로 옮길 때 빈 칸에 들어갈 알맞은 것을 고르시오.

26

귀사의 명세서에는 귀사를 수익자로 지불할 잔액이 $52,740이라고 써 있습니다.
→ Your ( ) shows a ( ) of $52,740 in your favor.

① receipt - sum
② debit note - payment
③ credit note - debit
④ statement - balance

27

당사는 귀사의 견적송장을 받자마자, 전신송금으로 결제할 준비를 하겠습니다.
→ As soon as we receive your ( ), we will arrange for settlement by ( ).

① consular invoice - M/T
② proforma invoice - T/T
③ customs invoice - D/D
④ commercial invoice - Check

28

저축 예금 계좌의 현재 이자율을 알려주시기 바랍니다.
→ Please advise us of the present ( ) on deposit account.

① insurance rate
② exchange rate
③ interest rate
④ freight rate

해석 **26**
① 영수증 – 합계
② 차변표 – 지불금
③ 신용전표 – (통장이나 장부의) 차변
④ 명세서 – 잔액

27
① 영사송장 – 우편환송금(Mail Transfer ; M/T)
② 견적송장 – 전신환송금(Telegraphic Transfer ; T/T)
③ 세관송장 – 수표송금(Demand Draft ; D/D)
④ 상업송장 – 수표

28
① 보험료
② 외환 시세; 환율
③ 이자율
④ (화물) 운임률

해설 **26**
주어진 해석에 따르면 빈 칸에는 '명세서'와 '(지불)잔액'의 뜻이 들어가야 한다. 따라서 보기 중 이에 해당하는 의미를 나타내는 표현은 ④ statement(명세서) – balance[(지불)잔액, 잔고]이다.

27
주어진 해석에 따르면 빈 칸에는 '견적송장'과 '전신송금'의 뜻이 들어가야 한다. 따라서 보기 중 이에 해당하는 의미를 나타내는 표현은 ② proforma invoice(견적송장) – T/T(전신환송금)이다.
M/T vs T/T의 비교
둘 모두 수입자가 수입대금을 외국환 은행에 입금시키면서 대금을 수출업자에게 외국환 거래은행을 통해 지급해 줄 것을 요청하는 방식인데, 이때 지급지시서를 전신으로 송부할 경우를 T/T(전신환), 우편으로 송부할 경우를 우편환(M/T)이라 구분한다. 따라서 M/T와 T/T의 차이는 기간의 차이이며, 곧 그로 인한 이자의 차이이다.

28
주어진 해석에 따르면 빈 칸에는 '이자율'의 뜻이 들어가야 한다. 따라서 보기 중 이에 해당하는 의미를 나타내는 표현은 ③ interest rate(이자율)이다.
*advise : (정식으로) 알리다
*deposit account : 저축 예금 계좌

29 다음 밑줄 친 우리말을 영작할 때 옳은 것은?

> 부산 해운은 <u>5월 15일경에 부산을 출항하는</u> 블루오션호에 화물 100톤을 선적하는 데 최선을 다할 것입니다.
> → Busan Shipping Lines will do their best to ship 100 tons of cargo per M/V 'Blue Ocean' ( ).

① leaving for Busan on or before May 15
② left Busan on or about May 15
③ sailing for Busan on or before May 15
④ sailing from Busan on or about May 15

정답 ④

해석 ① 5월 10일이나 이전에 부산을 향해 떠나는
② 5월 15일경에 부산을 떠나는
③ 5월 15일이나 이전에 부산을 향해 출항하는
④ 5월 15일경에 부산을 출항하는

해설 밑줄 친 부분은 '5월 15일경에 부산을 출항하는'이라는 뜻으로, '(~을) 출항하다'는 의미는 leaving, sailing from으로 표현할 수 있다. 또한 On or About은 '지정일 전후 5일(양쪽 끝날) 포함 11일간'을 나타내는 표현이므로 답은 ④ sailing from Busan on or about May 15(5월 15일경에 부산을 출항하는)이다. ① · ③ leaving/sailing for는 '~을 향해 출항하는'이라는 뜻이므로 부산이 출발항이 아니라 도착항이 되므로 답이 아니다.
*on or about : 대략적으로

[30~31] 다음을 읽고 질문에 답하시오.

> We have heard from the Chamber of Commerce here that you are producing hand-made shoes and gloves in natural materials for export.
> There is a steady demand in Korea for high-quality goods of this type.
> Will you please send us your catalog and full details of your export prices and terms of payment?
> (가) <u>귀사로부터 곧 소식을 듣기를 고대하고 있습니다.</u>

30 위 서신의 작성 의도는 무엇인가?

① To make a business proposal
② To make an initial order
③ To accept a firm offer
④ To negotiate on the price

31 밑줄 친 (가)를 영작한 것으로 옳지 않은 것은?

① We eagerly await your early reply.

② We are expecting to hear from you soon.

③ We are looking forward to hear from you.

④ We anticipate hearing from you soon.

해석

당사는 이곳 상공회의소로부터 귀사가 천연소재로 만든 핸드메이드 구두와 장갑을 수출용으로 생산하고 있다는 것을 들었습니다.

이런 종류의 고품질 제품들은 한국에서 꾸준히 수요가 있습니다.

귀사의 카탈로그와 수출용 가격에 대한 상세 설명서, 지불조건에 대해서 보내주시겠습니까?

(가) 귀사로부터 곧 소식을 듣기를 고대하고 있습니다.

*Chamber of Commerce : 상공회의소

30
① 거래제안을 하기 위해서
② 첫 번째 주문을 하기 위해서
③ 확정청약을 승인하기 위해서
④ 가격을 협상하기 위해서

31
① 당사는 귀사의 빠른 답변을 간절히 기다리고 있습니다.
② 당사는 귀사로부터 곧 답변을 듣기를 기대하고 있습니다.
③ 당사는 귀사로부터 소식을 듣기를 기대하고 있습니다.
④ 당사는 귀사로부터 곧 들을 수 있기를 고대하고 있습니다.

해설 30

위 서신에서는 작성자가 생산하는 수출용 물품에 관심을 갖고 카탈로그와 가격 설명서, 지불조건 등을 보내줄 것을 요청하고 있으므로, 작성 의도는 ① To make a business proposal(거래제안을 하기 위해서)이다.

31

밑줄 친 부분에는 '~하기를 기다리다/기대하다/고대하다'의 의미를 나타내는 표현이 들어가야 한다. looking forward to에서 to는 전치사이므로 다음에는 ~ing 형태가 와야 한다. 따라서 ③ We are looking forward to hear → to hearing from you.으로 수정하여야 한다.

*looking forward to ~ing : ~하기를 기대하다

[32~33] 다음 문장을 영작할 때 ( ) 안에 들어갈 알맞은 단어나 어구를 고르시오.

32

> 동 상사는 이곳 업계에서는 대단한 신뢰를 받고 있습니다.
> → The firm enjoys an absolute ( ) among the business ( ) here.

① reputation – relations

② repute – transactions

③ confidence – circles

④ infame – connections

33

> 이번의 중대한 신용문제에 있어서 귀사를 도울 수 없음을 유감으로 생각합니다.
> → We regret that we are ( ) to assist you in this ( ) credit matter.

① inability – critical

② unable – crucial

③ inability – creative

④ unable – obscure

정답 32 ③   33 ②

해석 32

① 평판 – 관계

② 평판 – 매매거래

③ 신뢰 – 집단, ~계(界)

④ 불명예 – 관련성

33

① 무능 – 비판적인

② ~할 수 없는 – 중대한

③ 무능 – 창의적인

④ ~할 수 없는 – 잘 알려져 있지 않은

해설 32

주어진 문장을 옳게 영작하기 위해서는 빈 칸에는 '신뢰'와 '업계'라는 뜻이 들어가야 한다. 따라서 보기 중 이에 해당하는 의미를 나타내는 표현은 ③ confidence(신뢰) – circles[집단, ~계(界)]이다.

*circles :집단, ~계(界)

33

주어진 문장을 옳게 영작하기 위해서는 빈 칸에는 '~할 수 없다'와 '중대한'이라는 뜻이 들어가야 한다. 따라서 보기 중 이에 해당하는 의미를 나타내는 표현은 ② unable(~할 수 없는) – crucial(중대한)이다.

34 보험관련 용어를 영어로 표현한 것으로 옳지 않은 것은?

① 보험자 − Insured
② 보험가액 − Insurable value
③ 보험금액 − Insurance amount
④ 보험계약자 − Policy holder

정답 ①

해설 ① 보험자 : Insured → Insurer로 바뀌어야 하며, Insured는 '피보험자'이다.
보험자(Insurer/Assurer/Underwriter)
• 보험계약자에게서 보험료를 대가로 보험계약을 인수한 자로서 보험기간 중 보험사고 발생 시 그 담보위험으로 인한 손해를 보상하기 위하여 보험금 지급 의무를 지는 자를 말한다.
• 실무보험약관에서는 '당(보험)회사(this company)'라는 단어를 사용한다.

[35~36] 다음 서한의 일부를 읽고 물음에 답하시오.

Thank you very much for your letter of June 7 proposing to ① 거래를 시작하다 us in LED TV sets. We are glad to learn that you are especially interested in exporting LED TV sets and regarding these products, we may say that we are specialists.
(A) 당사는 LED TV의 가격을 귀사의 최상의 뉴욕 도착 운임·보험료 포함 가격조건으로 받는다면 감사하겠습니다.
If your prices are ② 경쟁력 있는 and the merchandise is ③ 적합한 for our trade, we will be able to place ④ 대량 주문.
─────────────── 후 략 ───────────────

35 위 서한의 ①~④에 들어갈 표현으로 옳지 않은 것은?

① open an account with
② comparable
③ suitable
④ considerable orders

36 위 서한의 밑줄 친 (A)를 올바르게 영작한 것은?

① We appreciate your best DDP New York price on LED TV sets.
② We are grateful for your best CFR New York price for LED TV sets.
③ We would appreciate receiving your best CIF New York price on LED TV sets.
④ We would be obliged if you receive our best CFR New York price for LED TV sets.

[해석]

당사와 LED TV 세트에 대한 ① 거래를 시작하기를 제안하는 6월 7일자 귀사의 서신에 대단히 감사드립니다. 당사는 귀사가 특히 LED TV 세트 수출에 관심이 있다는 것을 듣고 기뻤으며, 이런 종류의 제품에 관해서는 당사기 전문기리고 말씀드립니다.

(A) 당사는 LED TV의 가격을 귀사의 최상의 뉴욕 도착 운임·보험료 포함 가격조건으로 받는다면 감사하겠습니다. 만약 귀사의 가격이 ② 경쟁력 있고, 상품이 거래에 ③ 적합하다면, 당사는 ④ 대량 주문할 수 있을 것입니다.

*propose : 제안하다
*merchandise : 물품; (상점에서 파는) 상품

35

① ~와 거래를 시작하다
② 비슷한, 비교할 만한
③ 적합한
④ 대량 주문

36

① 당사는 LED TV의 가격을 귀사의 최상의 뉴욕 도착 관세 지급 가격조건으로 받는다면 감사하겠습니다.
② 당사는 LED TV의 가격을 귀사의 최상의 뉴욕 도착 운임 포함 가격조건으로 받는다면 감사하겠습니다.
③ 당사는 LED TV의 가격을 귀사의 최상의 뉴욕 도착 운임·보험료 포함 가격조건으로 받는다면 감사하겠습니다.
④ 당사는 LED TV의 가격을 귀사의 최상의 뉴욕 도착 운임 포함 가격조건으로 받는다면 감사하겠습니다.

[해설] 35

② '경쟁력 있는'을 나타내는 단어는 comparable → competitive로 바뀌어야 하며, comparable은 '비슷한, 비교할 만한'의 뜻이다.
*open an account with : ~와 거래를 시작하다(= build up business relations with, enter into business relations with)
*considerable orders : 대량(상당한) 주문

36

'귀사의 최상의 뉴욕 도착 운임·보험료 포함 가격조건'은 your best CIF New York price 이므로 (A)에 대한 올바른 영작은 ③이다.
*CIF(Cost, Insurance, and Freight) : 운임·보험료 포함 가격
*obliged : 고마운, 감사한

37 선적관련 용어를 영어로 표현한 것으로 옳은 것은?

① 출발예정일 – ETA
② 본선수취증 – M/R
③ 화물인도지시서 – L/G
④ 평방미터 – CBM

정답 ②

해설 ② 본선수취증(Mate's Receipt, M/R) : 본선에서 화물을 받았다는 뜻으로 발행하는 확인증서로서, 선장을 대신하여 1등 항해사(Chief Mate/Chief Officer)가 검수인(Tally-man)의 입회 하에 선사에서 발급한 선적지시서와 대조하여 화물불일치 여부, 화물·포장 이상 여부를 확인한 후 발행하게 된다.
① 출발예정일 : ETA → ETD(Estimated Time of Departure)
③ 화물인도지시서 : L/G → D/O(Delivery Order)
④ 평방미터 : CBM → Square Meter
*ETA(Estimated Time of Arrival) : 도착예정일
*D/O(Delivery Order) : 화물인도지시서. 선사가 수하인으로부터 선하증권(B/L)이나 수입화물선취보증장(L/G)을 받고 본선 또는 터미널(CY 또는 CFS)에 화물인도를 지시하는 서류를 말한다.
*L/G(Shipping Letter of Guarantee) : 화물선취보증서. 수입지에 선적서류 원본보다 화물이 먼저 도착한 경우 수입자가 서류도착 시까지 기다리지 않고 수입화물을 통관하려고 할 때 신용장 개설은행이 선박회사 앞으로 발행하는 보증서를 말한다.

---

38 서신의 각 요소를 작문한 예로 옳지 않은 것은?

① Date : February 15, 2018
② Inside Address : To Whom It May Concerns,
③ Complimentary Close : Very Truly Yours,
④ Enclosure Notations : Enc. 1 Price List

정답 ②

해석 ① 일자 : 2018년 2월 15일
② 수신인 주소 : 관계자분들께
③ 결구(인사) : 안녕히 계십시오.
④ 동봉 표시 : 가격목록표 1부 동봉

해설 ② Inside Address는 우편물 내부에 적는 주소이다.
무역 서신의 구성
• Letter Head(레터 헤드) : 서신 상단에 기재하는 발신인의 상호(로고), 주소, 전화 및 팩스번호 등
• Date(일자) : 서신의 발신 일자
• Inside Address(수신인 주소) : 수신인의 상호, 주소 등
• Salutation(서두인사) : 수신인에 대한 인사말, 정중한 인사표현
• Body of the Letter(본문) : 발신인이 수신인과 나누고 싶거나 전달하고자 하는 의도 및 의견 내용
• Complementary Close(결구) : 수신인에 대한 존경을 표현하며 마치는 인사말
• Signature(서명) : 회사명, 서명, 서명자의 성명, 직위명[대리 서명 : Per Procurationem(per pro. 또는 pp)]
*Complimentary Close : (편지의) 결구

39 다음 용어를 영어로 표현한 것으로 옳지 않은 것은?

① 확인신용장 – Confirmed L/C
② 보증신용장 – Stand-by L/C
③ 회전신용장 – Red-clause L/C
④ 내국신용장 – Local L/C

정답 ③

해설 ③ 회전신용장 : Red-clause L/C → Revolving L/C
Revolving L/C(회전신용장)
수출·입업자 사이에 동종의 상품거래가 상당기간 계속하여 이루어질 것으로 예상되는 경우 거래 시마다 신용장을 개설하는 불편을 덜기 위하여 일정기간 동안 일정금액의 범위 내에서 신용장 금액이 자동 갱신(Automatically reinstated/restored)되어 재사용할 수 있도록 하는 조건으로 개설된 신용장
Red-clause L/C(선대신용장)
수출물품의 생산·가공·집화·선적 등에 필요한 자금을 수출업자에게 융통해 주기 위하여 매입은행으로 하여금 일정한 조건에 따라 신용장 금액의 일부 또는 전부를 수출업자에게 선대(선불)해 줄 것을 허용하고 신용장 개설은행이 그 선대금액의 지급을 확약하는 신용장

40 무역용어 중 영문 표현으로 옳지 않은 것은?

① 유류 할증료 – Fuel Surcharge
② 종가운임 – Ad Valorem Freight
③ 선불운임 – Freight Prepaid
④ 선복운임 – Dead Freight

정답 ④

해설 ④ 선복운임 : Dead Freight → Lump Sum Freight
선복운임(Lump Sum Freight)
운송계약에 있어서 운임은 운송품의 개수, 중량 또는 용적을 기준으로 계산되는 경우와 선복(Ship's space) 또는 항해를 단위로 하여 포괄적으로 지급되는 경우가 있는데, 후자의 계약은 선복계약이라고 하며, 이 경우에 지급되는 운임을 선복운임(Lump Sum Freight)이라 한다.
*Dead Freight : 공하 운임(무겁거나 취급이 어려운 화물)

We have received your firm offer thankfully. Although your product quality impressed us favorably, we regret that the business cannot be completed at your current price, as it is much higher than that of your competitors.

We are, therefore, afraid there is little (A) <u>prospect</u> of doing business with you unless some substantial discount is allowed.

We trust you will make every effort to revise the price and look forward to your reply soon.

41 위 서신은 무엇을 나타내는가?

① Firm Offer
② Counter Offer
③ Acceptance
④ Substantial Order

42 밑줄 친 부분 (A)와 바꾸어 쓸 수 있는 단어는?

① evaluation
② possibility
③ suspect
④ pertinence

정답 41 ② 42 ②

해석

당사는 귀사의 확정청약을 감사히 받았습니다. 비록 귀사 제품의 품질이 당사로서는 호의적인 인상을 받았지만, 유감스럽게도 귀사의 현재 가격은 경쟁사의 가격에 비해서 많이 비싼 편이기 때문에 거래가 성립되기 어렵겠습니다.

따라서 만약 귀사가 상당한 할인을 하지 않는다면, 당사는 귀사와 거래가 성립될 (A) 전망이 희박함을 알립니다.

당사는 귀사가 가격 수정에 모든 노력을 할 것으로 믿고 빠른 시일 안에 귀사의 답장을 기대하고 있습니다.

*impress : 깊은 인상을 주다, 감명[감동]을 주다
*favorably : 호의적으로, 호의를 가지고
*substantial : (양·가치·중요성이) 상당한
*make every effort to : ~하는 데 온갖 노력을 다하다
*revise : (의견·계획을) 변경하다

41
① 확정청약
② 반대청약
③ 승 인
④ 대량주문

42
① 평가, 사정
② 가능성, 가능함
③ 혐의자, 용의자
④ 적절성

위 서신은 수출업자의 청약에 대하여 수입업자가 가격조건 변경을 요청하는 ② Counter Offer(반대청약)이다.

Counter Offer(반대청약)

- 청약을 받은 피청약자가 원청약의 가격·수량·선적시기 등과 관련된 조건을 변경하거나 새로운 조항을 추가한 청약을 원청약자에게 보내는 것이다.
- 반대청약은 원청약 거절임과 동시에 피청약자가 청약자에게 하는 새로운 청약으로서 승낙이 아니기 때문에 계약은 성립되지 않으며, 피청약자의 반대청약에 대하여 원청약자가 승낙을 해야만 계약이 성립된다.
- 반대청약은 상대방의 최종 승낙이 있기 전까지 계속 진행될 수 있으며, 대응청약이라고도 한다.

42

밑줄 친 부분의 내용은 서신 작성자가 거래 상대방에게 할인을 하지 않을 경우 거래 성립이 어려울 것이라고 하며 가격을 할인해줄 것을 요청하고 있다. 따라서 내용상 prospect는 '가망[가능성]'이라는 뜻을 가진 possibility와 바꾸어 쓸 수 있다.

*prospect : (어떤 일이 있을) 가망[가능성]

[43~44] 다음 문장을 영작한 것으로 옳지 않은 것을 고르시오.

43

> 당사는 저렴한 가격으로 공급할 수 있다.

① We can serve at an attractive price.
② We are in a position to supply at a favorable price.
③ We can supply at a competitive price.
④ We are able to supply at a prohibitive price.

44

> 불량 제품을 새 제품으로 교체해 주십시오.

① Please let the inferior goods be replaced by new ones.
② Please replace the inferior goods with new ones.
③ Please substitute the new goods with the inferior goods.
④ Please substitute the new goods for the inferior goods.

정답 43 ④ 44 ③

해석 **43**

① 당사는 적당한 가격에 제공할 수 있다.

② 당사는 유리한 가격에 공급할 수 있는 상태이다.

③ 당사는 경쟁력 있는 가격에 공급할 수 있다.

④ 당사는 금지적 가격에 공급할 수 있다.

44

① 불량 제품이 새로운 것에 의해 대체되도록 해주십시오.

② 불량 제품을 새로운 것으로 대신하여 주십시오.

③ 새 제품을 불량 제품으로 대체해 주십시오.

④ 불량 제품을 새 제품으로 대체해 주십시오.

해설 **43**

④ We are able to supply at a prohibitive price.에서 prohibitive price는 '엄두도 못 낼 정도로 높은[비싼] 가격'을 의미하므로 '저렴한 가격'과 정 반대의 의미를 나타내므로 바꾸어 쓸 수 없다.

*prohibitive price : 금지적 가격(거래가 성립되지 않을 정도의 높은 가격)

44

③ substitute A with B는 'A를 B로 대신하다'라는 뜻이므로, '새 제품을 불량 제품으로 대체하다'라는 의미가 되어 옳지 않다. 따라서 Please substitute the new goods with the inferior goods → the inferior goods with the new goods.가 되어야 한다.

*substitute A with B : A를 B로 대신하다, 대치[교체]되다; 대용[교체/대치]하다

45 다음 우리말을 영작할 때 ( ) 안에 들어갈 어구로 옳지 않은 것은?

> 손상의 원인이 부적절한 포장인 것 같습니다.
>
> → It seems that the damage was made on account of the ( ).

① proper packing

② careless packing

③ wrong packing

④ poor packing

정답 ①

해석 ① 적절한 포장

② 부주의한 포장

③ 잘못된 포장

④ 형편 없는 포장

해설 우리말을 영작할 때 빈 칸에 들어갈 표현은 '부적절한'이라는 의미이므로, '적절한'를 나타내는 proper는 옳은 표현이 아니다. 따라서 ① proper packing → improper packing이어야 한다.

*on account of : ~ 때문에

[46~47] 다음 문장을 영작한 것으로 옳은 것을 고르시오.

46
① 당사는 귀사에게 아래와 같은 주문을 하게 되어 기쁘게 생각합니다.
→ We have the pleasure of placing the said order to you.
② 주문품이 급히 필요하오니 선적을 서둘러 주시기 바랍니다.
→ We require our order urgently, so please expedite shipment.
③ 그 문제를 조사해주시고, 귀사가 그것에 대해 어떤 조치를 취할지 알려주세요.
→ Please look after the matter and let us know what they can do about it.
④ 주문이 쇄도해서 귀사가 주문한 컴퓨터는 매진되었습니다.
→ The computers you ordered are out of date due to rush of orders.

47
① 이 협정서는 5월 1일부터 발효하기로 합니다.
→ This agreement shall be valid on or before May 1.
② 당사에 몇몇 회사를 소개해 주시면 감사하겠습니다.
→ We shall be obliged to introduce some houses to us.
③ 이 금액을 귀사 계정 대변에 정리하였습니다.
→ We have duly debited this amount to your account.
④ 귀사의 서한에서 요청하신 대로, 다음과 같이 확정청약을 합니다.
→ As requested in your letter, we offer you firm as set forth below.

정답 46 ② 47 ④

해설 46
① We have the pleasure of placing the said → the following order to you.
③ Please look after → look into the matter and let us know what they → you can do about it.
④ The computers you ordered are out of date → sold out due to rush of orders.
*look after : ~을 맡다(돌보다/건사하다)
*out of date : 뒤떨어진, 구식이 된, (더 이상) 쓸모없는
*rush of orders : 주문쇄도

47
① This agreement shall be valid on or before → from May 1.
② We shall be obliged to introduce some houses to us → would appreciate your introducing us some houses.
③ We have duly debited → credited this amount to your account.
*valid : (법적 · 식적으로) 유효한[정당한]
*on or before : 당일이나 이전에
*be obliged to : 하는 수 없이 ~하다
*credit (amount) to one's account : (금액을) ~의 계정 대변에 기입[정리]하다
 cf. debit (amount) to one's account : (금액을) ~의 계정 차변에 기입[정리]하다

① In reply to your inquiry of July 20, we will make a firm offer ② on the condition of your acceptance being received here by August 15.
(가) _____ : LED TV
Quantity : 500 sets
(나) _____ : 50 inch LED TV
(다) _____ : US$1,100 per set FOB Busan
Shipment : November 30
(라) _____ : Draft at sight under an irrevocable L/C
③ Owing to the rush of orders from your country, all factories are fully engaged for the time being.
In these circumstances, the prices we have offered are ④ reasonable and attractive.
We look forward to your prompt reply by e-mail, if possible.

48 위 서한의 ①~④ 중 바꾸어 쓸 수 없는 것은?

① Answering
② conditional on
③ Due for
④ competitive

49 위 서한의 (가)~(라)의 밑줄 친 부분의 항목명으로 옳은 것은?

① (가) – Article
② (나) – Quality
③ (다) – Payment
④ (라) – Price

정답 48 ③ 49 ①

해석

귀사의 7월 20일 문의에 대한 ① <u>답변으로</u>, 당사는 8월 15일까지 귀사의 승인을 받는 ② <u>조건으로</u> 확정 청약할 것입니다.
(가) <u>품목</u> : LED TV
수량 : 500 세트
(나) <u>상세설명</u> : 50인치 LED TV
(다) <u>가격</u> : 1세트당 미화 1,100달러, 본선인도 부산
선적 : 11월 30일
(라) <u>지불</u> : 취소불능 신용장에 의거한 일람출급 어음
귀국으로부터의 주문 쇄도로 ③ <u>인해서</u>, 모든 공장들이 당분간 모두 예약되어 있습니다.
이런 상황에서 당사가 제시한 가격은 ④ <u>합리적인</u> 것입니다.
당사는 귀사가 가능한 빨리 신속하게 이메일로 답신을 보내주시기 기대합니다.

48
① 응답[대답]의; 상응[일치]하는
② ~을 조건으로 하다
③ ~할 예정인
④ 경쟁력 있는, 저렴한

49
① (가) - 품 목
② (나) - 품 질
③ (다) - 지 불
④ (라) - 가 격

해설 48
③ Owing to는 '~ 때문에'라는 뜻이므로 '~할 예정인'을 나타내는 Due for와 바꾸어 쓸 수 없다.
*conditional on : ~을 조건으로 하는
*Due for : ~할 예정인
*competitive : 경쟁력 있는, 저렴한

49
② (나) Quality(품질) → Description(상세설명)
③ (다) Payment(지불) → Price(가격)
④ (라) Price(가격) → Payment(지불)

50 다음 용어를 영어로 옮길 때 가장 적절하지 않은 것은?

① 제목 - Object
② 본문 - Body
③ 서명 - Signature
④ 인사말 - Salutation

정답 ①

해설 ① 제목 : Object → Subject, Title
Subject(제목)
무역서신의 보조 요소 중 하나로, 특정 이슈에 대한 표시 문구를 나타낸다.

51 무역보험의 기능으로 옳지 않은 것은?

① 금융창출기능
② 무역진흥기능
③ 운송위험부보기능
④ 신용조사기능

정답 ③

해설 무역보험의 기능
• 금융창출기능
• 무역진흥기능
• 신용조사기능
수출보험과 수입보험의 기능 및 종류
• 수출보험의 기능
  – 수출거래상의 불안제거 기능
  – 신용공여 및 금융보완적 기능
  – 무역관리와 수출 진흥 정책수단으로서의 기능
  – 해외수입자에 대한 신용조사 기능
• 수입보험의 종류
  – 수입자용 : 국내기업이 선급금 지급조건 수입거래에서 비상위험 또는 신용위험으로 인해 선급금을 회수할 수 없게 되는 경우에 발생하는 손실을 보상한다.
  – 금융기관용 : 금융기관이 주요 자원 등의 수입에 필요한 자금을 수입기업에 대출한 후 대출금을 회수할 수 없게 되는 경우에 발생하는 손실을 보상한다.

52 수량조건 중 개수와 관련된 설명으로 옳지 않은 것은?

① 1 dozen = 12 pieces
② 1 gross = 10 dozen(10 × 10 pieces)
③ 1 small gross = 10 dozen(12 × 10 pieces)
④ 1 great gross = 12 gross(12 × 12 × 12 pieces)

정답 ②

해설 수량조건 중 개수를 내타내는 단위
• 1개(piece), 1대(set), 1다스(dozen = 12pcs)
• 1 gross = 12다스(12 × 12 = 144pcs)
• 1 great gross = 12 gross(12 × 12 × 12 = 1,728pcs)

53 수출업자에게 유리한 신용장의 효용으로 옳지 않은 것은?

① 수출대금 회수불능의 위험제거
② 매매계약 이행불능의 위험제거
③ 무역금융의 활용
④ 상품입수불능의 위험제거

정답 ④

해설 ④ 상품입수불능의 위험제거는 수입업자에게 유리한 점이다.

신용장거래의 이점

수출업자 측면	수입업자 측면
• 확실한 대금회수 보장, 거래의 안정성 확보 • 거래내용의 확정으로 수출이행 용이 • 매입대금 즉시회수에 따른 수출대금 조기회수로 자금 운용의 안정성 확보 • 신용장을 담보로 용이한 제조대금 융자 가능 • 수입국 외환시장 악화에 따른 대외지급중지 등의 환결제 위험 회피 가능	• 은행신용을 이용한 자사 신용 강화로 유리한 조건의 계약체결 가능성 증대 • 수입업자에 대한 수출업자의 확실한 계약조건 이행 보장 • 계약물품의 인도시기 예상 가능 • 발행은행의 수입화물대도(T/R)에 의한 신용공여로 금융상의 혜택 확보 • 물품 도착 후 대금지급으로 금융상 유리

54 선하증권의 법률적 성질로 옳지 않은 것은?

① 요인증권
② 요식증권
③ 문언증권
④ 비상환증권

정답 ④

해설 선하증권의 법률적 성질
• 권리증권 : 정당한 방법으로 선하증권을 소지한 자는 화물을 청구할 수 있는 청구권과 이를 처분할 수 있는 처분권을 갖는다.
• 선적화물수취증 : 선하증권은 그것에 기재된 화물의 수량, 중량 및 상태와 동일한 물품을 운송인이 송하인으로부터 수령하였다는 추정적 증거(Prima facie evidence)이다.
• 요인증권 : 선하증권의 발행은 그 이전에 운송계약에 따라 운송인이 화물을 인수하였다는 원인에 의하여 발행되기 때문에 이를 요인증권이라고 한다.
• 채권증권 : 선하증권의 정당한 소지인은 이를 발급한 운송인에 대하여 화물의 인도를 요구할 수 있는 채권과 같은 효력을 갖는다.
• 요식증권 : 선하증권은 상법이나 선하증권의 준거법에 명시된 법적 기재사항이 기재되어야 하는 요식증권으로 그 기재내용은 운송화물의 내용과 일치해야 한다.
• 문언증권 : 증권상의 권리관계가 증권에 기재된 문언에 따라 정해지는 증권이다.
• 유통증권 : 화물권리를 대표하는 유가증권으로 배서・인도(양도)에 의해 권리가 이전되는 유통성을 지닌다.
• 지시증권 : 지시식 선하증권은 배서나 인도로 양도할 수 있으며, 선하증권의 지시는 보통 배서를 의미하고, 배서의 방법은 백지배서가 보통이다.

55 Incoterms 2010에서 선박전용운송(해상운송 또는 내수로운송)에서만 사용하는 조건으로 옳지 않은 것은?

① FAS

② FOB

③ CIF

④ CPT

정답 ④

해설 해상운송과 내륙수로운송 전용 규칙/선박운송 전용 규칙
- 화물 인도 및 도착장소가 모두 항구라는 특성을 가진 FAS, FOB, CFR, CIF 조건으로 구성되어 있다.
- 해상운송용 규칙(4개) : FAS(Free Alongside Ship), FOB(Free on Board), CFR(Cost and Freight), CIF(Cost, Insurance and Freight)

56 무역계약의 성립 및 조건에 대한 설명 중 옳은 것은?

① 인코텀즈 2010상 EXW 조건과 FOB 조건에서는 수출업자가 수출통관을 하여야 한다.

② 선적시기를 'on or before May 5'로 기재된 경우, 선적기간은 5월 5일까지가 된다.

③ 무역계약은 반드시 서면으로 체결하여야 효력이 발생한다.

④ 확정청약(Firm offer)에 대해 조건부 승낙을 행한 경우, 계약이 성립된 것으로 본다.

정답 ②

해설 ② on or before는 '~이전까지(해당 날짜 포함)'를 나타내는 선적조건 표시방법이므로, 선적기간은 5월 5일을 포함한 날짜까지가 된다.
① 인코텀즈 2010상 FOB 조건에서는 매도인(Seller)이 수출통관한 물품을 지정선적항에서 본선에 적재하여 인도하거나 인도된 물품을 조달한다.
③ 무역계약은 서면으로는 물론 구두나 유선으로 계약을 체결하는 것이 가능하다.
④ 확정청약(Firm offer)은 유효기간 내에 상대방이 승낙하면 계약이 성립하는 것이다(무조건 승낙).

57 UCP 600에서 선하증권의 서명인이 될 수 없는 자는?

① Master

② Carrier

③ Carrier's agent

④ Chief Mate

정답 ④

해설 선하증권은 운송회사가 작성하고, 서명은 선장(Master), 운송인(Carrier), 운송대리인(Carrier's agent)이 한다. Chief Mate는 일등항해사이다.

UCP 600 제20조 선하증권

A bill of lading, however named, must appear to indicate the name of the carrier and be signed by the carrier or a named agent for or on behalf of the carrier, or the master or a named agent for or on behalf of the master.

선하증권은 그 명칭에 관계없이 운송인의 명칭을 표시하고 운송인 또는 운송인을 대리하는 지정대리인, 또는 선장 또는 선장을 대리하는 지정대리인에 의하여 서명되어 있는 것이어야 한다.

---

58 국제물품 매매계약에 관한 유엔협약(CISG 1980)을 의미하는 국제무역법규는?

① New York Convention

② Vienna Convention

③ Incoterms 2010

④ Warsaw Convention

정답 ②

해설 ② 국제물품 매매계약에 관한 유엔협약은 Vienna Convention이며 계약의 성립, 물품매매의 총칙, 매도인/매수인의 의무, 위험이전 등에 대하여 규정하고 있다.

① New York Convention : 외국중재판정의 승인 및 집행에 관한 국제연합협약에 따라 각 체약국의 중재판정은 해외 체약국에서 그 승인 및 집행을 보장받게 되어 있다.

③ Incoterms 2010 : 전자상거래와 물류보안강화, THC(Terminal Handling Charge) 부담, 국내 및 국제 매매계약의 동시 적용문제 등을 보완·개선하였다.

④ Warsaw Convention : 여객화물 손실 시 승객에 대한 항공사의 보상을 규정하는 협약이다.

59 다음에서 설명하는 내용은 무엇에 해당되는가?

> 외국에서 적법하게 상표가 부착되어 유통되는 상품을 국내의 상표권자 또는 전용사용권자의 허락 없이 제3자가 합법적으로 수입하는 행위

① 임차수입
② 외국인수수입
③ 중계무역
④ 병행수입

정답 ④

해설 ① 임차수입 : 임차계약으로 인해 물품을 수입, 사용한 후 계약이 만료되면 다시 재수출하거나 계약기간 만료전이나 후에 임차인이 소유권을 이전받는 방식이다.
② 외국인수수입 : 물품을 국내로 수입하지 않고, 외국에서 그대로 인수하고 대금은 국내에서 지불하는 방식이다.
③ 중계무역 : 수입한 물품을 반입하지 않고 원래 상태로 제3국에 수출함으로써 생기는 매매차익이 목적인 방식이다.

60 Incoterms 2010의 특징에 대한 설명으로 옳은 것은?

① 당사자가 적용하기로 하는 경우에만 적용되는 임의 규정이다.
② 매매계약조건 중 운송조건에 해당하며 운송방식을 운송방식 불문과 선박운송 전용으로 구분하였다.
③ 비용과 위험의 분기점을 구분해 주는 개별적인 계약조건이다.
④ 국제규칙으로 매매계약에 자동으로 적용되며 국제거래에서만 사용이 가능하다.

정답 ①

해설 ② Incoterms 2010은 운송조건뿐만 아니라 물품에 대한 위험부담 의무의 귀속, 비용부담 의무의 귀속, 매도인의 서류제공 의무, 기타 의무의 귀속 등에 대해 규정하고 있다.
③ 위험과 비용부담의 분기점을 구분해준다. 즉, 운송계약 및 보험계약의 체결주체, 운임과 보험료 부담자, 수출입통관 의무자를 구분해준다.
④ Incoterms 2010은 국제 간의 무역거래 시 각종 법규 및 관습 등의 차이로 무역분쟁이 자주 발생하여, 이를 해결하기 위해 11가지 정형화된 거래조건으로 만든 규칙으로 국내 및 국제거래 겸용으로 사용되고 있다.

61 중재의 특징으로 옳지 않은 것은?

① 중재합의는 반드시 문서로 하여야 하며 구두합의는 무효이다.
② 뉴욕 협약(New York Convention)은 중재관련 국제협약이다.
③ 절차의 비공개이며 삼심제이다.
④ 자발적인 분쟁해결방법이다.

정답 ③

해설 ③ 중재의 절차는 단심제이며, 판정 내용은 공개되지 않는다.

중재(Arbitration)
- 법원의 소송절차로 분쟁을 해결하지 않고 분쟁당사자 간 합의(중재합의)에 의거 제3의 중재기관의 중재인 (Arbitrator)에 의한 중재판정(Award)을 통해 분쟁을 해결하는 방법이다.
- 중재판정은 양 당사자가 절대 복종해야하는 강제력 있는 판정이며, 당사자 합의 수용 여부와 상관없이 무조건 대법원 확정판결과 동일한 효력을 갖는다.
- 조정은 당사자 일방의 요청이 있을 때도 가능한 데 반하여 중재는 반드시 양 당사자 간의 합의가 있어야 한다.

62 신용장결제방식에서 상업송장에 대한 설명으로 옳지 않은 것은?

① 수익자가 작성하여야 한다.
② 개설은행 앞으로 작성되어야 한다.
③ 신용장과 같은 통화로 작성되어야 한다.
④ 서명될 필요는 없다.

정답 ②

해설 ② 상업송장은 신용장 개설의뢰인 앞으로 작성되어야 한다.

상업송장(Commercial invoice)
- 수출입계약조건을 이행했다는 것을 수출자가 수입자에게 증명하는 서류이다.
- 어음, 선하증권, 보험증권과 달리 그 자체가 청구권을 표시하는 것은 아니다.
- 계약상의 유용성에 비추어 기본서류로 취급한다.
- 발행인의 서명이 없어도 인수가능한 서류이다.
- 상업송장에 기재하는 상품명은 꼭 신용장 내용과 일치해야 한다.
- 분할선적 금지를 명시하지 않았다면 분할 허용으로 간주한다.
- 분할선적이 금지되었더라도 전량이 선적되고 신용장에 단가가 기재되었다면 단가가 감액되지 않은 경우 신용장 금액의 5%까지의 부족은 허용된다.

63 정기선(Liner)을 이용하여 화물을 운송하는 계약으로 옳은 것은?

① 항해용선계약
② 정기용선계약
③ 개품운송계약
④ 나용선계약

정답 ③

해설 ③ 개품운송계약이란 선사가 불특정 다수의 화주로부터 화물운송의 위탁을 받아 운송하고 송하인은 이에 대해 운임을 지급할 것을 약속하는 운송계약으로 정기선에 주로 이용한다.

정기선(Liner) 운송과 부정기선(Tramper) 운송

구 분	정기선(개품운송계약)	부정기선(용선운송계약)
형 태	여러 화주로부터 개별적으로 선적요청을 받은 개개화물 운송	특정화주의 특정화물을 싣기 위해 선박을 빌려주는 형태로 운송
화 물	컨테이너 화물 및 Unit 화물 (소량 일반화물)	대량 산화물, 철광석·석탄·곡물 등 대량화물 (대량 산화물)
계약서	선하증권(B/L)	용선계약서(Charter Party, C/P)
운 임	약정운임(Tariff Rate)	변동운임(Open Rate)
운 항	정기적	비정기적
항 로	정기항로	부정기항로
하역조건	Berth Term(Liner Term)	FIO, FI, FO

64 일반거래협정서에 기재되는 조건 중 상품과 관련된 항목만으로 묶인 것은?

① 수량조건, 중재조항, 클레임조항
② 결제조건, 선적조건, 중재조항
③ 품질조건, 포장조건, 수량조건
④ 포장조건, 보험조건, 선적조건

정답 ③

해설 일반거래협정서(거래조건협정서)
• 불가항력, 무역조건, 권리침해, 클레임조항, 중재, 준거법 등 모든 무역거래에 공통되는 사항을 명시하고 있는 협정서이다. MOA(Memorandum of Agree)라고도 한다.
• 협정서에 기재되는 조건 중 상품자체사항으로는 품질조건, 수량조건, 가격조건, 포장조건이 있다. 선적조건, 결제조건, 보험조건은 계약이행사항에 속한다.

65 다음 설명에 해당하는 결제방법으로 옳은 것은?

> 수출대금을 매회 직접 수수하지 않고 대차관계의 내용을 거래 시마다 기장해 두었다가 일정기간 말에 이를 마감하여 대차 차액만으로 청산하는 결제방법

① Open Account
② Forfaiting
③ Factoring
④ Remittance

정답 ①

해석 ① 청산계정
② 포페이팅
③ 팩터링
④ 송 금

해설 ① 청산계정(Open Account) 방식 : 후지급 방식으로 물품, 선적, 인도 또는 해당 운송서류를 인도한 후 일정기간 경과 시 대금을 결제하는 것이다.
② 포페이팅(Forfaiting) : 장래에 지급해야 하는 매출채권(외상매출채권)에서 비롯되어, 어음보증이 추가된 어음이나 신용장, 독립보증 등의 금전채권을 상환청구불능 조건(Without recourse)으로 매입하는 것을 말한다.
③ 팩터링(Factoring) : 제조업자가 구매자에게 상품 등을 외상으로 판매한 후 발생되는 외상매출채권을 팩터링회사(Factor)에게 일괄 양도함으로써 팩터링회사로부터 구매자에 관한 신용조사 및 지급보증, 매출채권의 관리, 회계업무(Accounting), 대금회수 및 전도금융 제공 등의 혜택을 부여받는 서비스를 말한다.
④ 송금(Remittance) 방식 : 수입업자가 수출업자에게 물품대금을 송금하여 결제하는 (순환)방식으로 물품인도시기에 따라 단순송금방식, 대금교환도방식(물품인도방식, 서류인도방식), 상호계산방식, 신용카드방식 등으로 분류된다.

66 보험조건에 대한 설명으로 옳은 것은?

① 해상적하보험에서 보험금액은 송장금액의 100%를 부보하는 것이 일반적이다.
② 보험조건에 대해 아무런 언급이 없으면 Incoterms 2010 규정상 ICC(A)로 부보하면 된다.
③ 보험조건 중 ICC(A)가 보험자의 부보범위가 가장 작다.
④ 전쟁위험은 ICC(A), ICC(B), ICC(C)에서 부보하지 않지만 특약으로 부보가 가능하다.

정답 ④

해설 ① 해상적하보험에서 보험금액은 송장금액의 100%에 10%의 희망이익 · 기대이익 · 예상이익을 더한, 즉 송장금액의 110%를 부보하는 것이 일반적이다.
② 보험조건에 대하여 아무런 언급이 없으면 Incoterms 2010 규정상 ICC(FPA)나 ICC(C)로 부보하면 된다.
③ 신약관 보험조건 중 보험자의 부보범위가 가장 작은 것은 ICC(C)이다.

67 다음 설명에 해당하는 해상손해의 종류로 옳은 것은?

> 해상보험에서 손해의 한 유형으로 좌초, 화재, 충돌 등의 우발적 사고로 선박이나 화물에 발생한 상실 또는 손상 중에서 손해를 입은 화주나 선주가 단독으로 부담하는 손해와 경비

① General average
② Particular average
③ Salvage charge
④ Constructive total loss

정답 ②

해석 ① 공동해손
② 단독해손
③ 구조료
④ 추정전손

해설 ② 단독해손(Particular average) : 담보위험으로 인해 피보험이익의 일부가 멸실되거나 훼손되어 발생한 손해를 입은 자가 동일 운반선의 다른 화주와 선주 등에게 그 손해의 분담을 청구할 수 없는 손해
① 공동해손(General average) : 보험목적물이 공동의 안전을 위하여 희생되었을 때 이해 관계자가 공동으로 그 손해액을 분담하는 손해
③ 구조료(Salvage charge) : 위험에 처한 선박 및 적하를 계약에 의하지 않고 자발적으로 구조한 경우에 해상법에 의하여 받게 되는 보수
④ 추정전손(Constructive total loss) : 피보험자의 지배력이 상실되어 회복가능성이 없는 경우, 화물을 수리하여 목적지까지 수송함에 소요될 비용이 도착 후의 화물가액을 초과하게 될 경우

68 중재의 3요소에 해당하지 않는 것은?

① 중재계약
② 중재지
③ 중재기관
④ 준거법

정답 ①

해설 ① 중재의 3요소는 중재지, 중재기관, 준거법이다.
중재(계약)의 3요소
• 중재지(중재 장소)
• 중재기관
• 준거법(중재는 당사자 자치에 의한 분쟁해결이므로 당사자가 준거법 지정에 관해 합의한 경우 그 합의된 선정법칙에 따라 중재판정을 함)

69 신용장이 개설되면 신용장거래는 계약과는 별개의 거래로 간주하게 된다는 원칙은?

① 독립성의 원칙
② 추상성의 원칙
③ 엄격일치의 원칙
④ 상당일치의 원칙

정답 ①

해설 ② 추상성의 원칙 : 매매계약서에 언급된 물품이나 실제로 매수인에게 도착된 물품 여하에 관계없이, 은행은 신용장에서 요구하는 서류만을 가지고(Deal with document) 대금지급 여부를 판단한다.
③ 엄격일치의 원칙 : 수익자가 제시한 서류와 신용장 조건과의 일치성 여부에 관한 심사는 오로지 서류의 문면상으로 판단함으로써 은행은 신용장 조건에 엄밀히 일치하지 않는 서류를 거절할 수 있는 권리를 가지고 있다는 법률원칙이다.
④ 상당일치의 원칙 : 신용장통일규칙에 상업송장에 있어서 물품의 기술은 신용장에 있어서의 기술과 일치하여야 한다.
UCP 600 제4조 신용장과 계약 a항
A credit by its nature is a separate transaction from the sale or other contract on which it may be based. Banks are in no way concerned with or bound by such contract, even if any reference whatsoever to it is included in the credit.
본질적으로 신용장은 그 근거를 두고 있는 매매계약 또는 기타 계약과는 독립된 별도의 거래이다. 그러한 계약과 관련된 어떤 사항이 신용장에 포함되어 있다 할지라도, 은행은 그러한 계약과는 전혀 무관하며, 이에 구속되지도 않는다.

70 목재나 냉동 어류의 거래에서 사용되는 품질결정방법은?

① DEQ
② GMQ
③ FAQ
④ USQ

정답 ②

해설 GMQ(Good Merchantable Quality, 도착지기준 품질조건)
• 판매적격 품질조건으로서 물품을 인도할 당시의 품질이 당해 물품의 성질이나 상관습상 판매하기에 적합한 수준이기만 하면 된다.
• 주로 원목, 냉동어류, 광석류 거래 시 이용한다.
• 당초의 숨은 하자(Hidden defects, 잠재하자)가 인도 후에 나타난 경우에도 수입자는 수출자에게 클레임을 제기할 수 있다.

71 추심결제는 대금지급시기에 따라 두 가지로 구분하는데 이에 속하는 결제방식은?

① O/A, D/A
② CWO, CAD
③ O/A, D/P
④ D/P, D/A

정답 ④

해설 추심결제방식 – D/P & D/A

D/P(Document against Payment, 지급인도조건)	D/A(Document against Acceptance, 인수인도조건)
수출상(의뢰인)이 계약물품 선적 후 구비서류에 '일람출급환어음'을 발행·첨부하여 자기거래은행(추심의뢰은행)을 통해 수입상의 거래은행(추심은행) 앞으로 그 어음대금의 추심을 의뢰하면, 추심은행은 수입상(Drawee, 지급인)에게 그 어음을 제시하여 어음 금액을 지급받고(Against Payment, 대금결제와 상환) 서류를 인도하는 거래 방식	수출상(의뢰인)이 물품을 선적한 후 구비 서류에 '기한부환어음'을 발행·첨부하여 자기거래은행(추심의뢰은행)을 통해 수입상 거래은행(추심은행)에 그 어음대금의 추심을 의뢰, 추심은행은 이를 수입상(Drawee, 지급인)에게 제시하여 그 제시된 환어음을 일람지급 받지 않고 인수만 받음으로써(Against Acceptance, 환어음 인수와 상환) 선적서류를 수입상에게 인도한 후 약정된 만기일에 지급받는 방식

72 다음 설명에 해당하는 청약으로 옳은 것은?

> 청약의 유효기간이 명확하게 기재되어 있고, 그 기간 내에 임의로 청약의 내용을 수정, 취소할 수 없으며, 피청약자가 유효하게 승낙하면 청약자는 그 내용대로 이행할 의무를 지게 되는 청약

① 수정청약
② 조건부청약
③ 확정청약
④ 불확정청약

정답 ③

해설 청약의 종류
- 확정청약(Firm offer) : 청약자가 청약 시 유효기간을 제시하여 그 지정된 기간 내에는 청약을 취소할 수 없는 것을 말한다.
- 불확정청약(Free offer, 자유청약) : 청약에 승낙·회답의 유효기간이 없거나 확정적(Firm)이라는 표현도 없는 경우의 청약이다.
- 조건부청약(Sub–con offer, Conditional offer) : 피청약자가 동의의 의사표시를 하더라도 원청약자가 다시 확인(승인, 승낙)하는 등의 조건이 붙은 경우를 말하는 것이며, 이는 계약으로 이어질 수 없는 것으로 이름만 청약이고 그 실질은 청약의 유인에 불과하다.

73 선하증권상에 특정인을 수화인(Consignee)으로 표시한 선하증권으로 옳은 것은?

① Order B/L
② Straight B/L
③ Short Form B/L
④ Through B/L

정답 ②

해설
② 기명식 선하증권(Straight B/L) : 선하증권의 수화인(Consignee)란에 특정한 수화인 명이 명기되며, 특정 수화인 이외에는 수입항에서 화물의 인수를 선사에 요청할 수 없는 유통불능 선하증권(Non-negotiable B/L)
① 지시식 선하증권(Order B/L) : 선하증권의 수화인(Consignee)란에 특정인을 기재하지 않고 향후 수화인을 특정하게 될 지시인만을 기재하며, 배서에 의한 양도에 의해 운송 중인 화물의 자유로운 전매가 가능한 유통가능 선하증권
③ 간이 선하증권(Short Form B/L) : 정식 선하증권(Long Form B/L)의 주요사항만을 기재한 B/L
④ 통선하증권(Through B/L) : 목적지까지 복수의 운송수단으로 운송할 경우, 즉 해상과 육상을 교대로 이용하여 운송하거나 둘 이상의 해상운송인과 육상운송인이 결합하여 운송할 경우 최초의 운송인이 전구간의 운송을 인수하고 발행하는 운송증권

74 무역계약과 관련하여 Frustration이 의미하는 것으로 옳은 것은?

① 계약목적의 달성불능
② 계약의 이행거절
③ 계약의 이행지체
④ 계약의 해제

정답 ①

해설 이행불능(Frustration)
• 계약 당시는 불능상태가 아니었지만 사후에 당사자의 통제를 벗어난 불가항력적 사유(사망, 전쟁, 후발적 위법)로 인해 계약이행이 불가능하게 되는 것을 말한다. 이 경우 사전에 계약서상에 당사자가 면책되는 불가항력 조항을 명시해야 추후 면책이 가능하다.
• 계약 당사자의 사망, 계약목적물의 멸실, 후발적 위법 및 사정변경이 있을 때 성립된다.
• 해당 계약의 유효성을 즉시 소멸(장래의 계약 이행을 면제)시키고 양당사자들의 의무를 면제하나, 소급하여 계약을 소멸시키는 것은 아니다.

75 확인신용장을 취소하기 위해 합의가 필요한 주요 당사자에 해당하지 않는 것은?

① 개설은행

② 확인은행

③ 수익자

④ 개설의뢰인

정답 ④

해설 신용장의 취소 요건으로는 개설은행, 확인은행(확인신용장일 경우), 수익자 전원의 합의가 있어야만 이를 변경하거나 취소할 수 있다.
UCP 600 제10조 조건변경
Except as otherwise provided by article 38, a credit can neither be amended nor cancelled without the agreement of the issuing bank, the confirming bank, if any, and the beneficiary.
제38조에 별도 규정된 경우를 제외하고는, 신용장은 개설은행, 확인은행(있는 경우) 및 수익자의 동의 없이는 변경 또는 취소될 수 없다.

제1과목 **영문해석**

[01~02] 다음 대화를 읽고 물음에 답하시오.

> Buyer : We reviewed the (가) <u>specifications</u> of your laptop computers and everything seems to be okay. All the functions and features meet our requirements.
> Seller : Good. Then we can move ahead with the next step.
> Buyer : I just have one question. What is your return policy on defective products?
> Seller : (나) <u>Normally we add 2 percent of the order quantity for free</u> when we ship out the goods ordered.

01 밑줄 친 (가)와 바꾸어 쓸 수 없는 것은?

① respects
② details
③ particulars
④ descriptions

02 밑줄 친 (나)의 해석으로 옳은 것은?

① 보통 당사는 주문 물량의 2퍼센트에 해당하는 추가수량을 무상으로 공급하여 준다.
② 보통 당사는 주문 금액의 2퍼센트의 금액을 무상으로 할인하여 준다.
③ 보통 당사는 추가 주문의 2퍼센트에 해당하는 수량을 무상으로 공급하여 준다.
④ 보통 당사는 추가 주문의 2퍼센트에 해당하는 금액을 할인하여 준다.

해석

매수인 : 당사가 귀사의 랩탑 컴퓨터에 대한 (가) 설계설명서를 점검했으며 모든 것이 문제없어 보입니다. 기능과 특성이 모두 당사의 요구조건에 부합합니다.

매도인 : 좋습니다. 그러면 당사는 다음 단계로 진행하겠습니다.

매수인 : 한 가지 질문이 있습니다. 결함상품에 대한 귀사의 환불정책은 무엇입니까?

매도인 : 당사는 주문물품을 선적 시, (나) 보통 2%의 추가 물량을 무상으로 제공합니다.

*specifications : 설계설명서, 사양
*feature : 특징, 특성
*return policy : 환불정책
*defective products : 결함상품

01
① 측면, 점
② 세부사항
③ 상세, 명세
④ 서술, 설명서

해설 01

밑줄 친 specifications는 '제품설명서, 사양'이라는 뜻이므로 '세부사항, 상세, 설명서'를 나타내는 단어 details, particulars, descriptions와 바꾸어 쓸 수 있다. 그러나 ① respects는 '측면, 점'이라는 뜻이므로 의미가 다르다.

02

'무상으로'는 for free, '추가수량을 공급하다'는 add ~ order quantity로 나타내므로 옳은 해석은 ① '보통 당사는 주문 물량의 2퍼센트에 해당하는 추가수량을 무상으로 공급하여 준다.'이다.

*normally : 보통
*add : 첨가[추가]하다, 덧붙이다
*2 percent of the order quantity : 주문 물량의 2퍼센트
*for free : 공짜로, 무료로, 무상으로

03 다음은 무슨 청약에 대한 내용인가?

> We send you a copy of the book of Strategic Planning separately. You can keep it for a week. If you like it, send us USD57.00; if not, you may return it to us without any obligation on your part.

① 재고잔류 조건부
② 점검매매 조건부
③ 최종확인 조건부
④ 시세변동 조건부

정답 ②

해석

당사는 귀사에 '전략적 계획' 책 사본을 별도로 보냅니다. 귀사는 1주일 동안 살펴볼 수 있습니다. 만약 그것이 마음에 든다면, 미화 57달러를 당사에 보내십시오. 만약 마음에 들지 않으면, 다른 의무사항 없이 당사에 돌려보내셔도 됩니다.

*Strategic Planning : 전략적 계획
*separately : 따로따로, 각기, 별도로
*without any obligation : 어떠한 의무도 없이

해설 점검매매 조건부청약/견본승인청약(Offer on Approval)
• 명세서로서는 Offer 승낙이 어려운 경우, 청약 시 견본을 송부하여 피청약자가 견본 점검 후 구매의사가 있으면 대금을 지급하고 그렇지 않으면 반품해도 좋다는 조건의 청약이다.
• 주로 새로운 개발품이나 기계류와 같은 복잡한 상품에 사용된다.

04 다음 문장의 해석으로 가장 올바른 것은?

> We will be obliged to take legal action to settle this matter.

① 대금 결제를 위하여, 필요한 법적 절차를 밟아주십시오.
② 법적 문제를 해결하기 위해 조치를 취해야만 합니다.
③ 이 문제를 해결하기 위해 법적 절차를 밟지 않을 수 없습니다.
④ 법적 문제 해결을 위해 애써주셔서 감사드립니다.

해석

이 문제를 해결하기 위해 법적 절차를 밟지 않을 수 없습니다.

해설 주어진 문장을 구분하여 해석하면 다음과 같다.
- We will be obliged to : 당사는 하는 수 없이(어쩔 수 없이) ~해야 합니다.
- take legal action : 법적 조처를 취하다
- to settle this matter : 이 문제를 해결하도록[하기 위해서]
따라서 옳은 해석은 ③ '이 문제를 해결하기 위해 법적 절차를 밟지 않을 수 없습니다.'이다.
*be obliged to : 어쩔 수 없이 ~하다
*take legal action : 법적 조처를 취하다
*settle : (논쟁 등을) 해결하다[끝내다], 합의를 보다

05 다음은 선하증권에 대한 내용이다. 옳은 것은?

> The date of issuance of the bill of lading will be deemed to be the date of shipment unless the bill of lading contains an on board notation indicating the date of shipment, in which case the date stated in the on board notation will be deemed to be the date of shipment.

① 운송주선업체 발행 선하증권에 본선적재부기가 있는 경우에만 선하증권 발행일을 선적일로 본다.
② 선하증권에 본선적재부기가 없다면 신용장 발행일이 선적일이다.
③ 모든 선하증권의 발행일은 물품이 본선에 적재된 일자를 의미한다.
④ 선하증권에 본선적재부기가 있는 경우에는 이 일자를 선적일로 본다.

해석

선하증권이 선적일을 표시하는 본선적재부기를 포함하고 있지 않을 경우, 선하증권의 발행일은 선적일로
간주될 것이다. 본선적재부기 표시일이 선적일로 간주될 것이다.

*issuance : 배급, 배포; 발행, 간행
*be deemed to : ~이라고 여겨지다

해설 in which case the date stated in the on board notation will be deemed to be the date of shipment(본선적재부기
표시일이 선적일로 간주될 것이다.)로 보아 ④가 정답이다.
UCP 600 제20조 선하증권
The date of issuance of the bill of lading will be deemed to be the date of shipment unless the bill of
lading contains an on-board notation indicating the date of shipment, in which case the date stated in
the on-board notation will be deemed to be the date of shipment.
선하증권의 발행일은 선적일로 본다. 다만, 선하증권이 선적일을 표시하고 있는 본선적재표기를 포함하고 있는
경우에는 그러하지 아니하며, 이 경우, 본선적재표기상에 명기된 일자를 선적일로 본다.

Dear Ms. Smith,

(가) Please find enclosed a certified bank draft in the amount of USD7,975.92.

As per our agreement, this amount is payment in full for our most recent purchase from your company(order #1234-96765) and includes payment for all associated shipping charges to be paid by our company.

It would be appreciated if you would acknowledge receipt of this payment as soon as possible.

As always, it has been a pleasure doing business with you.

Sincerely,

06 위 서한의 주제로 적절한 것은?

① 제품의 구입 문의
② 제품의 거래 요청
③ 제품의 할인 요청
④ 제품의 대금 결제

07 밑줄 친 (가)와 바꾸어 쓸 수 없는 것은?

① You will find enclosed
② Enclosed please find
③ Enclosed is
④ It is enclosed

[정답] 06 ④　07 ④

[해석]
친애하는 Ms. Smith,
미화 7,975.92달러에 대한 공인된 은행 환어음을 (가) 동봉합니다.
귀사와 당사 간 협정에 따라, 이 금액은 당사가 가장 최근에 한 매매(주문 번호 1234~96765) 대금 전부에
대한 지불이며 당사에 의해 지불된 관련된 모든 선적료를 포함합니다.
이 지불 수령을 가능한 한 빨리 알려주시면 감사하겠습니다.
언제나 그렇듯이, 귀사와의 거래는 기쁨입니다.
그럼 안녕히 계십시오.

*Please find enclosed : ～을 동봉합니다
*certified : 공인된, 보증된
*bank draft : 은행 환어음
*As per : ～에 따라
*acknowledge : (편지·소포 등을) 받았음을 알리다

07
① 귀사는 동봉된 것을 살펴봐주시기 바랍니다.
② 동봉된 것을 살펴보십시오.
③ 동봉된 것은 ～입니다.
④ 그것이 동봉되었습니다.

[해설] 06
④ 위 서한에서 작성자는 가장 최근 매매에 대한 지불금액을 적은 은행 환어음을 동봉하였으며, 언제 지불이 가능한지
알려달라고 요청하고 있다. 따라서 위 서한은 주문 제품의 대금 결제를 알리는 내용이다.

07
① · ② · ③은 '～을 동봉하니 살펴보세요'라는 뜻으로 동봉된 은행 환어음을 가리키고 있으며, 뒤에 a certified
bank draft라는 목적어 또는 보어가 등장할 수 있다. 그러나 ④는 '그것이 동봉되었다'라는 의미로 뜻은 유사하나
enclosed가 (수동)동사 형태이므로 동봉된 것(a certified bank draft)을 설명해주는 구나 절의 형태가 와야 하므로,
문법상 바꾸어 쓸 수 없다.

[08~10] 밑줄 친 부분과 바꾸어 쓸 수 없는 것을 고르시오.

08

In accordance with the terms of L/C, the consignment has to be shipped by January 15 at the latest.

① In compliance with
② As per
③ Complying with
④ In comparison with

09

We are pleased to advise you that your order No. 32 has been dispatched.

① forwarded
② consigned
③ arrived
④ shipped

10

To cover your account up to August 10, we enclose a check for US$8,000.00.

① In settlement of
② To balance
③ To claim
④ In payment of

해석 08

> 신용장 조건에 따라서, 탁송물은 늦어도 1월 15일까지는 선적되어야 한다.

*in accordance with : ~에 따라서
*consignment : (일정한 양의) 탁송물[배송물]
*at the latest : 늦어도

① ~에 따라서
② ~(결정된 것)에 따라
③ ~을 따라, ~을 준수하여
④ ~에 비해서, ~와 비교해볼 때

09

> 당사는 귀사의 주문 번호 32가 발송되었음을 알리게 되어 기쁩니다.

① 전달하다
② (어떠한 상황에) 놓다; ~에 ~을 보내다
③ 도착하다
④ 발송하다, 선적하다

10

> 8월 10일까지 귀사의 계정을 지불하기 위해서, 당사는 미화 $8,000.00 수표를 동봉합니다.

① ~에 대한 지불[계산]로
② 잔액을 지불하기 위해
③ 청구[신청]하기 위해
④ ~의 지불로

해설 08
밑줄 친 부분은 In accordance with로, '~에 부합되게, ~을 따라서'의 의미이다. In compliance with, As per, Complying with는 모두 '~에[을] 따라(서)'의 의미로 바꾸어 쓸 수 있으나, ④ In comparison with는 '~에 비해서'라는 뜻이므로 바꾸어 쓸 수 없다.

09
밑줄 친 부분은 dispatched로, '발송하다'의 의미이다. forwarded, consigned, shipped는 모두 '보내다, 수송하다'의 의미로 바꾸어 쓸 수 있으나, ③ arrived는 '도착하다'라는 뜻이므로 바꾸어 쓸 수 없다.

10
밑줄 친 부분은 To cover로, '지불하다'의 의미이다. In settlement of, To balance, In payment of는 모두 '(잔액을) 지불[계산]하다'의 의미로 바꾸어 쓸 수 있으나, ③ To claim은 '도착하다'라는 뜻이므로 바꾸어 쓸 수 없다.

11 ① We would appreciate any assistance you could give us in establishing contact with importers.

→ 수입업자와 접촉할 수 있도록 당사에게 도움을 주시면 감사하겠습니다.

② We are pleased to inform you that your shipment has arrived in good condition.

→ 귀사의 선적품이 양호한 상태로 도착되었음을 알려드립니다.

③ We owe your name to Jeongwha as one of distinguished exporters.

→ 당사는 귀사의 이름이 정화라는 것을 독점수출업자를 통해 알게 되었습니다.

④ Please attach copies of all receipts, as well as a copy of the warranty.

→ 보증서 사본 1통과 모든 영수증의 사본을 첨부해 주십시오.

12 ① There's a special seminar tomorrow at 10 o'clock. Our technician will show everyone how to operate the new computer.

→ 내일 10시에 특별 세미나가 있습니다. 기술자가 새 컴퓨터 사용법을 알려드릴 겁니다.

② That sounds great. The problem is that I'm supposed to go to the bank at that time.

→ 좋습니다. 문제는 제가 그 시간이면 은행에 다녀왔다는 것입니다.

③ Why don't you just go later today?

→ 그냥 오늘 늦게 가는 게 어떨까요?

④ You have some free time this afternoon.

→ 오후에는 시간이 있잖아요.

13 ① Your shipments do not come up to the design of the sample.

→ 귀사의 선적품은 견품의 디자인과 일치하지 않습니다.

② We are compelled to raise a claim on you to compensate for US$20,000.

→ 당사는 미화 20,000달러에 대한 귀사의 손해배상청구를 접수하였습니다.

③ Please give this matter your urgent attention.

→ 이 문제에 대하여 신속한 조치를 취해 주십시오.

④ For your reference, we send you a copy of invoice.

→ 참고하실 수 있도록, 송장 사본을 보내드립니다.

14 ① Competition in the textile trade has never been keener.

→ 섬유업계의 경쟁은 치열할 수밖에 없었다.

② There is a steady demand for those articles in this area.

→ 이 지역에서는 그 상품들에 대한 수요가 꾸준하다.

③ We will do business as Principals to Principals.

→ 당사는 본인 대 본인으로서 거래할 것입니다.

④ Price includes all costs including insurance, up to the destination.

→ 가격은 보험을 포함하여 목적지까지의 모든 비용을 포함합니다.

[정답] 11 ③ 12 ② 13 ② 14 ①

[해설] **11**

③ 당사는 <u>귀사의 이름이 정화라는 것을 독점수출업자를 통해</u> → 정화를 통해 독점수출업자로서의 귀사의 이름을 알게 되었습니다.

*owe A to B : B를 통해 A를 알다

12

② 좋습니다. 문제는 제가 <u>그 시간이면 은행에 다녀왔다는</u> → 그 시간에 은행에 가기로 되어있다는 것입니다.

*be supposed to : ~하기로 되어 있다[해야 한다]

13

② 당사는 미화 20,000달러에 대한 귀사의 손해배상 청구를 <u>접수하였습니다</u> → 접수할 수밖에 없습니다.

*be compelled to : ~할 수밖에 없다

14

① 섬유업계의 경쟁은 <u>치열할 수밖에 없었다</u> → 가장 치열했다.

*keen : 신랄한; (경쟁 등이)강렬한, 치열한

[15~16] 밑줄 친 부분의 해석으로 옳은 것을 고르시오.

15

> We offer these goods <u>subject to their being unsold on receipt of your order</u>.

① 귀사의 주문을 접수 시 재고가 잔류하는 것을 조건으로
② 귀사가 주문하는 즉시 선착순 판매 조건으로
③ 귀사의 주문 발송 시 재고를 인수하는 조건으로
④ 귀사의 청약 접수 시 선착순 인도 조건으로

16

> <u>Owing to the slump in commodity prices</u>, we offer you these goods at lower price than cost.

① 상품가의 상승에도 불구하고　　　② 시장의 잦은 가격 변동 때문에
③ 상품 가격의 하락으로 인하여　　　④ 상품시장이 침체되어 있지만

[정답] 15 ①　16 ③

[해석] 15

당사는 <u>귀사의 주문을 접수 시 재고가 잔류하는 것을 조건으로</u> 이 상품을 청약합니다.

*subject to : ～을 조건으로
*their being unsold : 재고 잔류된
*on receipt of your order : 주문하는 대로 곧

16

<u>상품가격의 하락으로 인하여</u> 당사는 이 상품을 귀사에 생산비용보다 낮은 가격에 청약합니다.

*Owing to : ～ 때문에
*slump in commodity prices : 상품가격의 급감

[해설] 15
밑줄 친 부분을 구분하여 해석하면 다음과 같다.
• subject to their being unsold : 그것들의 재고가 잔류하는 것을 조건으로
• on receipt of your order : 귀사의 주문을 받는 대로, 받는 즉시
따라서 옳은 해석은 ① '귀사의 주문을 접수 시 재고가 잔류하는 것을 조건으로'이다.

16
밑줄 친 부분을 구분하여 해석하면 다음과 같다.
• Owing to the slump : 급감[급락] 때문에, ～으로 인하여
• in commodity prices : 상품 가격, 물가에서
따라서 옳은 해석은 ③ '상품 가격의 하락으로 인하여'이다.

17

> Thank you for your E-mail message of April 10 showing a deep interest in our Digital Door Locks. As suggested in your inquiry, we send you our samples <u>under separate cover</u>.

① by return of post
② via separately cover
③ by another mail
④ by special delivery

18

> Unless the goods can be shipped by January 13, we will have to <u>withdraw</u> the order.

① revoke
② revise
③ conclude
④ remove

정답 17 ③ 18 ①

해석 17

4월 10일 이메일에서 당사의 디지털 도어록에 대하여 관심을 보여주셔서 감사드립니다. 귀사의 문의에서 제안한 대로, 당사는 저희 견본품을 <u>별도의 우편으로</u> 귀사에 보냅니다.

① 반송 우편으로
② 우편을 제각기[별도로] 경유하여
③ 다른 우편으로
④ 속달 우편으로

18

1월 13일까지 물품이 선적될 수 없다면, 당사는 주문을 <u>취소해야만</u> 할 것입니다.

*withdraw : 중단[취소/철회]하다

① 폐지[철회/취소]하다
② (의견·계획을) 변경[수정]하다
③ 결론[판단]을 내리다
④ (어떤 곳에서) 치우다[내보내다]

해설 17

밑줄 친 under separate cover는 문맥상 '별도의 우편으로'로 해석되며, 이와 같은 표현으로는 현 서한과 다른 별도의 우편으로 견본을 보낸다는 뜻인 ③ by another mail이 적절하다.

18

밑줄 친 withdraw는 '철회하다, 취소하다'의 뜻으로, 이와 같은 표현으로는 '폐지[철회/취소]하다'는 의미인 ① revoke가 적절하다.

2018 제3회 기출문제

19 거래조건 관련 약자를 풀어 쓴 것으로 옳지 않은 것은?

① DAT – Delivered At Terminal
② DAP – Delivered At Port
③ CFR – Cost and Freight
④ CIF – Cost, Insurance and Freight

정답 ②

해석 ① 터미널 인도조건
② 도착장소 인도조건
③ 운임 포함 인도조건
④ 운임·보험료 포함 인도조건

해설 ② DAP(도착장소 인도) : Delivered At Port → Place
DAP[Delivered At Place, 목적지 인도조건/지정장소 국경인도조건/지정목적항 착선 인도조건]
• 지정목적지에서 수입통관을 필하지 않은 계약물품을 도착된 운송수단으로부터 양하하지 않은 상태로 매수인의 임의처분 상태로 인도하는 것
• DAP 뒤에 지정목적지를 표시(매도인 수출통관/매수인 수입통관)
• 물품의 인도장소 : 지정목적지
• 물품에 대한 매매당사자의 위험부담의 분기점(위험이전) : 지정목적지(물품이 국경선 지정장소에서 수입통관하지 않고 운송수단에 적재한 채 매수인의 임의처분 하에 인도되었을 때)
• 물품에 대한 매매당사자의 비용부담의 분기점(경비이전) : 지정목적지(매도인이 물품 인도 시까지 모든 비용부담, 하역료 매수인 부담, Delivered At Place로 장소지정이 가능하며, 지정장소에서 물건 양도)

Gentlemen :

We as seller confirm to sell you as buyer the following goods on the terms and conditions as stated below :

Item No.	Description	Quantity	Unit Price	Amount
TV parts Model 900	Splendid Metal Speaker	100 sets	CIF Tokyo @¥600 per set	¥60,000
Total	–	100 sets	–	¥60,000

(A) : Republic of Korea

Shipment : Within two months after receipt of L/C

(B) : By draft at 60 d/s under an irrevocable L/C

(가) Discount charges to be covered by us.

20 (A) 안에 들어갈 단어로 옳은 것은?

① Nationality

② Exports

③ Imports

④ Country of Origin

21 (B) 안에 들어갈 단어로 옳은 것은?

① Negotiation

② Tenor

③ Payment

④ Dispute Resolution

22 밑줄 친 (가)의 해석으로 가장 옳은 것은?

① 할인비용은 수출업자가 부담한다.

② 물품할인료는 수출업자가 부담한다.

③ 물품할인료는 수입업자가 부담한다.

④ 수수료는 수출업자가 부담한다.

해석

Gentlemen :
당사는 매도인으로서 귀사를 매수인으로 하여 다음 물품을 아래 기술된 조건에 따라 판매할 것을 확정합니다. :

물품번호	설 명	수 량	단 가	금 액
TV 부품 모델 900	아름다운 금속 스피커	100세트	세트당 CIF 도쿄 @¥600	¥60,000
합 계	–	100세트	–	¥60,000

(A 원산지) : 대한민국
선적 : 신용장 수령 후 2개월 이내
(B 지불) : 취소불능 신용장 하에서 일람 후 60일 지급 환어음
(가) 할인비용은 당사가 부담합니다.

*confirm : (지위·합의 등을) 확정하다[공식화하다]
*irrevocable L/C : 취소불능 신용장
*Discount charges : 할인비용

20
① 국 적
② 수출품
③ 수입품
④ 원산지

21
① 매 입
② 기한부
③ 지 불
④ 분쟁처리

해설 20
④ 본 서식은 매도인이 매수인의 주문과 관련된 거래 조건을 확인하는 내용이며, (A)의 뒷부분에 Republic of Korea(대한민국)가 명시되어 있다. 따라서 주문 물품의 원산지(Country of Origin)에 대한 조건이 적합하다.

21
③ (B)의 뒷부분에 By draft at 60 d/s under an irrevocable L/C(취소불능 신용장 하에서 일람 후 60일 지급 환어음)이라는 표현이 나오므로, 내용상 (B)에는 지불조건에 대한 항목명이 와야 한다.

22
밑줄 친 Discount charges to be covered by us에서 Discount charges는 '할인비용', covered는 '(돈, 비용 등을) 부담하다, 대다'로 해석되며, us(당사)는 본 서식에서 수출업자를 가리키므로, 옳은 해석은 ① '할인비용은 수출업자가 부담한다.'이다.
*Discount charges : 할인비용
*cover : (경비 등을) 대다

23 다음 신용장의 내용을 보고 알 수 있는 것은?

> Full set of clean on board ocean Bills of Lading made out to order of shipper and blank endorsed, marked 'freight prepaid' and 'notify applicant'.

① 무사고 본선적재 선하증권이며 양도가능하고 운임은 후급이다.
② 무고장 수취 선하증권이며, 유통이 불가능하고 운임은 선급이다.
③ 무고장 선적 선하증권으로 양도가능하고 운임은 후급이다.
④ 무사고 본선적재 선하증권으로 유통이 가능하고 운임은 선급이다.

정답 ④

해석
송하인의 지시식으로 작성되고 '운임 선지급' 및 '착하통지처'가 발행의뢰인으로 표시된 백지배서식 무고장 선적 해상선하증권의 전통

*Full set : 전통(전부)
*clean on board ocean Bills of Lading : 무사고 본선적재 선하증권
*blank endorsed : 백지식 배서
*freight prepaid : 운임 선지급

해설 clean on board ocean Bills of Lading(무사고 본선적재 선하증권), blank endorsed(백지식 배서), freight prepaid (운임 선지급)으로 보아 정답은 ④이다.
선하증권의 용어
• Full set : 발행되는 B/L의 전통(전부)을 의미하는 데, 보통 3통의 원본이 발급되지만 가끔 2통 또는 4통이 발급되기도 하므로 B/L의 "No. of Original B/L"란을 잘 보아야 한다.
• 무사고 본선적재 선하증권(Clean on board ocean Bills of Lading) : 화물이 외관상 완전한 형태로 적재되었음을 나타내는 것으로 화물이나 포장이 결함이 없는 상태의 Clean B/L이다.
• 백지식 배서(Blank endorsed) : 이후 선하증권의 인도에 의하여 물품의 권리가 이전되며, 실질적으로는 무기명식으로 발행되는 것과 차이가 없으나, 실무에서는 지시식 백지배서의 방법이 가장 많다.

2018 제3회 기출문제

24 밑줄 친 부분과 의미가 다른 것은?

According to your letter dated the 2nd of June, we <u>are glad to</u> recommend you the following traders.

① are happy to
② are pleased to
③ are willing to
④ are trying to

 정답 ④

해석
6월 2일자 귀사의 서신에 따라, 당사는 귀사에 <u>기꺼이</u> 다음 거래업체들을 추천합니다.

*according to : ~에 따라
*are glad to : 기꺼이[흔쾌히] ~하다
*recommend : 추천[천거]하다
*trader : 거래자, 상인

① 행복하게 ~하다
② 기쁘게 ~하다
③ 기꺼이 ~하다
④ ~하기 위해 노력하다

해설 ①・②・③은 모두 '기쁘게[기꺼이] ~ 하다'라는 뜻으로 밑줄 친 are glad to와 그 의미가 같은데, ④는 '~하기 위해 노력하는'의 뜻이므로 의미가 다르다.

25 결제조건 관련 약자를 풀어 쓴 것으로 옳지 않은 것은?

① CAD — Cash Against Delivery
② D/A — Documents against Acceptance
③ T/T — Telegraphic Transfer
④ CWO — Cash with Order

정답 ①

해석 ① 서류인도 상환방식
② 인수인도조건
③ 전신환
④ 주문불 방식

해설 ① CAD : Cash Against Delivery → Document : 서류인도 상환방식
② 인수인도조건(D/A) : 수출자(의뢰인)가 물품을 선적한 후 구비 서류에 '기한부환어음'을 발행·첨부하여 자기거래
   은행(추심의뢰은행)을 통해 수입자 거래은행(추심은행)에 그 어음대금의 추심을 의뢰하면, 추심은행은 이를
   수입자(Drawee, 지급인)에게 제시하여 그 제시된 환어음을 일람지급받지 않고 인수만 받음으로써(Against
   Acceptance, 환어음 인수와 상환) 선적서류를 수입자에게 인도한 후 약정된 만기일에 지급받는 방식이다.
③ 전신환(T/T) : 수입자의 요청에 따라 송금은행이 지급은행 앞으로 수출자에게 일정금액을 지급하여 줄 것을
   위탁하는 지급지시서(Payment Order)를 전신으로 보내는 방식을 말한다.
④ 주문불 방식(CWO) : 주문불 방식의 선급조건으로 수입자가 '주문과 동시'에 대금을 M/T, T/T, 송금환수표 등으로
   송금하는 방식으로 자회사 간 거래나 소액거래(견본품 등)에 주로 쓰인다.
서류인도 상환방식(Cash Against Document, CAD)
• 상품 선적 후 수출국에서 '서류와 상환'으로 현금 결제하는 방식이다.
• 수출자가 선적 후 선적서류(선하증권, 보험서류, 상업송장 등)들을 수출국소재 수입자 대리인 또는 거래은행에
  제시하고 서류와 상환으로 대금을 수령하는 결제방식이다.
• 통상 수입자의 지사나 대리인이 수출국에 있는 경우 활용한다.
• CAD 방식을 유럽식 D/P 방식이라고도 한다.

[26~29] 다음 우리말을 영작할 때 ( ) 안에 적합한 단어 혹은 어구가 차례대로 올바르게 나열된 것을 고르시오.

26

당사는 다음 회사와 밀접한 거래 관계를 맺기를 바랍니다.
→ We wish to ( ) into close business relations with the ( ) firm.

① quit – below
② enter – following
③ fulfill – reading
④ get – above

27

이메일로 전자 서명하신 영수증을 보내주시면 감사하겠습니다.
→ We shall be ( ) if you can send us a(n) ( ) with your electronic signature by E-mail.

① obliged – receipt
② compelled – invoice
③ grateful – reception
④ appreciated – bill of lading

28

귀사의 2018년 4월 5일자 서한에 대한 답신으로 아래의 회사를 귀사에 기꺼이 추천합니다.
→ ( ) your letter of April 5, 2018, we are pleased to ( ) you the following firms.

① In reply to – recommend
② In response to – supply
③ In reference to – furnish
④ In addition to – introduce

29

본 건을 해결하기 위하여, 가격을 30% 할인하여 동 물품을 인수해 주실 것을 요청하는 바입니다.
→ ( ) adjust the matter, we ask you to accept the goods at a ( ) of 30%.

① Due to – ratio
② So as to – rate
③ In order to – reduction
④ According to – deduction

[해석] 26

① (직장·학교 등을) 그만두다 – 아래에
② 들어가다 – 다음의
③ (의무·약속·직무 등을) 다하다, 이행하다 – 독서, 읽기
④ 받다, 얻다 – 보다 위에

27

① 감사한 – 영수증
② 할 수 없이 ~하는 – 송장
③ 감사하는 – 맞이함
④ 고마운 – 선하증권

28

① ~의 회답으로서 – 추천하다
② ~에 응하여[답하여] – 공급하다
③ ~와 관련하여 – 제공하다
④ ~에 더하여 – 소개하다

29

① ~때문에 – 비율, 비
② 위하여 – 속도
③ 위하여 – 축소, 삭감, 감소
④ ~에 따라 – 공제(액)

[해설] 26

주어진 우리말을 바르게 영작하기 위해서 빈 칸에는 '~관계를 맺다'와 '다음의'라는 의미의 표현이 들어가야 한다. 따라서 주어진 보기 중 ② enter(들어가다) – following(다음의, 아래에)가 적절하다.
*enter into business relations with : ~와 거래를 시작하다[트다]

27

주어진 우리말을 바르게 영작하기 위해서 빈 칸에는 '감사하다'와 '영수증'이라는 의미의 표현이 들어가야 한다. 따라서 주어진 보기 중 ① obliged(감사한) – receipt(영수증)이 적절하다.

28

주어진 우리말을 바르게 영작하기 위해서 빈 칸에는 '~에 대한 답신으로'와 '추천하다'라는 의미의 표현이 들어가야 한다. 따라서 주어진 보기 중 ① In reply to(~의 회답으로서) – recommend(추천하다)가 적절하다.

29

주어진 우리말을 바르게 영작하기 위해서 빈 칸에는 '~하기 위하여'와 '할인, (가격)삭감'이라는 의미의 표현이 들어가야 한다. 따라서 주어진 보기 중 ③ In order to(위하여) – reduction(축소, 삭감, 감소)이 적절하다.

30

> 신용장은 취소불능이라는 표시가 없더라도 취소가 불가능하다.
> → A credit is (   ).
> (A) even if
> (B) no indication
> (C) irrevocable
> (D) to that effect
> (E) there is

① (B) - (C) - (A) - (E) - (D)
② (C) - (E) - (B) - (D) - (A)
③ (D) - (A) - (C) - (E) - (B)
④ (C) - (A) - (E) - (B) - (D)

31

> 앞으로 당사의 재정상황이 더 튼튼해지면 귀사와의 거래량이 늘어나기를 기대합니다.
> → We expect to (   ).
> (A) the volume of
> (B) business with you
> (C) tide over
> (D) increase
> (E) the financial problems
> (F) when we

① (C) - (E) - (F) - (D) - (A) - (B)
② (D) - (B) - (F) - (A) - (C) - (E)
③ (D) - (A) - (B) - (F) - (C) - (E)
④ (D) - (A) - (E) - (F) - (C) - (B)

해석 30

신용장은 취소불능이라는 표시가 없더라도 취소가 불가능하다.
→ A credit is (irrevocable even if there is no indication to the effect).

31

앞으로 당사의 재정상황이 더 튼튼해지면 귀사와의 거래량이 늘어나기를 기대합니다.
→ We expect to (increase the volume of business with you when we tide over the financial problems).

해설 30

주어진 문장을 구분하여 영작하면 다음과 같다.
• 신용장은 취소가 불가능하다 : A credit is irrevocable
• (취소불능이라는) 표시가 없더라도 : even if there is no indication to the effect
따라서 옳은 순서대로 배열하면 ④ (C) irrevocable - (A) even if - (E) there is - (B) no indication - (D) to the effect이다.
*even if : 비록 ~일지라도
*irrevocable : 취소불능의
*no indication : 표시가 없는

31

주어진 문장을 구분하여 영작하면 다음과 같다.
• (당사는) 늘어나기를 기대하고 있다 : We expect to increase
• 귀사와의 거래량 : the volume of business with you
• 당사가 재정상황을 극복할 때 : when we tide over the financial problems
따라서 옳은 순서대로 배열하면 ③ (D) increase - (A) the volume of - (B) business with you - (F) when we - (C) tide over - (E) the financial problems이다.
*volume of business with you : 귀사와의 거래량
*tide over : 극복하다
*increase : 증가하다, 인상되다, 늘다

As stated in our letter of August 21, we are very (가) distributing your laptop in our country. We would like to cooperate on purchasing the article as soon as possible. Regarding this purchase, (나) 관련정보를 일려 주십시오. Thank you for your prompt action.

32 (가) 안에 들어갈 어구로 가장 옳은 것은?

① lucrative for
② interested in
③ inferior to
④ outstanding of

33 밑줄 친 (나)를 가장 올바르게 영작한 것은?

① kindly give us the pertinent information.
② we will appreciate you for giving detailed information.
③ you shall be obliged for giving related information.
④ we request you to receive corresponding information.

해석

8월 21일자 서신에 기술했듯이, 당사는 귀사의 랩탑 컴퓨터에 대한 자국 내 유통에 매우 (가 관심)이 있습니다. 당사는 될 수 있는 한 빠른 시일에 그 품목 구입에 협조하고 싶습니다. 이번 매매에 관해서는, (나) 관련정보를 알려 주십시오. 귀사의 신속한 조치에 감사드립니다.

*distribute : (상품을) 유통시키다
*cooperate on : ~에 대해 협력하다
*purchase : 구입, 구매, 매입
*prompt : 즉각적인, 지체 없는
*action : 행동, 조치

32
① ~에 실익이 있는
② ~에 관심이 있는
③ ~보다 열등한
④ 뛰어난

33
① 당사에 관련된 정보를 주십시오.
② 상세한 정보를 주시면 감사하겠습니다.
③ 귀사가 관련된 정보를 주시면 감사하겠습니다.
④ 당사는 귀사가 해당하는 정보를 인수하기를 요청합니다.

해설 32
본 통신문에서 작성자는 판매자의 랩탑 컴퓨터에 대한 유통에 관심이 있다고 언급하고 있다. 따라서 (가)에는 '~에 관심이 있다'라는 뜻의 표현이 들어가야 하므로, ② interested in이 정답이다.

33
본 통신문은 판매자에게 랩탑 컴퓨터 구입에 협조하고 싶으니 매매 관련정보를 요청하는 내용이므로, 정답은 ① kindly give us the pertinent information(당사에 관련된 정보를 주십시오.)이다.
*pertinent : 적절한[관련 있는]
*detailed : 상세한
*corresponding : (~에) 해당[상응]하는

[34~35] 우리말을 영작할 때 (   ) 안에 들어갈 어구로 옳지 않은 것을 고르시오.

34

> 당 공장은 최신 품목인 이 모델에 대해 모두 예약되어 있습니다.
> → Our works (   ) for this model, which is the latest line of product.

① are completely booked
② are fully occupied with orders
③ are barely booked
④ are perfectly booked

35

> 당사는 10년 이상 에어컨을 수출하고 있는 회사로서 굴지의 제조업체들과는 광범위하고도 밀접한 거래관계를 맺고 있습니다.
> → We have been exporting Air Conditioners for more than 10 years and have wide and close connections with the (   ) here.

① prime manufacturers
② marginal makers
③ leading manufacturers
④ major makers

정답 34 ③ 35 ②

해석 34
① 완벽하게 예약된
② 주문이 꽉 찬
③ 간신히 예약된
④ 완전하게 예약된

35
① 주요한 제조업체들
② 중요하지 않은 업체들
③ 선두적인 제조업체들
④ 주요한 제조업체들

해설 34
주어진 문장을 바르게 영작하기 위해서는 빈 칸에 '모두 예약되어 있다'라는 의미의 표현이 들어가야 한다. 따라서 are completely booked, are fully occupied with orders, are perfectly booked는 모두 '예약이 완전히[꽉] 차다'라는 뜻으로 그 의미가 같지만 are barely booked는 '간신히 예약된'이라는 의미이므로, 정답은 ③이다.

35
주어진 문장을 바르게 영작하기 위해서는 빈 칸에 '굴지의 제조업체들'이라는 의미의 표현이 들어가야 한다. 따라서 prime manufacturers, leading manufacturers, major makers는 모두 '주요한, 선두하는 제조업체들'이라는 뜻으로 그 의미가 같지만 marginal makers는 '중요하지 않은 업체들'이라는 의미이므로, 정답은 ②이다.
*marginal : 미미한, 중요하지 않은; 주변의

36 신용장통일규칙(UCP 600) 중 무엇에 대한 내용인가?

> Banks deal with documents and not with goods, services or performance to which the documents may relate.

① 독립성의 원칙 – Principle of Independence
② 추상성의 원칙 – Principle of Abstraction
③ 엄밀일치의 원칙 – Doctrine of Strict Compliance
④ 상당일치의 원칙 – Doctrine of Substantial Compliance

정답 ②

해석
    은행은 서류로 취급하는 것이며 그 서류와 관련될 수 있는 물품, 용역, 또는 이행을 취급하는 것은 아니다.

해설 추상성의 원칙(The Principle of Abstraction)
신용장거래는 상품, 용역, 계약이행 등의 거래가 아니라 서류로서 거래가 이루어지는데 이를 신용장의 추상성이라 한다. 즉 서류만으로 매매계약의 이행여부를 결정하게 되므로 실제 물품·용역·계약의 불일치 또는 불이행에 따른 분쟁은 신용장과 전혀 별개의 문제이다.
UCP 600 제5조 서류와 물품, 용역 또는 이행
Banks deal with documents and not with goods, services or performance to which the documents may relate.
은행은 서류를 거래하는 것이지 그 서류와 관련된 물품, 용역 또는 (의무)이행을 거래하는 것이 아니다.

37

> Unless you can ( ) at these figures, we are afraid that this business will fall through as we are offered competitive prices from others.

① ship
② represent
③ expect
④ obtain

38

> Our bank will open a letter of credit ( ) you in a couple of days.

① against
② within
③ on behalf of
④ in favor of

정답 37 ① 38 ④

해석 37

귀사가 이 수치를 (선적)할 수 없다면, 당사가 다른 업체로부터 경쟁력 있는 가격을 청약을 받아 이 거래가 완료되지 못할 것이 우려됩니다.

*figures : 수치
*fall through : 완료[실현]되지 못하다

① 선적하다
② 대표하다
③ 기대하다
④ 얻 다

38

당사의 은행은 며칠 안에 귀사를 (수익자로 하여) 신용장을 개설할 것입니다.

*in a couple of days : 며칠 안에
*open a letter of credit : 신용장을 개설하다

① ~에 반대하여[맞서]
② (특정한 기간) 이내에[안에]
③ ~을 대신[대표]하여
④ ~을 수익자로 하여

해설 37
문맥상 청약을 받은 가격보다 경쟁력 있는 가격으로 선적되기를 바란다는 내용이므로, 빈 칸에는 '선적하다'를 의미하는 표현인 ① ship이 들어가는 것이 가장 자연스럽다.

38
신용장은 개설의뢰인의 요청에 따라 수출자를 수익자로 하여 개설되므로, 빈 칸에는 '~을 수익자로 하다'를 의미하는 표현인 ④ in favor of이 들어가는 것이 가장 자연스럽다.

39 다음 문장을 영작한 것으로 가장 옳지 않은 것을 고르시오.

> 이 신용장의 만기는 12월 31일까지입니다.

① This L/C will be opened until December 31.
② This L/C expires on December 31.
③ The expiration of this L/C is December 31.
④ The expiry date of this L/C is December 31.

정답 ①

해석 ① 이 신용장은 12월 31일까지 개설될 것이다.
② 이 신용장은 12월 31일에 만료된다.
③ 이 신용장의 만기는 12월 31일이다.
④ 이 신용장의 만기일은 12월 31일이다.

해설 ① 신용장은 한번 개설되면 만기일까지 유효하지만, '만기일까지 개설된다'는 표현은 어색하여 쓰지 않는다.
②·③·④ 신용장의 만기가 12월 31일이라는 것을 나타내고 있다.
*expire : (문서·합의서 등의) 기한이 만료되다
*expiration : 만료, 만기
*expiry date : 만기[만료] 날짜

40 다음은 신용장 문구에 대한 내용이다. ( ) 안에 서류의 수를 나타낼 때 옳지 않은 표현은?

> FOB 가격, 운임과 보험료 등의 비용이 따로 표시되고 서명된 상업송장 ( )통
> → SIGNED COMMERCIAL INVOICE IN ( ) MENTIONING FOB VALUE FREIGHT CHARGES
> AND INSURANCE EXPENSES SEPARATELY.

① 2통 – duplicate
② 3통 – triplicate
③ 4통 – quintuplicate
④ 6통 – sextuplicate

정답 ③

해설 ③ 4통 : quintuplicate → quadruplicate
서류의 통수를 나타내는 표현
• 2통 : duplicate
• 3통 : triplicate
• 4통 : quadruplicate
• 5통 : quintuplicate
• 6통 : sextuplicate

[41~43] 다음 문장을 가장 올바르게 영작한 것을 고르시오.

41

견적해 드린 당사의 가격은 4월 말까지 도착하는 주문에 대해 10% 할인을 해드리는 조건입니다.

① Our prices quoted are subjecting to 10% discount for an order to receive till the end of April.
② Our prices quoted are subjected to 10% discount for an order receipt no later than the end of April.
③ Our prices quoted are subject to 10% discount for an order received by the end of April.
④ Our prices to quote are subject to 10% discount for an order receiving on or about the end of April.

42

동 상사의 재정상태에 관해서 귀사의 객관적 견해를 알려 주십시오.

① Please inform us of your objective opinion as to their financial standing.
② We hope you will send us to your objective opinion as for financial standing.
③ We would like to supply us of your objective opinion concerning financial statements.
④ Would you please advise us to your objective opinion as regards their credit standing?

43

귀사에게 곧 주문하겠습니다.

① We are glad to execute an order to you soon.
② We will send you an order without charge.
③ We will make an order with you at once.
④ We are pleased to effect an order of you promptly.

정답 41 ③ 42 ① 43 ③

해석 41

① 견적해 드린 당사의 가격은 4월 말까지 주문하면 10% 할인됩니다.

② 견적해 드린 당사의 가격은 늦어도 4월 말까지의 주문 영수증에 대해 10% 할인됩니다.

③ 견적해 드린 당사의 가격은 4월 말까지 도착하는 주문에 대해 10% 할인을 해드리는 조건입니다.

④ 견적해 드린 당사의 가격은 4월 말 혹은 그 무렵에 받을 주문에 대해 10% 할인됩니다.

42

① 동 상사의 재정상태에 관해서 귀사의 객관적 견해를 알려 주십시오.

② 당사는 재정상태에 대해서 귀사의 객관적인 의견에게 당사를 보내줄 것을 희망합니다.

③ 당사는 재무제표에 관한 귀사의 객관적인 의견을 당사에 공급하고 싶습니다.

④ 동 상사의 신용상태에 대하여 귀사의 객관적인 의견을 당사에 고지해 주시겠습니까?

43

① 귀사에 곧 주문을 처리하게 되어 기쁩니다.

② 귀사에 주문품을 무료로 발송할 것입니다.

③ 귀사에게 곧 주문하겠습니다.

④ 귀사에 지체 없이 주문하게 되어 기쁩니다.

해설 41

주어진 문장은 다음과 같이 구분하여 영작할 수 있다.

• 견적해 드린 당사의 가격은 ~라는 조건입니다 : Our prices quoted are subject to

• 10% 할인 : 10% discount

• 4월 말까지 도착하는 주문에 대해 : for an order received by the end of April

따라서 옳은 영작은 ③ Our prices quoted are subject to 10% discount for an order received by the end of April이다.

42

주어진 문장은 다음과 같이 구분하여 영작할 수 있다.

• 귀사의 객관적 견해를 알려주십시오 : Please inform us of your objective opinion

• 동 상사(그들)의 재정상태에 관하여 : as to their financial standing

따라서 옳은 영작은 ① Please inform us of your objective opinion as to their financial standing이다.

*inform A of B : A에게 B를 알려주다

*financial statements : 재무제표

*credit standing : 신용상태

43

주어진 문장에서 '주문하다'는 make an order, effect an order 등으로 나타낼 수 있으므로 옳은 영작은 ③ We will make an order with you at once이다.

*execute an order : 주문을 처리하다

*without charge : 무료로

*make an order : 주문하다

[44~46] 다음 용어를 영어로 옮긴 것 중 옳지 않은 것을 고르시오.

44 ① 화환신용장 – Documentary L/C
    ② 보통신용장 – Restricted L/C
    ③ 양도가능 신용장 – Transferable L/C
    ④ 확인신용장 – Confirmed L/C

45 ① 화물인도지시서 – Delivery Order
    ② 부정기선 – Liner
    ③ 정기선 운임조건 – Berth Terms
    ④ 선명미상보험증권 – Floating Policy

46 ① 보험승인서 – Insurance policy
    ② 보험가액 – Insurable value
    ③ 보험금액 – Insurance amount
    ④ 보험계약자 – Policy holder

해설 44

② 보통신용장 : Restricted L/C → General/Open L/C

① 화환신용장(Documentary L/C) : 일종의 담보 역할을 하는 선하증권, 송장, 보험증권 등의 운송서류가 첨부되어야만 어음대금을 결제받을 수 있는 신용장이다.

③ 양도가능 신용장(Transferable L/C) : 신용장을 받은 최초의 수익자인 원수익자(제1수익자)가 신용장 금액의 전부 또는 일부를 1회에 한하여 국내외 제3자(제2수익자)에게 양도할 수 있는 권한을 부여한 신용장이다.

④ 확인신용장(Confirmed L/C) : 일반적으로 확인신용장은 수익자가 발행한 어음의 인수, 지급 또는 매입에 대한 제3은행의 추가적 확약이 있는 신용장을 말한다.

보통신용장(General/Open L/C)

어음매입을 특정은행으로 제한하지 않고 아무 은행에서나 매입할 수 있도록 되어 있는 신용장으로 매입은행 지정표시가 없으면 자유매입 신용장(Freely Negotiable Credit)으로 본다.

*Restricted L/C : 매입제한 신용장. 개설은행이 지정한 은행에서만 매입할 수 있다.

45

② 부정기선 : Liner → Tramper

① 화물인도지시서(Delivery Order, D/O) : 선사가 수하인으로부터 선하증권(B/L)이나 수입화물 선취보증장(L/G)을 받고 본선 또는 터미널(CY 또는 CFS)에 화물인도를 지시하는 서류이다.

③ 정기선 운임조건(Berth Terms) : 선적비 및 양륙비 선사부담조건으로 사실상 운임에 포함되어 FOB는 수입자, CIF는 수출자가 부담하는 조건이다.

④ 선명미상보험증권(Floating Policy) : 보험계약 체결 시 계약 내용의 일부가 확정되지 않은 보험계약으로 (포괄)예정보험증권(Floating Policy, Open Policy)이라고도 한다.

부정기선(Tramper)

항로나 운항기일이 지정되어 있지 않고 화물이 있을 때마다 또는 선복 수요가 있을 때, 화주가 요구하는 시기와 항로에 따라 화물을 운송하는 것을 말한다. 석탄·곡류·목재 등 대량화물을 대상으로 한다.

46

① 보험승인서 : Insurance policy → Cover Note

② 보험가액(Insurable value) : 피보험이익의 평가액으로 특정 피보험자에게 발생할 수 있는 경제적 손해의 최고 한도액을 말한다.

③ 보험금액(Insurance amount) : 보험가액의 범위 내에서 보험자가 지급하는 손해보상액인 지급보험금의 최고 한도액을 의미한다.

④ 보험계약자(Policy holder) : 보험자와 보험계약을 체결한 보험계약 청약자로서 보험료 지급의무, 중요사항의 고지의무 및 위험변경 증가 등의 통지의무 등을 부담하는 자를 말한다.

보험승인서(Cover Note)

보험계약자가 보험자(보험회사)를 통하지 않고 보험중개업자를 상대로 보험에 부보하였을 경우 중개업자가 증명하는 일종의 보험부보 각서를 말한다. 일반적으로 신용장상에 별도로 허용하고 있지 않으면 은행이 수리를 거절한다.

47 컨테이너 운송에 있어서 LCL Cargo의 선적절차이다. (   ) 안에 들어갈 단어를 영어로 올바르게 표현한 것은?

> S/R → CFS → (혼 재) → On Board → B/L

① Congestion
② Mixing
③ Devanning
④ Consolidation

정답 ④

해석 ① 지체, 체화
② 혼 합
③ 적 출
④ 혼 재

해설 ④ 혼재(Consolidation) : 다수 소량 화주의 LCL 화물을 모아 FCL 화물로 작업하는 것을 혼재작업(Consolidation)이라 하며, 이러한 작업을 하는 운송중개인(Forwarder)을 혼재업자(Consolidator)라고도 한다.

48 다음 회화 문장의 영작 표현으로 옳지 않은 것은?

① 내가 여기에 좀 더 머물러도 되요?
  → May I stay here a little longer?
② 내가 그것을 다시 확인해야 하나요?
  → Should I check it again?
③ 모든 것이 다 괜찮을까요?
  → Will everything be all right?
④ 이것을 미국달러로 환전해 줄 수 있으세요?
  → Could you change this from the dollar?

정답 ④

해설 ④ '~(으)로 환전하다'는 exchange for로 나타내므로 Could you change → exchange this from → for the dollar?로 바꾸어야 한다.
  *exchange A for B : 교환하다[맞바꾸다]

49 선적관련용어를 영어로 올바르게 옮긴 것은?

① 출발예정일 – ETA
② 본선수취증 – M/R
③ 파손화물보상장 – L/G
④ 평방미터 – CBM

정답 ②

해설 ② 본선수취증(M/R, Mate's Receipt) : 화주가 물품을 본선에 적재하면, 일등항해사가 수취에 대한 증빙으로 발행해
주는 서류이다.
① 출발예정일 : ETA → ETD(Estimated Time of Departure)
③ 파손화물보상장 : L/G → L/I(Letter of Indemnity)
④ 평방미터 : CBM → square meter

50 다음 문장을 영작할 때 옳은 것은?

① 신용장 원본을 항공 우편으로 보냅니다.
　→ The original credit letter will be sent by airmail to us.
② 당사는 6월 20일에 신용장을 개설하였음을 통지합니다.
　→ We are informed that our L/C has been open on June 20.
③ 본 신용장은 귀사에 웹 전자문서교환으로 보내질 것입니다.
　→ This credit will be sent by Web EDI to you.
④ 이 신용장은 5월 말까지 유효합니다.
　→ This L/C is opened by the end of May.

정답 ③

해설 ① The original credit letter → letter of credit will be sent by airmail to us → us by airmail.
② We are informed → inform that our L/C has been open → we opened a L/C on June 20.
④ This L/C is opened → valid by the end of May.

51 목재에 사용되는 용적 단위로 옳지 않은 것은?

① bushel

② cubic meter

③ cubic feet

④ super feet

정답 ①

해설 ① bushel은 곡물이나 과일 등의 중량 단위이다.

용적/부피(Measurement)

• 목재의 단위는 Cubic Meter(CBM : ㎥), Cubic Feet(CFT), Super Feet(S.F.) 용적톤(Measurement Ton, M/T) 등이 주로 사용된다.

• 액체류 등은 drum, gallon, barrel 등을 주로 사용한다.

---

52 신용장통일규칙(UCP 600)상 신용장에서 명시적으로 요구하지 않더라도 서명이나 일자를 표시할 필요가 없는 서류에 해당하는 것은?

① 상업송장

② 환어음

③ 선하증권

④ 보험증권

정답 ①

해설 ① 신용장통일규칙(UCP 600)상 상업송장은 신용장에서 특별히 요청하지 않는다면 서명 및 날짜를 표시할 필요가 없다. 환어음이나 운송서류, 보험서류는 신용장에서 요구하지 않더라도 서명이나 날짜를 표시해야 한다. 즉, 환어음, 품질 증명서, 선하증권 등은 반드시 발행인의 서명이 있어야 인수할 수 있는 반면, 상업송장의 경우 발행인의 서명이 없어도 인수가 가능하다.

UCP 600 제18조 상업송장

A commercial invoice need not be signed.

상업송장은 서명될 필요가 없다.

53 무역계약 시 협정서의 기본조건 중 계약이행 사항에 속하는 것은?

① 선적조건

② 포장조건

③ 품질조건

④ 수량조건

정답 ①

해설 무역계약의 기본조건 중 계약이행 사항에는 선적조건, 결제조건, 보험조건 등이 있으며, 상품자체 사항에는 품질조건, 수량조건, 가격조건, 포장조건 등이 있다.

일반거래조건협정서

거래의 기본사항	• 거래형태 및 서명합의 • 계약확정문언 • 계약체결일, 계약의 유효기간 등 기재
상품 관련사항	• 품질조건(Terms of Quality) • 수량조건(Terms of Quantity) • 가격조건(Terms of Price) • 포장조건(Terms of Packing)
계약이행 사항	• 선적조건(Terms of Shipment) • 결제조건(Terms of Payment) • 보험조건(Terms of Insurance)
계약불이행 사항	• 불가항력조항(Force Majeure) • 클레임조항(Claim Clause) • 중재조항(Arbitration Clause) • 준거법(Governing Laws)
보충 사항	• 정형거래조건(Trade Terms)

54 다음 중 Incoterms 2010에서 매도인의 비용과 위험부담이 가장 적은 가격 조건은?

① CFR

② FOB

③ CIP

④ FCA

정답 ④

해설 ④ FCA는 EXW + 지정장소까지의 비용을 부담한다. EXW는 매도인에게 가장 부담이 작은 조건, 매수인에게는 가장 부담이 큰 조건이다.

매도인의 위험 및 비용부담의 정도

매도인의 위험 및 비용부담은 DDP 조건에서 가장 크고 EXW 조건에서 가장 적다(Group D > Group C > Group F > Group E).

55 보통 다음과 같은 문언이 표기되어 있는 선하증권의 종류는?

"Shipped on board in apparent good order and condition"

① Clean B/L
② Foul B/L
③ Stale B/L
④ Claused B/L

정답 ①

해석

분명히 좋은 주문과 조건에 따라 선적됨

① 무사고[고장] 선하증권
② 사고[고장]선하증권
③ 기간경과 선하증권
④ 사고[고장]선하증권

해설 ① 무사고 선하증권(Clean B/L) : 화물의 손상 및 과부족이 없이 발행되는 증권과 손상 및 과부족이 있을지라도 그 내용이 본선수취증(Mate's Receipt, M/R)의 비고(Remarks)란에 기재되지 않은 선하증권으로, 증권 면에 "Shipped on board in apparentgood order and condition"이라고 표시되기도 한다.
② · ④ 사고[고장]선하증권(Foul[Claused] B/L) : 화물의 손상 및 과부족이 있어서 그 내용이 본선수취증(Mate's Receipt, M/R)의 비고(Remarks)란에 기재된 선하증권이다.
③ 기간경과 선하증권(Stale B/L) : 선하증권(B/L) 발행 후 21일 내에 제시하지 않은(21일을 경과한) 선하증권을 말한다.

56 손해발생 시 보험자가 부담하는 보상책임의 최고한도로서 계약 당사자 간 약정한 금액을 의미하는 용어로 옳은 것은?

① 보험가액
② 보험금액
③ 보험금
④ 보험료

정답 ②

해설 ② 보험금액(Insured amount) : 보험자가 보험계약상 부담하는 손해보상책임의 최고 한도액으로, 보험가액의 범위 내에서 보험자가 지급하는 손해보상액인 지급보험금의 최고 한도액(당사자 간 사전 책정 금액)을 의미한다.
① 보험가액(Insurable value) : 피보험이익의 평가액으로, 특정 피보험자에게 발생할 수 있는 경제적 손해의 최고 한도액을 말한다.
③ 보험금(Claim amount) : 담보위험으로 피보험자가 입은 재산상의 손해에 대해 보험자가 피보험자에게 실제 지급하는 보상금액이다.
④ 보험료(Insurance premium) : 보험자의 위험부담에 대해 보험계약자가 지급하는 대가이다.

57 중재에 대한 설명으로 옳지 않은 것은?

① 한 번의 판정으로 법원의 확정판결과 동일한 효력이 있다.
② 소송에 비해 신속하게 해결되고 비용이 저렴하다.
③ 분쟁 당사자가 중재인을 선임하여 공정성을 보장받을 수 있다.
④ 공개적으로 진행되어 영업상 비밀이 보장되기 어렵다.

정답 ④

해설 ④ 중재의 절차는 일반적으로 비공개로 이루어진다.
중재(Arbitration)
• 법원의 소송절차로 분쟁을 해결하지 않고 분쟁당사자 간 합의(중재합의)에 의거 제3의 중재기관의 중재인 (Arbitrator)에 의한 중재판정(Award)을 통해 분쟁을 해결하는 방법이다.
• 중재판정은 양 당사자가 절대 복종해야 하는 강제력 있는 판정이며, 당사자 합의 수용 여부와 상관없이 무조건 대법원 확정판결과 동일한 효력을 갖는다.
• 조정은 당사자 일방의 요청이 있을 때도 가능한 데 반하여 중재는 반드시 양 당사자 간의 합의가 있어야 한다.

58 부정기선 운송에 대한 설명으로 옳지 않은 것은?

① 운송 수요자의 요구에 따라 운송되므로 시기와 항로가 불규칙적이다.
② 항로의 선택이 자유롭지만 정기선에 비해 운임률이 높다.
③ 용적이 큰 곡물, 광석 등 대량의 살화물 운송에 적합하다.
④ 원칙적으로 선복의 일부 또는 전부를 용선하여 단일화주의 단일 화물을 운송한다.

정답 ②

해설 ② 부정기선이란 항로나 운항기일이 지정되지 않고 화물이 있을 때마다 또는 선복 수요가 있을 때 화주가 요구하는 시기와 항로에 따라 화물을 운송하는 것을 말하며, 곡물이나 광석 등 일반 원료 공급을 주요 대상으로 하고 있다. 그러므로 운임도 그 당시의 수요와 공급에 의하여 결정되어 수시로 변하여 고정된 항로를 항해하는 정기선보다는 운임률이 낮다.

정기선(Liner) 운송과 부정기선(Tramper) 운송

구 분	정기선(개품운송계약)	부정기선(용선운송계약)
형 태	여러 화주로부터 개별적으로 선적요청을 받은 개개화물 운송	특정화주의 특정화물을 싣기 위해 선박을 빌려주는 형태로 운송
화 물	컨테이너 화물 및 Unit 화물 (소량 일반화물)	대량 산화물, 철광석·석탄·곡물 등 대량화물 (대량 산화물)
계약서	선하증권(B/L)	용선계약서(Charter Party, C/P)
운 임	약정운임(Tariff Rate)	변동운임(Open Rate)
운 항	정기적	비정기적
항 로	정기항로	부정기항로
하역조건	Berth Term(Liner Term)	FIO, FI, FO

59 대금결제방법 중 동시지급 방법에 해당하는 것은?

① CWO
② D/A
③ CAD
④ Usance L/C

해설 물품·서류 인도시점 기준 무역대금결제방식 유형

선지급
(Payment in Advance)
	• 주문불방식(Cash With Order, CWO)
	• 단순사전송금방식
	  – 우편송금환(Mail Transfer, M/T)
	  – 전신송금환(Telegraphic Transfer, T/T)
	  – 송금수표(Demand Draft, D/D)
	• 전대신용장(Red Clause L/C)
	• 연장신용장
	• 특혜신용장

동시지급 (Cash on Shipment)	• 현물상환지급(Cash On Delivery, COD) • 서류상환지급(Cash Against Documents, CAD) • 일람지급(At Sight) 신용장방식 • 지급인도방식(Documents against Payment, D/P)
후지급 (Deferred Payment)	• 기한부 신용장(Usance L/C) • 인수도조건(Documents against Acceptance, D/A) • 상호계산/청산계정(Open Account)

60 화인(Shipping Marks)에 사용되는 표현이다. 필수기재사항에 해당하는 것은?

① Case No.
② Caution Mark
③ Quality Mark
④ Order No.

해석 ① 상자번호
② 주의사항 표시
③ 품질 표시
④ 주문번호

해설 반드시 표시해야 하는 화인
• 주화인(네모·다이아몬드형 도형 표시), 도착항(양륙항) 표시, 화물번호(상자번호)의 필수화인 3요소와 원산지(Country of Origin)표시 등은 필수적으로 표시해야 한다.
• 특히, 도착항 표시와 화물번호(상자번호)가 없는 화물을 무화인화물(No Mark Cargo, NM)이라 하며, 무화인화물의 경우 Non Delivery 등으로 화주에게 커다란 손해를 줄 수 있다.
• 화인의 내용이나 형태는 통상 Sales Note나 Purchase Note에 표시된다.

61 다음 중 품질을 결정하는 방법으로 옳지 않은 것은?

① 견본매매

② 표준품매매

③ 명세서매매

④ 규칙매매

정답 ④

해설 ④ 품질결정방법에는 견본매매, 상표매매, 명세서/규격매매, 점검매매, 표준품매매, 설명매매 등이 있다.

품질결정방법

견본매매(Sales by sample)	당사자가 제시한 견본으로 실제 매매될 물품의 품질을 결정
상표매매(Sales by brand)	널리 알려진 상표 또는 브랜드로 품질을 결정
명세서매매(Sales by specification)	거래대상 물품의 소재, 구조, 성능 등에 대한 설명서, 명세서, 설계도, 청사진 등으로 품질을 결정
규격매매(Sales by grade)	국제적으로 정해져 있거나 수출국에서 공식적으로 인정하는 규격 유무로 품질을 결정
점검매매(Sales by inspection)	매수인이 직접 수출국에 가서 해당 상품을 확인한 다음 매매계약을 체결하는 방식으로 무역거래에서 보세창고도조건(BWT), 반품허용 조건부청약 거래에서 활용
표준품매매(Sales by standard)	농수산물·임산물·광물 등의 1차 상품과 같이 자연 조건에 따라 품질의 변화가 많은 상품에 주로 사용되는 방법 예 평균중등 품질조건(FAQ), 판매적격 품질조건(GMQ)
설명매매(Sales by description)	1차 상품(거대화물이나 고가품 등)의 경우 견본을 보내는 것이 어려우므로 견본을 보내지 않고 상품 목록, 청사진, 명세서 등에 의해서 품질기준을 결정

62 선하증권에 기입되는 항목 중 Port of Discharge가 의미하는 것은?

① 선적항

② 환적항

③ 양륙항

④ 출발항

정답 ③

해설 ③ Port of Discharge는 양륙항을 의미하며, Port of Shipment는 선적항을 의미한다.

① 선적항 : Port of Shipment, Port of Loading 등

② 환적항 : Port of Transshipment

④ 출발항 : Port of Departure(= 선적항)

63 해상보험 중 화물을 보험목적물로 하는 보험으로서 운송 중 화물이 멸실 또는 손상되는 위험을 부보하는 보험은?

① Aviation insurance
② Freight insurance
③ Hull insurance
④ Cargo insurance

정답 ④

해석 ① 항공보험
② 운임보험
③ 선박보험
④ 적하보험

해설 ④ 적하보험(Cargo insurance) : 운송되는 화물의 위험에 관한 보험이다.
① 항공보험(Aviation insurance) : 항공기와 관련된 위험에 관한 보험이다.
② 운임보험(Freight insurance) : 해상운임 등 운임에 관한 보험이다.
③ 선박보험(Hull insurance) : 선박과 관련된 위험에 관한 보험이다.

64 다음 중 Incoterms 2010에 포함되지 않는 거래조건은?

① DAT
② DDP
③ DDU
④ DAP

정답 ③

해설 Incoterms 2010에서 규정한 가격조건
- 모든 운송모드에 적용할 수 있는 규칙 : 7개 항목[EXW(EX Works), FCA(Free Carrier), CPT(Carriage Paid To), CIP(Carriage and Insurance Paid to), DAT(Delivered at Terminal), DAP(Delivered at Place), DDP(Delivered, Duty Paid)]
- 해상 및 내륙수로운송에 적용되는 무역규칙 : 4개 항목[FAS(Free Alongside Ship), FOB(Free on Board), CFR(Cost and Freight), CIF(Cost, Insurance and Freight)]
※ Incoterms 2020에서 DAT 규칙의 명칭이 DPU(Delivered at Place Unloaded)로 변경되었다.

65 상대방의 청약에 대하여 다른 조건을 제시하는 청약으로 옳은 것은?

① Counter offer
② Firm offer
③ Conditional offer
④ Special offer

정답 ①

해석 ① 반대청약
② 확정청약
③ 조건부청약
④ 특별청약

해설 ① 반대청약(Counter offer, 역청약) : 청약된 매매조건의 일부 또는 전부를 변경하여 제시되는 청약으로, 원청약 (Original offer)에 대한 거절이며 동시에 새로운 청약으로 간주된다. 반대청약 시 원청약은 무효가 된다.
② 확정청약(Firm offer) : 청약자가 피청약자에게 청약을 발할 때, 피청약자가 이에 동의의 의사표시로 승낙하면 바로 계약이 성립되는 것으로, 그 청약의 유효기간이 명시되어 있는 경우를 말한다.
③ 조건부청약(Conditional offer) : 피청약자가 이에 동의의 의사표시를 하더라도 원청약자가 이를 다시 확인(승인, 승낙)하는 등의 조건이 붙은 경우를 말하는 것이다.
④ 특별청약(Special offer) : 가격 할인 등 특정 상황이 있는 경우에 하는 청약이다.

66 항공운송에서 항공화물대리점이 화물을 인수하고 난 후 발행하는 서류로서 물품의 수취증, 운송계약 의 추정적 증거 역할을 수행하는 서류는?

① Ocean B/L
② House B/L
③ AWB
④ Consignment Note

정답 ③

해석 ① 해양선하증권
② 하우스 선하증권
③ 항공화물운송장
④ 탁송화물운송장

해설 ③ 항공화물운송장(AWB) : 항공운송을 위하여 화물이 수취되었음을 증명하는 운송서류로, 해상선하증권이 유가증 권인 반면 항공운송장은 수취증에 불과하다.
① 해양선하증권(Ocean B/L) : 한 국가의 영해를 벗어나는 해외운송에 대하여 운송인이 발행하는 선하증권이다.
② 하우스 선하증권(House B/L) : 운송주선인이 선사로부터 받은 Master B/L을 근거로 각각의 LCL 화물 화주에게 개별적으로 발행한 선하증권을 말한다.
④ 탁송화물운송장(Consignment Note) : 육로로 화물을 운송할 때 발행되는 운송서류이다.

67 한국의 수출상이 TV(송장가격 : $20,000)를 CIF New York 조건으로 수출하였는데 항해 중 모든 화물이 완전 멸실되었다. 이때 CIF 조건의 기본원칙에 따라 수입자가 받을 수 있는 보험금액은 얼마인가?

① $20,000
② $21,000
③ $22,000
④ $25,000

정답 ③

해설 ③ 해상적하보험에서 보험금액은 일반적으로 보험가액인 CIF 가액에 희망이익 10%를 더한 금액으로 한다. 따라서 보험금액 = CIF × 110% = $20,000 × 110% = $22,000이다.

68 국제표준은행관행(ISBP : International Standard Banking Practice)에 대한 설명으로 옳은 것은?

① 보증신용장 하에서 서류심사를 위한 실무지침서이다.
② 서류심사 기준을 아주 세밀하게 정하고 있어 분쟁이 유발될 수 있다.
③ 개설은행에게는 선적서류 심사 지침서의 역할을 한다.
④ 사소한 하자는 서류상의 불일치로 간주한다는 취지이다.

정답 ③

해설 ③ 국제표준은행관행(ISBP)은 개설은행에게는 선적서류 심사 지침서, 수익자에게는 선적서류 작성 지침서 역할을 한다.
국제표준은행관행(ISBP)
• 신용장통일규칙(UCP 600)을 실무적으로 사용할 수 있도록 설명하는 선적서류 심사 지침서(개설은행)이자 선적서류 작성의 지침서(수익자)이다.
• 신용장통일규칙에 따른 화환신용장 하에서 서류심사를 위한 실무 지침서 역할을 하나, 보증신용장에 대한 지침은 제공하지 않는다.
• 신용장통일규칙과 함께 서류심사 기준을 정하여 분쟁을 줄이고자 한다.
• 사소한 하자(Hidden defects, 잠재하자)는 서류상의 불일치로 간주하지 않는다.

69 운송에 대한 내용으로 옳지 않은 것은?

① 항공운송은 일반적으로 TEU컨테이너를 사용한다.
② 해상운임의 기본운임은 하역비를 누가 부담하느냐에 따라 Berth Terms, FIO, FI, FO 등으로 구분할 수 있다.
③ 해상운송의 경우 대량운송이 일반적이다.
④ 항공운송의 경우 부피가 큰 물품의 경우 할증운임이 부과된다.

정답 ①

해설 ① 컨테이너는 주로 길이 40피트짜리 FEU 컨테이너(Forty Feet Equivalent Unit)와 약 20피트짜리 TEU 컨테이너 (Twenty Feet Equivalent Unit)로 나뉜다. 주로 선박운송용으로 쓰인다.
② 해상운임의 기본운임은 하역비 부담 주체에 따라 정기선 운송은 Berth Terms, 비정기선 운송은 FIO, FI, FO 등으로 구분할 수 있다.
③ 해상운송의 장점에는 대량운송 가능, 운송비 저렴, 비교적 자유로운 운송로, 국제성 보유, 원거리 운송 등이 있다.
④ 해상운송의 경우 부피가 큰 물품의 경우 할증운임(Bulky cargo surcharge, 용적 할증)이 부과된다.

70 청약자가 승낙 기간을 지정하고 그 기간 내에 피청약자가 승낙, 회답할 것을 조건으로 하는 청약은 무엇인가?

① Counter offer
② Firm offer
③ Conditional offer
④ Free offer

정답 ②

해석 ① 반대청약
② 확정청약
③ 조건부청약
④ 자유청약

해설 ② 확정청약(Firm offer) : 청약자가 피청약자에게 청약을 발할 때, 피청약자가 이에 동의의 의사표시로 승낙하면 바로 계약이 성립되는 것으로, 그 청약의 유효기간이 명시되어 있는 경우를 말한다.
① 반대청약(Counter offer) : 청약된 매매조건의 일부 또는 전부를 변경하여 제시되는 청약으로, 원청약(Original offer)에 대한 거절이며 동시에 새로운 청약으로 간주된다. 반대청약 시 원청약은 무효가 된다.
③ 조건부청약(Conditional offer) : 피청약자가 이에 동의의 의사표시를 하더라도 원청약자가 이를 다시 확인(승인, 승낙)하는 등의 조건이 붙은 경우를 말하는 것이다.
④ 자유청약(Free offer, 불확정청약) : 청약에 승낙·회답의 유효기간이 없거나 확정적(Firm)이라는 표현도 없는 경우의 청약이다.

71 선복을 예약했으나 계약한 전체 화물을 다 선적하지 못했을 때, 그 선적하지 못한 부족분에 대해 지불하는 운임을 가리키는 용어는?

① 반송운임
② 총괄운임
③ 부적운임
④ 비율운임

정답 ③

해설 ③ 부적운임(Dead freight) : 기존 계약 시 선적하기로 하였던 화물량보다 실제 선적량이 적을 경우 용선자인 화주가 그 부족분에 대하여 지불하는 운임이다.
① 반송운임(Back freight) : 운임 도착불(후불) 조건으로 화물 운송 시 수하인에 의하여 화물의 인수가 거부되거나 당초에 화물 식별표시인 화인이 틀리거나 불명확하여 운송인인 선사가 송하인에게 반송하는 경우 송하인이 지불해야 하는 운임을 말한다.
② 총괄운임(Lump-sum freight) : 적재화물의 개수, 용적이나 중량에 상관없이 선복(Ship's space) 또는 항해를 단위로 하여 포괄적으로 지급되는 경우의 운임이다.
④ 비율운임(Pro-rata freight) : 운송계약의 일부만 이행한 시점까지의 운송율에 따라 선주가 취득하는 운임이다.

72 컨테이너 운송에 대한 설명으로 옳지 않은 것은?

① 컨테이너 운송은 경제성, 신속성, 안전성의 의의를 갖고 있다.
② 만재 컨테이너는 CY에서 보관된다.
③ LCL은 CFS에서 처리되어 FCL화 되어 CY로 이송된다.
④ Door to Door 운송에는 적합하지 않다.

정답 ④

해설 ④ CY-CY(Door to Door) 운송은 컨테이너의 장점을 최대한 이용한 방법으로 수출업자(송하인)의 공장·창고에서부터 수입업자(수하인)의 공장·창고까지 컨테이너에 의해 일관 운송하는 방식을 말한다.
CY/CY(FCL/FCL) = DOOR TO DOOR SERVICE
• 컨테이너의 장점을 최대한 이용한 방법으로 수출업자(송하인)의 공장·창고에서부터 수입업자(수하인)의 공장·창고까지 컨테이너에 의해 일관 운송하는 방식이다.
• 단일 송하인으로부터 단일 수하인에게 운송되는 형태의 DOOR TO DOOR SERVICE로 가장 이상적인 형태이다.

73 다음 표에서 중계무역과 중개무역의 차이를 올바르게 나타내고 있는 것은?

구 분	항 목	중계무역	중개무역
①	무역주체	대리인	수출업자
②	수 익	매매 차익	수수료
③	물품구매	물품구매 없음	구매 후 수출
④	수출실적	수출실적 불인정	수출실적 인정

정답 ②

해설 중계무역(Intermediary trade) vs 중개무역(Merchandising trade)

중계무역	중개무역
• 외국에서 물품을 수입하여 원형 그대로 다시 제3국에 수출하는 것 • 상품 소유권이 이전됨 • 물품매매에 따른 차액이 목적 • 대외무역법상 수출입거래에 해당	• 수출국과 수입국 간 직접 매매계약을 체결하지 않고 제3국의 제3자(중개업자)가 개입하여 계약이 체결되는 것 • 상품 소유권이 중개업자로 이전되지 않음 • 중개업자는 단순히 수수료를 목적으로 함 • 대외무역법상 수출입거래에 해당하지 않음

74 해외 현지에 부품이나 반제품을 수출하여 현지에서 제품을 완성하는 현지 조립 방식의 수출은?

① 녹다운 수출
② 턴키 수출
③ 플랜트 수출
④ 기술 수출

정답 ①

해설 기술무역의 형태
• 플랜트 수출(Plant export) : 생산설비 혹은 공장의 수출을 의미하였으나, 최근에는 선박, 철도, 항만 등과 같은 사회간접자본의 수출도 포함한다.
• 녹다운 수출(Knockdown export) : 자동차, 전자제품, 기계류 등에서 완제품의 수출 대신 조립능력이 있는 외국 거래처에 부품이나 반제품을 수출하여 현지에서 조립한 후, 현지에서 판매하는 방식이다.
• 턴키 수출(Turnkey export) : 플랜트 수출이나 해외 건설공사 등에서 사용하는 수주방식 중 하나로 키(열쇠)만 돌리면 설비나 공장을 가동시킬 수 있는 상태로 인도한다는 데서 유래한 명칭이다.

75 B/L을 발급하는 선박회사는 B/L상에 "SHIPPER'S LOAD AND COUNT"라는 문구를 첨부하는데 이를 무엇이라고 하는가?

① Whereas Clause

② Infringement

③ Unknown Clause

④ MOL Clause

정답 ③

해석 ① 설명 조항
② 권리침해 조항
③ (내용물) 부지 약관/문언
④ 과부족 용인약관

해설 (내용물) 부지 약관/문언(Unknown Clause)
- 화주가 포장한 컨테이너(Shipper's pack)의 경우, 운송인은 운송물의 수량, 중량 등의 명세를 확인할 수 없으므로 화주의 요구에 따라 선하증권에 운송물의 명세를 기재할 때 화주의 신고를 신뢰할 수밖에 없다.
- 이로 인해 화주가 포장한 컨테이너에 대해서는 운송물의 수량, 중량 등의 명세를 모른다는 취지의 약관을 선하증권 이면에 기재하게 된다. 이것을 부지약관 또는 부지문언이라 한다.
- 선하증권 표면에 "shipper's load and count"(SLC, 화주의 계산으로 포장한 것이므로 운송인은 모른다는 의미) 또는 "said to contain"(STC, 어떤 운송물이 포장되어 있지만 운송인은 모른다는 의미) 등의 문언을 기재하는 경우가 많다.

부록

무역영어 3급 기출이 답이다

핵심 영단어 A to Z

핵심 확인학습

▌무역계약

- acceptance : 승낙
- accumulate : 축적하다, 모으다
- anticipate : 예상하다, 기대하다
- approval : 승인, 시제품
- authoritative : 권위 있는, 믿을 만한
- bank reference : 은행 신용조회처
- banker's check : 은행수표
- barrel : 통
- bilateral contract : 쌍무계약
- borne : bear(비용이나 책임 등을 지다, 떠맡다)의 과거분사
- bundle : 묶음
- business ability : 영업능력
- business proposal : 거래제안
- buyer : 구매자, 구입자, 매수인
- capacity : 기업운용능력
- capital : 재정상태
- case by case contract : 개별계약
- character : 상도덕
- claim : (주문품의 미도착 등으로 인한) 클레임
- client : 고객
- collateral : 담보능력
- commercial invoice : 상업송장
- common carrier : 전문 운송인
- conditional offer : 조건부 청약
- consensual contract : 낙성계약

- contract of carriage : 운송계약
- contract of sales of goods : 물품매매계약
- correspond : 일치하다
- counter offer : 반대청약
- credit inquiry : 신용조회
- cross offer : 교차청약
- currency : (거래) 통화
- deal : 처리하다, 다루다, 거래하다
- deficit : 적자, 부족액
- delay : 지연시키다, 연기하다, 미루다
- escalation : (단계적인) 증대, 확대, 상승
- exclusive contract : 독점계약
- expiry date : 만료일, 유통기간
- export license : 수출승인
- facility : (기계나 서비스 등의 특수) 기능
- factoring : 팩터링
- fair average quality : 평균중등 품질조건(FAQ)
- financial status : 재정상태
- firm offer : 확정청약
- good merchantable quality : 판매적격 품질조건 (GMQ)
- handwriting : 수기
- hereto : 이에 관하여
- hereunder : 이 아래에, 이 다음에
- honesty : 정직성
- implied contract : 묵시계약
- import license : 수입승인
- inferior quality : 열등한 품질

- informal contract : 불요식 계약
- infringement : 위반, 침해
- inherent : 내재된, 고유의
- inland waters : 내수
- insurance premium : 보험료
- intermediary trade : 중계무역
- invisible trade : 무형무역
- invitation to offer : 청약의 유인
- invoice : 송장
- knockdown export : 녹다운 수출
- landed quality terms : 양륙 품질조건
- letter of credit : 신용장
- M/L Clause : 과부족용인 약관
- market research : 해외시장조사
- master contract : 포괄계약
- maximum order quantity : 최대주문수량
- merchandising trade : 중개무역
- minimum order quantity : 최소주문수량
- negotiate : 협상하다, 협의하다, (어음 등을) 현금으로 바꾸다
- obligation : 의무, 계약, 약정
- occupy : 차지하다, 점유하다
- offer : 청약
- offer on sale or return : 반품허용 조건부 청약
- (sales) offer sheet : 매도확약서
- offer subject to prior sale : 선착순매매 조건부 청약
- offeree : 피청약자
- offeror : 청약자
- oral offer : 구두청약
- owe : 빚지다, 의무가 있다
- partial acceptance : 부분적 승낙
- payment : 결제, 지급, 지불액
- personal check : 개인수표

- plant export : 플랜트 수출
- price terms : 가격조건
- principal : 계약당사자
- profit : 이익
- property in goods : 물품의 소유권
- (purchase) order sheet : 매입확약서
- rejection : 거절
- remunerative contract : 유상계약
- reputation : 평판
- reverse : 반대의, 뒤의
- revocation of offer : 청약의 철회
- rock-bottom : 최저선, 맨 밑바닥, 최저인
- sales by description : 설명매매
- seller : 파는 사람, 판매인, 매도인
- shareholder : 주주, 출자자
- shipped quality terms : 선적 품질조건
- shipping date : 선적기일
- sub-con offer : 확인조건부 청약
- suit : 적합하다, 어울리다
- switch trade : 스위치무역
- tariff barrier : 관세장벽
- terms of packing : 포장조건
- trade inquiry : 거래조회
- trade reference : 동업자 신용조회처
- transshipment : 환적
- transit trade : 통과무역
- transport document : 운송서류
- typewritten : 타자
- unit price : 단가
- Unknown Clause : 부지약관
- usual standard quality : 보통 품질조건(USQ)
- waiver : 권리포기, (지불 의무 등의) 면제
- within reasonable time : 합리적인 기간 동안

▌무역결제

- abstraction : 추상성
- acceptance : 인수
- accounting : 회계업무
- advance payment : 사전송금방식
- advising bank : 통지은행
- amend : 변경 ; 개정하다
- apparent authenticity : 외관상 진위여부
- applicant : 개설의뢰인
- arbitral : 조정의, 중재의
- assignable : 양도할 수 있는
- at any moment : 언제라도
- at maturity : 만기에
- authorized bank : 수권은행
- available : 이용할 수 있는
- be accompanied by : ~을 동반하다
- belong to : ~에 속하다, ~의 부속이다
- beneficiary : 수익자
- between : 사이에, ~간에
- bill of lading : 선하증권(B/L)
- bona fide holder : 선의의 소지자
- cash against document : 서류인도 상환방식(CAD)
- cash on delivery : 물품인도 결제방식(COD)
- cash on shipment : 동시지급
- cash with order : 주문불 방식(CWD)
- certificate of origin : 원산지증명서(C/O)
- chartering : 용선
- claimant : 요구인, 원고
- clean L/C : 무화환 신용장
- collect : 수금하다, 징수하다
- collection bank : 추심은행
- collection exchange : 추심환
- commodity description : 상품명세
- complying : 일치하는

- conclusive : 종결적인, 최종의
- confirm : 확정하다, 더 분명히 해주다
- confirming bank : 확인은행
- consent : 동의하다, 승낙하다
- consignee : 수하인
- consignor : 물품 발송자
- corres bank : 환거래은행
- correspondent : ~에 일치하는
- cumulative : 누적하는, 누적에 의한
- defective : 결함 있는, 불량품, 불완전한
- defer : 연기하다, 미루다
- deferred payment : 후지급
- deferred payment credit : 연지급 신용장
- Del Credere Agent : 지급보증 대리인
- demand draft : 수표송금방식(D/D)
- divisible : 나눌 수 있는, 양도할 수 있는
- document against payment : 지급인도조건 (D/P)
- documentary sight bill : 일람불 화환어음
- documentary usance bill : 기한부 화환어음
- domestic : 국내의
- draft : 환어음, 어음 발행
- drawee : 지급인
- drawer : 수표 발행인
- due date : 만기일
- enforce : (법 등을) 집행하다
- engagement clause : 지급확약문언
- exchange : 환, 환율
- exemption method : 국외소득면제방식
- extravagant : 낭비하는, 사치스러운, 과장된
- following : 그 다음의, 다음에 나오는(언급되는)
- foreign tax credit method : 외국납부 세액공제 방식
- honor : (기일에) 지불하다
- in accordance with : ~과 일치하여, ~에 따라서

- income : 소득, 수입
- issuing bank : 개설은행
- jurisdiction : 관할권, 지배권
- letter of credit : 신용장(L/C)
- limitation : 한계
- local L/C : 내국신용장
- marine : 바다의, 해오의
- maturity date : 만기일
- mirror image rule : 경상의 법칙, 거울의 법칙
- negotiation : 매입
- nominated bank : 지정은행
- non-documentary L/C : 무화환 신용장
- notify : 알리다, 통지하다, 통보하다
- on its(their) face : 문면상
- opener : 신용장 개설의뢰인
- original : 원본
- overseas : 해외의, 외국의
- payee : 대금영수인, 지급인
- paying bank : 일람지급은행
- payment : 지급
- place and date of issue : 개설 장소 및 일자
- practice : 관례
- prepaid : 선불의, 선납의
- presentation : 제시
- presenting bank : 제시은행
- principle : 원칙
- prior to : ~에 앞서, ~보다 전에
- prohibit : 금지하다, 막다, 방해하다
- proxy : 대리, 대리권
- quotation : 견적, 시세
- reasonable care : 상당한 주의
- red clause L/C : 전대신용장
- reimbursement method : 상환방법
- remedy : 구제(책)
- remittance : 송금, 송금액

- remittance basis : 송금방식
- remittance exchange : 송금환
- remitting bank : 추심의뢰은행
- restricted L/C : 매입제한 신용장
- revolving L/C : 회전신용장
- sight payment : 일람지급
- special instruction : 특별지시사항
- stand-by L/C : 보증신용장
- tenor : 환어음의 기간
- total amount : 합계금액
- transferable L/C : 양도가능 신용장
- trust receipt : 수입담보화물대도(T/R)
- until : ~까지
- usance : 어음기간(환어음의 만기일까지의 기간)
- value : 가격, 값, 구매력, 가치
- with recourse : 상환청구
- without engagement : 약정 없이
- without prior notice : 사전통지 없이

▌ 무역운송

- acid with care : 질산주의(주의사항 표시)
- actionable : (정보 등이) 이용할 수 있는, (계획 등이) 실행할 수 있는, 소송을 제기할 수 있는
- additional risk : 추가적 위험
- ad-hoc arbitration : 임시 중재
- affreightment contract in general ship : 개품운송계약
- air transport document : 항공운송서류
- along : ~을 따라
- apron : 격납고 · 터미널에 붙은 포장된 장소, 부두, 선창의 하역용 광장
- argue : 논쟁하다, 논의하다
- article : 조항

- assignment : (할당된) 임무
- at sight : 일람의, 보자마자, 제시하면 곧
- attention mark : 지시표시
- avert : (재난이나 어려운 사태 등을) 막다, 피하다
- bale : 가마니, 곤포
- bareboat : 나용선 계약의 선박, 나용선의
- bearer : (선하증권) 소지인
- berth : (항구의) 정박지, 정박시키다
- blank endorsement : 백지식 배서
- breach : 위반
- brief details : 간략한 세부사항
- bulk cargo : 대량 무포장 화물
- bundle : 다발
- canvass : (화물의) 집하
- cartel : 카르텔, 기업 연합
- carton box : 종이상자
- case number : 화물의 일련번호
- certificate of analysis : 분석증명서
- certificate of insurance : 보험증명서
- certificate of quarantine : 검역증
- charter party contract : 용선계약
- China's land bridge : 극동지역, 중국 대륙 철도 와 실크로드를 거쳐 유럽에 도착하는 경로(CLB)
- circumstance : 상황, 환경
- combined transport operator : 복합운송인
- commercial packing : 상용 포장
- commission : 수수료
- compel : 억지로 시키다, 무리하게 시키다
- concession : 양보, 승인, 용인, 면허, 특허
- consigner : 발송인, 화주
- consolidate : 하나로 묶어 만들다, 통합 정리하다
- consolidation : 혼재작업
- consular invoice : 영사송장
- container freight station : 소량 컨테이너 화물 집합소(CFS)

- container yard : 컨테이너 전용 야드(CY)
- counter mark : 부화인
- countervailing duty : 상쇄 관세, 상계 관세
- courier and post receipts : 특사수령증 및 우편 수령증
- credit note : 대변표
- cubic meter : 입방미터(CBM)
- customary quick despatch : 관습적 조석 하역 (CQD)
- daily charter : 일대용선계약
- dangerous : 위험물(주의사항 표시)
- date of pick up : 발송일
- dead freight : 부적운임, 공하운임
- dead weight tonnage : 재화중량톤수
- debit note : 차변표
- delay in shipment : 선적지연
- demand guarantee : 청구 보증서
- demise charter : 나용선(의장을 제외하고 오직 선박만을 이름)
- demurrage : 체선료, 초과 정박, 일수 초과료
- description of cargo : 화물의 명세
- discharge : (뱃짐을) 내리다, 양륙하다
- displacement tonnage : 배수톤수
- dispute : 분쟁, 논쟁, 문제, 갈등
- dock receipt : 부두수취증(D/R)
- document of title : 권리증권
- education taxes : 교육세
- endorsee : 피배서인
- endorsement : 배서, 승인, 보증
- erroneous : 잘못된, 틀린
- evidence of contract for carriage : 운송계약의 증빙
- exclusively : 독점적으로
- explosive : 폭약물(주의사항 표시)

- export license : 수출승인서
- extension : 확장, 신장, 범위, 한도
- favorable report : 호의적인 내용의 보고(서)
- flexible tariff system : 탄력관세제도
- forty-foot equivalent units : 40피트 컨테이너 (FEU)
- forwarder : 운송업자
- foul B/L : 고장부 선하증권
- franchise : (해상 보험에서) 면책율
- full container load : 만재화물(FCL)
- gate : 정문
- generalized system of preferences : 일반특혜관세
- glass with care : 유리주의(주의사항 표시)
- gross tonnage : 총톤수
- groupage B/L : 집단 선하증권(= master B/L)
- gunny bag : 마대
- hamper : 광주리
- handle with care : 취급주의(주의사항 표시)
- import declaration : 수입신고
- import permit : 수입신고필증/수입면장
- in lieu of : ~대신에
- indent invoice : 매입위탁송장
- inflamable : 타기 쉬움(주의사항 표시)
- inner protection : 보호적 내장
- inquiry : 조회, 문의
- inspect : 검사하다, 조사하다, 검열하다
- insurance policy : 보험증권
- intercession : 중재, 주선
- interior packing : 수용물 포장
- irrevocable L/C : 취소불능 신용장
- keep dry : 건조한 곳에 보관(주의사항 표시)
- keep in cool : 서늘한 곳에 보관(주의사항 표시)
- keep out of the sun : 햇볕에 쬐지 말 것(주의사항 표시)
- land transportation : 육상 운송

- layday : 짐을 싣고 내리는 기간, 선적 하역기간
- layday statement : 정박일 계산서
- legal step : 법적 수단
- less than container load : 소량 컨테이너 화물 (LCL)
- letter of guarantee : 수입화물 선취보증서(L/G)
- liner : 정기선
- liquidate : 결제하다, 변제하다, (증권이나 부동산을) 현금화하다
- load : 짐, 싣다, 실어넣다
- loan : 대출, 융자
- lump-sum charter : 선복용선계약
- main mark : 주화인
- manifest consolidation system : 적하목록 취합 시스템(MFCS)
- marshaling field : 본선 입항 전 선내적입 계획에 따라 선적한 컨테이너를 적재해 두는 장소
- master of the vessel : (배의) 선장
- Mate's receipt : 본선수취증(M/R)
- measurement : 용적
- mini land bridge : 극동에서 미국 태평양 연안을 거쳐 미국 동부에 도착하는 경로(MLB)
- multimodal : 다양한 방식의
- multimodal transport document : 복합운송서류
- name of the vessel : 선박 명
- net tonnage : 순톤수
- no mark cargo : 무화인화물(NM)
- no upside down : 거꾸로 들지 말 것(주의사항 표시)
- notify party : 통지처
- order B/L : 지시식 선하증권
- origin mark : 원산지표시
- outer packing : 외장
- over packing : 과대포장
- partial charter : 일부 용선
- perishable : 부패성 화물(주의사항 표시)

안심Touch

- piece : 하나, 한 개(의)
- pier : 부두
- pirate : 해적
- poison : 독약(주의사항 표시)
- port mark : 항구표시
- prejudice : 편견, 선입관, 혐오감
- presume : 추정하다, 가정하다
- private carrier : 부정기선 운송인
- public carrier : 정기선 운송인
- quality certificate : 검사증명서
- quay : 안벽, 부두
- receipt for the goods : 화물영수증
- red B/L : 적색 선하증권
- reimburse : 환급하다
- reimbursement : 환급, 상환
- retaliatory duties : 보복 관세
- reveal : 드러내다, 보여주다
- reversible : 거꾸로 할 수 있는, 원상으로 되돌릴 수 있는
- running laydays : 연속 작업일 하역조건
- sack : 면대
- sailing schedule : 선적 스케줄
- salvage : 해난 구조, 침몰선의 인양
- sample invoice : 견본송장
- seal : 봉인
- seaworthiness : 내항성
- seizing : 압류, 점유, 체포
- SHEX(Sundays and Holidays Excepted) : 일요일과 공휴일 정박기간에서 제외
- SHEXUU(Sundays and Holidays Excepted Unless Used) : 일요일과 공휴일에 실제 하역작업을 하지 않는 경우 일수에서 제외, 실제 하역작업 수행 시에는 일수에 포함
- shipper : 수출상
- shipping : 선적, 적재, 해운업
- shipping conference : 해운동맹
- shipping mark : 화인
- shipping order : 선적지시서(S/O)
- shipping request : 선복요청서(S/R)
- ship's space : 선박 공간
- Siberian land bridge : 한국 · 일본, 시베리아 횡단철도를 거쳐 유럽/중동에 도착하는 경로(SLB)
- signature : 사인, 서명
- similar to : ~와 비슷한
- skeleton case : 투명상자
- sort : (화물의) 분류
- space booking : 선적공간 예약
- special excise tax : 특별 소비세
- stale B/L : 기간경과 선하증권
- stevedorage : 하역비
- stevedore : 뱃짐을 싣고 부리는 인부, 부두인부
- stock purchase : 주식 매수
- straight B/L : 기명식 선하증권
- stuffing : 적입
- submit : 제출하다, 제시하다
- sufficient to : ~하기에 충분한, 족한
- supply A with B : A에 B를 공급하다
- surrendered B/L : 현금거래이며 원본이 양도된 B/L
- target of the pirates : 해적들의 표적
- tariff : 운임률
- time charter : 정기(기간)용선계약
- track record : 업적, 실적
- tramper : 부정기선
- transportation packing : 운송용 포장
- transshipment B/L : 환적 선하증권
- tribunal : 재판소, 법정
- trip[voyage] charter : 항해용선계약
- twenty-foot equivalent units : 20피트 컨테이너(TEU)
- undertake : ~할 의무를 지다, (일 등을) 시작하다

- undue : 지급 기한이 되지 않은, 아직 지급 의무가 없는
- unit load : 단위화물
- unitary packing : 개장
- unloading : 양륙
- value added tax : 부가가치세(VAT)
- vanning : 적입
- violation : 위반
- void : 쓸 수 없는, 무효인, 법적 구속력이 없는
- weather working days : 청천 작업일 조건(WWD)
- weight : 중량
- weight mark : 중량표시
- whole charter : 나용선(의장을 갖춘 상태)
- wooden case : 나무상자
- wrapped with paper : 종이로 포장된

▌무역보험

- abandonment : 권리이전
- accuracy : 정확성
- Act of God : 불가항력
- actual total loss : 현실전손
- all risks clause : 전위험 담보조건(AR)
- assignment of policy : 보험증권의 양도
- attributable : 기인하는, 기인한다고 생각되는
- bottomry : 모험대차 채권
- breakage : 파손위험
- cargo insurance : 적하보험
- change of voyage clause : 항해변경약관
- claim amount : (지급) 보험금
- clauses : 보험약관
- collision : 충돌
- constructive total loss : 추정전손

- contamination : 혼합위험
- covered risks : 담보위험
- deliberate damage : 고의적인 손상
- denting and/or bending : 곡손위험
- derailment : (운송 기차 등의) 탈선
- disbursement : 선비
- disclaimer : 면책
- disclosure : 고지
- distress : 조난, 해난
- duration of policy : 보험계약기간
- duration of risk : 보험기간
- duty of disclosure : 고지의무
- expected commission : 기대보수
- expected profit : 기대 이익
- express warranties : 명시담보
- extent : 범위, 정도, 한도
- falsification : 위조성
- fire : 화재
- first beneficiary : 제1수익자
- Force Majeure : 불가항력
- free from particular average : 단독해손 부담보 조건(FPA)
- general average expenditure : 공동해손 비용손해
- general average loss : 공동해손
- general average sacrifice : 공동해손 희생손해
- general conditions : 일반조건
- general policy : 포괄보험계약
- genuineness : 진정성
- Hook & Hole : 구손(H/H)
- hull insurance : 선박보험
- implied warranties : 묵시담보
- incident : 사건, 사고, 사태
- incidental : 부수적인, 부수하여 일어나는
- indemnify : ~에게 (손해나 손실이 가지 않도록) 보장하다, 배상하다

- inherent defect : 고유의 하자
- insolvency : 지급 불능, 파산
- Institute Cargo Clauses : 협회적하약관(ICC)
- insurable interest : 피보험이익
- insurable value : 보험가액
- insurance agent : 보험대리인
- insurance broker : 보험중개인
- insurance premium : 보험료
- insured : 피보험자(= assured)
- insured amount : 보험금액
- insurer : 보험회사, 보험업자
- jettison : 투하
- Jettison and/or Washing Over Board : 투하/갑판유실 위험(JWOB)
- leakage : 누손
- legal effect : 법적 효력
- lost or not lost clause : 소급약관
- marine losses : 해상손해
- maritime perils : 해상위험
- material facts : 중요 사실
- misconduct : 위법행위, 불법행위
- misrepresentation : 부실고지
- mould & mildew : 곰팡이 손해
- negligence : 태만, 부주의, 과실
- on deck clause : 갑판적 약관
- open policy : 포괄예정보험계약
- ordinary tear & wear : 자연소모
- particular average loss : 단독해손
- particular charges : 특별비용(P/C)
- particular conditions : 특별조건
- passing of risk : 위험의 이전
- piracy : 해적위험
- policy : 보험증권
- policy holder : 보험계약자
- premium rate : 보험요율
- provisional policy : 예정보험계약
- proximate cause : 근인주의
- representation : 고지의무(= Duty of Disclosure)
- responsibility : 책임, 의무
- Rain and/or Fresh Water Damage : 우담수 누손(RFWD)
- right to substitute : 대체할 권리
- salvage : 구조비(= salvage awards, salvage remuneration)
- salvage charges : 구조료(S/C)
- secondary beneficiary : 제2수익자
- sinking : 침몰
- specific policy : 개별보험계약
- spontaneous combustion : 자연 발화
- stranding : 좌초
- strikes exclusion clause : 동맹파업 면책약관
- subject-matter insured : 피보험목적물
- sue and labour charges : 손해방지비용(S/L)
- superimpose : 덧붙이다, 첨가하다
- surveyor : 손해액사정인
- the latest added, the most effect : 최근 문언의 우선효과
- the principle of indemnity : 실손보상의 원칙
- the principle of utmost good faith : 최대 선의의 원칙
- total loss : 전손
- Theft, Pilferage and Non-Delivery : 도난, 발하, 불착손 위험(TPND)
- transmission : 송달
- undertake : (~하기를) 약속하다, ~할 의무를 지다
- War, Strike, Riot, Civil Commotion : 전쟁, 파업, 폭동, 소요 위험 담보조건(W/SRCC)
- waiver clause : 포기약관
- war perils : 전쟁위험
- warranty of legality : 적법성 담보
- warranty of seaworthiness : 내항능력 담보

- washing overboard : 갑판유실
- willful : 의도적인, 고의의
- with average : 분손담보조건(WA)

▌무역클레임

- accessible : 접근하기 쉬운, 이용하기 쉬운
- administer : 관리하다, 실시하다, 집행하다
- amicable settlement : 화해
- apologize : 사과하다
- appeal to a higher court : 상소하다
- arbitration : 중재
- arbitrator : 중재인
- assemble : 구성하다, 모으다, 소집하다
- arbitration agreement : 상사중재계약
- award : 중재판정, 심사, 판결
- breach of contract : 무역계약위반
- buyer's remedies : 매수인의 권리구제
- cash flow : 현금 유동성
- cede : 양보하다, 인정하다
- cheque : 수표(= check)
- clause : 조항
- clean receipt : 무사고수령증
- commercial arbitration : 상사중재
- Commercial Arbitration Board : 상업중재위원회
- complaint : 고발, 불평
- compromise : 타협하다, 절충하다, 양보하다
- concession : 양보, 인정, 시인, 양도
- conciliation : 조정(= mediation)
- conflict : 갈등, 분쟁, 충돌, 투쟁
- Constitution : 헌법
- controversy : 논쟁, 논의
- council : 회의, 위원회, 협의회

- counsel : (법정에서 변론하는) 변호사, 변호인단, 법률 고문
- court : 법정, 법원, 법관
- crease : 주름이 생기게 하다, 구기다, 구겨지다
- dedicated : (장비나 기계가 ~의) 전용(인)
- delay in performance : 이행지체(= failure to perform)
- demand : 요구하다
- destination port : 목적[도착]항
- dispute settlement body : 분쟁해결기구
- dissension : 불화, 의견 충돌, 분쟁
- enforcement : 시행, 실시, 집행, 적용
- enforcement of awards : 판결시행
- equivalent to : ~와 같은
- exclusive jurisdiction agreement : 비전속적 관할의 합의
- expand : 확대되다, 확대시키다
- facilitate : 가능하게 하다
- feasible : 실현 가능한
- final : 최종적인, 최종심의
- flagship : 최고급 선박, (어느 항로에서의) 주요선
- formidable : (문제가) 해답이 곤란한, 무찌르지 못할 것 같은
- general purpose : 범용(의)
- impossibility of performance : 이행불능
- in dispute : 논쟁 중인, 미해결인
- incomplete performance : 불완전 이행
- increasing cost : 비용 증가
- infringe : 침해하다, 어기다, 위반하다
- intercession : 알선(= recommendation)
- international litigation : 국제소송
- invalid : 효력 없는, 무효한
- jurisdiction : 사법권, 관할권, 권한
- legal : 법적인, 법률상의
- legitimate interest : 정당한 이익

- litigate : 소송하다, 법정에서 다투다
- litigation : 소송, 고소
- Long Arm Statutes : 관할 확장법[미국 주(州)]
- market claim : 마켓클레임
- maximum discount : 최대할인
- mutual : 상호간의, 서로의
- net worth : 순자산
- non exclusive jurisdiction agreement : 비전속적 관할의 합의
- non-performance of contract : 무역계약의 불이행
- packing list : 포장명세서
- panel of arbitrators : 중재인단 명부
- practice : 관행, 관습, 실행
- principle of effectiveness : 실효성의 원칙
- procedure : (법률 정식) 절차, 소송절차
- promotional material : 홍보자료
- questionnaire : 설문조사, 질문서
- recognize : 인정하다, 승인하다, 평가하다
- reconciliation : 화해, 중재, 조정
- regretfully : 유감스럽게도, 애석하게도
- reject : 거절하다, 받아들이지 않다
- render : (판결, 판정 등을) 공식적으로 말하다, 전하다
- renunciation : 이행거절(= refusal to performance)
- seller's remedies : 매도인의 권리구제
- strife : 분쟁, 투쟁, 갈등, 싸움
- submit : 제출하다, 제시하다
- succinct : 간결한
- sue : 소송을 제기하다, 고소하다
- suit : 소송
- surrender : 포기하다, 인도하다
- survey report : 사고조사 보고서
- synthetic alternative : 종합적인 대안
- tactical : 전술의, 전술상의
- tribunal : 법정, 재판소

- unfortunately : 안타깝게도, 불행히도
- valid : 유효한, 합법적인
- venue : 재판지
- waive an appeal : 상소를 포기하다
- waiver of claim : 청구권 포기
- weight certificate : 중량증명서
- wholesaler : 도매업자
- withdraw an appeal : 상소를 취하하다

무역규범

- abstraction : 추상(성)
- act on the establishment of free export zones : 수출자유지역설치법
- allocate : 할당하다, 배분하다, 책정하다
- alternative dispute resolution : 소송외적인 분쟁 해결(ADR)
- apportion : 나누다, 배분하다
- arbitration law : 중재법
- Association of South East Asian Nations : 동남아시아국가연합(ASEAN)
- auto approved payment : 자동승인 지급방식 (AAP)
- bill of lading for Europe : bolero 프로젝트. 전 세계 무역체인의 보안과 전자무역서류의 법적 문제를 해결하기 위한 네트워크
- budget : 예산, (지출 예상) 비용
- clear a balance : (결산) 차액/부족액을 결제하다, (빚을) 갚다, 청산하다
- clearinghouse : 어음교환소, 정보 교환 기관, 홍보 기관
- collaborate : 협력하다, 공동으로 작업하다
- compensation : 보상금
- compulsory enforcement : 강제집행규정
- customs tariff law : 관세법

- cut down : 줄이다, 삭감하다, 축소하다
- electronic commerce : 전자 상거래, 온라인 상거래
- electronic data interchange : 전자문서교환방식 (EDI)
- electronic trade : 전자무역(= e-trade)
- emasculate : (문장이나 법률 등의) 효력을 약화시키다
- European Free Trade Association : 유럽 자유무역연합
- exchange rate : 환율, 외환 시세
- export free-zone : 수출자유지역
- export inspection act : 수출검사법
- export insurance act : 수출보험법
- foreign capital inducement act of Korea : 외자도입법
- foreign exchange transactions act : 외국환 거래법
- foreign trade act : 대외무역법
- generate revenue : 수익을 내다
- Group of five : 미국, 영국, 프랑스, 독일, 일본 5개국(G-5)
- Group of seven : G5에 이탈리아와 캐나다가 참가(G-7)
- Hague Rules : 헤이그 규칙
- Hague-Visby Rules : 헤이그-비스비 규칙
- Hamburg Rules : 함부르크 규칙
- hold down : 억제하다, 유지하다
- in respect of : ~에 대한, ~에 대한 보수로
- INCOTERMS : 정형거래조건의 해석에 관한 국제규칙
- industrial policy : 산업 정책
- insolvency : 파산, 지급 불능
- inspect : 검사하다, 정밀히 조사하다
- Institute Time Clauses-Hulls : 협회기간약관
- intangible goods : 무형물

- interchange agreement : 거래약정(I/A)
- International Monetary Fund : 국제통화기금 (IMF)
- International Standardization Organization : 국제표준화기구(ISO)
- International Trade Organization : 국제무역기구(ITO)
- inventory : 재고, 재고품
- make a commitment to : ~에 헌신하다
- manifest consolidation system : 적하목록취합 시스템(MFCS)
- marine insurance act : 해상보험법(MIA)
- natural environment conservation act : 자연환경 보전법
- nominate : 지명하다, 임명하다
- notation : 표기
- off-shore : 외국의
- on behalf of : ~을 대신하여, ~을 대표하여
- Organization for Economic Cooperation and Development : 경제협력개발기구(OECD)
- outsource : (회사가 작업이나 생산을) 외부에 위탁하다
- paper document : 종이서류
- paperless trade : 서류 없는 무역거래
- potential risks : 위험 요인들
- powerhouse : 강력한 그룹, 강력한 조직
- protective legislation : 무역 보호 법령
- refund : 환불하다, 환불(금)
- Rules for Electronic Bills of Lading : 전자식 선하증권에 관한 규칙
- Sales of Goods Act : 물품매매법(SGA)
- stamped : 소인이 찍힌
- structured format data : 구조화된 형태의 데이터
- subscriber : 가입자, 기부자
- superimpose : 덧붙이다, 첨가하다
- syntax : 구문

- tangible goods : 유형재
- terminate an agreement : 계약을 종료하다
- trade related intellectual properties : 무역 관련 지적재산권(TRIPS)
- turn out : 밝혀시다, 드러나다
- Uniform Customs and Practice for Documentary Credits : 화환신용장통일규칙 및 관례(UCP)
- Uniform Rules for Collections : 추심통일규칙
- Uniform Rules for Sea Waybills : 해상화물운송장에 관한 통일규칙
- upscale market : 고소득층 시장
- value added network : 부가가치통신망
- Vienna Convention : 비엔나협약(CISG)
- Warsaw-Oxford Rules for CIF Contracts : CIF 계약에 대한 바르샤바-옥스퍼드 규칙
- World Customs Organization : 세계관세기구 (WCO)
- York and Antwerp Rules : 요크-앤트워프 규칙 (YAR)

▎UCP 600

- a range of : 다양한
- acceptable : 용인되는, 받아들여지는
- advise : (정식으로) 알리다, 통지하다
- air transport document : 항공운송서류
- amendment : 개정, 수정
- applicant : (개설) 의뢰인
- apply : 적용하다
- article : (합의서나 계약서 등에서의) 조항
- as of : ~일자로, ~현재
- authentication : 입증, 증명, 인증

- authenticity : 진실성
- authorize : 권한을 부여하다, 인가하다
- be construed as : ~로 해석되다
- bind : (약속 등으로) 의무를 지우다, 구속하다
- certificate of posting : 우송증명서
- charges additional to freight : 운임의 추가 비용
- charter party bill of lading : 용선계약 선하증권
- clean transport document : 무고장 운송서류
- competent : 능숙한
- comply : (법이나 명령 등을) 따르다, 준수하다
- confirmation : 확인
- courier receipt : 특송화물수령증
- cover : 담보, 담보하다
- customary risks : 관습적 위험
- deduct : 공제하다, 제하다, 감하다
- deferred payment : 대금 후불
- describe : 서술하다, 묘사하다
- destination : 목적지
- discrepancy : 차이, 불일치
- dispatch : (편지, 소포, 등을) 보내다, 발송하다
- due to : ~때문에
- entire carriage : 전체 운송
- even if : ~라 하더라도, ~에도 불구하고
- evidence : 증언하다, 입증하다, 증거가 되다
- exclusion clause : 면책조항
- expeditious : 신속한, 효율적인
- expiry date : 만기 날짜
- extension of expiry date : 유효기일의 연장
- extent : 정도, 규모
- forward the document : 문서를 보내다, 전달하다
- geographical : 지리학상의, 지리적인
- hours of presentation : 제시시간
- in accordance with : ~에 부합되게

- in addition to : ~에 더하여, ~일뿐 아니라
- in duplicate : 2통
- in relation to : ~에 관하여, ~와 비교하여
- in respect of : ~에 대한
- inconsistent with : ~와 상반되는
- inland waterway transport documents : 내륙수로운송서류
- installment drawings : 할부어음 발행
- installment shipments : 할부선적
- irrevocable : 변경할 수 없는
- LASH barge : 래쉬선
- last day for presentation : 제시를 위한 최종일
- legalize : 합병화하다
- loss of interests : 이익의 손실
- maturity date : 어음만기일
- modify : 수정하다, 변경하다
- nominated bank : 지정은행
- non-negotiable sea waybill : 비유통성 해상화물운송장
- notification : 알림, 통지, 공고
- obligation : (법적 혹은 도의적) 의무(가 있음)
- official : 공인된
- on behalf of : ~을 대신하여, ~을 대표하여
- on deck : 갑판적재
- partial drawings : 분할어음 발행
- partial shipments : 분할선적
- pending : ~을 기다리는 동안, (어떤 일이) 있을 때까지
- perforate : 구멍을 내다, 뚫다
- permit : 허용하다
- port of loading : 적재항
- post receipt : 우편수령증
- pre-printed wording : 사전에 인쇄된 문언
- preclude : ~하지 못하게 하다, 불가능하게 하다

- preliminary : 예비의, 예비 단계
- prior to : ~에 앞서, 먼저
- prohibit : 금하다, 금지하다
- provided that : ~라면, ~하면
- provision of this article : 본 조항의 규정
- purchase a draft : 어음을 구입하다
- qualification : 자격, 자격증
- qualified : 자격이 있는
- reference : 언급, 대상, 참고, 참조
- refuse to honor or negotiate : 지급이행 또는 매입을 거절하다
- respectively : 각자, 각각, 제각기
- revision : 개정
- said by shipper to contain : 송하인의 신고 내용에 따름
- separate transaction : 별도의 거래
- shipper's load and count : 송하인의 적재 및 수량확인
- standby : 예비품
- state : 진술하다, 서술하다
- stipulate : 규정하다
- subsequent : 차후의, 그 다음의
- terms : 조건, 요구액
- tolerance in credit amount : 신용장 금액의 과부족
- trailer : 트레일러
- underlying contract : 밑에 있는 계약
- usual risks : 통상적 위험
- disclaimer on transmission and translation : 송달 및 번역에 대한 면책
- disclaimer for acts of an instructed party : 피지시인의 행위에 대한 면책
- transferable : 양도가능
- assignment of proceeds : 대금의 양도

■ 협회적하약관

- assureal : 피보험자
- attempt : 시도, 시도하다, 애써 해보다
- bailee : 수탁자
- bear : (책임 등을) 떠맡다, 감당하다
- belligerent : 적대적인, 공격적인
- binding contract : 구속력 있는 계약
- both to blame collision clause : 쌍방과실 충돌 조항
- capacity : 능력, 용량
- circumstance : 환경, 상황, 정황
- civil strife : 사회적인 갈등
- collision : 충돌, 부딪침
- commence : 시작하다
- confirmation : 확인, 입증
- confrontation : 대결, 직면, 충돌
- contemplate : 고려하다, 생각하다
- continuation : 연속, 지속
- credibility : 진실성, 신용할 수 있음
- deliberate damage : 의도적 손상(피해)
- derailment of land conveyance : 육상운송용구 의 탈선
- derelict : 이용되지 않는, 버려진
- detainment : 구금하다, 억류하다
- deviation : 일탈, 탈선
- discharge of cargo : 양하
- disseminate : 유포하다, 퍼뜨리다
- duty of assured : 피보험자의 의무
- earthquake : 지진
- enclose : 동봉하다, 넣다, 봉하다
- ensure : 반드시 ~하게 하다, 보장하다
- exclude : 제외하다, 배제하다
- financial default : 채무불이행
- fire or explosion : 화재 또는 폭발
- foresee : 예견하다, 내다보다

- forwarding charges : 계반비용
- get in touch with : ~와 접촉을 유지하다, 계속해서 연락하다
- hereunder : 아래에, 이 기록에 따라, 이에 의거하여, 이 조선에 따라
- hostile act : 적대행위
- in favor of : (수표 등이) ~을 수취인으로 하여
- in no case : 어떠한 경우에도 ~하지 않다, 결코 ~이 아니다
- increased value : 증액
- indemnify : 배상하다, 보상하다
- inherent vice : 고유의 하자
- insurrection : 반란사태, 내란사태
- labor disturbance : 노동쟁의
- locked-out : 직장폐쇄
- look forward to ~ing : ~할 것을 기대하다
- nature of the subject-matter : 보험목적물의 성질
- negligence : 부주의, 태만, 과실
- notwithstanding : ~에도 불구하고, 그러하긴 하지만
- obligation : 의무, 책임, 책무
- ordinary course of transit : 통상의 운송과정
- ordinary leakage : 통상의 누손
- overthrow : 타도하다, 전복시키다
- overturning : 뒤집힘
- owing to : ~때문에
- payable : 지불해야 하는, 지불할 수 있는
- pending requisition : 보류 중인 요청
- piracy excepted : 해적위험 제외
- port of distress : 조난항
- prevent : ~을 하지 못하게 하다
- privy to : ~에 접근할 수 있는
- prompt notice : 지체 없는 통고
- properly : 제대로, 적절히
- provision : 규정

- pursuance : 이행, 수행, 속행
- rebellion : 반란, 모반
- recession : 불황, 침체, 불경기
- reliable : 믿을 만한, 신뢰할 만한
- right : 권리, 권한
- seizure : 압수, 몰량
- special discount : 특별할인
- stipulate : (계약 조항으로) 규명하다, 명기하다
- stowage : 짐칸
- strand : 좌초하다, 오도 가도 못하게 되다
- subject-matter : 보험의 목적[보험목적물]
- sum : 액수, 총계, 합계
- take up : 수리하다
- tentative : 임시의, 일시적인
- termination : 종료
- therefrom : 그것으로부터
- therein : 그 안에
- thereon : (앞에 언급된) 그것에 대해
- unfitness of vessel or craft : 본선 또는 부선의 부적합성
- unseaworthiness of vessel or craft : 본선 또는 부선의 불내항성
- unsuitability of packing : 포장 부적절
- variation : 변화, 차이
- volcanic eruption : 화산 분화
- waiver : (권리) 포기
- warehouse : 창고
- weapon : 무기
- whilst : ~하는 동안, ~인 데 반하여(= while)
- wilful misconduct : 고의의 불법행위
- withstand : 견뎌내다, 이겨내다
- attributable to : ~에 기인하는, ~이 그 원인인
- in connection with : ~와 관련되어
- only if : ~해야만

CISG(비엔나협약)

- according to : ~에 따르면, ~에 따라서
- additional period of time : 추가기간
- adequate to : ~에 적합한
- alter : 변하다, 달라지다, 바꾸다
- amount to : ~에 이르다
- amount to acceptance : 승낙하다
- anticipatory breach and instalment contract : 이행기일 전의 계약위반과 분할이행계약
- apparent : ~인 것처럼 보이는, 여겨지는
- arbitral tribunal : 중재 재판부
- assent to : ~에 대해 찬성하다, 동의하다
- assurance : 확언, 장담, 확약
- auction : 경매
- avoidance of the contract : 계약해제
- breach of contract : 계약위반
- claim damages : 손해배상을 청구하다
- commercial character : 상사상의 성격
- commit : 저지르다, 범하다
- comparable circumstance : 유사한 상황
- conclude : 결론을 내리다, 끝내다, 마치다
- conduct : 행위
- constitute : ~이 되다
- constitute a counter offer : 반대청약이 되다
- contemplate : 고려하다, 생각하다
- contract rate : 계약비율
- contractual period of guarantee : 계약상의 보증 기간
- declare : 선언하다
- deficiency in the quantity : 수량결함
- definite : 확실한, 분명한, 뚜렷한
- deprive of : ~에게서 ~을 빼앗다
- derogate : 약화시키다
- detriment : 손상
- different specification : 상이한 물품명세

- document embodying the contract of carriage
  : 운송계약을 구현하고 있는 서류
- effective : 시행되는, 발효되는
- excess quantity : 초과수량
- execution : 강제집행
- exemption : 면책
- exercise the right : 권리를 행사하다
- final provision : 최종규정
- fundamental breach of contract : 계약의 본질적인 위반
- general provision : 통칙
- grant : 주다
- habitual residence : 일상적인 거주지
- household use : 가사용
- in case of non-delivery : 인도 불이행의 경우
- in conformity with : ~에 따르는, ~에 일치하여
- in respect of : ~에 대한, ~에 대해서는
- inactivity : 무활동, 정지, 휴지
- instantaneous communication : 즉각적인 연락
- intellectual property : 지적소유권
- interest : 이자
- interpretation of the convention : 협약의 해석
- investment security : 투자증권
- irrevocable : 취소불능인
- judgement : 판단, 비판
- lack of conformity : 불일치
- lapse : 소멸되다
- late delivery : 인도 지연
- liable : 법적 책임이 있는
- manufacture : 제조하다, 생산하다
- modification : 수정, 변경
- negotiable instrument : 유통증권
- non-business day : 비영업일
- notwithstanding the provision : 규정에도 불구하고
- observance : (법률이나 규칙 등의) 준수
- official holiday : 공휴일
- ought to : ~해야 한다
- period of grace : 유예기간
- preponderant : 우세한, 능가하는
- preservation of the goods : 물품의 보존
- property : 소유권
- reduce the price : 대금을 감액하다
- relevant circumstances : 관련 상황
- remedy for breach of contract : 계약위반에 대한 규제
- resort to : ~에 기대다, 의지하다
- result in : ~을 야기하다
- retain : 유지하다, 보유하다
- revoke : 폐지하다, 철회하다
- sale of goods : 물품의 매매
- serious deficiency : 중대한 결함
- settlement of dispute : 분쟁 해결
- share : 지분
- sphere of application : 적용범위
- substantial part of the materials : 재료의 중요한 부분
- substitute goods : 대체품
- take ~ into consideration : 고려하다
- third party : 제3자
- transfer the property in the goods : 물품에 대한 소유권을 이전하다
- usage : 어법, 용법
- validity of the contract : 계약의 유효성
- withdraw : 중단하다, 취소하다, 철회하다
- witness : 증인

▌ Incoterms

- accrue : (이자나 이익이) 생기다
- acquire : 획득하다, 입수하다
- against : ~와 교환으로, ~ 대신에
- air cargo terminal : 공중수송 화물터미널
- alongside : ~옆에, 나란히
- applicable : 해당되는, 적용되는
- appropriate : 적절한
- arrange shipment : 선적을 마련하다
- associate : 제휴하다, 공동으로 함께 하다
- avoid : 회피하다, 막다
- be advised to : ~충고를 받다
- be bound to : ~할 의무가 있다
- be entitled to : ~할 권리가 있다
- be reluctant to : ~을 주저하다, 망설이다
- be suitable for : ~에 맞는, 적합한
- bear all the costs and risks : 모든 비용과 위험을 부담하다
- business proposal : 사업제안
- buyer's risk and expense : 매수인의 위험과 비용
- carry out : 수행하다, 이행하다
- cater for : ~에 맞추다, 부응하다
- clear the goods for export : 수출통관 승인을 얻다
- clearance : 승인, 허락
- commodity trade : 상품무역
- critical point : 중요한 지점
- customs formalities : 통관 수속
- damage to the goods : 물품의 손실
- deposit : (은행에) 예금하다
- disposal : (임의) 처분
- domestic demand : 국내수요
- duplicate : 부본, 사본, 복사(물)

- emerging economies : 신흥국들
- ensure : 확실하게 하다, 보증하다
- financial analysis : 금융 분석
- financial standing : 신용상태
- follow suit : 선례를 따르다
- fulfill the obligation to deliver : (물품 등을) 인도할 의무를 다하다
- hand the goods : 물품을 넘겨주다
- headhunt : 인재를 스카우트하다
- identify : 나타내다
- implementation : 이행, 수행, 완성
- import duty : 수입 관세
- inland waterway transport : 내수로 운송방식
- involve : 수반하다, 포함하다
- irrespective of : ~와 상관 없이, 관계 없이
- manner specified in the chosen rule : 선택된 규칙에 규정된 방식
- market opportunity : 시장성
- minimum cover : 최소담보
- minimum obligation for the seller : 매도인에게 최소 의무
- mode of transport : 운송수단의 종류
- moderate : 완화하다, 누그러지다
- monetary : 통화의, 금융의
- named place : 지정된 장소
- necessary to : ~에 필요한
- obligation to clear the goods for import : 수입 통관 승인을 얻을 의무
- obtain export clearance : 수출통관 승인을 얻다
- operating revenue : 영업수익
- particularly : 특히, 특별히
- party : (소송이나 계약 등의) 당사자
- pass : 이전시키다

- phase out : ~을 단계적으로 중단하다, 폐지하다
- postpone : 연기하다, 미루다, 지연시키다
- precisely : 바로, 꼭, 정확히
- procccd : (이미 시작된 일을 계속) 진행하다, 계속해서 ~을 하다
- procure : 구입하다, 입수하다
- reach the place of destination : 목적지에 도착하다
- rebate : 환불, 할인하다
- receive an order : 주문을 받다
- recover : 되찾다, 만회하다
- rectify : 조정하다, 시정하다
- reference : 참고, 참조, 문의
- reimbursement : 상환, 변제
- renounce : 포기하다, 부인하다, 단념하다
- reporting purpose : 보고 목적
- represent : 대신하다, 대표하다
- reputation : 평판, 명성
- risk of loss : 분실의 위험
- rules for any mode or modes of transport : 복합운송 방식
- seller's premises : 매도인의 부지[구내]
- several carriers : 여러 명의 운송인
- ship : 배에 싣다, ~을 보내다, 수송하다
- shortfall : 부족분, 부족액
- specification : 세목, 내역, 명세 사항
- specify : (구체적으로) 명시하다
- string sales : 연속 매매
- take legal action : 기소하다
- tariff : 관세
- taxation : 조세, 세수
- typical : 전형적인, 대표적인
- unless otherwise agreed : 별도 합의된 사항이 없으면
- unload : (짐을) 내리다

해석을 보고 빈칸을 채워보세요.

001 당사는 금일 귀사를 지급인으로 한 일람 후 30일 출급조건의 환어음을 발행하였고, 런던의 바클레이 은행을 통하여 매입하였습니다.

→ We have today drawn on you at 30 d/s, and (　　　　　　) the draft through the Barclays Bank, London.

002 당사자 무역은 자기 자신을 위해 혹은 자신의 회사 이익을 위해 교역하는 것이나 대행사는 고객 혹은 고객사를 위해 교역한다.

→ (　　　　　　) is trading for himself or money for his firm but agency is trading for a client or firm of a client.

003 귀사의 상품이 동 시장에 적합하기 때문에 9월 10일자 귀사의 제안을 기꺼이 수락합니다.

→ We are pleased to (　　　　　　) your proposal dated September 10 as your goods suit our market.

004 당사는 전보로 확정청약을 합니다.

→ We cable you the (　　　　　　) offer.

005 당사는 반대청약을 하고자 합니다.

→ We would like to make a (　　　　　　) offer.

006 제품의 품질은 샘플의 품질과 정확히 동일해야 합니다.

→ The (　　　　　　) of the goods should be exactly to that of the samples.

007 운송비 지급 인도조건에서 합의된 목적지까지 운송을 위하여 후속 운송인이 사용될 경우에, 위험은 물품이 최초 운송인에게 인도되었을 때에 이전된다.

→ In CPT, if subsequent carriers are used for the carriage to the agreed destination, the risk passes when the goods have been delivered to the first (　　　　　　).

008 공장 인도조건을 제외한 모든 인코텀즈는 매도인이 물품의 수출통관을 이행할 것을 요구하고 있다.

→ All the terms of INCOTERMS except EXW require the (　　　　　　) to clear the goods for export.

009 이 신용장의 만기는 6월 9일까지입니다.

→ The (　　　　　) of this L/C is June 9.

010 당사는 포장명세서, 선하증권, 상업송장, 원산지증명서, 수입승인서를 동봉합니다.

→ Enclosed you will find packing lists, bill of lading, (　　　　　), certificate of origin and import license.

011 결제조건에 따라, $5,000에 대한 일람 후 60일 지급 환어음을 귀사를 지급인으로 하여 발행하였습니다.

→ In compliance with the terms of payment, we have drawn a (　　　　　) on you at 60 d/s for $5,000.

012 환어음은 취소불능 신용장에 의거하여 일람 후 90일 출금 조건으로 발행될 것이다.

→ Drafts are to be drawn at 90 d/s under (　　　　　).

013 어음이 제시되면 결제해 주십시오.

→ Please (　　　　　) the bills when it is presented.

014 귀사의 선적서류와 신용장 조건에 차이가 있다면, 매입은행은 귀사에 환어음 가액을 주지 않을 것입니다.

→ If there should be any (　　　　　) between your shipping documents and L/C terms, the negotiation bank will not give the value of the drafts to you.

015 신용장은 그것이 일람지급, 연지급, 인수 또는 매입 중 어느 것에 의하여 사용될 수 있는지를 명기하여야 한다.

→ A credit must state whether it is available by (　　　　　), deferred payment, acceptance or negotiation.

016 지급이행 또는 매입을 위하여 명기된 유효기일은 제시를 위한 유효기일로 본다.

→ An expiry date stated for honor or negotiation will be deemed to be an expiry date for (　　　　　).

017 은행은 그 은행에 의하여 명시적으로 동의된 범위 및 방법에 의한 경우를 제외하고 신용장을 양도할 의무를 부담하지 아니한다.

→ A bank is under no obligation to (　　　　　) a credit except to the extent and in the manner expressly consented to by that bank.

018 발행은행(개설의뢰인)은 외국이 법률과 관행에 의하여 부과되는 모든 의무와 책임에 구속되며 이에 대하여 은행에게 보상할 책임이 있다.

→ The issuing bank(applicant) shall be bound by and liable to indemnify a bank against all (　　　　　) and responsibilities imposed by foreign laws and usages.

019 귀사가 요청한 것과 동일한 품질의 물품은 생산되지 않습니다.

→ The same quality as you requested is (　　　　　) of production.

020 신용장에는 환적이 금지되어 있어도, 환적이 행해지거나 행해질 수 있다고 표시되어 있는 운송서류는 수리될 수 있다.

→ A transport document indicating that transshipment will or may take place is acceptable, even if the credit (　　　　　) transshipment.

021 항공운송서류는 신용장이 원본의 전통을 명시하고 있는 경우에도, 탁송인 또는 송화인용 원본이어야 한다.

→ An air transport document must be the (　　　　　) for consignor or shipper, even if the credit stipulates a full set of originals.

022 철도 또는 내륙수로운송서류는 원본이라는 표시의 유무에 관계 없이 원본으로서 수리된다.

→ A rail or inland waterway (　　　　　) will be accepted as an original whether marked as an original or not.

023 당사는 비유통성 선하증권 사본 한 부, 해상보험증권 사본 몇 부 및 포장명세서 사본 한 부를 동봉하였습니다.

→ Enclosed please find a copy of (　　　　　), copies of Marine Insurance Policy and one copy of Packing List.

024 약 5%의 물품이 손상된 상태로 도착했습니다.

→ About 5% of your goods arrived in a (　　　　　) condition.

025 선하증권의 일자는 선적일의 결정적인 증거로 간주되어져야 한다.

→ The date of bill of lading shall be taken as conclusive proof of the day of (　　　　　).

026 무고장 선하증권을 보면 화물이 양호한 상태로 선적되었음을 알 수 있을 것입니다.

→ From the (　　　　　), you will see that the goods were shipped in good condition.

027 선적서류는 당사의 운송중개인이 귀사로 발송할 것입니다. 그러면 귀사는 선적서류 수령 후 60일 이내에 상업송장을 보내야만 합니다.

→ Our (　　　　) will send you the shipping documents. Then you must remit the invoice within 60 days on receipt of shipping document.

028 이 보험은 운송인 또는 기타의 수탁자의 이익을 위하여 이용되어서는 안 된다.

→ This (　　　　) shall not extend to or otherwise benefit the carrier or other bailee.

029 추가 보험료는 당사자가 부담할 것입니다.

→ The additional (　　　　) will be paid by us.

030 보험목적물을 목적지까지 운송하기 위해 선박이 내항성을 갖추고 적합하여야 한다는 묵시담보를 위반한 경우에 보험자는 그 권리를 포기한다.

→ The insurers waive any breach of the (　　　　) of seaworthiness of the ship and fitness of the ship to carry the subject-matter insured to destination.

031 보험증권은 포괄예정보험에 의한 보험증명서 또는 통지서를 대신하여 수리될 수 있다. 그러나 보험승인서는 수리되지 아니한다.

→ An (　　　　) is acceptable in lieu of an insurance certificate or a declaration. But cover notes will not be accepted.

032 당 보험은 최종 양륙항에서 외항선으로부터 보험목적물의 양하 작업을 완료한 후 60일이 경과될 때에 종료한다.

→ This insurance terminates on the expiry of 60 days after completion of discharge overside of the (　　　　) insured from the oversea vessel at the final port of discharge, whichever shall first occur.

033 이 보험이 개시된 후에 피보험자에 의하여 목적지가 변경되는 경우에는 합의될 보험요율과 보험조건을 위해 보험자에게 지체 없이 통지되어야 한다.

→ Where, after attachment of this insurance, the destination is changed by the (　　　　), this must be notified promptly to insurers for rates and terms to be agreed.

034 보험목적물을 구조, 보호, 회복하기 위하여 피보험자 또는 보험자가 취한 조치는 위부의 포기 또는 승낙으로 보지 아니하며, 또는 그 밖에 어느 일방의 권리 침해로도 보지 않는다.

→ Measures taken by the Assured or the Insurers with the object of saving, protecting or recovering the subject-matter insured shall not be considered as a (　　　　) or acceptance of abandonment or otherwise prejudice the rights of either party.

035 중재는 상업적 분쟁에 있어서 유용한 수단이다.

→ ( ) is a wonderful thing in commercial disputes.

036 귀사의 클레임 조사 결과, 당사는 당사 발송부서에서 실수가 있었음을 확인하였습니다.

→ After ( ) your complaint, we have ascertained that an error was made in our dispatch department.

037 귀사의 클레임을 우호적으로 해결하기 위하여 송장금액 기준 5%의 할인을 제공할 용의가 있습니다.

→ In order to ( ) your claim ( ), we are willing to give you 5% discount off the invoice amount.

038 당사보다는 보험회사에 클레임을 제기하는 편이 더 나을 것입니다.

→ We feel that you should ( ) a claim the insurance company rather than us.

039 송금은 수표로도 할 수 있고 신용카드로도 할 수 있다.

→ ( ) can be made by check or credit card.

040 외상매출 채권 매입은 중요한 금융도구이다.

→ ( ) is an important financial instrument.

041 1995년, 무역을 규정하기 위한 정식 기구인 세계무역기구가 설립되었다. 이것은 세계 무역법 역사에서 가장 중요한 발전이다.

→ In 1995, the ( ), a formal international organization to regulate trade, was established. It is the most important development in the history of international trade law.

042 관세 및 무역에 관한 일반 협정은 20세기를 통틀어 세계 무역법의 중추적인 역할을 해오고 있다.

→ The ( ) has been the backbone of international trade law throughout most of the twentieth century.

043 운송인 인도라 함은 매도인이 물품을 자신의 영업장 구내 또는 기타 지정장소에서 매수인에 의해 지정된 운송업자나 다른 사람에게 인도하는 것을 의미한다.

→ Free Carrier means that the seller delivers the goods to the carrier or another person ( ) by the buyer at the seller's premises or another named place.

044 운송인 인도조건에서, 당사자들은 합의된 인도장소의 인도지점을 가능한 명확하게 특정해야 한다. 왜냐하면 그 해당 지점에서 위험이 매수인에게 이전되기 때문이다.

→ In FCA, the parties are well advised to specify as clearly as possible the point within the named place of delivery, as the ( ) passes to the buyer at that point.

045 운송비·보험료 지급 인도조건은 매도인이 합의된 장소(당사자 간에 장소가 합의된 경우)에서 자신이 지정한 운송인이나 다른 사람에게 물품을 인도하는 것을 의미하며, 매도인은 지정된 목적지까지 물품을 운송하기 위해 필요한 운송계약을 체결하고 운송비를 지급해야 한다.

→ CIP means that the seller delivers the goods to the carrier or another person nominated by the seller at an agreed place (if any such place is agreed between the parties) and that the seller must contract for and pay the costs of carriage necessary to bring the goods to the (   ).

046 통지은행이란 발행은행의 요청에 따라 신용장을 통지하는 은행을 의미한다.

→ Advising bank means the bank that (   ) the credit at the request of the issuing bank.

047 개설은행이란 개설 의뢰인의 요청에 의해 또는 자체적으로 신용장을 발행하는 은행을 의미한다.

→ Issuing bank means the bank that issues a credit at the request of an (   ) or on its own behalf.

048 확인은행이란 발행은행의 수권 또는 요청에 따라 신용장에 확인을 추가하는 은행을 의미한다.

→ Confirming bank means the bank that adds its (   ) to a credit upon the issuing bank's authorization or request.

049 "~경에" 또는 그 유사한 표현은 어떤 일이 특정일 이전 5일부터 특정일 이후 5일까지의 기간 동안에 발생했다는 명문으로 해석될 것이며, 시작일 및 종료일 모두를 포함하는 개념이다.

→ The expression "on or about" or similar will be interpreted as a stipulation that an event is to occur during a period of five calendar days before until five calendar days after the specified date, both start and end dates (   ).

050 본질적으로 신용장은 그 근거를 두고 있는 매매계약 또는 기타 계약과는 독립된 별도의 거래이다. 그러한 계약과 관련된 어떤 사항이 신용장에 포함되어 있다 할지라도, 은행은 그러한 계약과는 전혀 무관하며 이에 구속되지도 않는다.

→ A credit by its nature is a (   ) from the sale of other contract on which it may be based. Banks are in no way concerned with or bound by such contract, even if any reference whatsoever to it is included in the credit.

051 은행은 서류를 취급하는 것이지 그 서류와 관련된 물품, 용역 또는 의무이행을 취급하는 것이 아니다.

→ Banks deal with (   ) and not with goods, services or performance to which the documents may relate.

052 발행은행은 신용장을 발행하는 시점부터 지급을 이행할 취소불능의 의무를 진다.

→ An issuing bank is irrevocably bound to (   ) as of the time it issues the credit.

053 지정에 따라 행동하는 지정은행, 확인은행(있는 경우) 또는 발행은행은 제시가 일치하지 아니한 것으로 결정할 경우, 지급이행 또는 매입을 거절할 수 있다.

→ When a nominated bank acting on its nomination, a confirming bank, if any, or the issuing bank determines that a presentation does not comply, it may (   ).

054 공동해손 : 이 보험은 제4조, 제5조, 제6조, 제7조의 면책사유를 제외한 일체의 사유에 따른 손해를 피하기 위해 또는 피함과 관련하여 발생한, 해상운송계약 및 또는 준거법이나 관습에 따라 정산되거나 결정된 공동해손과 구조료를 보상한다.

→ General Average : This insurance covers general average and (   ), adjusted or determined according to the contract of carriage and/or the governing law and practice, incurred to avoid or in connection with the avoidance of loss from any cause except those excluded in Clauses 4, 5, 6 and 7.

055 쌍방과실충돌조항 : 이 보험은 본 약관에서 담보된 위험과 관련하여, 운송계약의 "쌍방과실충돌"조항에 따라 발생한 책임에 대하여 피보험자에게 보상한다.

→ Both to Blame Collision Clause : This insurance (   ) the Assured, in respect of any risk insured herein, against liability incurred under any Both to Blame Collision clause in the contract of carriage.

056 ICC(A) : 어떠한 경우에도 이 보험은 피보험자의 고의의 불법행위에 기인하는 멸실, 손상 또는 비용을 담보하지 않는다.

→ ICC(A) : In no case shall this insurance cover loss damage or expense attributable to (   ) of the Assured.

057 ICC(A) : 어떠한 경우에도 이 보험은 보험목적물의 통상의 누손, 통상의 중량손 또는 용적손, 또는 자연소모를 담보하지 않는다.

→ ICC(A) : In no case shall this insurance cover ordinary leakage, ordinary loss in weight or volume, or ordinary wear and tear of the (   ) insured.

058 ICC(A) : 어떠한 경우에도 이 보험은 보험목적물의 고유의 하자 또는 성질로 인하여 발생한 멸실, 손상 또는 비용을 담보하지 않는다.

→ ICC(A) : In no case shall this insurance cover loss damage or expense caused by (   ) or nature of the subject-matter insured.

059 ICC(B) · ICC(C) : 어떠한 경우에도 이 보험은 보험목적물 또는 그 일부에 대한 어떠한 자의 불법 행위에 의한 고의적인 손상 또는 고의적인 파괴를 담보하지 않는다.

→ ICC(B) · ICC(C) : In no case shall this insurance cover (　　　　) damage to or deliberate destruction of the subject-matter insured or any part thereof by the wrongful act of any person or persons.

060 이 협약은 물품을 공급하는 당사자의 의무 중에서 대부분이 노동 또는 기타 서비스의 공급으로 구성되어 있는 계약의 경우에는 적용되지 아니한다.

→ This Convention does not apply to contracts in which the preponderant part of the obligations of the party who (　　　　) the goods consists in the supply of labor or other services.

061 이 협약은 물품에 의하여 야기된 누군가의 사망 또는 신체적인 상해에 대한 매도인의 책임에 대해서는 적용되지 아니한다.

→ This Convention does not apply to the (　　　　) of the seller for death or personal injury caused by the goods to any person.

062 당사자는 이 협약의 적용을 배제하거나 제12조에 의거 이 협약의 어떤 조항의 효력을 약화시키거나 변경시킬 수 있다.

→ The parties may exclude the application of this Convention or, subject to article 12, (　　　　) from or vary the effect of any of its provisions.

063 당사자가 사업장을 갖고 있지 아니한 경우에는, 당사자의 일상적인 거주지를 사업장으로 간주한다.

→ If a party does not have a place of business, reference is to be made to his (　　　　).

064 매매계약은 서면으로 체결 또는 입증되어야 할 필요가 없으며, 또 형식과 관련해서도 다른 특정요건에 따를 필요는 없다. 매매계약은 증인을 포함하여 여하한 수단에 의해서도 입증될 수 있다.

→ A contract of sale need not be concluded in or evidenced by writing and is not subject to any other requirement as to form. It may be proved by any means, including (　　　　).

065 청약은 피청약자에게 도달한 때 효력이 발생한다.

→ An offer becomes (　　　　) when it reaches the offeree.

066 EXW : 일반적으로 국내 교역에는 본 규칙이 적합한 반면, 국제 교역에는 FCA 규칙이 더 적합하다.

→ EXW : It is suitable for trade, while FCA is usually more appropriate for (　　　　) trade.

067 FCA : 본 규칙 조항은 운송수단의 종류에 구애받지 않고 적용할 수 있을 뿐만 아니라 하나 이상의 운송수단이 사용될 경우에도 적용될 수 있다.

→ FCA : This rule may be used irrespective of the (   ) selected and may also be used where more than one mode of transport is employed.

068 운송인 인도조건에서는 가능하다면 매도인이 물품의 수출통관을 이행하여야 한다. 그러나 매도인에게 물품의 수입통관, 수입관세 지불, 수입 관련 통관절차 이행에 관한 의무는 없다.

→ FCA requires the seller to (   ) for export, where applicable. However, the seller has no obligation to clear the goods for import, pay any import duty or carry out any import customs formalities.

069 CPT : 당사자들은 합의된 인도장소의 인도지점을 가능한 명확하게 특정해야 한다. 왜냐하면 그 해당 지점까지의 비용을 매도인이 부담해야 하기 때문이다.

→ CPT : The parties are well advised to identify as precisely as possible the point within the agreed place of destination, as the costs to that point are for the account of the (   ).

070 DAP : 매도인이 지정 목적지에서 또는 지정 목적지 내의 어떤 지점이 합의된 경우에는 그 지점에서, 도착한 운송수단에 물품을 실어둔 채 양하 준비된 상태로 매수인의 처분 하에 놓아 인도하는 것을 의미하며, 이때 위험도 이전된다.

→ DAP means that the seller delivers the goods - and transfers risk - to the buyer when the goods are placed at the (   ) of the buyer on the arriving means of transport ready for unloading at the named place of destination or at the agreed point within that place.

071 관세 지급 인도조건은 매도인에게는 최대 의무를 의미한다.

→ DDP represents the maximum (   ) for the seller.

072 FAS : 본 규칙은 오로지 해상 및 내수로 운송에만 사용된다.

→ FAS : This rule is to be used only for sea or (   ) transport.

073 본선 인도란 매도인이 지정선적항에서 매수인이 지정한 선박의 본선상에 물품을 인도하거나 이미 선적을 위해 인도된 물품을 조달하는 것을 의미한다.

→ Free on Board means that the seller delivers the goods (   ) the vessel nominated by the buyer at the named port of shipment or procures the goods already so delivered.

번호	정답	번호	정답
001	negotiated	031	insurance policy
002	Principal	032	subject-matter
003	accept	033	Assured
004	firm	034	waiver
005	counter	035	Arbitration
006	quality	036	investigating
007	carrier	037	settle, amicably
008	seller	038	file
009	expiry date	039	Remittance
010	commercial invoice	040	Factoring
011	draft	041	World Trade Organization(WTO)
012	irrevocable L/C	042	GATT
013	honor	043	nominated
014	differences 또는 discrepancy	044	risk
015	sight payment	045	named place of destination
016	presentation	046	advises
017	transfer	047	applicant
018	obligations	048	confirmation
019	out	049	included
020	prohibits	050	separate transaction
021	original	051	documents
022	transport document	052	honor
023	non-negotiable B/L	053	refuse to honor or negotiate
024	damaged	054	salvage charges
025	shipment	055	indemnifies
026	clean B/L	056	willful misconduct
027	forwarder	057	subject-matter
028	insurance	058	inherent vice
029	premium	059	deliberate
030	implied warranties	060	furnishes

061	liability	068	clear the goods
062	derogate	069	seller
063	habitual residence	070	disposal
064	witnesses	071	obligation
065	effective	072	inland waterway
066	international	073	on board
067	mode of transport		

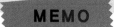

MEMO

MEMO

좋은 책을 만드는 길
독자님과 함께하겠습니다.

도서나 동영상에 궁금한 점, 아쉬운 점, 만족스러운 점이
있으시다면 어떤 의견이라도 말씀해 주세요.
SD에듀는 독자님의 의견을 모아 더 좋은 책으로 보답하겠습니다.

www.sdedu.co.kr

2022 합격자 무역영어 3급 기출이 답이다

개정7판1쇄 발행	2022년 06월 03일 (인쇄 2022년 04월 15일)
초 판 발 행	2014년 03월 12일 (인쇄 2014년 03월 12일)
발 행 인	박영일
책 임 편 집	이해욱
저 자	무역시험연구소
편 집 진 행	김은영 · 이나래
표지디자인	박수영
편집디자인	최미란 · 곽은슬
발 행 처	(주)시대고시기획
출 판 등 록	제10-1521호
주 소	서울시 마포구 큰우물로 75 [도화동 538 성지 B/D] 9F
전 화	1600-3600
팩 스	02-701-8823
홈 페 이 지	www.sdedu.co.kr
I S B N	979-11-383-2342-0 (13320)
정 가	22,000원